수용소는 정상적인 상황에서라면 결코 드러나지 않았을 인간 조건과 도덕적 딜레마를 선명하게 보여주는 축소판 사회, 살아 있는 실험실이 되었다. 정말 흥미로운 회고록… 수용소 생활에 대한 생생한 묘사인 동시에, 억압 상황에서의 인간 조건에 대한 한 신학자의 성숙한 통찰이다.

「타임」Time

무신론적 세속화가 급격히 진전되던 시대에 길키 박사는, 신에 대한 종교적 담론이 여전히 적실함을 보여주려고 힘썼다. 그가 겪은 개인적이고 사회적인 경험은 인간 실존과 가치관에 대한 질문들에 답하는 데 종교가 여전히 중요한 역할을 함을 잘 보여준다.

「워싱턴 포스트」Washington Post

아우슈비츠에서 "이것이 인간인가!"라는 절망에 찬 탄식을 쏟을 수밖에 없었다면, 위현 수용소에서는 "이것이 인간이다!"라는 현실적 인식이 나올 수밖에 없었다. 마치 우리 곁을 다녀간 사람이 지금 우리에게 들려주는 이야기 같다.

「크리스채너티투데이 코리아」

『산둥 수용소』는 내가 지금까지 읽은 가장 인상 깊은 책 중 하나다. 나는 이 책을 강연이나 저술에 자주 인용하는데, 특히 인간 성품에 대한 내 생각과 꼭 들어맞는 교훈을 여기서 발견하기 때문이다.

고든 맥도날드 『내면 세계의 질서와 영적 성장』 저자

한국과 아르헨티나를 오가는 비행기를 탈 때마다 퍼스트, 비즈니스, 이코노미로 계급이 나뉜 인간의 현실에 절망하면서도, 추락하는 경우 모두가 함께 죽는 운명 공동체라는 사실에 안심하는 역설적 심리에 사로잡히곤 했다. 그 비행기 안에서 읽었던 『산둥 수용소』! 계급적 위화감이 사라진 또 다른 운명 공동체와 그 안에서 만난 인간의 맨얼굴에 큰 충격을 받았다. "오호라! 나는 곤고한 사람이로다 이 사망의 몸에서 누가 우리를 건져 내리요." 내게 예수 그리스도에 대한 소망을 더욱 크게 불러일으킨 책이다.

고훈 아르헨티나 교민

명목상의 기독교 신자였던 길키가 점잖음도, 체면도, 정의도 없는 약육강식의 공동체인 산둥 수용소를 적나라하게 묘사한다. 인간은 전적으로 타락했으며, 그래서 절대적 도덕 기준과 하나님이 필요하다는 점, 오직 하나님의 개입만이 이타적 공동체를 가능하게 한다는 깨달음이 가슴을 친다. **김북경** 신학자

"나는 누구인가?"라는 실존의 질문, "나는 어떻게 살아야 하는가?"라는 실천의 질문을 피하려는 사람은 이 책을 읽을 필요가 없다. 철저한 이기심에 묶인 채 우리가 갇힌 수용소 벽에 부딪치고 싶은가? 그러면 이 책을 들라. 당신의 생각이 깨어질 것이다. 처절한 사랑에 매여 새로운 존재와 부대끼고 싶은가? 이 책을 읽으라. 당신의 미래가 깨어날 것이다. **김승곤** 목사

"인간에 대한 관찰 보고서" 같은 이 책은 종교·국적·직업에 상관없이 궁핍한 수용소 상황에서 드러나는 인간의 타락한 본성의 실체를 통해 왜 구원의 은총이 필요한지를 역설한다. 저자는 경건한 척하는 종교인들이 생존 앞에서 얼마나 교활하게 자기 죄악을 합리화하는지를 생생히 보여주면서, 문제의 본질이 외부 환경이 아니라 우리의 가장 깊숙한 내면에 웅크린 자기중심적 이기심에 있다고 지적한다. 동시에 이 책은 하나님의 은혜가 절대적으로 필요하다는 회심의 다큐멘터리이기도 하다. **김온양** 코칭 전문가

1945년 산둥 수용소의 이야기, 1966년 미국에서 출간된 책이나 2013년 한국을 사는 사람들, 특히 그리스도인의 "감춰진 실존"을 향해 이 책은 뚜벅뚜벅 나아간다. 그래서 불현듯 두렵다. **김진형** 편집자

이 책 때문에 지독하게 고통스러웠다. 저자가 생생한 경험을 통해 해부해놓은 인간 본성에 대한 기록이 내 마음을 헤집어 보여주는 것 같았기 때문이다. 그동안 다른 사람을 돕고 섬기면서 은연중에 누리던 자기 만족이나 자기 대속의 행위가 실제로는 나 자신을 위한 행동이 아닌지 하는 문제의식이 들었다. **김한원** 목사

저자는 수용소의 경험을 통해, 심지어 그리스도인의 신앙과 교양도 빵 한 조각 앞에서 너무도 쉽게 무너질 수 있음을 보여준다. 이 책의 놀라운 점은 인간의 실존이라는 깊고도 방대한 주제를 어렵지 않게, 심지어 흥미진진하게 그려낸다는 것이다. 모든 그리스도인이 이 책을 반드시 읽어야 한다. 그러면 우리가 가진 신앙이 얼마나 가볍고 이기적인지, 그래서 하나님이 얼마나 간절히 필요한지를 뼛속 깊이 느끼게 될 것이다.

나연수 목사

읽는 내내 나 자신이 벌거벗겨진 느낌이 들었다. 무언가로 포장된 인간이 아닌, "인간 자체"를 보여준다. 오랜만에 명성에 부합하는 책을 만나 참 반갑다!

노한석 독자

한국 교회 안에는 값싼 은총이 넘쳐난다. 일단 구원 받았으면 그것으로 모든 것이 끝났다고 생각하는 사람들이 많다. 이 책은 착각에 빠진 그리스도인에게 정직하고 예리한 질문을 던진다. "당신은 당신의 구원에 대해 안심할 수 있는가?" 이 책을 통해서 나는 인간에 대한 희망을 무너뜨리는 동시에 그리스도를 향한 소망을 굳게 붙잡게 되었다.

박진형 학생

아기를 키우다보면 이렇게 사랑스러운 아기도 죄인이구나 하는 깨달음에 깜짝 놀랄 때가 있는데, 이 책은 바로 이 사실에 대해 이야기한다. 이 책을 읽고 나서 "죄인"이라는 말을 대하는 느낌의 깊이가 달라졌다. 하지만 동시에 신앙적인 희망도 다지게 되었다. 어려운 책이 아니니 아이를 키우는 엄마들이 모두 한 번씩 읽었으면 좋겠다.

박혜전 주부

도스토예프스키처럼 랭던 길키도 인간 본성에 대해 깊이 있게 다룬다. 이 책이 이야기하는 2차 세계대전 중의 중국 포로수용소는 세상의 축소판이라 할 수 있다. 입으로는 사랑을 최고의 가치로 내세우는 그리스도인들의 자기중심적인 민낯도 가감 없이 볼 수 있다. 인간에 대한 더 깊은 이해를 얻기 원하는 사람이라면 반복해서 읽을 가치가 있다.

배상수 목사

빅터 프랭클의 『죽음의 수용소에서』와 더불어 양대 수용소 저작인 이 책은 내용의 깊이와 넓이에 있어 오히려 전자를 능가한다. 나 자신과 우리 가정, 학교, 회사, 사회에서 오늘도 접하는 다양한 인간 군상의 실체를 한층 더 이해하도록 돕는 지침서이자 필독서다.
성주경 독자

인간 실존의 적나라한 모습에서 오는 놀라움, 바로 그 안에 내 실존이 얼비치는 것을 보며 느끼는 당혹스러움, 그것을 넘어서려는 모든 인간적 노력이 대책 없이 실패하는 것을 보는 쓰디쓴 허무함, 이런 우리가 궁극적으로 소망해야 하는 것이 무엇인지를 깨닫는 처절한 깨달음…. 이런 것을 알려면 이 책을 꼭 읽어봐야 한다.
손성현 신학박사

『산둥 수용소』는 인간의 욕망의 본질과 존재의 가벼움을 솔직하게 직면하게 해준다. 거울이 우리 모습을 가감 없이 보여주는 것처럼, 불편할 정도로 우리 실상을 그대로 드러낸다. 그리고 거울을 보며 모습을 가꾸듯, 이 책은 인간의 삶을 어떻게 가꾸어나갈지 보여준다. 그래서 이 책은 한 개인의 경험의 책이 아니라 우리 모두의 책이다.
오인용 학생

털끝만큼도 자유가 허용되지 않았던 아우슈비츠와는 대조적으로, 산둥 수용소에서는 "제한된 자유와 선택"이 허용되었다. 바로 이런 독특한 조건 때문에 저자는 인간이란 무엇인가라는 실존적 문제를 예리하게 관찰할 수 있었다. 저자는 보통 때라면 고민할 필요가 없었을, 인간 내면의 심연에 있는 실체를 수용소라는 부자유한 상황에서 포착하고 그것을 속도감 있게 풀어낸다. 내가 읽은 책 중 단연 최고다!
이범의 목사

이 책은 가중되는 압력과 불안한 상황 가운데서 과연 그리스도인은 어떤 존재인가를 날카롭게 묻고 있다. 정말 우리 그리스도인은 반드시 있어야 하는 존재인가? 아니면 거추장스러운 존재인가? 독서의 초반에 참담했던 마음이, 책을 읽어가면서 점점 위로받았으며, 마지막에는 강력한 도전을 느꼈다. 이 땅의 그리스도인이라면 반드시 읽고 고민하길 바란다.
이성하 목사

책을 빨리 읽지 못하는 내가 단 하루 만에 다 읽어 내려갈 정도로 푹 빠져 있었다! 전쟁으로 고립된 한 수용소에서 일어나는 인간 내면을 적나라하게 묘사하는 책이다. 특별히 젊은 청년들에게 꼭 권하고 싶다.

이정호 목사

저자는 우리의 헌신이 하나님이 아닌 다른 대상에 부어지면 불의와 이기심의 뿌리가 되어 폭력과 잔인함으로까지 자라날 수 있음을 경고한다. 즉 우리 신앙의 현주소가 어디인지, 우리가 믿고 헌신하는 대상이 그저 종교적 허상인지 아니면 참된 신앙인지를 되돌아보게 만든다. 우리의 삶이 거창한 구호나 이념이 아니라, 개인의 성품과 서로를 이어주는 인간관계라는 두 축에 의해 지탱된다는 사실을 일러주는 책이다. 따라서 자연스럽게 내 질문은 "그럼 나는 어디서 삶의 의미를 발견하고 누구에게 내 삶의 궁극적 헌신을 바칠 것인가?"로 이어진다.

이철규 치의학박사

"만물보다 거짓되고 심히 부패한 마음"을 가진 인간에게 필요한 것은 은총이다. 나는 성경과 박경리의 『토지』, 조정래의 대하소설, 그리고 내 경험으로 알게 된 진리를 이 책에서도 확인할 수 있었다. 여기서 우리는 인간의 비밀스런 내면을 보게 된다. 『산둥 수용소』는 은총이 필요한 모든 이들을 위한 책이다.

이태환 독자

교양과 신앙을 갖추었다고 여겨졌던 사람들이 이해할 수 없는 행동과 말을 하는 것을 보고 당혹스러웠던 적이 한두 번이 아니다. 그때마다 저 사람은 왜 저럴까라고 물었지만 쉽게 답을 찾지 못했다. 이제 그 답을 『산둥 수용소』에서 찾았다!

정지호 목사

이 책을 읽는 내내 20세기 신학의 거성들의 목소리를 선명하게 들을 수 있었다. 하나님과 인간, 종교와 계시의 무한한 질적 차이를 강조하면서 역사에 대한 낙관주의적 전망을 경계했던 칼 바르트, 타락으로 인해 사랑의 윤리를 실행할 능력을 상실한 인간에게는 정의의 실현이야말로 참된 사랑의 방법이며 이를 위해서는 권력이나 무력 같은 차악(次惡)의 사용이 불가피하다는 라인홀드 니버, 신앙을 존재의 근거에 대한 궁극적 관심으로 정의한 폴 틸리히…. 이 책의 저자 역시 그들의 후계자다. 바로 이런 이유로, 이 책은 단순히 흥미로운 역사적 회고록이나 탁월한 심리 보고서를 넘어 심오한 신학서가 된다. 각설하고, 내 결론은 한 가지다. 당장 서점에 달려가서 이 책을 사라. 그리고 들어 읽으라!

정한욱 의사

거시적으로는 인간의 문명 전체에 대한 탐사를, 근원적으로는 인간의 본성에 대한 성찰을 시도하는 책이다. 한국인으로서 『백범일지』를 읽어야 한다면, 세계인으로서는 이 책을 읽어야 한다. "인간이란 무엇인가?"라는 질문에 대해 저항이 불가능할 정도로 몰아붙이면서도 지루할 틈이 없이 재미있다!

최에스더 『성경 먹이는 엄마』 저자

자신을 정직하게 들여다볼 수 있는 책을 한 권 소개하라면, 나는 지체 없이 『산둥 수용소』를 권하겠다. 수백 권의 책이 내 손을 지나갔지만 이 책만큼 나를 흔들어놓은 책은 없었다. 아니 이 책은 나를 발가벗기고, 위선과 가면으로 포장된 내 자아에 치명타를 입혔다. 이 책은 우리가 숨기고 있는 이기심과 욕망이 얼마나 공동체에 파괴적인가를 느낄 수 있게 만든다. 이 책이 교회뿐 아니라 일반 공동체 안에서도 널리 읽히고 토론되었으면 하고 바란다.

크리스 조 교수

랭던 길키는 억압과 궁핍으로 조건 지워진 수용소라는 작은 사회에서 우리의 도덕성과 신앙이 어떤 도전을 받고 어떻게 변질되는지를 보여준다. 기본적 인간 조건이 위협받을 때 사람이 어떻게 사고하고 행동하는지를 예리한 눈으로 포착하며 이를 통해 원죄, 자유의지, 섭리와 은혜, 종말론 등의 신학적 주제를 다시 검토하게 만든다. 아마도 신학자가 쓴 인간 본질과 조건에 관한 가장 탁월한 책이 아닐까 한다. 현대처럼 이기주의와 물질의 유혹으로 가득한 시대를 살아가는 사람이라면 반드시 읽어야 할 책이다.

한상민 철학박사

산둥 수용소가 자원이 부족하고 국토가 비좁은 가운데 서로 물고 물리며 아수라장을 만들어가는 한국 사회의 축소판이라는 생각이 들었다. 또한 교묘하게, 때로는 노골적으로 이기심과 탐욕을 충족시키면서 함께 침몰해가는 우리 사회의 고통의 근저에 타락한 인간 본성이 자리하고 있음을 깨달았다. 한국 정치와 그 정치를 대하는 그리스도인들의 태도에 대해, 또한 그들을 대면하는 내 행동에 대해 많은 각성을 안겨준 책이다.

황인성 이학박사

Shantung Compound
Langdon Gilkey

Shantung Compound: The Story of Men and Women Under Pressure
Copyright ⓒ 1966 by Langdon B. Gilkey
All rights reserved.

Korean translation copyright ⓒ 2013 by Holy Wave Plus Publishing Company,
Seoul, Republic of Korea
Korean translation rights arranged with HarperCollins Publishers
through EYA(Eric Yang Agency).

이 책의 한국어판 저작권은 EYA(Eric Yang Agency)를 통하여 HarperCollins Publishers와
독점 계약한 새물결플러스에 있습니다. 신 저작권법에 의하여 한국 내에서 보호받는 저작물
이므로 무단 전재와 무단 복제를 금합니다.

산둥 수용소

인간의 본성, 욕망, 도덕적 딜레마에 대한 실존적 보고서

랭던 길키 지음 | 이선숙 옮김

BLOCKS 21-22 - LADIES

/ 차례 /

서문　　　　　　　　　　　　　　　　　　　　*13*

1장 미지의 곳으로　　　　　　　　　　　　　*19*

2장 생존하는 법을 배우다　　　　　　　　　　*41*

3장 계란, 경비, 사랑　　　　　　　　　　　　 *79*

4장 약, 레서피, 혹은 난국을 헤쳐가는 비법　　 *111*

5장 개인 공간　　　　　　　　　　　　　　　 *153*

6장 뒤섞인 축복　　　　　　　　　　　　　　 *193*

7장 설탕, 그리고 정치　　　　　　　　　　　　*229*

8장 무질서에 대한 두려움　　　　　　　　　　*285*

9장 성도들, 사제들, 설교가들 I　　　　　　　　*325*

10장 성도들, 사제들, 설교가들 II　　　　　　　*351*

11장 무엇을 위해서 사는가?　　　　　　　　　*381*

12장 하늘로부터 나타난 구원자　　　　　　　 *397*

13장 위현에서의 마지막 날들　　　　　　　　　*419*

14장 모든 것이 끝난 후　　　　　　　　　　　 *437*

서문

이 책은 일본과 전쟁을 벌이던 당시 중국 북부에 있던 민간인 포로수용소에서의 삶의 이야기다. 같은 주제를 다룬 다른 책들과는 달리 이 책에는 끔찍하거나 무시무시한 내용은 없다. 우리가 수감된 위현(현재는 산둥) 수용소에는 육체적인 고문이나 굶주림, 정신적인 고통은 없었다. 뒤에 인용해놓은 베르톨트 브레히트의 문장이 암시하듯, 우리의 문제는 우리를 억류한 일본인들이 아니라, 우리 자신의 행동으로 초래된 것들이 더 많았다. 따라서 아시아와 유럽에 있던 다른 포로수용소와 비교하면, 우리가 수용되었던 곳의 삶은 거의 일상에 가까웠다. 이 이야기가 재미있고 흥미로운 것은 바로 이 사실 때문이다. 그리고 내가 이 이야기를 하려는 이유도 바로 이것 때문이다.

그곳에서의 삶은 거의 일상적이었지만 그럼에도 매우 견디기 힘들었고, 위기나 문제들도 일상적으로 겪는 경험과 유사했지만 그곳에서는 극도로 위험했다. 그래서 내 이야기는 인간의 본성과 공동생활을 적나라하게 보여주는 흔치 않은 경험에 대한 것이다. 그 수용소에서 우리는 우리만의 작은 문명을 건설하고 유지할 만큼은 안전하고 편안했다. 하지만 다른 한편으로 우리의 삶은 그 과업을 이루기에는 너무나 힘들 정도로 생존의 경계를 오갔다. 만일 우리가 계속해서 고문을 당하고 굶주리는 상황에 처했다면, 공동생활 자체가 불가능했을지도 모른다. 혹은 삶이 조금 더 안전했다면, 인간들이 가진 근본적인 문제가 그렇게 선명하게 드러나지 않았을지도 모른다. 따라서 실험할 때 다루기 쉬운 규모로 연구 집단을 축소하고 거기에 압력을 가해서 그 대상의 구조를 드러내듯, 이 수용소는 크고 복잡한 사회를 관찰 가능한 정도로 축소한 규모에다 삶에 엄청난 긴장감까지 더해져서, 인간 사회의 근본적인 구조를 여실히 드러냈다. 내가 이 책을 쓴 것은, 수용소에서의 삶이 일상적인 삶보다 인간의 사회적·도덕적 문제들을 더욱 선명하게 드러내고, 인간이 공존할 수 있는 토대를 보여주었기 때문이다.

독자들 중에는 20년 전에 경험한 일을 내가 어떻게 그토록 상세하게 기억하는지 의아해하는 분도 있을 것이다. 그 대답은 이것이다. 나는 수용소에서 다소 긴 일기를 썼는데, 이 일기에 내 주의를 끌었던 모든 사실과 사건, 모든 문제와 그 해결 과정을 기록했다. 따라서 이 책의 모든 내용은 실제로 그곳에서 일어났던 삶을 그대로 옮긴 것이나 마찬가지다. 일기 대부분은 수용소에서 썼고, 1945년 11월 미국으로 돌아온 직후 마무리 지었다.

왜 우리가 탈출을 시도하지 않았는지에 대한 질문도 종종 받았다. 이유는 간단했다. 서양인이 유럽에서처럼 중국 시골에서 눈에 띄지 않고 돌아다니는 것은 불가능했기 때문이다. 얼굴 생김새와 피부색 때문에 누가 보아도 당장 서양인임이 눈에 띄기 때문에 보상금을 노린 중국인들로부터 쉽게 해를 입을 수 있었다. 성공적으로 탈출하기 위해서는 탈출 즉시 자신을 숨겨주고 보호해줄 게릴라 집단에 들어가야 하는데, 게릴라 집단은 자기들에게 도움이 되는 특별한 기술을 가진 사람이나 권력자, 혹은 중국어를 유창하게 할 수 있는 사람들만 도우려 했다. 더욱이 게릴라들과 접촉하는 것은 어렵고 드문 일이었다. 그래서 탈출을 위해 그들과 접촉할 수 있었던 사람은 수용소에서 겨우 두 사람이었고, 중국어도 못하고 아무 특별한 기술도 없는 우리들은 고려 대상조차 되지 못했다.

마지막으로, 이 책을 통해 인간의 문제를 분석하고자 할 때 수용소에 있던 사람들의 선행뿐 아니라 "죄"도 언급할 수밖에 없음을 밝힌다. 이것이야말로 본질적으로 이 이야기의 주제이기 때문이다. 이로 인해 이 책이 다른 사람의 결점, 약점, 잘못, 이기심을 들춰내고, 수용소에서 생활하는 동안 나만 성인처럼 행동했다는 인상을 줄지도 모르겠다. 하지만 그것은 사실이 아님을 서문에서 분명히 밝히고 넘어가는 것이 좋겠다. 누구도 인간이 갖는 약점과 죄로부터 자유롭지 않으며, 나는 더더욱 그러했다. 저마다 다른 유혹에 사로잡히고 정복당할 뿐이다. 나는 딸린 식구도 없는 24살의 독신자였기에 거주 공간이나, 음식, 안전에 대해서는 다른 사람들만큼 염려할 필요가 없었다. 그래서 앞으로 이 책에서 묘사될 유혹들 중 많은 부분에 대해서는 자유로울 수 있었다. 하지만 그럼에도 나도 내면적으로는 도덕적인 문제들에 직면했으며, 다른 사람이 다른 문제로 실패했던 만큼이나 그 문제에서 실패했다. 모든 인간은 온전해지기 위해 각자 다른 방식으로 하나님의 용서라는 은혜가 필요하다. 이것이 기독교 복음의 핵심이고, 내 인생에서 지속적으로 얻게 되는 교훈이었다. 만일 이 책이 다른 사람의 "죄"를 묘사하고 분석한 것으로 보인다면 다음과 같은 사실을 기억해야 하리라. 만약 이 수용소에 대한 다른 책이 나온다 해도, 거기서는 다른 등장인물(의심할 바 없이 나도 포함될 것이다)이 조금 다른 역할을 맡을 뿐이지 결국에는 동일한 이야기를 하게 되리라는 것이다. 편의를 위해 등장인물들의 이름은 모두 가명으로 했다.

랭던 길키

"아무리 성자 같은 사람도 식사다운 식사를 못하면
죄인처럼 행동할 것이다."

_베르톨트 브레히트,『서푼짜리 오페라』(열린책들 역간)

1
미지의 곳으로

1943년 2월 말, 내가 북경에서 다섯 명의 총각 교사들과 함께 기거하던 집으로 문제의 편지가 날아왔다. 북경에 있는 미국인과 영국인들을 "어딘가 수용소"로 보낼 거라는 소문이 몇 주째 떠돌던 터였다. 어떤 사람은 우리가 일본으로 보내질 거라고 했고 어떤 사람은 만주, 어떤 사람은 중국 감옥일 거라고 했다. 이런 이야기는 점점 부풀려지고 각색되었다. 나는 곧 무슨 일이 벌어질 것을 직감했다. 그래서인지 그 하얗고 기다란 봉투를 뜯을 때 불안이 밀려왔다.

매우 격식을 갖춘 영어로 쓰인 그 공문서에는 "여러분의 안전과 편리를 위해" 모든 적국 국민은 열차로 위현 근처의 "민간인 수용 센터"로 보내질 것이라는 내용이 적혀 있었다. 위현은 남쪽으로 300킬로미터 정도 떨어진, 산둥 지역에 있는 도시였다. 이 편지는 계속해서, "위현 수용소에서는 서구 문화의 모든 편의가 제공될 것"이라고 말했다. 편의를 위해 개인당 침대나 간이침대, 트렁크 한 개씩을 미리 부칠 수 있다고 했다. 부엌 용품은 직접 가져가야 했다. 이상의 물품들 외에는 손으로 들 수 있는 만큼만 허락되었다. 마지막으로 편지는, 일본 정부가 우리에게 제공하는 이 "드문 기회"를 철저히 준비하라는 말로 끝났다.

    수용소에 갈 준비는 어떻게 하는 것일까? 여기에 대해서는 영국인도 미국인도 그 누구도 알지 못했다. 또한 우리가 어디로 보내질지, 그곳에 도착한 이후의 삶은 어떨지 아무도 알지 못했다. 연이은 소문에 의하면 우리가 갈 수용소는 오래된 장로교 선교 시설 안에 있다고 했지만, 그 이상의 정보는 알 수 없었다. 나는 감옥에서의 단조로운 생활을 상상하며, 아리스토텔레스, 스피노자, 칸트의 책들을 챙겼다. 여행안내 책자에 나오는 문구 같은 그 편지의 약속을 진지하게 받아들인 어떤 사람은 골프채를 끙끙거리며 메고 왔다. 하지만 나도 그 사람도 둘 다 틀렸다. 현명한 사람들은 담요, 수건, 기본적인 야영 도구와 가사 도구를 챙기라고 충고했다. 그리고 몇 권의 책과 가능하다면 악기를 반드시 싸가라고 했다. 또 필수 의약품도 꼭 챙기라는 충고를 들었다. 우리 중에 있던 의사와 간호사 몇 명이 위원회를 구성해서 필수 의약품을 구입하고 배분한 덕분에, 모두가 어느 정도 의약품을 가져갈 수 있게 되었다. 먼 곳까지 짐이 운반되기 위해서는 여러 주가 걸릴지도 모르기 때문에 따뜻한 여벌옷도 최대한 많이 들고 가야 했다.

3월 25일, 우리 미국인들은 구 미국 대사관 건물에 모였다. 대사관 직원들이 떠난 텅 빈 건물 앞 잔디밭에는 잡다한 부류의 사람들이 각양 각색의 물품들을 가지고 모여들고 있었다. 다양한 외모와 체형을 가진, 6개월에서부터 85세에 이르는 각계각층의 남녀 400여 명이 거기 있었다. 감당하기 힘들 만큼 많은 물건을 가져왔다는 점 외에 우리가 가진 유일한 공통점은, 두려움과 흥분이 묘하게 뒤섞인 기분뿐이었다. 우리는 야영을 떠나는 것일까, 아니면 고문 기술자가 기다리는 고문대로 향하는 것일까? 이 불확실함 때문에 우리의 감정은 요동쳤고, 목소리가 커지고 마음은 조급해졌다.

물론 나는 내가 일하던 연경 대학 교사들과는 친숙했다. 연경 대학은 북경 가까이에 위치한 미국 계열의 사립대학이었는데, 당시 중국에 있던 10개의 "기독교 대학"들 중 하나였다. 중국인 학생들과, 학생 수의 약 3분의 1에 해당하는 서양인 교수들로 이루어진 학교였다. 우리 그룹에는 나이 많은 교수들, 나 같은 이십 대의 젊은 강사들, 스탠리 모리스 같은 중국어 전공 대학원생들, 그리고 많은 여교수들이 있었다. 또 북경협화 의과대학(Peking Union Medical College) 의사들과 개신교 협회의 선교사 가족들, 또한 몇몇 사업가들도 내가 아는 사람들이었다. 이 사업가들은 지난 일 년 반 전부터, 우리가 일본의 포로가 되어 북경 시내에 갇힌 이후로, 미국인들이 지도력을 발휘하도록 돕고 있었다.

하지만 그 외에 대부분의 사람들은 낯설었다. 예를 들어 몇 미터 떨어진 곳에는 칼 바우어가 서 있었다. 이 남자는 키가 크고 몸이 곧고 건장한 심술궂은 인물로, 해병대 출신이며 전직 프로 농구 선수였다. 칼은 결코 웃는 일이 없었다. 그에게는 모든 일이 성가셨고 모든 사람이 적이었다. 나중에 알게 되겠지만, 이 사람은 자신이나 다른 사람을 불행하게 만드는 재주에 있어서 그 누구보다도 뛰어났다. 바우어 옆에는 덥수룩한 턱수염과 푸르스름한 녹색 피부를 가진 창백하고 삐쩍 마른 유령 같은 남자가, 더럽고 찢어진 옷을 입은 채 서 있었다. 이 사람의 이름은 블릭스로, 그는 자신의 빈약한 육신을 천천히 갉아먹는 마약에 중독되어 있었다.

이와는 대조적으로, 버려진 대사관 건물 층계 근처에는 부자임이 분명해 보이는 나이 많은 부인들이 모여 있었다. 그녀들은 모두 모피를 입고 우아한 모자를 쓰고 있었다. 내가 들은 바에 의하면 이들 중 몇몇은 은퇴하고 북경에 와서 살고 있는 부유한 과부들이었으며, 다른 몇몇은 세계를 여행하다가 마침 갑작스러운 진주만 공격으로 중국 북부에 억류된 사람들이라고 했다. 이들과는 멀리 떨어진 곳에, 이미 버려진 지 오래된 미국 대사관저 옆에는 로마가톨릭 사제와 수사, 수녀로 보이는 사람들이 수백 명 있었다. 이들은 선교사로 몽골에서 붙잡혔으며, 자신들이 살던 수도원에서 끌려와 우리와 함께 수용소로 보내지게 되었다. 이런 군상 속에는 다양한 인간사가 그대로 드러나는 것 같았다.

우리는 명령을 기다리며 서 있었다. 아이들은 저마다 곰 인형을 꼭 끌어안고 있었다. 들고 갈 만큼의 물건만 가져와야 한다는 일본인들의 엄한 명령에도 불구하고, 독신자나 가족이나 할 것 없이 모두 몇 개나 되는 가방에, 캠핑 도구에, 외투에, 어린이용 변기에, 야영용 의자에, 기타 등등 잡다한 짐들에 둘러싸여 있었다.

일본인들의 경고는 농담이 아니었다. 낮 열두 시 정각이 되자 일본인 장교 한 명이 메가폰을 들고 소리쳤다. 모든 사람은 자기 물건을 손에 들고 기차역까지 이동해야 한다는 것이었다. 겁에 질린 신음 소리가 군중을 휩쓸고 지나갔다. 노인들과 가장인 아버지들, 독신 여성들은 1.5킬로미터나 떨어진 기차역을 떠올리고는 거의 공황 상태에 빠져 자기 발 옆에 산더미처럼 쌓인 물건들을 바라보았다. 그중에는 혼자인 남성들도 상당수 있었지만(바로 전 해에 가족을 고국으로 보낸 사람들이 많았다), 그들도 이미 스스로 감당할 수 있는 최대한의 짐을 가져왔기 때문에, 다른 사람의 짐까지 들고 갈 수 없었다. 노인들과 어린아이들도 어떻게든 자기 물건을 끌고 가야만 했다. 다 필수품이었다. 머나먼 수용소에서 언제까지인지도 모르는 기간 동안 낯선 삶을 시작하려고 하는데, 무엇을 남겨두고 떠날 수 있겠는가?

일본인 장교는 한 번 더 이동하라고 소리를 질렀다. 짐을 들고 움직이는 것 외에는 다른 방도가 없었다. 일흔 살이 넘은 사람을 제외하고는 모든 남자가 적어도 두 명분 이상의 가방을 들고 행진을 시작했다. 우리는 대사관 구내에서 북경 시내 큰길로 느릿느릿 걸어갔다.

큰길로 나가보니 일본인들이 북경 시내 중국인들을 길가에 세워놓고 우리가 당하는 굴욕을 구경하게 하고 있었다. 중국인들은 일본인들에게 대항하는 데 있어서 우리 동지였다. 전쟁 발발 이래로 중국인들은 우리에게 많은 도움을 주었다. 하지만 그들도 오랫동안 서구의 지배를 받았던 터라, 400명의 서양인들이 힘없이 길을 걷는 모습을 무표정하게 바라보며 복잡한 감정을 느꼈을 것이 분명했다. 중국의 도시와 항구 전역에서 벌어진 이런 행진을 통해, 일본인들은 그동안 서구가 동양에서 누렸던 위세가 끝났음을 상징적으로 보여주려 했다. 그래서 우리는 더욱 몸을 곧추 세우고 걸으며 위엄 있는 모습을 보이고자 최선을 다했다. 하지만 이는 네다섯 개의 가방을 짊어진 젊은이에게도 매우 어려운 일이었으며, 노인에게는 불가능한 일이었다. 그래서 그 서글픈 여로에서 우리는 일본인들이 바라던 바와 같은 우스꽝스러운 광경을 제공하고야 말았다. 오랜 시간이 지난 지금 그때를 돌아보면, 일본인들의 판단이 옳았음이 분명해진다. 무거운 짐을 지고 역으로 느릿느릿 향해가던 이 행렬과 함께 아시아에서 서구의 지배는 막을 내렸던 것이다.

한 시간이 꼬박 지나서야 이 행진은 끝이 났다. 한 명이 치명적인 심장마비를 일으켰고 두 명이 실신했다는 말을 들었지만, 이런 정도의 손실은 그나마 약과라는 생각이 들었다.

역에 도착하고 나서도, 우리를 위현으로 데려갈 기차가 준비되는 데 약 한 시간 정도가 더 걸렸다. 그동안 플랫폼을 벗어나거나 중국인들과 접촉하지 말라는 명령이 떨어졌다. 중국인들과 접촉하지 말라는 명령은 행상들로부터 음식이나 마실 것을 사지 말라는 의미였기에 결코 반길 일이 아니었다. 행상들은 반대쪽 플랫폼에서 무언가를 갈망하듯 우리를 바라보고 있었는데, 우리만큼이나 실망한 표정이었다. 우리는 위현까지의 긴 여행 동안 각자가 가져온 얼마 안 되는 식량으로 견뎌야 했다. 우리 모두는 짐 위에 걸터앉아 기다렸다. 수통의 물을 홀짝이고 샌드위치를 조금씩 뜯어먹으면서 말이다.

기차에 타고 난 이후에도 상황은 나아지지 않았다. 우리는 삼등 객차의 딱딱한 나무 좌석에 다닥다닥 붙어 앉아야 했는데, 그나마도 일부는 서 있거나 짐 위에 앉아야 했다. 이런 불편한 상태로 24시간 동안 기차의 움직임에 따라 이리저리 흔들리며 남쪽으로 300킬로미터의 거리를 이동했다. 역까지 걷느라 이미 기진맥진한 노인들, 그리고 유아와 어린이들에게 흔들리고 냄새 나는 기차에서의 하룻밤은 분명히 악몽 같았을 것이다. 느슨한 창문이 덜커덩거리는 소리, 오래된 구식 경적의 찢어지는 소리가 배고픔과 목마름, 두려움으로 울부짖는 불쌍한 아이들의 소리와 뒤섞였다.

아무도 잠들지 못했다. 우리는 앞으로 무슨 일이 닥칠지에 대해 끝없이 이야기를 주고받았다. 감옥에 갇힐까? 그렇게 되면, 거기서 무슨 일을 하게 될까? 소문대로, 젊은이들은 죽을 때까지 노동을 하게 될까? 먹을 것은 충분할까? 흥분과 불안, 그리고 호기심이 묘하게 뒤섞였다. 수용소 생활은 도대체 어떨까?

밤이 깊었을 때 우리 옆 칸에서 노랫소리가 들려오기 시작했다. 노랫소리는 처음에는 나지막했지만 나중에는 점점 커져갔다. 어린아이들이 그 소리에 소란을 피우기 시작했다. 옆 칸을 보니 자욱한 담배 연기 사이로 수염을 기른 수도승 같은 사람들이 희미하게 보였다. 불편함 따위는 별로 신경 쓰이지 않는 듯 이 쾌활한 수사들은 네덜란드와 벨기에 학생들이 술자리에서 부르는 노래를 목청껏 부르고 있었다. 예상치 못한 이들의 기분 좋은 유머에 잠시 놀라긴 했지만 곧 모두 함께 즐거워했다. 어떤 이들은 자기 열차로 돌아가서도 힘차게 노래에 동참해 목이 쉬도록 노래를 불렀다. 그 사이 기차는 캄캄한 평원 위를 흔들거리며 달려서 우리 앞에 놓인 어두운 미지의 땅으로 향했다.

우리가 가지고 있던 음식과 물은 그날 밤 일찍이 동이 났다. 제대로 잠을 잔 사람은 아무도 없었다. 그래서 다음 날 오후 위현역에 도착했을 때 우리는 모두 꾀죄죄하고 몸이 뻣뻣하게 굳은, 배고프고 지친 무리로 변해 있었다. 역에서 우리를 맞이한 사람은 천진에서 온 영국인 사업가로, 그는 첫 번째 천진 그룹이 이 수용소로 보내지기 4일 전에 이곳으로 온 사람이었다. 곧 군 트럭이 와서 우리를 위현시에서 5킬로미터쯤 떨어진 캠프로 데려갈 거라는 그의 말을 들었을 때는 모두들 기뻐했다. 하지만 영국인의 두 번째 말에는 모두 가슴이 철렁 내려앉았다. 중국인은 아무도 캠프에 들어갈 수 없다는 것이었다. 중국인은 들어가지 않는다고? 그러면 저 새로운 세상에서는 누가 허드렛일을 하지? 누가 음식을 만들고 따뜻한 불을 지피지? 이런 생각과 함께, 오랜 시간 집과 학교에서 시중을 받으며 살아온 삶이 끝나가는 것을 느낄 수 있었다. 따뜻한 집, 음식, 물, 깨끗한 옷을 제공받던 익숙한 안락함이 박탈되고, 완전히 새로운 삶이 시작됨을 실감했다.

곧 트럭들이 도착했고 우리는 짐을 들고 트럭에 기어올랐다. 40분 정도 달리는 동안 자갈이 깔린 시내 도로를 지나 도시 외곽의 거대한 관문들을 통과한 후에 시골길을 5킬로미터쯤 더 가서 수용소에 도착했다. 수용소 안에서의 삶이 어떨지 궁금해하며 우리는 경직된 모습으로 트럭에서 내려 주위를 둘러보았다.

수용소는 중국에 있는 다른 해외 선교 본거지처럼 칙칙한 회색의 보호 시설처럼 보였다. 도시의 한 구획 정도의 크기였다. 중국 건물에는 다 있는 흔한 1.8미터 높이의 담장이 처져 있었고, 그 너머로는 서양식 건물의 지붕이 보였다. 수용소 내부에 있는 나무 몇 그루가 우리를 반기는 것 같았다. 물론 이 수용소에도 어디서나 볼 수 있는 큰 정문이 있었다. 정문 양편으로는 우리가 방금 지나온 황량하고 평평한 먼지투성이의 산둥 지역 농토가 펼쳐져 있었다. 마지막으로 우리는 몸을 돌려 이 풍경을 한 번 더 바라보았다. 타고 온 트럭의 경비병이 소리를 질렀고, 우리는 정문을 향해 오르막길을 걷기 시작했다.

우리 눈에 처음 들어온 것은 더럽고 헝클어진 차림의 난민 같은 사람들이 문 안쪽에 서서 호기심을 띤 성난 눈빛으로 우리를 바라보는 모습이었다. 그들은 축축하고 구겨진, 때와 먼지투성이의 옷을 입고 있었는데, 마치 막 도로 보수 작업을 끝낸 노동자들 같았다.

나는 그들을 보면서 혐오감을 느끼며 이렇게 생각했다. "세상에! 쓰레기장이나 뒤지는 부랑자들 같구먼. 왜 좀 씻지도 않는 거지?"

그들을 보자 극도의 암울함이 나를 덮쳤다. 우리도 시간이 지나면 저들처럼 음울하고 너저분해질까? 우리도 저들처럼 활기 없고 불결한 모습으로 살게 될까?

이 사람들이 도대체 누구인지 나는 궁금했다. 혐오감을 일으킨 이들은 우리보다 먼저 수용소에 도착한 이들이었다. 멀지 않은 항구 도시인 청도에서 온 사람도 있었고, 천진에서 온 사람도 있었다. 사실 북경에서 온 소수의 우리 그룹 이외에 다른 사람이 수용소에 있으리라고는 전혀 예상하지 못했다. 완전히 낯선 사람들과의 갑작스러운 대치 상황에 반감과 흥분이 교차했다. 역설적이게도, 이 수용소 생활은 학자, 사업가, 선교사뿐인 북경의 작은 서양인 세계보다 더 넓고 생동감 있는 세상을 젊은 나에게 보여 줄지도 몰랐다. 나도 모르는 사이에 이 낯선 사람들 속에서 얼굴이 예쁘거나 몸매가 멋진 사람을 찾고 있었다. 꾀죄죄해 보이는 무리 중에도 이런 사람을 서넛은 볼 수 있었다.

호기심 어린 눈초리를 받으며 우리는 정문을 통과한 다음 줄지어 늘어선 작은 방들과 에드워드 양식의 교회를 지나, 수용소 한쪽 모퉁이에 있는 소프트볼 구장으로 이동했다. 여기서 줄을 맞추어 서서 인원수를 점검받았는데, 수용소 곳곳에 감시탑이 서 있는 것이 처음으로 눈에 들어왔다. 여기저기 배치된 기관총과 담장 위를 따라 전기 철조망이 설치된 것을 보고 나는 섬뜩한 느낌이 들었다.

또한 우리 쪽을 겨누고 있는 기관총을 보았을 때는 오싹함에 몸이 떨렸다. 이제 모든 것이 변했고 이것이 철저한 현실이라는 느낌이 뼈저리게 다가왔다. 나는 갑자기 무언가에 갇힌 느낌, 어떤 이유로도 밖에 나갈 수 없는, 적군의 철권 하에 있는 포로수용소에 갇힌 느낌이 어떤 것인지를 실감할 수 있었다.

이런 인식과 함께 나의 세계가 갑자기 축소되어버렸다. 담장 밖의 시골 풍경은 이제 기억에서 흐려지고 마치 연극 무대의 배경처럼 비현실적이 되었다. 이제 내가 살아가야 할 현실은 서 있기에도 비좁은 옹색한 장소로 느껴졌다. 처절한 절망을 느끼며 나는 생각했다. '이렇게 좁은 곳에 갇혀서 어떻게 잠시라도 살 수 있지? 갑갑하고 지루해서 미치는 거 아닐까? 이 황량한 곳에서 도대체 뭘 할 수 있을까?'

실의에 빠진 나는 평소 알고 지내던 의사 곁으로 다가갔는데, 마침 그 의사는 영미 연초회사의 윌리엄 몬터규와 이야기하는 중이었다. 윌리엄 몬터규는 북경 미국인들의 "지도자"격인 인물로서, 소프트볼 구장 한쪽 구석에서 즐거운 웃음이 섞인 활기찬 대화를 주도하고 있었다. 어떤 불행에도 절망하지 않을 듯한 이 유능한 남자는 낙타털 외투를 입고 있었는데, 수용소 집단의 리더라기보다는 마치 동창회 친선 운동경기에 온 행복한 늙은 졸업생처럼 보였다. 일본인들이 몬터규에게 우리 그룹의 전반적인 책임을 맡을 사람, 숙소를 관장할 사람, 식량과 조리를 담당할 사람을 각각 한 사람씩 뽑으라고 지시한 듯했다. (말할 필요도 없이, 몬터규는 이미 자신이 그 자리에 임명된 것처럼 여기고 있었다!) 이 활기찬 일단의 사람들은 우리에게 주어진 첫 감투 자리에 적합한 사람들의 이름을 들먹이고 있었다. 영어와 철학을 가르치던 겨우 스물네 살짜리 교사가 어떻게 이 정치적 세계에 참여할 수 있었는지는 모르지만, 어쨌든 나는 숙소를 담당할 사람으로 아널드 볼드윈 박사를 추천했다. 그는 전쟁 발발 후 미국인 노숙자들을 돕기 위해 북경에서 조직된 미국인 숙박 위원회의 대표였기 때문이다. 그러자 몬터규는 나를 힐끗 보더니(우리는 서로 거의 모르는 사이였다), 재빠르고도 차가운 어조로 말했다. "안 되지, 볼드윈은 그것보다 훨씬 중요한 일을 해야지. 의사가 아무리 많아도 여기서 아픈 사람들을 돌보기에는 모자랄 걸."

나는 몬터규의 생각이 전적으로 옳다는 생각이 들었으며, 이런 의견을 내놓은 것이 부끄럽기까지 했다. 막 그 자리에서 돌아서려는데, 놀랍게도 볼드윈이 이렇게 말하는 것이 아닌가. "좋아, 몬터규의 제안을 받아들이도록 하지, 하지만 숙소 일은 이 길키라는 청년에게 맡기는 게 어떨까?"

몬터규는 다시 나를 쳐다보더니 눈을 가늘게 뜨며 이렇게 말했다. "좋아, 길키. 숙소 문제를 맡아 날 도와주게. 내가 모든 전반적인 책임을 맡도록 하지. 포스터 박사는 의약 문제를 다룰 수 있을 테고, 조리 맡을 사람은 주방을 살펴보고 나서 찾아야겠군."

나는 침을 꿀꺽 삼키고 아무 말도 하지 않았다. 나는 주거 문제에 대해서는 아무것도 아는 바가 없었으며 행정 경험도 거의 없었다. 하지만 돌이켜 생각해보니, 수용소에서 사람들을 어떻게 숙박시켜야 할지 아는 사람이 누가 있겠는가? 활기 넘치는 몬터규와 함께 일하는 것이 침대 옆에서 우울하게 신발이나 쳐다보는 것보다는 나을 게 분명했다. 그래서 나는 숙소 일을 맡아보겠다고 말하고는 다시 친구들이 있는 곳으로 돌아왔다.

곧이어 우리는 다시 줄을 맞추어 서서 인원수를 점검받았고, 수용소 생활의 규칙과 우리가 이곳에 오게 된 것이 얼마나 운 좋은 일인지에 대한 긴 연설을 들어야 했다. 맹세해야 했다. 이는 아주 엄중한 경고로 들렸다. 3월의 바람은 어느새 얼음처럼 차가워졌다. 그런데 이 음울한 장면 속에 뭔가 새로운 것이 눈에 들어왔다. 운동장 모퉁이에 모인 잡다한 무리 속에서 두세 명의 아름다운 소녀들을 얼핏 보았던 것이다. 해산할 때 몬터규는 내일 밤에 있을 "지도자" 모임에 나와서 회의록을 작성해주면 좋겠다고 내게 말했다.

최초의 점호가 끝나자, 수용소에 먼저 도착해 있던 천진에서 온 또 다른 영국인 사업가 한 사람이 우리 북경 그룹의 독신 남자들을 불러 모았다. 그는 격자무늬 모직 셔츠에 나비넥타이, 회색 모직 코트에 체크무늬 사냥 모자를 쓴 말쑥한 차림이었지만, 일주일 내내 같은 것을 입고 있었던 탓에 조금 지저분했다. 이 영국인 사업가는 우리를 임시 거주 구역으로 안내했으며, 또 다른 사람들이 가족과 독신 여성들을 그들의 거주 구역으로 안내했다.

우리의 거처는 두 동의 학교 건물 중 한 건물 지하였다. 안내된 방은 가구가 전혀 없는 큰 방으로, 시멘트 바닥은 축축하고 더러웠다. 천장에는 전구가 매달려 있었고 회칠한 벽 틈 사이로 젖은 얼룩들이 보였다. 복도에는 잠자리로 쓰게 될 깔개들이 있었는데, 우리가 부친 침대는 몇 주가 지나서야 도착할 것이기 때문에 이 깔개를 잘 보관해야 한다고 했다. 몸을 씻고 30분 정도 휴식을 취하고 나면, 우리보다 먼저 도착한 청도 출신 사람들이 운영하는 주방에서 수용소에서의 첫 식사를 하게 될 것이라고도 했다. 또한 다음 날에는 북경에서 온 우리가 따로 주방 업무를 시작하게 될 것이고, 며칠 후에는 천진에서 올 사람들을 위해 식사를 제공하게 될 것이라는 이야기도 들었다.

우리는 짐을 차가운 시멘트 바닥에 내려놓고 침대로 쓸 깔개들을 찾아왔다. 몇몇은 화장실과 세면실을 찾아 밖으로 나갔는데, 140미터 정도 떨어져 있다고 했다. "수용소 좌측 길을 따라가다가 왼쪽으로 돌면 된다"라고 누군가 말해주었다. 우리는 이 새로운 세계를 호기심에 찬 눈길로 살피면서 걸어갔다.

우리는 건물 앞의 공터를 지나서 작은 방들이 줄지어 있는 곳에 다다랐다. 운동장, 교회, 병원, 학교 건물을 제외하고는 수용소는 모두 이런 작은 방들로 가득 차 있었다. 이 방들을 지나는데, 우리가 그랬던 것처럼 몇몇 가족이 우왕좌왕하며 활기 없는 모습으로 이 작은 방에 자리를 잡으려고 애쓰는 모습이 보였다. 독신 남자들이 투덜거리던 불평과는 대조적으로 이 방들에서는 아기와 어린이들의 볼멘 울음소리가 울려나왔다.

잠시 후 우리는 작은 저수조 밑에 있는 수동식 펌프에 도착했다. 한 건장한 체격의 영국인 엔지니어가 황혼녘의 추위에도 불구하고 상의를 벗은 채 열심히 펌프질을 하는 모습이 보였다. 길고 일정한 그의 펌프질을 보면서, 나는 갑작스레 왜 그가 여기서 이런 일을 하고 있는지 깨달았다. 수용소에서는 우리가 모든 일을 스스로 해야 한다는 현실을 깨달은 것이다. 우물에서 물을 긷고 수용소 입구에서부터 보급품들을 나르는 일, 음식을 만들고 불을 지피는 일, 모두가 우리 손으로 해야 하는 일이었다. 여기에는 하인도 없고, 기계도 없고, 수돗물도 없고, 중앙난방도 없다. 펌프질을 하는 영국인 엔지니어의 등이 규칙적으로 오르락내리락 했다. 그를 지나쳐 화장실로 들어가려는데 갑자기 그가 말을 걸었다. "어이 친구들, 여기선 누구나 다 자기 몫의 일을 해야 돼, 알지?"

남자 화장실의 문을 열자 코를 찌르는 지독한 악취가 났다. 서양인인 우리들은 3월의 신선한 공기를 찾아 다시 밖으로 나올 뻔 했다. 놀랍게도, 화장실 안의 집기들은 새로 설치된 것이었다.

바닥에는 자기로 만들어진 동양식 변기가 있었는데, 용변을 보려면 그 위에 불편한 자세로 쪼그려 앉아야만 했다. 벽에도 자기로 된, 긴 금속 당김줄이 달려 있는 소변기들이 있었다. 그러나 변기들은 밖의 저수조와 연결되어 있지 않았다. 저수조와 연결된 것은 샤워기뿐이었다. 벽에 있는 새로 설치된 관들은 아무 데로도 연결되어 있지 않았다. 변기들은 이미 거의 넘칠 판이었다. 하지만 하인도 없고, 배관공도 없고, 수돗물도 거의 나오지 않는 수용소에서 이 문제를 도대체 어떻게 해결해야 할지 알 수가 없었다.

화장실에서 나와서, 처음으로 수용소를 제대로 보기 위해 여기저기 돌아다녔다. 수용소 크기가 폭이 180미터, 길이가 140미터 정도 밖에 되지 않는 것을 보고 다시 한 번 놀랐다. 더 놀라운 것은 엉망진창으로 망가진 시설 상태였다. 전쟁 전 이곳은 중학교, 병원, 교회도 있고, 세 개나 되는 주방에 제빵용 오븐도 있고, 기숙생을 위해 여러 개의 작은 방을 갖춘 시설 좋은 미국 장로교 선교 본부였다. 여러 해 전에 헨리 루스(Henry Luce, 미국의 잡지 발행인)가 여기서 태어났다는 말을 들은 적이 있었다. 건물 자체는 손상되지 않았지만, 많은 일본인과 중국인이 거쳐 가는 바람에 건물 안의 집기들은 모조리 엉망진창이었다. 건물에서 꺼낸 집기들이 수용소 여기저기에 버려져 길과 공터를 메우고 있었다. 갖가지 금속제 물건들, 방열기, 낡은 침대, 파이프 파편, 무엇인지 알 수 없는 잡동사니가 있었고, 그중에는 사무실과 교실에서 나온 부서진 책상, 벤치, 의자도 보였다. 우리 "숙소"는 과학 건물 지하였기 때문에, 우리는 돌아오는 길에 화학 실험실의 잔해를 뒤졌다. 이틀 후에는 여기서 건진 물건들을 진료하는 데 쓰도록 병원에 가져다주었다.

온갖 물건이 널브러져 있는 이 암울한 광경에서 얻을 수 있는 한 가지 위로가 있다면, 앞으로 살면서 필요한 물건을 이 거대한 잡동사니로부터 찾을 수 있겠다는 생각이었다. 버려진 낡은 책상과 벤치는 가구라고는 전혀 없는 황량한 숙소에서 세면대로 쓸 수 있었다. 부서진 의자는 축축한 바닥 위에 놓고 앉을 수 있었다. 다른 사람들도 우리와 똑같은 생각을 하는 것 같았다. 숙소로 돌아오는 길에, 희미한 불빛 아래서 잔해를 헤치며 쓸 만한 것들을 주워가는 사람들의 모습이 보였다. 이 보물들이 모두 없어지기 전에 우리도 다음 날 가장 먼저 "수거" 작업을 하기로 결심했다.

숙소로 돌아온 후 곧바로 저녁 식사를 위해 수용소의 다른 곳으로 안내되었다. 조용하고 음울한 표정을 한 사람들이 손에 그릇과 숟가락을 들고 약 60미터가량 줄을 선 모습이 보였다. 나는 깜짝 놀라서 안내하던 사람에게 저 사람들이 여기서 도대체 무엇을 하는 것인지 물어보았다.

청도에서 온 안내인은 친절한 사람이었는데, 수용소 생활에 어지간히 익숙해진 사람답게 편안함과 권위가 있었다. "당연히 밥 먹으려고 줄 서 있는 거지요." 그 영국인은 쾌활하게 대답하고는 이어서 말했다. "지금 줄 서면 한 40분 후면 밥을 받을 수 있을 겁니다."

하루에 세 차례 밥을 먹기 위해 저렇게 오래 기다리는 것을 과연 견딜 수 있을까? 그러나 나도 사람들을 따라 줄을 섰고, 45분쯤 지나 빵과 멀건 수프를 퍼주는 테이블에 이르렀다. 그게 저녁 식사였다. 빵을 더 먹을 수 있다는 것이 참 다행이었다. 아무것도 먹지 못한 채 긴 기차 여행을 했던 우리는 배가 몹시 고팠다. 그 맛없는 수프로는 부족해서 빵을 열 조각이나 먹었다.

식사를 끝내고 다시 줄을 서서 청도에서 온 여자들이 설거지를 하도록 그릇과 숟가락을 내주었다. 새로운 상황에서 허드렛일을 하는 방식이 어느 정도 눈에 들어오기 시작했다. 밖으로 나오다가 중국식 대형 가마솥이 있는 김이 가득 찬 주방을 지나는데, 우리 북경 그룹에 속한 남자 세 명이, 이들보다 사흘 앞선 경험을 통해 "전문가"가 된 청도 그룹 남자들로부터 주방 기구 사용법을 배우는 모습이 보였다. 음식은 맛이 없었지만 그래도 배는 불렀다. 숙소 문제를 책임지고 있는 내 보직도 무한히 자랑스러웠고, 이 기묘한 수용소가 어떻게 돌아가는지 더 알고 싶어졌다.

숙소로 돌아왔을 때는 이미 상당히 추웠다. 중국 북부의 기후는 시카고나 캔자스와 비슷했다. 그래서 3월 밤에도 얼음이 얼었다. 잘 마른 옷과 난방이 없으면 온몸이 꽁꽁 얼 수밖에 없었다. 말할 필요도 없이 두 가지를 모두 가지고 있지 않은 우리는 텅 빈 방에서 발을 동동 구르며 뼛속까지 시려오는 추위를 느껴야 했다. 잠들려고 애쓰는 것 외에는 아무것도 할 수 없었다. 잡담을 하려고 해도 앉을 자리가 있어야 하지 않겠는가! 그래서 우리는 옷을 껴입은 채로 깔개 위에 드러누웠다. 가진 것이라고는 각자 들고 올 수 있었던 물건뿐이었기 때문에, 외투를 이불 삼아 스웨터를 베개 삼아 누웠다. 시멘트 잠자리가 불편해서 이리저리 뒤척였지만 결국엔 지독한 피로로 잠이 들었다.

다음 날 아침 눈을 뜨니 차가운 폭우가 쏟아지고 있었다. 비는 수용소를 거대한 진흙 늪으로 만들어버렸다. 비가 오는 와중에도 우리 신참들은 다시 소프트볼 운동장에 소집되었다. 다시 인원 점검을 받았고, 선서를 했고, 말 잘 들으라는 명령을 받았다. 그리고 이번에는 가지고 있는 현금을 모두 내놓으라고 명령도 떨어졌다. 이미 청도 그룹 사람들로부터 이 명령에 따르는 것은 완전히 바보 같은 짓이라는 경고를 들었던 터라, 가지고 있던 현금 대부분을 신발이나 속옷에 숨기고 내놓지 않았다.

이틀 후 우리는 흠뻑 젖은 채 흙탕물을 튀기며, 화가 나면서도 강한 호기심에 이끌려 경비를 따라 우리의 새 "영구" 숙소로 이동했다. 이곳은 지난밤 지냈던 축축한 지하 방보다는 훨씬 나았지만, 여전히 이상적인 숙소와는 거리가 멀었다. 기껏해야 네다섯 명이 쓰면 적당할 가로 2.7미터, 세로 3.6미터 정도의 말할 수 없이 더러운 방 세 개에 우리 열 한 명의 독신 남자들을 쑤셔 넣었다. 전날 밤 숙소와 마찬가지로 벽과 바닥에는 아무것도 없었고 앉을 곳은 짐 가방뿐이었으며, 누울 곳은 밀짚 깔개뿐이었다. 난방의 기미는 전혀 찾아볼 수 없었다. 숙소는 지저분하고 썰 렁하고 춥고 축축했다. 2주 후에 침대가 도착할 때까지 수용소의 방들은 다 마찬가지 상황이었다.

독감이나 폐렴이 이 무방비 상태의 사람들을 다 죽이지 않은 것이 오히려 놀라울 정도였다. 다행히 나는 젊은데다 따듯한 옷도 지니고 있었다. 바닥에서 자려니 옷을 하나라도 벗는 것이 엄두가 나지 않았다. 이렇게 2, 3일이 지나자 처음 수용소에 들어올 때 보고 경멸했던, 먼저 도착한 수감자들과 똑같이 우리 모습도 지저분하고 후줄근하게 변해 있었다.

이런 상황은 이전에는 한 번도 겪어보지 못한 상황이었다. 다른 사람도 마찬가지였다.

중서부 미국 대학에 속한 중상류층 전문직 가정의 안락함 속에서 자란 나는(아버지는 대학 부속 예배당의 참사회장이었다), 집에서는 가정부들의 시중을 받았으며 전쟁 전에는 하버드 대학에서 풍요로운 생활을 했다. (연경에서 영어를 가르치기 위해 중국에 오기 직전인 1940년, 나는 이 대학에서 문학 학사 학위를 받았다.) 24년을 살면서 증기난방, 냉온수가 나오는 수도, 실내 화장실, 좋은 음식, 깨끗한 옷, 넓은 공간, 조용한 학교생활 외에는 거의 아무것도 몰랐던 것이다. 가끔 여행을 가거나 캠핑을 갔던 때가 유일하게 이런 문명의 안락함을 벗어난 때였다. 그러나 이런 기간은 나 스스로 선택했던 짧고 재미있는 경험이었으므로, 내게 지속적인 영향을 미치지 않았다. 수용소의 대부분의 사람들과 마찬가지로 내게 있어서 삶이란 곧 문명이었다. 다른 조건에서의 삶은 거의 상상조차 할 수 없었다. 그러나 위현에서는 문명이 주는 엄청난 편의가 모두 사라졌으며, 이와 함께 육체적인 안락함 역시 모조리 사라졌다.

 이 많은 무리가 그런대로 괜찮은 삶은 고사하고 살아남기라도 하려면, 일종의 문명을 아예 기초부터 새로 시작해야 할 판이었다. 나는 우리 집단이 마주한 문제의 본질을 점차 깨닫기 시작했다. 그럴수록 모든 일이 흥분되고 강렬한 경험으로 다가왔다. 그래서인지 건강한 청년에게 있어서 수용소의 처음 몇 주간은 흥미진진한 경험이었다. 육체적으로는 야전에서의 군 생활보다 더 힘들었지만, 또 한편으로는 훨씬 더 재미있기도 했다. 하지만 육십 대 후반이나 칠십 대의 독신 남녀들, 환자나 몸이 불편한 사람들, 특히 아기와 어린이들, 그리고 그들을 보살피느라 고생한 엄마들에게는 난방도 침대도 없이 생활한 이 처음 몇 주간이 다시는 기억하고 싶지 않은 악몽이었음에 분명하다.

2
생존하는 법을 배우다

일주일쯤 후 마지막 그룹이 도착하자, 수용소 인원은 거의 2,000명에 달했다. 자신을 돌볼 수 있는 아무런 수단도 없이 도시 한 구역만한 좁은 땅에 밀집 수용된 우리는, 이 숫자가 암시하는 의미에 동요했다. 게다가 수용소를 좀더 면밀히 살펴보고 나자 생존을 더욱 걱정하지 않을 수 없었다. 이곳의 시설은 상태가 너무 좋지 않아서 다시 사용하는 것이 거의 불가능할 것 같았다.

이렇게 많은 인원이 불결한 환경에서 생활하며 기껏해야 질이 의심스러운 음식이나 먹게 된다면, 언제고 공중보건에 큰 문제가 생길 수 있었다. 가장 절실하게 필요한 것은 병원이었다. 우리 가운데 의사와 간호사들은 즉시 이를 직감하고 병원을 조직하는 엄청난 일을 맨바닥에서부터 시작했다. 선교회 병원 건물에 가장 비싼 장비들이 많았던 탓인지 이 건물의 상태가 가장 심각했다. 보일러, 침대, 파이프는 모두 뜯겨져 아무데나 나뒹굴고 있었다. 수술대와 치과 진료대는 건물 옆 물건 더미에서 찾을 수 있었다. 그 외 장비나 수술 도구 중에 온전한 상태로 있는 것은 아무것도 없었다. 이런 상황에서, 그리고 그때까지는 수용소에 어떤 노동 조직도 없었다는 것을 생각할 때, 의료진과 자원 봉사자들이 해낸 일은 놀라왔다. 그들은 8일 만에 병원을 청소하고 환자들을 먹이고 돌보는 일을 시작했다. 일을 시작한지 이틀 후에는 검사실도 업무를 시작했다. 열흘이 지나자 성공적으로 수술을 시행했고, 심지어 분만도 이루어졌다. 하지만 어떤 생명에게는 이런 속도조차도 충분히 빠르지는 않았다. 마지막 그룹이 수용소에 도착한 나흘 후, 천진에서 온 한 재즈 밴드 멤버에게 급성 맹장염이 생겼다. 그때는 병원에서 수술이 불가능했기 때문에, 그는 기차로 여섯 시간 떨어진 청도로 보내졌다. 하지만 불행히도 도중에 숨을 거두고 말았다.

또 한 가지 심각한 문제는 용변을 보는 단순한 일이었다. 사람은 2,000명 정도나 되는데, 처음에는 여자 화장실 한 곳 남자 화장실 세 곳뿐이었다. 일본인들은 남자가 훨씬 많을 것이라고 예상했던 모양이다. 그리고 화장실 한 곳에 변기는 대여섯 개뿐이었는데, 수세식 변기는 하나도 없었다. 삶의 불가피한 요소를 해결하기 위해 줄이 끝없이 늘어선 것은 말할 필요도 없다. 길고 초조한 기다림 후에 마침내 목적지에 도달해도 흘러넘치는 변기 때문에, 가엾은 수감자들은 구역질을 하며 제대로 용변도 보지 못한 채로 절망스럽게 돌아서야 했다. 수용소에서 지내는 처음 열흘 동안 나는 하나님의 은혜로 변비가 생기는 바람에, 내 비위의 한계를 시험할 필요가 없어서 천만다행으로 여겼던 기억이 생생하다.

보통 서구 도시인이 사람의 용변을 대하는 태도를 생각해보면, 자신의 배설물을 호기심으로 잠깐 바라보고, 물을 내리고, 비누로 손을 씻는 상쾌함을 느끼는 것이 전부다. 따라서 수세식 변기가 없는 공중변소를 청소하기 위해 동료의 배설물을 헤집는다는 것은 말 그대로 상상도 할 수 없는 일이었다. 그래서 상황은 점점 더 나빠졌다. 몇몇 가톨릭 수사와 수녀들이 개신교 선교사들의 도움을 받아, 얼굴을 천으로 가리고 장화와 대걸레를 빌려 이 끔찍한 일을 처리하지 않았다면 아마 그런 상태가 지속되었을 것이다.

이 용감한 멤버들은 수용소 내 몇몇 기술자들이 이 매일의 공포를 전문적으로 해결할 때까지 계속해서 이 일을 해야 했다. 이 긴급한 문제를 해결하기 위해 여러 시간에 걸쳐 논의한 끝에 (이 문제는 MIT나 왕립공과대학에서는 다루지 않는 문제였다), 기술자들은 변기 사용 후 물 반 양동이를 부어 손으로 물을 내리는 방법을 고안해냈다. 이처럼 삶에 기본적으로 필요한 모든 것들을 해결할 방법을 찾아야 했는데, 그중 가장 중요하면서도 어려운 문제가 식사였다.

건강과 위생 문제에 대해서는 수감자들 중에 전문가가 있었지만, 600-700명분의 음식을 가마솥으로 요리하거나 석탄 오븐으로 2,000명이 먹을 빵을 구울 수 있는 사람은 사실상 아무도 없었다. 청도에서 온 한 식당 주인이 아무 경험도 없는 자원자들에게 수프와 스튜 만드는 법을 가르쳤고, 우리 북경 그룹 주방에서는 전직 해병대 조리사가 식당 근무자들을 요리의 세계로 안내했다는 소식이 들렸다. 우리가 첫 두 주 동안 먹었던 음식을 보면 두 번째 이야기는 사실이었던 것이 분명하다.

한편, 제빵소도 일에 착수하기 위해 고군분투하고 있었다. 첫 한 주 동안은 청도에서 구워온 빵을 공급받았는데, 이것도 기한이 정해져 있었기 때문에 자체 제빵소를 빨리 가동시켜야 했다. 빵이 우리의 유일한 고형 음식이었기 때문이다. 우리 북경 그룹 내에 청도에서 온 페르시아인 빵집 주인이 두 명 있었던 것은 정말 행운이었다. 그들은 자원한 사람들을 2교대로 나누어 매일 모든 사람이 먹을 400덩이의 빵을 혼합하고, 반죽하고, 굽도록 가르치는 데 꼬박 48시간을 보냈다. 한 주가 더 지나자 이 아마추어 제빵사들도 빵 만드는 기술을 어느 정도 익힐 수 있었다. 그후로 누룩이 떨어지지 않는 한 우리 수용소 제빵소는 계속 빵을 만들어냈다. 감히 우리는 그 빵이 중국 최고라고 자부했다.

수용소의 모든 일은 초기에는 다 이런 식으로 행해졌다. 해결해야 할 일이 생기면 그 일에 대해 경험이 있고 할 수 있는 사람이 그 일을 맡았다. 그러다 일이 조직화되고 모든 경험자가 책임을 맡고 나면, 그 다음에는 경험 없는 사람들이 새로운 기술을 배왔다. 이렇게 해서 은행원, 교수, 세일즈맨, 선교사, 무역상, 회사 중역들이 제빵사, 보일러 기사, 조리사, 목수, 석공, 병원 청소부가 되었다. 수용소 입구에서 건물까지 보급품을 나르거나 수용소를 청소하는 일과 같은, 기술이 필요 없는 힘든 일도 많았다. 이런 종류의 일은 처음에는 대개 자원한 사람이 담당했지만, 곧 조직화되어서 모든 사람이 정해진 시간 동안 담당하게 되었다. 철저히 조직화된 계획을 통해 2,000명의 가장 기본적인 물질적 필요들이 채워지기 시작했다. 아직 다듬어지지 않은 초기 형태의 수용소 문명이 등장하기 시작한 것이다.

이렇게 갑자기 육체노동의 세계로 뛰어들게 된 것은, 처음 6개월간 우리 모두가 경험한 값진 시간이었다. 중국에서는 모든 육체노동(기술이 필요한 일이든 아니든)을 중국인들이 맡았다. 따라서 중국에 체류하던 외국인들 중에 "노동자"는 없었다. 수감인 대부분이 사무실에서 중역을 담당하던 남자들이거나, 집에서 수많은 중국인 하인들의 시중을 받던 여자들이었다. 힘든 육체노동을, 그것도 많은 경우 밖에서 해야 하는 노동을 하게 된 것은 새로운 경험이었다. 근육을 사용하는 일로 지치는 것이 어떤 것인지, 하루 동안의 힘든 노동으로 옷은 찢기고 뜯어진 채 검게 그을리고 지저분한 모습으로 돌아오는 것이 어떤 것인지 모두가 알게 되었다.

물론 여러 가지 면에서 이런 체제는 모두에게 이로웠다. 특히 지난 수년간 술집 테라스에서 하이볼(위스키에 소다수 등을 탄

음료)을 너무 많이 마신 사람들(이런 사람이 많았다)에게는 더욱 그랬다. 배가 나오고 턱살이 처졌던 남자들은 다시 날씬해졌고, 햇볕에 그을린 단단한 몸을 가지게 되었다. 이와는 반대로 마약에 중독되었던 폐인이던 브릭스 같은 사람은 피부에서 푸른색이 사라지고 체중과 근육이 늘어서, 1943년 8월 다른 미국인들과 함께 송환되어 수용소를 떠날 때는 건강한 모습이었다. 갑작스레 우리 모두는 평등한 노동자가 되었다. 많은 사람이 인정하지는 않았지만 대부분 이를 좋아했다. 북경에서 온 한 학생(지금은 예일대에서 중국학을 가르치는 유명한 교수가 되었다)은 내게 이렇게 말했다. "적어도 이제부터는 기차역에서 짐 가방을 들 때마다 비틀거리지 않아도 되겠네요!"

나중에 더 자세히 다루겠지만, 숙소 배치에 대해서도 몇 마디 하지 않을 수 없다. 참 역설적이게도, 예전에는 외국인 선교사 전용이었던 널찍한 집들이 이제 서양인 수감자들에게는 출입 금지 구역이 되었다. 이 집들은 우리를 억류하고 있는 동양인 구속자들의 숙소로 배정되었다. 원래 선교 본부였던 수용소 내에는 서너 개의 교실 건물이 있고 중국인 학생들을 위한 작은 기숙사 방들이 줄지어 있었는데, 그곳이 우리의 숙소였다. 수용소에서 가장 큰 비중을 차지하던 가족들은 가로 2.7미터 세로 3.6미터 크기의 방에 배치되었다. 독신 남녀들은 학교 건물의 교실과 사무실에서 마치 기숙사 생활하듯 지냈다.

수용소 크기에 비해 인구가 너무 많고, 일본인들이 숙소 배치를 급하게 하는 바람에 처음에는 제대로 생활을 할 수 없었다. 어떤 방은 남자들이 너무 빽빽이 들어차, 돌아눕는 것조차 힘들었다. 상황이 제일 나은 방의 경우도, 침대 사이의 거리가 45센티미터에 불과했고, 침대 발치에 자기 물건을 놓을 수 있는 공간도 최대 90센티미터가 전부였다. 가로 1.3미터, 세로 2.7미터의 작은 공간에 소유한 물건 전부를 보관하면서 동시에 거처도 해야 했다.

모든 물건을 제대로 배치하는 일은 고역스럽긴 했지만 어떻게든 해결되었다. 공간이 좁아서 옷은 여행 가방에 넣은 채로 침대 아래에 두어야 했다. 따라서 우리는 양말이나 셔츠를 갈아입을 때마다 매번 가방을 힘들게 끌어내야 했다. 크거나 값비싼 물건도 대부분 가방에 넣어두었다. 그리고 나머지 물건들은 침대 머리 위로 설치한 선반 위에 빼곡히 쌓아두었다. 침대는 그 침대의 주인들이 그런 것처럼 모양도 크기도 제각각이었다. 어떤 것은 높고 웅장했고 어떤 것은 낮은 간이침대 같았다. 얼마 전까지 같은 방을 썼던(우리는 방을 세 번 옮겼다) 새스 슬론이라는 친구는 일본인들의 명령을 어기고 더블베드를 사용했다. 슬론은 일본인들에게 그 침대밖에 가진 것이 없다고 말했다. 또 우리에게는 자기는 어떻든 침대 크기만큼 공간을 더 차지할 수 있다고 말했는데, 그것은 사실이었다. 수감자 중 선견지명이 있는 사람들은 침대를 대형 나무 상자에 넣어 부친 이들이었다. 큰 상자는 옷장으로 쓸 수도 있었고 세워놓으면 큰 선반이 되었다. 또 침대마다 여름에 꼭 필요한 모기장을 걸어놓았고, 극성스러운 빈대를 피하기 위해 물이 담긴 빈 깡통도 주렁주렁 매달았다. 남자 숙소로 들어오면, 다양한 모양의 침대가 모기장 때문에 마치 닻을 내린 배처럼 자리 잡고 있고, 침대들 위로는 절벽 위에 선 사원처럼 선반이 달려 있는 모습이 굉장했다.

독신 남녀 숙소에서 가장 어려운 문제는, 서로 전혀 알지 못하는 사람들 속에서 개인의 정체성을 유지하는 것이었다. 십 대나 이십 대도 간혹 있었지만, 중년(40세에서 65세 사이)이 대부분이었고, 더 나이 든 사람도 많았다. 이들 대부분은 몸에 밴 생활 습관을 가진 중산층들, 사생활이 존중받는 안락한 생활에 오랫동안 길이 든 사람들이었다.

그런데 갑자기 이런 사람들이 전혀 모르는 사람들(대개는 극단적으로 다른 사회 계층에 속한 자들)과 함께 커다란 방에 내던져진 것이다. 기어들어가 숨을 구멍도, 자신의 사생활을 보호할 방법도 없었다. 스무 명의 동거인들 앞에서 정신적으로, 또 때로는 신체적으로 발가벗겨진 채, 낯설고 종종 엿보기를 좋아하는 세계에 둘러싸여 삶의 가장 사적인 순간들을 살아내야 했다. 더 힘든 것은, 자신의 습관을 낯선 타인의 습관에 맞추어 바꿔야 하는 것이었다. 가장 지저분한 예를 들어보자. 자신의 반경 45센티미터 안에 한 사람의 타인이 누워 있고, 반경 1.8미터 안에는 적어도 여섯 명이 누워 있는 상황에서, 한밤중에 요강을 사용하고 싶은 욕구가 찾아온다고 해보자. 그것은 자신에게나, 누워서 그 소리를 들어야 하는 사람에게나 쉬운 일이 아니었다. 한 주나 한 달이 아니라 여러 해 동안이나 이런 시험에 익숙해져야 한다는 것은 기숙사의 독신자들에게 엄청난 인내심을 요구했다. 내 침대로부터 반경 45센티미터 안에 있는 이웃을 미워하게 되는 일도 큰 어려움이지만, 수많은 낯선 타인들 속에 있으면서도 그들로부터 소외당하는 노인들의 외로움도 엄청난 고통이었다.

예를 들면 수용소 생활이 시작된 지 한 달쯤 지났을 때, 나는 숙소 팀의 일원으로서, 같은 방에 머물던 스물한 명의 독신 여성들을 진정시키는 임무를 수행해야 했다.

문제의 장소에 도착했을 때는 싸움이 막 끝난 참이었다. 두 무리로 나뉜 여자들이, 원래는 오래된 교실이었던 숙소의 양쪽 끝에 각각 모여 있었다. 싸움을 주동한 이들을 중심으로 결집한 그녀들은 건너편의 적을 노려보았다. 문 앞에서 나를 맞이한 누군가가 말해준 정보에 의하면, 아이오와 농장 출신의 한 선교사가 세련된 영국인 비서를 완전히 뭉개버렸다고 했다. 싸움의 당사자인 두 여자는 극도로 흥분해 벌겋게 달아오른 얼굴로 수치스러워하면서 숨을 헐떡이고 있었다. 더 싸워야 할지, 아니면 울음을 터트려야 할지, 사과를 해야 할지 갈피를 못 잡는 듯했다. 차라리 조용히 죽어버리는 게 낫겠다고, 두 여자 모두 속으로 생각했을지도 모르겠다. 약간 놀란 나는 도대체 무슨 일 때문에 그러는지 물었다. 즉시 양편의 대변자들이 나를 둘러쌌다.

비서 편 대표자가 먼저 말을 시작했다. "저 지긋지긋한 선교사들이 밤에 큰 소리로 기도를 하는데다 매일 아침 일어나면 찬송가를 불러대는 거예요. 맙소사, 그것도 아침 여섯 시에! 이런 말도 안 되는 짓을 참다 결국은 폭발한 거지요. 그게 싸운 이유예요."

"그게 진짜 이유가 아닌 줄은 당신도 잘 알잖아." 화가 난 영국인 여선교사가 맞받아쳤다. "정상적인 사람이라면 누구나 그러듯, 우리는 밤에 자려고 애쓰고 있었어요. 그런데 저 여자들이 큰 소리로 소곤거리며 끝도 없이 떠들어대는 거예요. 하는 얘기라곤 자기들이 과거에 저지른 끔찍한 탈선이고, 아마 반은 꾸며낸 얘기일 게 분명해요! (듣고 있던 나는 속으로, 마지막 말은 안 하는 게 좋았을 거라고 생각했다.) 그게 싸움이 시작된 이유예요!"

격한 감정싸움 속에서 무슨 말을 해야 할지 고심하던 나는 뭔가 도움을 줄 수 있는 중립적인 사람이 없나 방안을 둘러보았다. 다른 한쪽 벽에는 "유능한 사무실 비서" 타입도 아니고, 경건한 선교사 타입도 아닌 듯 보이는 네 명의 여자가 서 있었다. 좀 더 자세히 살펴보니, 그녀들 중 둘은 천진에서 온 친구가 이틀 전에 이야기한 적이 있는 러시아 출신 나이트클럽 가수들이었다. 나머지 두 명은 어느 정도 이름이 알려진 사교계 여인들임을 나중에 알게 되었다. 이런 식으로 구성된 집단이 어떻게 한 방에서 사이좋게 지낼 수 있을지 기가 막혔다. 나는 이 사안을 위원회에서 숙고하겠다는 말만 남기고는 도망치듯 자리를 떴다. 한 주 후에 우리는 찬송을 부르는 여자들 중 가장 시끄러운 사람들을 선교사들이 많은 방으로 옮겨서 이 문제를 부분적으로 해결했다.

이 방의 경우는 극단적이었지만, 그보다는 훨씬 더 비슷한 사람들이 모인 방에서도 나는 각 사람의 공간을 분필로 정확하게 바닥에 표시하는 일을 수행해야 했다. 왜냐하면 거기서는 영토 침범이 일어나고 있었기 때문이다! 아마 모두가 잠든 밤이나 방이 비어 있는 동안, 누군가가 한 번에 3센티미터씩 가방을 옮기고 침대를 밀어냈던 모양이었다. 결국에는 많은 사람이 자신의 공간 45센티미터 중에서 15센티미터 정도가 사라졌다는 사실을 알아차리게 되었다. 그러자 한 명이 구슬을 실에 꿴 것으로 자기 침대에서부터 가방과 창문을 거쳐 창 밖 나무까지 가로질러 자신의 영역을 표시해두었다. 그러고는 누군가가 이 줄을 침범하자, 성난 룸메이트 네 명을 대동하고 우리 사무실로 들이닥쳐 자신들의 영역을 돌려줄 것을 요구했던 것이다. 내가 바닥에 분필로 표시했던 영역은 한 달 정도는 경계를 유지하고 있었다. 하지만 그 다음에는 다시 표시를 해야 했는데, 그만큼 적대적인 긴장이 심각했기 때문이다. 중년의 독신 여성들이 이런 적대감과 외로움이 뒤섞인 분위기에서 살아가는 모습을 상상해보라. 이것은 아마도 우리가 생각해낼 수 있는 가장 지옥에 가까운 삶일 것이다. 그래도 가족들은 어떤 문제가 있든 최소한의 애정과 관심을 서로에게 줄 수 있다는 점에서 행운을 가졌다고 할 수 있었다.

    수용소에서의 첫 달 동안 여자 숙소에서는 끊임없이 문제가 터졌다. 너무 다루기 힘든 사람의 경우에는 독방을 주어야 했는데, 이는 정말 불공평한 일이었다. 숙소의 모두가 이런 개인적 사생활을 갈망했기 때문이다. 하지만 성질 사나운 사람이 두세 명한 방에 모이는 것은 견딜 수 없는 상황이었고, 이런 경우에 수다분한 사람을 독방에 보내는 것은 문제 해결에 전혀 도움이 되지 않았다. 그러나 환경에 적응하는 인간의 능력은 놀라웠다. 6개월 정도가 지나자, 수용소 내의 거의 모든 사람은 어떤 사람과도 함께 지낼 수 있는 방법을 터득했으며, 공동 숙소에서 지내는 일에 대체적으로 적응했다.

    최초의 몇 달 동안 숙소 팀에서 일하면서 나는, 어째서 남자 숙소가 아니라 여자 숙소에서 다툼이 일어나는지 종종 의아한 생각이 들었다. 남자들도 불평이 많고 서로를 싫어하는 것이 분명한 데 말이다. 게다가 남자들은 여자들보다 덜 성숙한 경우가 많다. 그럼에도 남자들 사이에서는 여자들처럼 서로 싸우거나 다른 사람과 끝까지 어울리지 못하는 일이 없었다. 결국 우리가 내린 결론은 다음과 같은 두 가지 요인이 있다는 것이다. 첫째, 공동 숙소와 같이 객관적이고 비인격적인 상황에서 남자는 여자보다 더 편안하게 느낀다는 것이다. 여자는 기본적인 인간관계가 유기적으로 친밀하고 인격적이지 않으면 신경과민이 되는 경우가 많으며, 이런 객관적인 환경에 잘 적응하지 못한다. 결과적으로 남자는 여자보다 팀, 군대, 기숙사 같은 큰 규모의 사회에 더 잘 적응하고 심지어 이를 즐기기까지 한다.

    둘째, 남자들은 서로 싫어하면(물론 이런 일이 종종 일어난다) 보통 서로에게 참견하지 않고 무관심한 경향이 있다. 아마도 남자의 경우 분쟁의 위험 부담이 더 크기 때문일 것이다. 남자들 사이에서는 싸움이 일어나면 주먹다짐으로 이어질 확률이 크다. 그러나 여자의 경우는(적어도 중산층 여자의 경우는) 그렇지 않다. 따라서 아무 이득 없는 싸움이 계속되는 것을 피하기 위해, 남자들은 그저 서로를 무시했다. 암묵적인 쌍방의 동의하에, 마치 밤배들이 서로를 스쳐 지나치듯, 그렇게 가까이 생활하면서도 상대의 존재를 의식하지 않은 채 각자의 삶을 살아가는 것이다. 마치 서로가 같은 세계에 존재하지 않는 듯 말이다. 이와는 대조적으로 여자들이 서로 적대적이 되면, 비꼬고 빈정대고 매서운 눈길로 흘기는 등 계속해서 서로를 괴롭히고 못살게 군다. 그러다 마침내 한쪽이 더 이상 참을 수 없어 발작을 일으키는 것이다.

처음에는 수용소의 사람들이 낯설기만 한 거대한 군중 같다는 인상을 받았다. 첫날 내 시선을 끌었던 서너 명의 예쁜 소녀들이 나 유일하게 흥미로운 경우로 기억에 남아 있지만 말이다. 나머지 사람들은 뒤죽박죽 섞인 덩어리처럼 보였다. 하지만 여러 주의 시간이 지나자 한 사람 한 사람의 면모가 점차적으로 드러났다. 좁은 공간이라 짧은 시간 안에 모든 사람과 마주칠 수 있었으며, 모르던 사람들과도 금방 친숙하게 되었다. 몇 달이 흐르자 모든 사람의 이름과 출신까지 다 알게 되었다.
  우리 집단을 구성하는 국적을 보면, 당시 독일, 일본, 이탈리아 동맹국과 싸우던 모든 나라(물론 중국은 빼고) 출신으로 중국 북부에 거주하던 사람들 전부가 이 수용소에 수감된 것이 분명했다. 마치 거대한 저인망(底引網)으로 중국의 조약항들(유럽인들이 상업을 목적으로 집중적으로 거주해왔고, 최소한 제1차 세계대전 이후에는 영국 당국, 영국 법, 영국 경찰의 지배를 받아온 항구 도시들)을 훑은 것 같았다. 1943년, 이 조약항들에 살던 모든 서구인들은 이 위현 수용소에 던져졌다. 몸이 아픈 사람들은 잠시 보류되었지만 건강이 좋아지면 곧 이곳으로 이송되었다.

대략 1800년경부터 서구인들은 상상할 수 있는 모든 동기를 가지고, 그리고 상상할 수 있는 모든 역할을 하기 위해 동양으로 오기 시작했다. 상인, 선교사, 교사, 관광객, 모험가, 또는 군대나 순회 연주단, 운동 팀의 일원으로 건너오기도 했지만, 또 많은 경우 곤란한 일(혁명, 파산, 추문, 경찰 등)을 피하거나 신분을 감추기 위해서도 동양으로 왔다. 그후 이 사람들은 일본이 진주만을 공격할 때 중국에 있었다는 이유만으로 선택되어 위현 수용소의 집단을 구성했던 것이다.

영국인들의 표현을 빌자면 우리 집단은 "완전 잡탕"이었다. 남녀의 수는 거의 같았다. 60세가 넘는 사람이 400명 정도였고, 15세 이하가 400명가량이었다. 최고령자는 90대 중반이었으며 가장 어린 구성원은 수용소 병원에서 갓 태어난 아기였다.

국적과 인종 역시 매우 다양했다. 수용소 생활이 시작되었을 때는 영국인 800명, 미국인 600명, 네덜란드인과 벨기에인 각 250명(대부분이 다양한 소속의 로마가톨릭 성직자들)으로 이루어져 있었다. 하지만 1943년 8월 말경, 즉 수용소 생활이 시작된 지 6

개월이 지났을 무렵, 200명 정도의 미국인이 스웨덴 배 그립쇼름호를 타고, 포르투갈령인 인도의 고아 지방을 경유해 본국으로 송환되었다. 2주 후에는 가톨릭 성직자들 대부분도 수용소를 떠났다.

하지만 이런 변동에도 수용소는 여전히 글로벌한 구성을 유지했다. 앞에서 이야기한 사람들이 떠나고 즈보(淄博) 지역에서 대규모 영국인 무리가 도착함으로써 수용소 인원은 1,490명이 되었다. 대다수가 영국인(1,000명)과 미국인(200명)이었다. 같은 해 12월에는 상하이에서 온 이탈리아인 100여 명이 수용소에 합류해서 우리를 놀라게 했는데, 이들은 따로 떨어진 구역에 수용되었다. 그 외에는 여덟 명의 벨기에인, 네덜란드인 두 가족, 파시교도(조로아스터교의 일파) 네 가족, 쿠바인 두 가족(이들은 순회 하이알라이[스쿼시와 유사한 스페인, 중남미의 실내 구기 종목] 팀이었다), 흑인과 하와이인으로 구성된 재즈 밴드, 팔레스타인 유대인 몇 명, 인도인 통역인, 약 60명의 러시아 여자들과 자녀들(그녀들 대부분은 영국인이나 미국인과 결혼하는 바람에 이곳에 오게 되었다)이 수용소 전역에 흩어져 있었다. 영국인들 중에는 유라시안(유럽인과 아시아인 사이의 혼혈)이 많았는데, 왜냐하면 천진에서 태어난 유라시안은 원하기만 하면 영국 여권을 받을 수 있었기 때문이다.

구성원들이 외부 세계에서 누리던 사회적 지위도 이들의 인종만큼이나 다양했다. 수감자들 중에는 아시아 식민지 사업을 이끌던 부유한 지도자 계층도 있었고 영국 "공립학교" 출신의 품위 있는 인물도 있었다. 대다수는 앵글로색슨 계통의 중산층(소규모 자영업자, 세관 직원, 기술자, 수출업자, 변호사, 의사, 소매상 등) 출신이었지만, 마약 중독자, 술꾼, 항구를 떠돌던 방탕한 사람도 적지 않았다. 또한 400여 명의 개신교 선교사가 이 잡다한 세속 집단에 섞여 있었다. 선교사들은 모든 교파를 망라하는 다양한 출신에, 신학도 삶의 방식도 다 달랐다. 게다가 처음 6개월간은 로마가톨릭 사제, 수사, 수녀도 400명이나 함께 있었다.

숙소 팀에서 진행한 수용소 인구 조사를 하면서 나는 우리 집단을 구성하는 사람들의 극단적 다양성을 실감할 수 있었다. 예를 들어 2.7×3.6미터 크기의 방이 8개가 모여 있는 한 구역만 해도 다음과 같은 이질적인 배경의 구성원들로 이루어져 있었다. 첫째 방에는 거칠고 변덕스러운 러시아 여자와 딸이 살았다(이 여자는 이미 사망한 영국 군인의 아내였기 때문에 영국 국적을 갖고 있었다). 둘째 방에는 영국 광산 회사의 부유한 부회장 가족이 살았다. 부회장은 약삭빠르지 못하고 정직하고 근면한 사람으로, 빨간 머리의 매력적인 아내와 두 명의 어린 자녀가 있었다. 셋째 방에는 존슨 부인과 세 명의 자녀가 거처했다. 존슨 부인은 포르투갈인과 중국인 사이의 혼혈이었으며 영어를 거의 못했다. 그녀는 미국 군인과 결혼했지만, 오래전에 천진에서 남편에게 버림받은 후 자녀를 돌보며 힘들게 살았다고 했다. 존슨 부인은 수용소의 방(2.7×3.6미터 크기의 방)이 남편이 떠난 후 자신이 지냈던 방 중에서 제일 좋은 방이라고 말했다. 넷째 방에는 W. T. 록스비-존스라는 이름의(하이픈이 들어간 이름을 가진 사람답게 명문 출신의) 부유하고 세련된 은퇴한 영국 부부가 있었다. 록스비-존스 씨는 아주 멋지고 비범해 보이는 인물이었다. 콧수염을 기른 노쇠한 윌리엄 파월(William Powell, 미국 배우)처럼 생긴 이 남자는 우아하고 도회적이고 유머가 풍부하며 냉정하지만, 동시에 따스한 마음도 지니고 있었다. 뛰어난 화가이기도 했던 그는, 제빵소를 돌보는 책임을 수행하지 않을 때는 원하는 사람에게 그림을 가르치기도 했다. 다섯째와 여섯째 방에는 매우 보수적이지만 너무나 사랑스러운 호주 출신 구세군 사관과 그의 통통한 아내, 그리고 세 명의 똑똑한 자녀가 거주했다. 일곱째 방에는 다른 영국인 사업가 가족 네 명이 살았다. 마지막 끝 방에는 제15 보병사단 소속의 매우 거칠고 사나운 성격의 미국인(유능한 소프트볼 선수이기도 했다)과 다소 부루퉁하고 단정치 못하지만, 과거 한때는 꽤 관능적이었음 직한 그의 러시아인 아내가 있었다.

처음에 독신 남자 몇 명이 거처했던 47번 구역에는 2.7×3.6미터 크기의 방에 남자 세 명씩 구겨 넣어졌다. 첫째 방에는 사십 대 영국인 세 명이 있었다. 한 명은 천진은행 부행장, 다른 한 명은 로이드 보험 판매인, 나머지 한 명은 선박 회사 중역이었다. 다음 방에는 야구 선수 칼 바우어와 미국인 치과의사, 피부가 푸르뎅뎅한 마약 중독자 브릭스가 살았다. 그 다음 방에는 영국에서 제일 큰 광산 회사 대표로 엄청난 부호였던 제이콥 스트러스가 있었다. 스트러스는 천진에 두 대의 롤스로이스와 여러 채의

저택을 두고 왔는데, 수용소에서는 두 명의 나이든 은행가와 한 방에서 살았다. 다음 방에는 두 명의 재즈 뮤지션(한 명은 폴리네시아인, 다른 한 명은 흑인)이 벨기에인 마약 중독자와 함께 살았다. 그 다음 방에는 영국인 은행가, 엔지니어, 아시아 석유 회사의 중국 지사장이 있었다. 이런 식으로 20개의 방이 더 줄지어 있었다. 마치 무자비하고 변덕스러운 운명이 권세가들을 낮추어 하류 인생들과 섞이도록 한 것 같았다. 이런 곳에서 생활한 후에는 누구라도 사회에 대한 생각이 바뀔 것이다. 바깥세상의 사회적인 굴곡이 이 수용소 안에서는 거친 방식으로 평평해졌다. 정상적인 삶에서라면 전혀 접촉할 수 없었던 사람들이 극도로 친밀하게 지낼 수밖에 없는 공간 속으로 함께 내던져졌던 것이다.

여기서 일어나는 일들을 통해 우리는 일상적으로 내리던 사회적 판단이 타당하지 않음을 알게 되었다. 보편적으로 통하는 지위의 상징(돈, 가족, 교육, 지식)이 여기서는 아무런 의미가 없었다. 귀족 혈통이든, 높은 학벌이든, 누구도 이웃 위에 군림할 수 없었다. 돈의 권세는 말할 것도 없고 말이다.

누구도 새 옷을 살 수 없었으며 모두 자기 빨래는 스스로 해야 했다. 거기다가 아주 적은 양의 물과 그보다 더 적은 양의 비누만이 허용되었다(나도 이 일이 얼마나 싫었는지!). 몇 달이 지나자 트위드로 만든 옷은 모조리 닳아 올이 드러났으며, 셔츠는 더러운 누더기로 변했다. 바지도 비슷한 수준으로 구겨지고 헐렁해졌다. 남자들 중에는 여자 친구가 셔츠를 빨아주고 군복 반바지를 다려주는 경우도 있었다. 이런 남자들은 다른 이들보다 좀 더 유리한 위치에 있다고 할 수 있었다. 하지만 이런 낭만적인 도움도 계급이나 학연 등등과는 전혀 관련이 없었다. 모두가 똑같이 배급을 받았고 똑같은 크기의 생활 공간을 배정받았다. 무엇보다도, 모두가 자신의 신체적 능력에 따라 적절한 정도의 노동을 해야 했다. 영국인 은행가나 유라시안 혼혈 웨이터나, 몸이 약하고 병들었다면 둘은 모두 야채를 씻거나 빵을 자르는 일을 했다. 미국인 교수나 런던 토박이나, 건장하고 힘이 세다면 두 사람 모두 빵을 굽거나 불을 때는 일을 맡아야 했다.

이런 상황이 되자 인간의 기본적인 덕성이 갑자기 제자리를 찾고 평가되기 시작했다. 일하고자 하는 의지, 일하는 기술, 천성적인 쾌활함이 훌륭한 인품으로 인정되었다. 주방이든 제빵소든, 정상적인 사람이라면 누구나 열심히 일하고 잘 웃고 동료에게 관대한 사람과 함께 일하고 싶어하지, 돈 많고 교양이 풍부한 농땡이나 불평꾼과는 함께하고 싶어하지 않는다. 여러 달 함께 일하고 나서라면, 누가 벨기에인인지 영국인인지 파시교도인지를 따지겠는가? 심지어 그런 것을 기억이라도 할지? 수용소에 처음 도착했을 때는 다른 사람을 볼 때 그가 영국인인지, 유라시안인지, 미국인인지를 보았다. 하지만 짧은 시간이 흐르고 나면, 그가 유쾌한 사람인지 불쾌한 사람인지, 부지런한지 게으른지, 그의 성품을 보게 되었다.

우리 주방에서 가장 열심히 일하는 일꾼으로는 다음과 같은 세 사람이 있었다. 둘은 전직 수병이었던 영국인들(한 명은 요크셔 농장 출신, 다른 한 명은 런던 토박이)이고 나머지 한 명은 노스캐롤라이나에서 자란 미국인 담뱃잎 전문가(그는 스스로를 "신문도 제대로 못 읽는" 사람이라고 했다)였다. 대조적으로 주방에서 가장 게으른 사람은 "명문가" 출신으로 최고의 교육을 받은 선박회사의 중역이었다. 수용소 생활을 따분해했던 이 남자는 협조적이지도 매력적이지도 않았으며, 거의 도움이 되지 못했다. 전쟁 경험이 모두 그러하듯, 수용소 경험을 통해 우리가 배운 가장 가치 있는 것은, 이렇게 사회에서 통용되던 거짓된 가치관을 버리고 공통의 인간성을 발견할 수 있었다는 점이다. 마침내 우리는 이웃 사람을 보면서, 그가 무엇을 소유했는가가 아니라 그가 어떤 인간인지와 관련하여 볼 수 있게 되었다.

그때까지 우리 집단은 제대로 조직을 갖추지 못한 무리에 불과했다. 하지만 살아남기 위해서는 기본적인 문제들을 함께 해결해 나가야 했다. 이런 상황에서 가장 필요한 것은 무엇보다 조직화된 지도력이었다. 하지만 지도자 찾기는 곧 정치 드라마의 첫 막을 열어젖히는 결과를 가져왔다. 수용소에 있는 동안 내가 경험한 가장 미묘하고 실망스럽고 당황스러웠던 문제는 바로 이 정치의 문제, 곧 자체적으로 통치하고 다스리는 문제였다. 동시에 수용소 초기에 봤던 것처럼, 이는 또한 가장 흥미롭고 매혹적인 일이기도 했다.

"지도자들"의 첫 회의는 수용소에 도착한 첫날 밤 열렸다. 사무실로 사용하기로 된 오래된 학교 건물의 큰 방에서였다. 몬터규와 내가 함께 도착했을 때, 그 방에는 중요한 인물처럼 보이는 낯선 얼굴들이 가득했다. 대부분은 영국인 사업가로 보였으며, 미국인도 몇 명 끼어 있었다. 선교사들도 드문드문 있었고, 한쪽 구석에는 가톨릭 사제 대표도 있었다. 한편으로는 물어도 보고, 다른 한편으로는 추측해서 알게 된 것은, 그들도 우리와 마찬가지로 수용소를 구성하는 네 개의 주요 그룹(천진 그룹, 청도 그룹, 가톨릭 그룹, 막 도착한 북경 그룹)을 대표하는 임시 대표들이라는 사실이었다. 우리처럼 급하게 뽑힌 이 사람들은, 수용소로 오기 전에도 각 도시에서 비공식적인 리더로 인정받던 이들이었다. 그래서 스스로도 느끼겠지만, 누군가 수용소에서 일어나는 초기 문제들을 해결해야 한다면 그것은 이 대표자들일 수밖에 없었다. 그래서 즉시로 이들은 매일 밤 회동해서 난제를 해결할 방책을 세우고, 문제 해결을 위해 일본인 지배자들에게도 동석을 요구하자는 데 뜻을 모았다.

이 회의들을 통해 수용소의 정치 체제가 세워졌는데, 나는 이 과정을 지켜보면서 사람들이 권력과 관련해서 어떻게 행동하는지를 처음으로 관찰할 수 있었다. 중국 북부 비즈니스 세계를 주름잡던 거물급 인사들이 주도권을 차지하기 위해 능숙하게 움직이는 모습이 내 눈에 분명하게 포착되었다.

사제들과 함께 뒷줄에 앉아 있는 나를 비롯해 몇 명을 제외하고는, 그 방에 있던 대부분은 자신이 속한 그룹을 대표할 뿐 아니라 중국 내 유럽, 영국, 미국 대기업을 대표하는 인물들이었다. "스탠더드 오일 대표인 스톤", "내셔널 시티 대표인 로빈슨", "영미 연초사 대표인 제임슨", "버터필드 앤드 스와이어 대표인 캠벨", "로이드 보험사 대표인 브루스터", "카일론 광산 회사 대표인 존스" 등이 그 면면이었다.

이 초기 단계에서는 각 사람이 자기 회사의 힘과 회사에서의 자신의 지위에 비추어 자기와 타인을 바라보았다. 따라서 오랫동안 습관처럼 지녀온 개인의 권위뿐 아니라 이전에 누리던 지배적인 역할을 여기서도 그대로 누리길 기대했다(사실 그것은 기대라기보다 필요였다). 교수가 논문을 발표할 때 인정을 원하는 것처럼, 목사가 설교할 때 회중의 감사를 요구하는 것처럼, 이 사람들에게는 권위가 필요했던 것이다. 비록 그것이 중국 수용소에서 수감인 사이에서 가지는 하잘것없는 감투일지라도 말이다.

주도권을 얻기 위한 투쟁은 여러 가지 미묘한 방식으로 나타났다. 회의를 할 때면 그들은 겉으로는 당면 문제(그것이 위생이든, 음식이든, 비가 새는 지붕이든)를 해결하는 데 관심이 있다는 듯 신중하게 자신의 의견을 개진했다. 그러나 그들의 목소리, 말하는 태도, 강조점, 무엇보다 다른 사람이 내놓은 대안을 대하는 태도를 보면, 자신만이 가장 좋은 아이디어를 내놓았으며, 자신의 의견이 가장 옳다는 것을 증명하기 위해 조바심을 내는 게 분명했다.

권위 있는 목소리를 내고자 하는 싸움(그래야 다른 사람들이 존경하고 자신의 의견에 따를 것이기 때문에)은 속이 빤히 들여다보이는 싸움이었지만 그래도 매력이 있었다. 왜냐하면 이런 회의가 있기 전에는 어느 누구도 그런 권위를 갖지 않았기 때문이다. 모든 것이 바로 그 상황 안에서, 오로지 인간의 의지와 두뇌만으로 해결되어야 했다. 수용소에는 수용소 책임자도, 정부도, 심지어 회의를 이끄는 의장도 없었다. 따라서 모든 권력 자리는 "누구나 차지할 수 있도록" 열려 있는 자리이기도 했다. 또한 외부의 지원이나 개인적 권위의 상징(엄청난 재력이라든가 강력한 배경 같은 것들)도 없었다. 유일하게 존재하는 외부적 권위라면, 예전에 바깥 세상에서 누렸던 권세인데 여기서는 희미하게 흔적만 남아 있었다. 따라서 누군가가 그룹에서 지배력을 얻었다면, 그것은 자신의 능력을 통해 스스로 얻어낸 것이었다. 이런 능력은 눈에 보이지는 않지만 기본적인 자질로부터 나온다. 이런 기본적인 자질에 사람들은 자동적으로 끌리게 되어 있다. 신속하고 적절한 사고력, 강한 자기 확신, 강철 같은 의지, 무한한 활력이 바로 이런 자질이다. 이런 자질을 지닌 사람은, 마치 몽둥이밖에 없는 사람들 속에서 혼자 칼을 들고 있는 이처럼, 금세 동료들 사이에서 돋보이게 되어 있다.

    정치적 싸움의 전개를 지켜보던 이들의 눈에는, 수용소에서의 첫 주가 마무리될 즈음에 이미 이런 보이지 않는 자질이 작동하는 것이 보였다. 무리 속에서 칼을 지닌 사람들이 이미 승리를 거두고 있었다. 논의의 성격이 점차로 변했다. 처음에는 회의실의 스무 명 남짓한 사람들이 모두 대등하게 경쟁할 수 있으며, 신중하기만 하면 가장 강한 사람의 의견에도 도전할 수 있다고 느껴졌다. 하지만 이제는 그렇지 않았다.

몇몇 사람이 미묘하지만 실질적인 지배력을 얻게 됨에 따라 힘의 위계질서가 나타났다. 이제는 스무 명 중 대부분의 사람이 자기 의견을 말하기 전에 지배적인 몇몇의 말을 먼저 들어야 했다. 이 몇몇이 의견이나 제안을 말하면, 나머지 사람은 재빠르게 줄서기를 했다. 이쯤 되면, 거물급 인사 정도가 되어야 감히 다른 거물의 의견에 도전할 수 있었다. 나머지 사람들은 경쟁을 포기하고, 권력의 영광을 좇다 패배하여 고립되고 굴욕을 당하느니 차라리 승자 곁에서 안전을 누리는 편을 택했다. 이렇게 해서 어떤 외부의 압력도 없이, 심지어 투표에 대한 일말의 암시도 없이, 모든 사람이 자진해서 물러나는 과정을 통해 황제 카이사르의 자리를 놓고 경쟁하는 자들은 두세 사람으로 압축되었다.

밤의 회의들을 보면서 내가 처음으로 알게 된 또 다른 것은 경영 마인드의 독특한 성격과 가치에 대해서였다. 경영 마인드가 갖는 힘의 핵심을 나는 "의사 결정력"이라고 부르고 싶다. 나는 회의 참석자들 중 한두 사람과 함께 북경의 학술 토론에 참여한 적이 있었다. 그 토론에서 우리는 평화, 국제 정의, 윤리학 또는 신학과 세속 문제의 관계 같은 추상적인 주제들을 깊이 있게 다루었다. 하지만 이들은 토론 시간 내내 기이할 정도로 침묵을 지키고 있었다. 물론 빈틈없이 예의 바르고 공손하기는 했지만 말이다. 이들과는 대조적으로 학자 출신인 사람들은 장황하게 말을 늘어놓았다. 하지만 여러 시간이 지나도 이 사업가 타입의 사람들은 아무 말이 없었고, 나는 다소 실망한 채 속으로 경멸하며 "친절하고 책임감 있는 사람들이지만 별로 똑똑하지는 않군. 생각할 줄 모르는 사람들이 분명해"라고 생각했다.

그런데 수용소에서는 모든 것이 딴판이었다. 노하우와 결단성, 두 가지를 모두 요구하는 실제적인 문제를 다루는 데 익숙한 이 사업가 타입의 사람들은 우리에게 닥친 상황을 끝까지 물고 늘어져 창조적으로 해결해냈다. 여기서 필요한 것은 기술적이고 조직적인 문제들에 대한 구체적인 해답이었다. 일반적인 원리나 궁극적 목적(삶과의 상호 연관성이나 관계) 따위는 전혀 상관이 없었다. 추상적이고 일반적인 진리의 영역을 잘 다루는 일은, 오븐 벽이 갈라지고 빵에 넣은 이스트가 부풀지 않을 때, 배달된 고기가 더운 날씨 때문에 살짝 냄새가 날 때 아무런 도움이 되지 않았다. 여기서는 전문가 정신이 쓸모없는 것으로 판명났으며 학문적인 목소리는 침묵을 지켜야 했다. 나는 이들이 일본인들에게 구체적으로 필요한 것을 지목하는 것을 보고 나서야 그 필요를 볼 수 있었으며, 이들의 설명을 듣고 나서야 이들이 내놓은 해결책이 얼마나 근사한지 깨달을 수 있었다.

이런 정치적이고 조직적인 회의는 우리가 도착한 후 열흘 정도 계속되었다. 그러던 어느 날 저녁, 한 일본인이 우리 회의에 끼어들었다. 그는 수용소 전체를 대표하는 위원회를 앞으로 48시간 내에 모두 꾸려야 한다고 선언해서 모두를 놀라게 만들었다. 구성되어야 할 총 9개의 위원회는 총무 팀, 징계 팀, 노동 팀, 교육 팀, 보급 팀, 숙소 팀, 의약 팀, 기술 팀, 재무 팀이라고 했다.

앞에서 나열한 각 팀에는 일본인 책임자가 한 명씩 배치될 것이며, 그 아래로 수감자 중 한 명이 위원장으로 뽑힐 것이라고 했다. 또한 9명의 위원장들의 모임이 수용소의 통치 기구가 될 것이며, 일본 당국에 대해 수용소의 의견을 대표하게 될 것이다. 어떤 이유에서인지 모르지만, 일본인들은 한 명이 수용소 전체의 대표가 되는 것을 원하지 않았다. 당시에 우리는 이 지시가 우리 이익에 반한다고 여겨서 불만을 가졌다. 우리는 일본인들에 대해 우리 편의 필요를 대변할 강력한 지도자를 원했다. 하지만 수용소 생활이 끝나기 이미 오래전에 우리 대부분은, 일본인들이 옳았다는 사실에 동의하게 되었다. 우리 중에 그 엄청난 책임을 맡을 만한 큰 인물은 없었던 것이다.

더 이상의 논의도 허락하지 않은 채 갑작스레 주어진 일본인들의 명령은 우리에게 까다로운 정치적 문제를 던져놓았다. 바로 회의를 구성할 9명을 어떻게 선택할 것인가의 문제였다.

수용소 전체가 투표하는 것은 생각할 수도 없었다. 우선 민주적인 선거처럼 복잡한 일을 48시간 안에 해내는 것은 불가능했다. 둘째로, 이 시점에서는 누가 누구인지, 누구를 지지해야 하는지 전혀 알 수 없는 상황이었다. 친한 몇 사람 말고 많은 사람에게 알려진 인물은 아직 없었으며, 회의에 참석하지 않은 사람들은 앞으로 만들어질 정치 체제에 대해 거의 이해하지 못할 것이었다.

　처음에는 적어도 대표 위원회만큼은 지명해서 구성하기로 결정했다. 방법은, 수용소의 네 그룹(북경, 천진, 청도, 가톨릭)의 현재 비공식 대표들이 자기 그룹에서 9개 위원회의 위원장으로 9명을 추천하는 것이었다. 그렇게 하면 수용소의 모든 업무를 담당할 9개 위원회 안에 각 그룹에서 뽑힌 4명의 대표들이 모이게 된다. 예를 들어 나는 북경 그룹 리더들에 의해 숙소 팀 위원장으로 뽑혔기 때문에, 천진 그룹과 청도 그룹과 가톨릭 그룹에서 뽑힌 위원장들과 합류하게 되었다. 각각의 위원회는 다음 날 밤에 다시 모여 네 명 중에서 다시 한 명을 위원장으로 뽑는다. 그렇게 뽑힌 9명이 이제 모든 권한을 가지고 대표 위원회를 구성하여 일본인들을 상대로 수감자들의 의견을 대변하게 될 것이다. 다소 우회적이기는 했지만 그래도 상황을 고려할 때 이 방법은 꽤 설득력 있어 보였다.

　다음 날 밤 지도자들을 뽑기 위해 모두가 모였다. 약간은 기이한 회의였고 나는 무척 흥분되었다. 일상적인 회의에서도 정치적인 밀고 당김, 공격과 방어가 있는데, 여기서는 배나 더할 것임을 알았기 때문이다. 정치적 감투 자리가 어떤 것인지 이제 분명해졌다. 또한 이 지위들은 수적으로 늘어났다. 그 결과, 황제 자리를 두고 경쟁하는 것을 포기했던 많은 자칭 리더들이 이제는 대표 위원회라는 보다 작은 자리를 두고 다시 경쟁의 대열에 합세했다.

모든 사람이 다 모이고 나서보니, 전에 있었던 스무 명 남짓 되는 인원 외에 새로운 얼굴도 많이 보였다. 따라서 여기 모인 사람들 대부분이 서로를 잘 알지 못하는 상황이었다. 나는 방 한구석에 "숙소 팀"이라고 적혀 있는 곳으로 보내졌다. 거기에는 청도에서 온 영국인 한 명과 천진에서 온 또 다른 영국인, 미국인 가톨릭 사제 한 명, 이렇게 모두 세 명이 이미 기다리고 있었다. 잠시 서로를 경계의 눈빛으로 살폈지만 이내 우리 넷 중에서 숙소 팀 위원장을 선출해야 한다는 사실에 서로 주뼛거리며 웃었다.

먼저 미국인 사제가 말문을 열었다. 그는 차분하고 얼굴이 창백하며 온화한 인상이었지만 태도가 매우 확고한 철학 교수였다. 그가 하는 말은 쉬우면서도 정확하게 형식에 맞았다.

"우리 수석 주교께서 성직자들은 수용소 내에서 어떤 지도적 역할도 맡아서는 안 된다고 결정하셨습니다. 게다가 우리 성직자들은 세속적인 일 특히 정치적인 일에는 전혀 관여해서는 안 됩니다. 따라서 제 신분과 주교님의 명령도 있으니 저는 이 직책을 놓고 경쟁하지 않겠습니다. 물론 우리 수사들과 수녀들의 숙소 문제에 관련해서는 위원회와 긴밀하게 협조하겠습니다. 감사합니다."

이렇게 해서 가톨릭 사제는 간단하게 경쟁에서 제외되었다.

나도 젊고 경험이 없다는 이유를 대며 비슷한 변론을 막 시작하려는 순간, 천진에서 온 활달한 인상의 영국인이 먼저 말을 시작했다. 그는 자신을 "여러분이 잘 아시는 극동해운"의 쉴즈라고 소개했다. 짧게 정리된 콧수염, 트위드 재킷에 타이를 매고 양복 주머니에는 옷에 잘 어울리는 비단 손수건을 꽂은 아주 말쑥한 차림의 미남이었다. 유쾌하고 잘 웃을 뿐 아니라 지적이면서 예리한 눈을 가지고 있었다. 하지만 선수를 치는 듯한 그의 말투에는 강한 야심이 느껴졌다. 적어도 내게는 그렇게 보였다.

"신부님들 입장에서는 정말 현명한 판단인 것 같습니다. 주교님이 그런 결정을 하셨다니 감사하다는 말을 꼭 전해주십시오."
쉴즈는 활달한 어조로 말했다.

그러더니 나도 비슷하게 사양하지나 않나 하는 마음을 역력하게 내비치며 나를 바라보았다. 물론 나는 쉴즈를 실망시키지 않았다. 그리하여 그와 다른 영국인, 두 사람만 남게 되었다. 그러자 다시 쉴즈는 선수를 치며 다른 영국인에게 이렇게 물었다.

"숙소 배정에 관련해서 예전에 어떤 경험을 해보셨나요? 로빈슨이라고 했던가요?"

청도에서 온 로빈슨을 주의 깊게 살펴보던 나는, 이 경쟁이 게임이 안 되는 싸움임을 알아채고 약간 쓸쓸한 기분이 되었다. 평퍼짐한 몸매에 온화한 얼굴을 한 중년의 영국인 로빈슨은 두꺼운 트위드 양복에 굵은 테 안경을 쓴 남자였다. 느긋하게 파이프 담배를 물고 있는 그는 공격적인 쉴즈의 경쟁자가 되기에 분명히 부적합해 보였다.

"네, 맞아요. 로빈슨입니다." 그는 점잖게 말했다. "저는 청도에서 엔지니어로 일했습니다. 숙소 배정하는 일에 경험이 많다고는 할 수 없겠네요. 한 번도 그런 일을 해본 적이 없거든요. 저는 늘 모든 일에 적극적이고 다른 사람과 기쁘게 협력해서 일하는 편입니다. 하지만 아시다시피 이 일에 특별한 자질이 있는 것 같지는 않습니다."

우리는 모두 쉴즈를 바라보았다. 격식을 차리는 사람이니 처음에는 예의로라도 점잖게 거절할 것이라고 기대하면서 말이다.

그러나 모든 상황이 유리하게 돌아가자 쉴즈는 격식에는 전혀 관심을 보이지 않았다. 그는 일격을 가했으며 우리는 모두 허를 찔렸다.

"여러분, 사실 저는 천진에 있을 때 숙소 팀 리더로 일하면서 많은 실무 경험을 쌓았습니다. 그래서 지금 우리에게 닥친 문제에 대해 누구보다 잘 압니다. 또 사업상 일본 고위 간부들과도 자주 만났습니다. 이 직무를 하는 데 매우 귀한 경험이었다고 생각하지 않으십니까? 그리고 저는 중국어도 꽤 잘하는 편입니다(하지만 나중에 안 사실이지만 내 중국어 실력이 그보다 나았다). 따라서 여러분 모두 이 일을 맡고 싶지 않으신 것 같으니 제가 일단 임시 위원장으로 일하는 게 어떨까 싶습니다. 그러다가 좀더 서로를 잘 알게 되면 그때 정식으로 위원장을 뽑으면 좋겠습니다."

우리는 모두 문에서 밀려나 있었기 때문에 그가 안에서 문을 잠그는 걸 막기가 어려운 상황이었다. 그래서 우리는 나약하게 그의 제안에 동의할 수밖에 없었다. 이렇게 졸속으로 우리는 위원장을 선출하고 말았다!

숙소 팀 위원장직을 놓고 벌어진 정치적 다툼은 작은 돌풍에 불과했지만, 총무 팀에 모인 네 명의 후보자들 사이에서는 거대한 강풍이 불어닥쳤다. 왜냐하면 총무 팀이야말로 수용소의 실제적 지도부라고 여겨졌기 때문이다. 우리가 총무 팀 회의에 도착했을 때는 이미 정치적 인사들 사이에서 "누가 수용소의 책임자가 될 것인가?" 하는 질문을 둘러싸고 이러쿵저러쿵 설전이 오가고 있었다. 지역의 황제 자리를 노리는 사람들은 전부 총무 팀에 후보자로 올라 있었다. 북경 그룹에서는 영미 연초사의 몬터규, 가톨릭 그룹에서는 대표 주교, 청도 그룹에서는 일급 수입업자인 해리슨, 천진 그룹에서는 거대한 카일론 광산 회사 대표인 영국인 체스터턴이 지명되었다. 하지만 진짜 전쟁은 몬터규와 체스터턴 사이의 싸움임을 모두가 이미 눈치 채고 있었다. 이미 둘은 수용소 내에서 미국인 대 영국인, 북경 그룹 대 천진 그룹, 담배 대 광산을 대변하는 인물로 사회적으로나 상업적으로 큰 영향력을 미쳤다. 며칠 밤의 회의에서 분명하게 드러났듯, 두 사람 모두 권력에 필요한 자질을 두루 갖추고 있었다. 하지만 둘은 성품에서는 매우 달랐다.

앞에서도 말했듯, 몬터규는 외향적인 미국인의 전형이었다. 둥글둥글하지만 잘생긴 얼굴에, 늘 폴로셔츠를 입는 몬터규는 컨트리클럽 출신 망명자처럼 보였다. 유쾌하고 친절하고, 가끔은 지나칠 정도로 말이 많고 재치에 넘치며 재미있는 이야기가 끊이지 않는 사람이었다. 친절하고 겸손하면서도 매력이 넘쳤다. 하지만 우리 모두와 마찬가지로, 몬터규도 최고의 위치에 오르고 중요한 인물로 대우받는 것을 결코 사양하지 않았다.

일본인들이 숙소를 배정하던 날, 길을 달려 내려가던 몬터규의 건장한 모습이 떠오른다. 나는 그가 어디로 가는지 궁금해서 따라가 보았다. 곧 몬터규가 날씬하면서도 품위 있는 한 신사의 팔을 잡는 모습이 보였다. 이 신사는 모두에게 깊은 존경을 받는 외과의사 찰스 포스터 박사였다. 재빨리 몬터규는 포스터 박사를 끌고 막 찾아낸 멋진 2인용 독채로 들어가버렸다. 그러고는 잠시 후 다시 나타나서 일본인들에게 이렇게 말했다. "큰일을 감당해야 할 의사 선생님은 조용하고 독립된 공간에 머물러야 합니다. 그리고 선생님은 저보고 함께 거처하자고 말씀했습니다." 분명히 박사는 그렇게 말했을 것이라고 믿는다. 하지만 몬터규는 다른 사람에 비해 영리할 뿐 아니라 얄밉지 않은, 정이 가는 타입이었다. 나는 그의 마음이 올바르다는 사실에 대해서는 한 번도 의심한 적이 없다. 분명히 그는 보통 사람보다 영민하고 과단성 있으며, 억압받는 상황에서는 자신이 속한 공동체에 대해 강한 책임감을 갖고 있었다.

체스터턴은 몬터규와는 아주 다른 사람이었다. 그는 키가 작고 말랐으며 못생기고 침울한 얼굴에, 말과 행동에 있어서도 몬터규와는 반대로 아주 신중했다. 회의할 때 몬터규는 톡톡 튀는 유머로 온 방을 웃음바다로 만들었다. 대조적으로 체스터턴은 말할 준비가 될 때까지 무게를 잡고 침묵을 지키고 있었다. 그러다가 입을 열면 저음의 깊은 목소리로 느릿느릿 말했다. 그가 너무 신중하게 단어를 선택하느라 뜸을 들이는 시간이, 내게는 따분하게 느껴졌다. 하지만 체스터턴에게는 분명히 천부적인 권위가 있었다. 몬터규가 그의 의견에 반대하는 경우를 제외하고는 모두들 본능적으로 체스터턴의 지도를 따르는 것 같았다. 어떤 주제를 토론하건, 체스터턴의 권위적인 선포가 있고 나면 늘 토론이 끝나고는 했다.

분명히, 둘은 서로 너무도 달랐다. 하지만 두 사람 모두 개인적 역량과 리더십으로 이 자리에 서 있었다. 점차적으로 둘은 모든 회의를 주관하게 되었다. 둘 중 누가 궁극적으로 더 큰 힘을 가질 것인지에 대해서는 의견이 분분했다. 따라서 방 안에 있던 사람들은 모두 자신이 속한 작은 드라마에 몰두하면서도, 한편으로는 총무 팀의 싸움이 어떻게 진행되는지, 그래서 누가 황제 카이사르가 될 것인지에 대해 촉각을 세우고 있었다.

결국에는 침울한 얼굴의 체스터턴이 위원장직을 맡게 되었다. 그는 느릿느릿한 어투로 "수용소의 위원장으로서 어떻게 일할 것인지" 연설했다. 그리고 자신이 가질 태도에 대해 몇 마디 더 보탰다.

"지도자로 선출된 여러분, 제가 이 중요한 일을 맡게 되어 얼마나 영광이고 감사한지 모릅니다. 이제 우리 자신뿐 아니라 우리가 사랑하는 모든 사람의 삶과 건강과 복지에 대한 책임이 제 어깨에 있음을 느낍니다. 여러분의 기대와 소망을 결코 저버리지 않겠습니다. 저는 예전에도 무거운 짐을 져보았습니다. 그리고 이제는 여러분을 위해 이 짐을 지게 되어 행복합니다. 높은 자리에 올라서 아무리 유혹이 많다 해도, 우리 대영국제국의 전통인 정의와 공의로 이 캠프를 통치할 것을 약속드립니다!"

이 말과 함께 방안은 웅성거렸다. 이렇게 우리의 정치적 삶은 시작되었다.

어떤 상황에서든 원하는 것을 얻어내는 몬터규의 특별한 능력을 존경할 뿐 아니라, 그날 밤의 체스터턴의 수락 연설이 다소 거만하게 느껴졌던 나는, 회의장을 떠나면서 몬터규가 체스터턴에게 위원장직을 넘겨준 것은 캠프 내에 영국인이 수적으로 우세하기 때문이라는 결론을 내렸다. 하지만 여기에 대해서는 지금도 확신할 수 없다.

다음 날 아침, 수용소 생활 처음으로 웃지 못 할 사건이 터졌다.

위원장들 명단이 넘겨지자, 일본인들은 각각의 위원회가 감당해야 할 역할에 대해 더 자세하게 설명했다. 그런데 이 설명에 따르면, 우리의 해석과는 달리 총무 팀은 자질구레한 업무를 전담하는 부서에 불과했다. 일본인들은 이렇게 설명했다. "이 사람은 '보스'가 아니다! 스포츠나 재봉실, 이발소, 도서관, 매점 같은 곳을 관리하는 사람일 뿐이다!"

가엾은 체스터턴은 딱딱한 암초에 걸려 난파한 꼴이었다. "잡일"이 "총괄 업무"로 잘못 해석되었던 것이다.

거물급 인사들이 탐내던 자리가 별것 아닌 자리로 밝혀지자,

수용소 안에는 조롱 섞인 야유가 퍼졌다. 승리자인 체스터턴은 당황했을 뿐 아니라 심히 불쾌하게 생각했다. 즉시로 그는 사퇴를 발표했다. 자기가 맡을 일이 어떤 것인지 안 이상, 이런 일을 하기에 자신은 너무 큰 인물이라는 뜻을 표명한 것이다. 그러자 수용소에서는 다시 한 번 야유가 퍼졌다. 이후로 체스터턴은 정치적으로 중요한 역할을 다시는 맡지 못했다. 몬터규는 옆구리를 잡고 웃음을 참지 못하며, 자신이 그 자리를 덥석 물지 않은 것에 감사했다.

그리하여 총무 팀은 천진의 은행에서 부행장으로 일하던 겸손하고 젊은 영국인이 맡아 운영하게 되었다. 우리 모두는 단 한 명의 리더가 수용소를 책임져야 한다는 생각을 다시는 하지 않았다.

이렇게 실수를 거듭하면서, 수용소의 조직은 형태를 갖추어 나갔다. 그때부터 수용소 안에는 9개의 위원회가 존재하게 되었고, 각각의 위원회에는 한 명의 위원장과 일본인들과 직접 협상해서 뽑은 한 두 명의 조력자가 배치되었다. 각 위원회의 업무는 한편으로는 일본인들에게 압력을 가해 더 나은 설비와 배급품을 얻어내는 것이었고, 다른 한편으로는 영역별로 수용소의 삶을 운영하는 것이었다. 따라서 선발된 사람들은 수용소 내의 요구 사항들을 다루었다. 노동력은 조직화되었고, 설비와 공중위생 문제는 해당 기술자에 의해 해결되었다. 배급품은 좀더 공정하고 효율적인 방법으로 배분되었고, 복잡한 숙소 배정 문제도 풀리기 시작했다. 또한 300명이 넘는 아이들을 위한 학교도 시작되었다.

중앙집권적인 조직화를 통해 우리 공동체에는 서서히 새로운 문명이 동트기 시작했다. 서로간의 협력 작업을 통해 삶에 가장 핵심이 되는 서비스를 제공하고 최소한의 편의를 제공할 수 있는 정도가 되었다.

4월 중순경에는 수용소 청소 팀이 모든 잔해와 잡동사니를 다 치워버렸다. 3월, 우리가 도착했을 때 보았던 가장 음울하고 추한 광경이 사라졌다. 이렇게 공간이 정리되자 정원을 유독 사랑하는 영국인들이 행동을 개시했다. 자기 숙소 앞이나 주거 지역 주변, 교회나 야구장 주변, 땅이라고 할 수 있는 곳이면 어디나 천진이나 북경에서 가져온 씨를 심기 시작했던 것이다. 그러고는 새 생명이 움틀 때까지 사랑을 기울여 물을 주었다. 이와 비슷한 생각으로 어떤 가족은 자기 숙소 주변에 작은 땅덩어리라도 찾으면 주워온 벽돌로 테라스를 만들고 매점에서 구입한 매트로 차양을 만들었다. 다들 여름에 "차"를 마실 곳을 생각하는 것이 분명했다. 바람결을 타고 따뜻한 기운이 흘러넘쳤고, 모든 곳에 신선하고 맑은 공기가 가득했다.

비슷한 시기에 성인을 위한 저녁 강좌가 모든 방에서 열렸다. 강좌의 주제는 항해술로부터 시작해서 목공, 미술, 시장 조사, 신학, 러시아어에 이르기까지 매우 다양했으며, 그 분야의 전문가들이 무상으로 자원하여 가르쳤다. 주말마다 열리는 여흥도 시작되었다. 이 여흥은 교회에서 개최되었는데, 간단한 노래 모임부터 소규모 아마추어 뮤지컬까지 공연되었다. 이런 초기 형태의

"문화"들이 쌓이면서 나중에는 소규모 야구장에서 야구 경기까지 본격적으로 열리게 되었다(예를 들어, 북경 표범 팀 vs. 천진 호랑이 팀). 그래서 일주일에 두세 번 정도는 온 수용소 인원이 흥분의 도가니에 빠졌다.

3
계란, 경비, 사랑

 봄이 오자 수용소의 모습도 눈에 띄게 달라졌다. 잔해와 먼지투성이던 공간에 이제는 밝고 다채로운 색깔의 정원과 테라스가 들어섰다. 이런 것은 더 깊은 차원에서 일어난 변화의 물리적이고 가시적인 증거에 불과했다. 아무 준비 없이 정말로 절망적이었던 집단이 불과 몇 달 사이에, 모든 측면에서 삶의 수준을 하루하루 높여가며 기본적인 물질적 필요에 대처할 수 있는 체계적인 문명을 이루었던 것이다. 이제 음식은 맛있다고 할 정도가 되었고, 야구 경기는 모든 사람을 매료시켰다. 저녁 나절에는 여자친구와 산보를 할 수 있을 만큼 따듯했다. 수용소는 꽤 살 만한 곳으로 변해갔다.
 이렇게 복지 상태가 전반적으로 좋아진 데는 "추가" 보급품이 지대한 역할을 했다. 물론 수용소 매점은 상시 운영되고 있었다. 이 가게는 일본인들이 물건을 대고, 천진 백화점 주인과 한 나이든 수입상이 운영을 했다. 여기서는 담배, 비누, 땅콩기름, 휴지, 깔개 등 생활필수품을 살 수 있었는데, 수요가 많은 물건에 대해서는 배급 카드가 발급되었다. 드문 경우지만 말린 과일, 향신료, 생강 같은 물품도 살 수 있었다. 하지만 수용소에 머무는 2년 반 동안 매점이나 주방에서나 신선한 과일이나 과자는 구경조차 할 수 없었다.

이런 상황에서 수용소 생활 첫 6개월 동안 삶에 가장 도움을 주었던 것은 암시장이었다. 나도 암시장에서 과일을 즐겨 사먹었다. 하지만 이 번창 일로의 장사에는 관여하지 않았다. 가장 순진한 사람들도 암시장이 존재한다는 사실을 곧 눈치 챘다. 이른 아침 어느 방을 지나는데 벽돌 난로에 계란을 부치는 냄새가 난다거나, 아니면 한 친구로부터 빵에 신선한 잼을 발라보라는 권유를 받는 것으로 충분했던 것이다. 어떤 방에서는 베이컨이나 초콜릿, 고량주나 포도주를 대접하는 일도 있었다.

얼마 안 가서 우리 그룹 사람들도 "뭘 좀 아는 사람들"로부터 계란, 잼, 과자 등을 사기 시작했다. 알고 보니 상당수가 이미 암시장에 대해 알고 있었다. 내가 놀라운 "만나"를 구하려면 누구에게 가야 하는지 묻자 친구들은 이렇게 말해주었다. "우리 숙소 맨 끝 방에 사는 거친 퇴역 군인 몇 명하고, 건너편 54번 구역 벽 쪽 방에 사는 사업가 몇 명, 49번 방에 사는 총각 두 명, 그 외에도 많아." 하지만 대부분은 이렇게 조언해주었다. "계란이나 잼을 싸게 많이 사고 싶으면, 신부님들에게 가봐."

수용소에서 첫 여름을 보낼 때는, 최소한 수감자의 3분의 2가 매일 계란 부침을 먹을 수 있었다. 암시장이 한창 번성하던 무렵에는 계란을 부치려는 사람이 너무 많아, 우리 북경 그룹 내 주방에는 여벌의 풍로를 하나 더 장만해야 했다. 즉 평균 1,300개의 계란이 매일 수용소 담장을 넘어서 들어왔다는 의미다. 마찬가지로 잼이나 땅콩, 설탕도 누구를 찾아야 하는지만 알면 충분히 살 수 있었다. 벽에 가려진 부분만 있으면 어디서든 물건이 쏟아져 나오는 것 같았다. 중국 농부들은 현금에 목말라 있는데다, 여름에는 내다 팔 물건도 많았던 것이다. 나는 3구역에 있는 버트럼 카터 가족의 방에 들어갔다가 침대 위에 잼, 설탕, 계란이 가득 널려 있는 것을 여러 번 보았다. 그들은 경비가 나타나기 전에 그 물건들을 상자에 담느라 허둥지둥하고 있었다. 한번은 살아 있는 닭 한 마리가 갑자기 담장 너머에서 날아오는 바람에 엄청 놀랐던 적도 있다. 버트럼이 그 닭을 잡으려다 놓치는 바람에 이 불쌍한 동물은 꽥꽥거리면서 날개를 파닥거리며 온 사방을 도망다녔다. 주인이 닭을 간신히 붙들었을 때에야 모든 것이 다시 조용해졌다. 결국 닭은 모가지가 비틀려 죽었고, 버트럼은 탄식하면서 이렇게 말했다. "지나가는 경비에게 해명하기는 좀 어려운 물건이겠지?"

사제들이 암시장의 주된 공급책이라는 사실이 점차로 분명해졌다. 나는 이들이 일을 해내는 수법을 알아내야겠다고 결심했다. 300명 쯤 되는 사제와 수사들은 병원 건물과 인접한 한두 채의 숙소에서 끔찍할 정도로 비좁게 지내고 있었다. 이 구역은 수용소 담장과 붙어 있는 곳으로, 수용소 초기 시절에는 경비 초소의 감시에 덜 노출되는 장소였다. 이 근처를 지날 때마다 나는 수도사들의 세계가 낯설게 느껴져 흠칫하곤 했다. 아침 일찍 혹은 늦은 오후에 병원 주위의 공터를 지날 때면 마치 중세 수도원의 안뜰을 지나는 것 같았다. 검은 옷을 입은 100여 명의 사제와 갈색 옷을 입은 수사들이 기도를 하면서 천천히 담장을 따라 걷는 것이 보였다.

예수수난회 소속의 한 수사가 전한 이야기에 따르면, 암시장은 수용소 생활이 시작된 지 2주쯤 지난 어느 저녁 기도 시간에 시작되었다고 한다. 기도를 드리는 수사들 한가운데로, 갑자기 양배추 한 묶음이 담장을 넘어 날아와 떨어졌다. (이 이야기를 전한 수사에게는 이 광경이 아주 웃겼다고 한다.) 수사들은 서둘러 기도서를 덮고 양배추를 주워 담았다. 그러고는 서로가 서로를 떠받쳐 올려서, 담장 너머에서 일을 도모한 중국인과 접선할 수 있도록 했다. 곧 정기적인 만남을 위한 장소와 시간이 정해졌다. 이미 정한 장소와 시간이 여의치 않으면 다른 장소에서 만남을 시도하기도 했다.

수도사 출신의 계란 밀수업자 중 가장 성공적이면서도 흥미로운 인물은, 작은 키에 안경을 쓴 트라피스트회 소속 다르비 신부였다. 침묵을 서약하는 트라피스트회의 규율조차 다른 사람들과의 협력을 이유로 일시적으로 유보되었다. 그래서 다르비 신부는 트라피스트회 신부로서 살아온 자신의 삶의 이야기를 우리에게 들려줄 수 있었다. 그는 한 수도원에 25년간이나 머물렀다고 한다. 또한 수용소에 오기 전, 그 사반세기 동안 누구에게든 서너 단어 이상을 말한 적이 없었다. 어쨌든 친절하고 매력적인 이 조그만 남자와 함께 있으면 시간이 어떻게 가는 줄 몰랐다. 다르비 신부는 자기 말을 듣고자 하는 사람만 있으면 몇 시간이고 계속해서 이야기를 했다. 물론 그가 경건한 트라피스트회 수사라는 점에 대해서는 의심의 여지가 없었다. 하지만 어느 여름 저녁 무렵, 나는 그의 인격 안에 다른 측면도 존재한다는 사실을 알게 되었다. 수용소에서 특별히 아름다운 정원을 거니는 중에 나는 한 무리의 사람들이 고량주를 시음하는 것을 발견하게 되었다. 그런데 그 가운데 다르비 신부도 있지 않은가. 게다가 그는 "세속적인 세상 사람들이 입는" 여름 정장(흰색 재킷, 검은 타이, 검은 바지)을 차려입고 한참 자신의 이야기로 사람들을 즐겁게 해주는 중이었다.

다르비 신부에게는 들키지 않고 계란을 입수하는 비장의 방법이 있었다. 그는 수용소 담장 후미진 구석에 있는 벽의 벽돌을 한 장 빼냈다. 그러고는 반대편에서 중국인 농부가 넣어주는 계란을 같은 구멍으로 받아냈다. 경비가 나타나면, 앞쪽에서 망을 보던 두 명의 트라피스트회 수사 친구들이 그레고리안 성가를 부르기 시작하는 것이었다.

이 신호를 들은 다르비 신부는 재빨리 계란을 기다란 수사복으로 덮은 후, 무릎을 꿇고 앉았다. 그러면 경비가 도착할 때쯤이면 그는 기도에 깊이 빠져 있는 것처럼 보였다. 두세 달 동안 다르비 신부는 이런 식으로 계란을 밀수했다. 경비들은 긴 수염과 긴 옷의 "성스러운 사람들"을 두려워했던 것이다. 하지만 마침내 한 경비가 담장 옆에서 무릎을 꿇고 있는 다르비 신부의 옷을 들어 올리는 날이 오고야 말았다. 경비는 깜짝 놀랐다. 부끄럽게도 다르비 신부의 옷 안에는 150개의 계란이 들어 있었다. 경비들이 서양 성직자의 주술적 능력을 어느 정도까지 대단하게 보았는지는 모르겠지만, 어쨌든 계란을 낳는 능력이 있다고는 믿지 않았던 것이다!

즉시로 다르비 신부는 영창으로 끌려갔다. 수용소 생활이 시작된 이래 첫 번째 재판이 시작되었다. 온 수용소는 숨죽이고 재판 결과를 기다렸다. 저 매력적인 트라피스트회 신부가 총살을 당하지나 않을까, 잘해도 고문은 피할 수 없지 않을까, 우리 모두는 걱정했다. 이틀 동안 사령관은 암거래 혐의와 관련된 모든 증거를 검토했다. 증거는 결정적이었다.

면밀한 조사 후, 사령관은 엄중히 판결을 선고했다. 그는 암시장을 근절하고자 하는 결의를 표명하고는, 다르비 신부를 본보기로 삼겠다고 했다. 또한 이 "성직자"를 처벌하는 것이 자신에게 얼마나 괴로운 일인지도 덧붙였다. 수용소 전체가 두려움에 떨며 선고를 기다렸다. 사령관이 내린 처벌은 다르비 신부를 한 달 반 동안 독방에 수감하겠다는 내용이었다. 수용소 사람들은 기쁨을 감추지 못하고 웅성거렸다. 이런 반응에 황당해진 것은 일본인들이었다. 그들은 이 키 작은 트라피스트회 신부가 노래를 흥얼거리며 새 감방으로 끌려가는 것을 보았을 때도, 의아해서 고개를 갸우뚱거려야 했다.

하지만 이 사건 이후로 암시장의 역사는 평탄치 못했다. 1943년 가을에는 일본인들이 물자 공급을 최저 수준으로 줄였다. 수감자 지도자 몇 사람이 더 체포되어 감방으로 갔다. 이들은 독방 생활이 익숙한 트라피스트회 수사가 아니었기 때문에, 처벌은 충분히 고통스러운 시련이었다. 또한 일본인들은 중국인 농부도 두 명 붙잡아 들였다. 그러고는 수감자들을 공포로 몰아넣기 위해 그들을 총살했다. 총소리가 우리에게도 충분히 들릴 만한 거리 한가운데에서였다.

1944년 5월에는 사령관이 새롭게 부임했다. 강경한 인물이었던 그는 모든 불법 거래를 막는 데 확실히 성공했다. 결국 우리는 중국인 노동자들이 일하는 모습을 담장 너머로 바라볼 수밖에 없었다. 일본인들은 깊은 참호를 파고 담장으로부터 50미터쯤 떨어진 곳에 높은 축대를 쌓았으며, 더 멀리에는 철조망을 쳤다. 이제 큰 위험을 무릅쓰지 않고는 어떤 중국인도 수용소 담장에 접근할 수 없었다. 우리는 전쟁의 나머지 기간을 계란도, 땅콩도 없이 헐벗고 지내야 할 것을 생각하며 슬퍼했다.

그래서 같은 해 7월경, 한 친구가 약간의 베이컨을 가지고 우리 방에 들어왔던 일이 잊을 수 없는 순간으로 내 머리에 남아 있다. 수용소 안에서 돼지를 기른다는 것은 상상조차 할 수 없는 일이었으므로, 암거래가 다시 시작되었음이 분명했다. 흥분한 우리는 베이컨을 어디서 구했는지 물었다. 친구의 대답은 놀라운 것이었다. 이 친구는 베이컨을 다른 친구로부터 얻었고, 그 다른 친구는 일본인 경비로부터 얻었다는 것이었다. 현금이 필요한 경비들이 수감자로부터 오래된 시계, 의복, 보석 등 값진 물건을 받아 중국인 상인에게 넘기고, 그 대가로 물건이나 현금을 가져다주었다. 말할 필요도 없이 경비들은 중개인으로서 거래 금액의 상당 부분을 챙겼다. 그들은 우리가 원하는 "(계란이나 땅콩 같은) 식품 장사"에는 관심이 없었다. 일본인 경비들은 크기는 작지만 수익성이 좋은 물품으로 거래를 제한했다. 그들이 수용소에 들여와 수감자들에게 판 물건은, 잼, 설탕, 중국산 위스키, 그리고 무엇보다도 중국 화폐였다.

수용소 생활 막바지 기간에는 별도로 음식을 구하는 것이 힘들었다. 계란 한 꾸러미를 구하면 정말 아껴서 먹어야 했다. 1944년 2월 초, 나는 계란 스무 개를 구하게 되었다. 냉장고가 있을 리 만무했기 때문에, 나는 계란을 침대 밑 양푼에 보관했다. 대체적으로 방은 서늘했으므로(10도에서 12도 사이), 놀라울 정도로 오랫동안 보관할 수 있었다. 나흘에 한 개 정도 아침 식사로 계란을 먹었는데, 4월 초쯤 되어서는 그것마저 떨어졌다. 대개는 계란을 주방에 가져가 커다란 솥에 삶았다. 한번은 이런 일도 있었다. 늘 하던 대로 3-4분 정도 계란을 삶아서 건져낸 후, 따뜻한 아침 식사를 기대하며 주방 일꾼이 가득 앉아 있던 테이블 끝 쪽에 자리를 잡았다. 계란이 이제 떨어졌다는 등의 이야기를 하면서, 밥그릇 가장자리 금간 부분에 계란을 톡톡 두드리는 순간, 그만 깜짝 놀라 펄쩍 뛰어오르고 말았다. 계란이 폭발했던 것이다.

내가 앉았던 테이블은 완전히 엉망진창이었다. 어떤 이는 얼굴에 튀긴 계란을 닦아내며 내게 욕을 했다. 또 어떤 이는 손수건으로 코를 막고는 지독한 악취를 피해 테이블에서 도망쳤다. 나는 너무나 놀란 채 거기 그대로 앉아 있었다. 손은 여전히 그릇을 잡고 있었지만 내 손에는 계란 껍질 한 조각도 남아 있지 않았다. 얼굴, 벽, 테이블에 붙어 있는 얇은 막을 제외하고는 한 조각의 계란 잔해도 찾을 수 없었다. 이 경험을 통해 나는 암시장에서 산 계란을 쌓아두는 일에 열심을 내지 않게 되었다.

전쟁이 끝나가던 무렵에는 암시장에서 가장 중요한 상품이 현금이었다. 시간이 갈수록 돈이 수용소 생활의 필수품이 되었다. 많은 생필품을 일본인들이 물자를 공급하는 수용소 매점에서 구입해야 했다. 비누, 휴지, 담배, 땅콩(땅콩버터를 만들기 위한), 차양이나 돗자리로 쓰기 위한 깔개, 모든 요리에 필요할 뿐 아니라 밤에 켜는 등잔에도 넣어야 하는 땅콩기름(하루 중 3분의 1 동안은 전기가 제대로 공급되지 않았다) 등등. 이런 목적에 쓰일 "용돈"이 매달 각 사람에게 중국 돈으로 지급되었다. 이 작은 액수의 돈은 우리 각자가 속한 정부가 스위스 정부를 통해 보내는 것이었다. 이 돈은 스위스에서 중국 화폐로 환전된 후, 중국의 스위스 외교관을 통해 매달 수용소에 전달되었다.

위현 수용소에 있는 동안 중국 화폐는 지독한 인플레이션을 겪었다. 처음 수용소에 도착했을 때 중국 달러는 5센트 정도의 가치가 있었다. 다시 말해서 미화 1달러로 중국 돈 20달러를 살 수 있었다. 그래서 처음에는 중국산 담배 한 보루를 중국 돈 8달러에 살 수 있었다. 그러나 2년 후인 1945년 5월에는 같은 물건이 중국 돈 500달러가 넘었다. 계산하면 자그마치 6,000퍼센트 가격 상승이 된 셈이었다.

이와 비례하여 다른 모든 물건의 가격도 급등했으며, 인플레이션 속도는 계속 빨라지는 것 같았다. 따라서 우리가 매달 받는 "용돈"은 급속한 인플레이션 속도를 결코 따라갈 수 없었다. "용돈"의 액수를 늘릴 때마다 제네바를 통한 워싱턴과 도쿄의 협상이 필요했기 때문이다. 휴지, 비누, 담배 등의 필수품을 구입하려면, 합법적으로 제공되는 돈 이상이 반드시 필요했다. 이런 상황 때문에 일본인 경비들이 중개하는 암시장이 정말로 중요해졌다.

암거래가 시작되자, 수용소로 유입되는 불법 자금의 규모가 커졌다. 예를 들면 1944년 중반, 15명으로 이루어진 한 그룹에 지급되는 합법적인 "용돈"의 총액은 한 달에 중국 돈 3,000달러(일인당 200달러)에 불과했다. 하지만 나중에 매점 관리자에게 들은 이야기에 의하면, 일주일 동안 한 그룹이 매점에서 사간 물건의 총액은 중국 돈 30,000달러가 넘는다고 했다. 결과적으로 수용소 거주자들 각 사람은 매달 평균적으로 중국 돈 8,000달러 이상을 불법적으로 받고 있었다는 이야기가 된다.

이런 거대한 자금이 거래되기 위해서는, 중요한 위치에 있는 일본인과 신뢰할 만한 수감자가 포함된 효율적인 조직이 필요했다. 나도 별도의 현금이 필요해서 구하려고 나섰다가 이런 사실을 알게 되었다. 즉 수감자들 편에, 수감자와 일본인 사이를 중재하는 역할을 하는 공식 위원회 또는 조합이 있다는 것이었다. 이 조합이 대부분 전직 은행가나 주식 중개인으로 구성되어 있다는 사실은 그리 놀라운 일이 아니었다.

일이 진행되는 방식은 다음과 같았다. 현금이 필요한데 값어치 나가는 금시계나 보석을 가진 사람이 있다고 하자. 당연히 이런 인플레이션의 소용돌이 속에서는 이런 값진 물건을 판다고 해도 갑자기 중국 돈을 두둑이(평상시라면 중국 돈 20만 달러 정도는 나갈 것이지만) 챙길 수는 없다. 그러면 이 사람은 조합을 찾아가 합의에 이를 때까지 금액을 흥정한다. 조합은 물건을 일본인에게 시세대로 20만 달러를 받고 판 후, 원래 주인에게는 그가 필요로 하는 액수만큼만 현금으로 준다. 그런 후에 조합은 나머지 돈을 약속 어음(미국 달러)을 받고 다른 수감자에게 "팔고", 이 어음을 물건의 원래 주인에게 다시 준다. 이런 어음은 조합의 보증과 채무자가 속한 조직이나 회사의 보증까지 해서 이중으로 보증을 받았다. 나도 몇 차례에 걸쳐 연경 대학의 보증을 받아 중국 돈 6,000달러를 빌렸다. 이런 방식으로 물건을 가진 사람이나 전쟁 후 빚을 갚을 수 있는 사람(보증을 세울 수 있는 사람)에게 모두 현금이 돌게 했다. 그래서 수용소 대부분의 사람은 이 서비스를 이용할 수 있었으며, 실제로도 이용했다.

재미있는 것은, 우리를 억류하는 자들이 스스로 만든 규칙을 계속해서 뒤집는 이런 묘한 상황이었다. 하루는 주방 근처를 지나가다가, 구석에서 경비 두 명이 화가 나서 싸우는 광경을 목격했다. 급기야 그중 한 명이 커다란 몽둥이로 상대방을 때려눕히기까지 했다. 그들이 이렇게 격하게 싸운 이유는 다음과 같았다. "아, 그냥 암시장 때문에 싸운 거야. 한 사람이 다른 사람 손님을 가로챘거든. 늘상 일어나는 일이지!"

이 일이 있고 얼마 지나지 않아, 경비 한 명이 49호 숙소에 와서 한 수감자와 사적인 계약을 맺었다는 이야기를 들었다. 그런데 계약을 마친 경비가 수감자에게 이렇게 조용히 말했다고 한다. "근처에 경비가 없는지 내다볼래? 상관들을 위해 이 일을 하고 있는 건데 잡히면 안 되거든!"

새로 부임한 사령관이 그토록 엄격하고 신속하게 기존의 암거래를 중지시킨 이유가 지금에 와서는 분명해졌다. 그는 이 돈벌이가 되는 사업을 자기 수중에(아니면 적어도 일본인의 수중에) 넣기를 원했던 것이다.

특별히 나를 놀라게 했던 것은, 일본인 지배자들이 우리의 삶에 대해 상대적으로 그리 많이 개입하지 않는다는 점이었다. 물론 우리는 그들이 존재한다는 사실을 언제나 의식할 수밖에 없었다.

경비들은 수용소 전체를 일정한 시간 간격을 두고 오갔으며, 담장 위의 초소를 지켰다. 여자친구를 밖에서 만나는 젊은이들이, 소등이 이루어지는 밤 열 시 이후에 숙소에 들어오려면 경비의 눈을 피해야만 했다. 작업 팀 멤버들도 매일 일본인 민간 관리들을 상대해야 했다. 모든 보급품과 시설물은 일본인들로부터 나왔으며, 우리가 내리는 모든 주요 결정도 대부분 그들과의 상의를 거쳐야 했다. 하지만 전반적으로 보아서 일본인들은 우리가 우리 방식대로 일을 처리하고 문제를 해결하도록 내버려두었다. 아침 일곱 시의 점호와 오후의 점호를 제외하고, 일반 수감자가 암시장 거래자가 아닌 일본인과 접촉할 일은 거의 없었다.

수용소를 책임지는 관리나 군인들에 대해서도 우리는 운이 좋다고 할 수 있었다. 엄격히 말해서, 우리는 일본에 있는 것도 아니고 "적국" 영토에 있는 것도 아니었다. 우리는 1937년 이래로 일본에 의해 점령된 중국의 일부 "괴뢰" 영역에 머물고 있었다. 적어도 명목상으로 일본과 외교적 관계가 있는 곳이었다. 그래서 우리는 군대나 군사 정책 하에 있다기보다는 영사 업무의 대상으로 있었다. 따라서 우리를 맡은 이는 민간 외교 담당자였다. 수용소 경비들도 일반 군대 군인이라기보다 영사 호위대에 가까웠다. 그들은 이런저런 이유로 전방에서 멀리 떨어진 이곳에서 "쉬운 업무"를 받은 사람들이었기 때문에 대부분 자신의 일에 만족스러워했다. 물론 우리는 그들의 적이었지만, 격렬한 전투에서 우리를 포로로 잡은 것도 아니고 우리가 자신들의 동료를 총으로 쏜는 것을 본 것도 아니었다. 따라서 우리의 상황은 필리핀이나 동인도 제도, 싱가포르에 있는 포로들의 상황과는 매우 달랐다. 그곳에서는 현역 군인들이 수감자들을 책임졌으며, 군인들은 자신들을 대항해 싸웠던 수감자들을 야만적으로 다루었다. 하지만 이곳에서는 암시장 가담자들을 소탕하려던 몇 번의 경우를 제외하고, 우리와 일본인 경비들의 관계는 대체로 예의 바르고 우호적이었다. 물론 경비 중에는 성격이 거칠고 잔인하고 거만하고 교활한 사람도 있었다. 하지만 우리 수용소에서는 고문을 당하거나 죽임을 당한 사람은 없었다. 사실 많은 경비가 우리에게 깍듯하고 친절했다.

이런 이유 때문인지, 나도 5년간 다양한 일본인의 통치를 경험했지만, 다른 사람들처럼 일본인을 야만적이라고 한마디로 싸잡아 말하지는 못하겠다. 일본인의 잔악무도함에 대해 말하는 많은 사람들의 증언이 진실이 아니라고 의심하는 것은 절대 아니다. 다만 나의 경험의 한계 내에서는 그런 것을 경험하지 못했다는 뜻이다.

1941년 12월, 처음으로 전쟁이 발발했을 때 연경 대학에서 있었던 일이다. 당시 대학의 모든 교직원들은 대학 내 기숙사 구역에 감금되었다. 악명 높은 헌병대가 우리를 지켰다. 죄수들을 잔인하게 대하기로 악명이 높았던 탓에, 그들이 행진하는 것만 봐도 온 몸이 경직되었다.

그러던 어느 날 오후, 완전한 무장을 갖춘 한 헌병이 아기가 있는 한 미국인 가정의 거처로 찾아온 일이 있었다. 당시에는 내가 유일한 남자였다. 그래서 나는 문을 두드리는 그 헌병에게 조심스럽게 문을 열어야 했다. 그런데 그는 인사를 꾸벅하더니 숨을 한 번 들이쉬는 것이었다. 그러더니 무기를 다 내려놓고는 큰 외투를 열어 작은 우유병 하나를 꺼냈다. 나는 너무 놀라 아무런 반응도 할 수 없었다.

"이거, 아기 주세요." 그가 약간 더듬거리며 말했다. 놀란 가슴이 조금 진정되자 우리는 그를 집 안으로 들어오게 했다. 그리고 보답으로 뭘 해주면 좋을지 물어보았다.

"클래식 음악 좀 들을 수 있을까요?" 그가 대답했다. 또 한 번 우리는 흠칫 놀랐다. "당신은 누구신가요?" 우리의 질문에 그가 다시 대답했다. "저는 도쿄 오케스트라의 제2 플루트 주자입니다. 아름다운 음악이 그리워서요."

수용소에서의 처음 몇 달 동안 나는 숙소 배정 팀에서, 앞에서도 이야기했던 그 공격적인 성향의 쉴즈와 함께 일했다. 나와 쉴즈는 숙소와 기술을 책임지는 일본인 관리와 함께 사무실을 쓰면서 그와 친해지게 되었다. 이 일본인의 이름은 이즈였다. 아주 지적이고 예의 바른 남자로서, 심지어 우리에게 화가 났을 때도 예의를 지키는 그런 사람이었다.

수용소 인구 조사를 하면서는 이즈의 동양적인 침착함이 어떤 한계를 가지는지도 경험할 수 있었다. 초기에 일본 당국자들이 알고 있던 정보는, 수용소에 몇 명이나 수용될지와 그들의 이름 정도였다. 이즈가 숙소 팀에게 내린 첫 명령은 인구 조사를 하라는 것이었다. 인원수가 파악되면 우리에게도 유리할 터였다. 숙소 상황은 최악이었고, 인원수가 나오면 일본인들에게 별도의 공간을 요청할 수도 있기 때문이다. 그래서 팀이 구성되자마자 우리는 방방마다 다니며 인원을 파악하기 시작했다. 그리고 사무실 벽에 걸어둔 대형 수용소 지도에 이름과 숫자를 하나하나 적어넣었다.

병원을 조사할 때까지는 모든 일이 다 순조로웠다. 병원 건물 위층에는 약 250명가량의 네덜란드인과 벨기에인 수도사들이 거처하고 있었는데, 놀랍게도 가톨릭 지도자들조차도 그곳에 몇 명의 수도사가 있는지 또 그들이 누구인지 파악하지 못하고 있었다. 방마다 너무 많은 사람이 배정되어 있어서 한 방에 도대체 몇 명이 있는지 아무도 알지 못했다. 그래서 우리는 한 사람 한 사람을 직접 세어야 했다.

수도사들을 계수하는 일에는 다른 난관도 있었다. 수도사마다 보통 두 개의 이름을 가지고 있었기 때문이다. 하나는 가족의 성으로 여권이나 공식 문서에 사용되는 이름이었고, 다른 하나는 서품식에서 받은 "종교적 이름"으로, 모든 가톨릭 형제들 사이에서는 그 이름으로 통했다. 예를 들어 가톨릭 지도자는 한 미국인 사제의 원래 이름이 마이클 오말리라는 사실을 굳이 알아야 할 필요가 없었다. 하지만 일본인들은 문건만 보아서는 마이클 오말리가 사실은 파울리스 신부라는 것을 전혀 알 길이 없었던 것이다. 이 두 개의 이름을 정확하게 분류해내는 작업은 극도로 어려웠다. 거기다가 수도사들은 모두 비슷한 복장에 긴 수염을 기르고 있어서 일반인의 눈에는 모두 똑같아 보였을 뿐 아니라, 네덜란드나 벨기에인 신부들은 영어도 못했기 때문에 정확하게 그들의 인원을 파악하기는 거의 불가능했다. 며칠 동안 작업을 계속해도 명단은 완성되지 않았다. 결국 몇 번을 다시 확인하고 또 확인한 후에야 그런대로 정확한 계산이라고 만족하며 사무실로 가서 이즈에게 명단을 넘겼다. 하지만 이즈는 즉시 심각한 어조로 다음과 같이 물었다. "정말 정확한가요?"

그동안 골치 아픈 일에 너무 시달렸던 우리는, 질문의 중요성도 깨닫지 못한 채 이렇게 대답했다. "물론이죠. 전혀 문제없습니다."

그는 고개를 끄덕이더니 "윗선"에 이 명단을 보고하기 위해 종종걸음으로 사무실을 나갔다.

그리고 이틀 후 수녀 대표 한 명(정말 매력이 넘치는 미국인 수녀였다)이 우리 사무실로 걸어들어올 때까지, 우리는 이 문제에 대해 더는 생각하지 않고 있었다. 그녀는 매우 미안한 기색으로, 엊그제 숙소에 머물러 있던 연로한 네덜란드인 수녀 두 명을 만났다는 이야기를 꺼냈다. 그런데 우리가 명단을 조사할 때는 미처 그녀들의 존재를 생각하지 못했다는 것이다. 즉시로 우리는 두 수녀가 명단에서 빠진 것은 큰 문제가 아니라며 수녀 대표를 안심시켰다. 그러고는 이즈가 사무실로 돌아왔을 때 수용소 전체 인원에서 두 명을 추가해야 한다고 보고했다.

그런데 갑자기 이즈의 얼굴이 백짓장처럼 창백해지더니 몸까지 부르르 떨면서 일본말로 뭔가 욕설을 내뱉는 것이 아닌가. 늘 변함없이 침착하던 이 신사의 반응에 우리는 완전히 놀라고 말았다. 이즈는 흥분한 얼굴로 자기 앞에 있던 탁자를 내리치더니 우리까지 치려는 듯 손을 들어올렸다. 하지만 다행히도 그는 다시 손을 내렸고, 분노보다는 극심한 공포에 가까운 표정으로 방을 뛰쳐나갔다. 우리는 옆방의 보급 팀으로 가서 그곳 위원장인 브라운에게 부탁하기를, 보급 팀의 일본인 "보스" 코가에게 이즈가 도대체 왜 그러는지 알아봐달라고 했다. 코가는 키가 큰 일본인으로 캘리포니아에서 자랐다. 대학을 다니는 동안 인종차별로 심한 고통을 겪은 그는, 이후로는 서양의 모든 것을 미워하는 사람이 되었다. 30분쯤 후에 우리에게 온 코가는 화를 내며 다음과 같이 말했다. "바보 같은 치들 같으니! 이즈는 당신들이 제출한 숫자를 이미 도쿄에 공식으로 보고했고 사인까지 했어. 그런데 이제 와서 실수가 있으니 보고서를 다시 보내라고 하다니! 이제 그에게 무슨 일이 일어날지 뻔하다고!"

이즈가 그렇게 괴로워하며 사무실을 나간 것이나, 코가가 친구의 곤경을 두려움에 차서 전하는 것을 볼 때, 일본인들은 자기보다 높은 지위에 있는 사람을 두려움의 대상이자 거룩한 존재로 여기는 것이 분명했다.

하지만 다행히도(우리는 이 예의 바른 이즈가 우리 실수 때문에 목이 날아가는 걸 원하지 않았다) 문제는 엉뚱한 방식으로 해결되었다. 다음 날 수도사 대표 한 명이 찾아오더니 자신의 보고에 실수가 있었음을 사과하는 것이었다. 즉 자기 방에 75명의 네덜란드인 신부가 있다고 했는데, 두 명의 이름이 중복 기록되었다고 했다. 그러므로 우리가 계수한 총 인구 수에서 두 명을 빼야 한다는 말이었다!

수도사의 말이 채 끝나기도 전에 우리는 뿔뿔이 흩어져서 이즈를 찾았다. 그에게 치명적인 해를 입힐 두 번째 보고를 하지 못하도록 막아야 했다. 다행히도 이즈는 무서워서 꾸물거리는 중이었다. 나중에 확인한 바에 의하면 그는 그날 오후에 보고하려고 마음먹고 있었다고 한다. 우리의 기쁜 소식을 들은 그는 안도한 나머지 거의 쓰러질 지경이었다. 그는 껄껄 웃고 숨을 한 번 깊이 들이쉬고는 우리 모두에게 머리 숙여 인사했다. 이것은 일본인들이 매우 기쁠 때 하는 표현이었다.

그후 6개월 동안 숙소 팀 일을 그만둘 때까지 우리는 이즈와 정말 잘 지냈다. 이즈는 우리가 수용소 숙소 문제를 잘 처리한다고 신뢰했으며 우리도 이즈를 신뢰했다. 딱 두 번, 아주 비협조적인 수감자들을 단호히 처리해달라고 그에게 항의를 한 적이 있었다. 이즈는 우리의 의견을 참고해서 그들을 처리하겠다고 약속했으며, 약속한 대로 일을 처리했다.

물론 수용소에는 모두에게 미움을 받는 일본인도 서너 명 있었다. 내가 보기에 모두가 그들을 싫어하는 데는 이중적인 이유가 있었다. 첫째, 어떤 일본인들은 자신이 지배자이고 힘을 가진 자임을 강박적으로 내보이려 했다. 그들은 큰소리를 떵떵 치고 함부로 말하고, 때리고 발로 차는 등, 자기 앞에 있는 사람을 마치 발로 밟아야 할 징그러운 거미라도 되는 양 취급했다. 둘째, 누군가를 힘으로 제압하게 되면 내면에 있던 야비함이 더 드러나는 게 분명했다. 그래서 다른 사람이 좋아하는 일을 못하게 만들고, 반대로 싫은 일만 시키게 된다.

우리 모두에게는 이런 나쁜 기질이 있다. 하지만 일상에서 대부분의 사람들은 타인과의 관계에서 어려움이 생길까 봐 이런 기질을 누르고 살 뿐이다. 또한 오랫동안 힘센 경쟁자로부터 수치를 당한 사람은 이런 악한 충동을 더 강하게 나타내는 것이 분명하다. 드디어 반격할 수 있는 기회를 맞자 광적으로 타인을 억압하는 것이다. 게다가 불행히도, 보통의 일본인 병사와 장신인 스코틀랜드, 독일, 미국 군인들 사이에는 확연한 신장의 차이가 있다. 그래서 일본인들은 더 험악하게 고압적인 자세를 취하며 서양인들을 내리누르려고 했다. 가끔 몇몇 일본인 경비나 관리가 특별한 이유도 없이 미친 듯이 막말을 하고 발을 구르고 가구를 발로 걷어차고 위협적으로 팔을 휘두르는 것을 나는 이렇게 이해하려고 했다.

임시로 경비대장을 맡은 한 관리 이야기를 해야겠다. 그는 앞에서 말한 나쁜 기질로 똘똘 뭉친 사람 같았다. 키가 작고 다부진 몸매에 구레나룻이 덥수룩한 네모 얼굴을 가진 그는, 전형적인 서양인 훈련 교관의 모습을 그대로 일본인에게 옮겨놓은 것 같은 사람이었다. 수용소의 누군가가 즐겁고 재미나 보이는 일을 할라 치면(예를 들어 수영복을 입고 일광욕을 즐기거나 여자친구의 손을 잡거나), 언제고 그는 득달같이 나타나 "뿌싱더"(Bo-shing-de)를 외쳤다. 이 말은 "하지 마!", "금지된 행동이야!"라는 뜻의 중국어로 우리 모두의 귀에 익게 되었다.

    그 결과 이 잘난 체하는 키 작은 남자는 "뿌싱더 교관"으로 불리게 되었다. 종종 그가 땅딸막한 모습으로 수용소 내를 점잔 빼며 걸어가면, 마치 말 주위에 모기가 윙윙거리듯, 아이들이 깔깔거리며 그의 주위를 맴돌았다. 아이들은 폴짝폴짝 뛰면서 "뿌싱더 교관, 뿌싱더 교관!" 하며 목청껏 외쳤다. 당연히 그의 입장에서는 자신을 이런 식으로 환영하는 것이 기쁠 리가 없었다. 그래서 그는 하사관에게 어떻게 좀 해보라고 지시한 듯했다. 하지만 철없는 아이들이 별명을 부르는 것이 총 맞을 짓도 아닌데 어떻게 하겠는가? 아무도 그의 진짜 이름을 모르지 않는가? 경비 본부에서는 이 문제로 꽤나 골머리를 앓았던 게 분명했다. 뾰족한 수가 없었던지 하루는 하사관이 수용소 벽보에 다음과 같은 공지 사항을 붙였다.

대일본제국 황제의 명령으로,
이제부터 위현 수용소 내에서는 "뿌싱더 교관"을 뿌싱더 교관이 아닌 요미아라 교관으로 부를 것을 명한다.

고전적인 군대 스타일로 된 그 웃긴 공지문 때문에, 지난겨울 내내 우리를 침울하게 했던 모든 무거운 감정이 다 날아가버렸다!

그런데 또 다른 사건이 일어나 뿌싱더 교관의 인격 안에 있는 완전히 새로운 면모를 드러냈다. 나의 기숙사 동료이자 친구로 연경 대학에서도 함께 일했던 로렌스 터너는 65세의 학자로서, 험한 일에 유능한 일꾼이자 강철 같은 근육의 운동선수였다. 그는 경비 몇 명과 친해져서 그들로부터 야외에서 잘 수 있는 허락을 받아냈다. 수용소 밖에 있을 때도 야외에서 밤을 보내는 것이 그의 오래된 습관이었다. 곧잘 로렌스는 중국식 가운을 입고 차를 홀짝거리다가, 야간과 새벽에 순찰을 도는 경비를 만나면 그들과 담소를 나누곤 했다. 또한 매일같이 이른 아침에 수용소 담장을 따라 조깅도 했다. 이런 로렌스의 모습이 연장자를 존중하는 일본인들을 감동시킨 것이 분명했다. 그들은 수감자들 중에서 로렌스를 가장 존경한다고 말하고는 했다.

그러던 어느 날 로렌스는 뿌싱더 교관으로부터 차를 함께 마시자는 초대를 받았다. 이 일로 해서 로렌스 자신도 무척 놀랐다! 뿌싱더 교관의 방은 담장이 둘러진 오래된 선교관 안에 있는 큰 침실이었다. 로렌스가 이 쩨쩨한 훈련 교관의 방에 들어갔을 때 그는 자신의 눈을 믿을 수가 없어 눈을 휘둥그레 떠야 했다.

교관이 손수 꾸민 그 방은 일본적인 취향의 정수로 아름답게 가꾸어져 있었다. 지극히 단순하면서도 공간 활용이 조화로웠으며, 세심한 부분까지 정성을 기울인 것이 엿보였다. 그중에서도 가장 눈에 띄는 부분은 사무라이 전쟁 신을 모셔놓은 작은 신당이었다. 신당은 일본의 전통적인 방식대로 꽃으로 장식되어 있었다. 로렌스가 해준 이야기로는, 사실 찡그린 얼굴에 밭장다리를 한 그 신의 모습은 전혀 아름답지 않았다고 한다. 하지만 덕지덕지 사진을 핀으로 고정시키고 모형 비행기가 걸려 있는 미국인 병사들의 방과는 대조적으로, 조화와 예술적 취향을 보여주는 그 공간을 보고 로렌스는 숨이 멎을 정도였다고 한다.

일본 문화의 한 단면인 야만적 잔인성을 나타내는 무시무시한 전쟁의 신을, 이렇듯 섬세하고 예민한 감성으로 경배하는 이 잔인한 군인의 모습은, 전쟁을 통해 내가 경험한 일본인들의 이해되지 않는 신비를 요약하는 하나의 상징같이 여겨진다.

우리는 수용소 생활에 금방 익숙해졌다. 아침이면 20명의 남자가 함께 잠을 깼다. 조 존스는 메이틀랜드에게 허리가 아프다고 불평하고, 새스 슬론은 온수 보일러 줄이 너무 길다고 투덜댄다. 그 다음에는 졸음이 덜 깬 채 하품을 하며 30분이나 한 시간 정도 점호를 기다린다. 그동안 여자 친구 이야기나 다음 주에 열릴 댄스 파티, 오후에 있을 야구 경기 이야기를 주고받는다. 그런 다음 아침을 먹으러 식당으로 이동한다. "어젯밤 한 노부인이 아팠는데 뜨거운 차를 마시고 다 나았대" 같은 이야기나, "옆방 사람 때문에 골치가 아프다니까" 하는 불평 소리도 들린다. 9시쯤에는 숙소 팀에 출근한다. 거기에는 깔끔하게 면도를 하고 카키색 옷을 말끔히 차려입은 쉴즈가 이미 와 있다. 그는 한숨 섞인 소리로 한탄한다. "이 지긋지긋한 날씨가 그치고 해님을 다시 볼 수 있다면 삶이 지금보다 100배는 더 나을 텐데. 아! 하나님, 지난밤 우리가 또 무슨 악한 짓을 했단 말입니까!"

그날 아침 일을 하다 말고 문득, 맨체스터나 시카고에 있다 해도 같은 말을 들었을 거라는 생각에 피식 웃었던 기억이 난다. 수용소 사람들의 관심사나 다른 곳에 있는 사람의 그것이나 거의 똑같다. 건강, 지금까지 어디서 무엇을 하며 살았는지 하는 이야기, 날씨, 직업, 이웃, 불평거리, 성(性)에 대한 이야기 같은 것. 나는 잠시 일을 멈추고 이 묘한 사실에 대해 더 생각해보려 했다. 우리들은 너무도 신속하게 자신의 삶을(그 삶이 어떤 것이든지 간에) 스스로 "일상"이라고 부르는 삶으로 만들어간다. 안락하고 잘 먹고 자기 집의 편안한 의자에 앉아 조용한 시간을 보내던 사람들이, 엄청난 박탈임에 분명한 수용소의 삶을 불과 몇 달만에 그저 "삶"이 되게 만들었다.

우리는 수용소를 거주 공간으로 인정했으며 거기에 감정적으로도 익숙해졌다. 이는 더 이상 거부해야 할 새로운 공포가 아니었다. 이제는 줄을 서야 한다는 사실이 아니라 줄이 너무 느리게 줄어든다는 사실에 불평했다. 이제 우리에게 줄을 서는 것은 "평범한 일상"이 되었다. 하지만 현실적으로, 우리는 말도 안 되는 좁은 공간에서 비좁게 생활하며, 외부 세계와는 단절된 채 매우 불편한 삶을 살고 있었다. 무엇보다도 안전이 보장되지 않았다. 지금 이 순간 우리가 수용소에서 누리는 상대적인 복지가 계속되리라는 보장이 있는가? 일본인들이 잔인하게 돌변하거나 굶주림에 떨게 되거나 혹은 전부 몰살되지 않으리라는 보장이 있는가? 냉정하게 현실을 직시하면 아무것도 보장된 것은 없었다. 언제든 그런 일이 일어날 수 있었다. 우리끼리도 그런 가능성에 대해 말하고는 했다. 하지만 이런 일이 정말로 일어나리라고 믿지 않았기에, 모두들 우리 삶이 위험하다고 느끼지 못했다. 그래서 예전에 하던 대로 음식이나 여자 문제에 대해 불평을 늘어놓을 수 있었다. 아니, 더 정확히 말하자면 이제 우리의 일상은 수용소 생활이었다. 우리는 이 생활을 받아들였고, 우리의 감정도 거기에 적응했다. 사람은 일상이 늘 같은 방식으로 계속될 것이라고 기대하는 법이다.

뭐든지 "일상으로 만들어버리는" 인간의 성향에 대해 깊이 생각하다가, 나는 이런 자질이야말로 인간에게 주어진 축복이라는 결론을 내렸다. 3개월 전에는 극심한 공포였던 현실을 이제는 감정적으로 받아들일 수 있다니, 얼마나 다행인가! 지금은 누릴 수 없는 과거의 편리에 대해 이렇게 금방 잊을 수 있다니, 얼마나 축복인가! 무엇보다도, 참고 견디는 법을 배워야 했던 이 거친 삶이 그래도 계속되리라고 받아들이고 있으니, 얼마나 다행인가! 분명히 이런 자질 덕분에 인류는 그 숱한 역사적 비극 속에서도 평정심을 잃지 않고 살아남을 수 있었다. 또한 바로 이 자질 덕분에 인간은, 다음 순간 연약한 피조물을 위협할 수 있

는 극심한 위험도 견딜 수 있었다.*

그 다음부터는 삶에 대한 일상적인 관심이 우리의 의식 전체를 채웠다. 그래서 일상적인 삶이 그러하듯, 우리가 당면한 가장 중요한 문제는 인간관계였다. 무엇보다 인간은 성적(性的)이고 공동체적인 존재다. 따라서 다른 사람과 다양한 관계를 맺을 때만 온전하고 행복한 삶을 영위할 수 있다.

  수용소에 도착한 즉시로, 우리 북경 그룹의 젊은 남자들은 무리 속에 우리 또래의 괜찮은 여자들이 있다는 사실에 기뻐했다. 우리가 서로 친해지는 데는 그리 오랜 시간이 걸리지 않았다. 천진 그룹 부엌에서 재즈 밴드의 연주가 곁들여진 댄스파티가 열리거나, 그룹 간 야구 경기가 있는 날이면 모두 함께 득달같이 달려갔으며 주말 여흥 계획을 짜기도 했다.

  내가 앨리스와 친해진 것은 주말 여흥 계획을 함께 짜면서였다. 앨리스는 영국인이었으며, 그녀와 함께한 시간은 내 수용소 생활에서 가장 멋진 시간이었다. 앨리스와 사귀면서 수용소 생활은 참을만해졌으며, 때로는 즐겁고 유쾌하기까지 했다.

  우리뿐 아니라 수용소 젊은이들은 곧 열심히 짝을 짓기 시작

---

* 라인홀드 니버의 다음과 같은 기도문을 보자, 내가 수용소에서 했던 두서없는 생각의 편린들이 분명하게 정리되었다. "오 주님, 우리가 바꿀 수 없는 것에 대해서는 받아들일 수 있게 하시고, 우리가 바꿀 수 있는 것에 대해서는 만족하지 않게 하소서. 그리고 이 둘의 차이를 잘 분별할 수 있게 하소서."

했다. 하지만 이 관계들 중에서 진짜 "사랑"은 드물었다. 수용소에서 또는 나중에 결혼으로까지 이어진 경우는 한두 커플에 불과했다. 젊은이들 대부분에게는 아직 결혼에 대한 생각이 혼란스러웠다. 또한 많은 경우 수용소 밖에 있는 사람에게 깊은 책임감을 느끼기도 했다.

이런 이유로 해서, 결혼을 전제하지 않은 성관계는 비도덕적인 것이라고 교육받은 우리들 대부분은 죄책감을 느꼈다. 하지만 우리로서는 현재의 관계가 주는 감정적인 만족감과 사랑의 느낌, 안정감에 의존할 수밖에 없었다. 지금 돌이켜보면, 수용소라는 황량하고 불확실한 삶에서 적어도 사랑하고 사랑받는 느낌을 통해 깊은 위로를 받으려 했던 것은 너무나 자연스러웠다. 삶에서 사랑은 가장 중요한 가치임에 분명하다.

그러나 어떤 종류의 관계든, 수용소에서 여자와 관계 맺는 일은 쉽지만은 않았다. 독신 남녀들은 모두 기숙사에서 공동생활을 했기 때문에 사랑을 나눌 수 있는 기회는 매우 드물었다. 게다가 현대적인 피임 도구가 부족했기 때문에 성관계를 가지는 일은 아주 위험하기도 했다. 잠시나마 사생활을 즐길 수 있는 기회는, 밤중에 수용소 공터를 산책할 수 있을 만큼 따뜻한 봄, 여름, 초가을에 찾아왔다. 하지만 이런 계절에는 공터가 밤바람을 쐬러 나온 사람들로 북적거리기 일쑤였다. 따뜻한 저녁 맨해튼의 공원에 있는 것처럼, 이웃과 5미터 이상 떨어지기가 어려웠다. 그래서 소등이 되고 통행금지가 시작되는 밤 10시가 지나서야 겨우 "데이트"가 시작될 수 있었다. 젊은 사람들은 수용소에서 어디가 제일 으슥한지, 경비가 지나갈 때는 어떻게 소리를 죽이는지, 데이트가 끝난 후에는 어떻게 몰래 기숙사로 돌아오는지, 그 방법들을 다 꿰고 있었다.

이십 대 중반이었던 나는, 삼십 대 후반이나 사십 대의 "나이 든 사람들"은 내가 느끼는 것과 같은 강한 성욕을 느끼지 않을 거라고 믿었다. 그래서 기숙사에 기거하는 35세부터 55세 사이의 많은 독신 남자(이들 대부분은 수년간 결혼 생활을 해왔다)와 여자들이 어떤 방식으로 성욕을 해결하는지에 대해서는 궁금해하지 않았다. 우리는 젊은 사람들만 그런 문제를 겪을 것이라고 믿었고 그래서 우리만의 해결책에 몰두했다. 우리는 통행금지 이후에 누가 데이트를 가고 누가 안 가는지에 온통 신경을 곤두세웠다. 내가 아는 한 더 나이든 사람들 중에서 데이트를 나가는 사람은 한 명도 없었다.

어느 날 기숙사에 일어난 변화로 인해 우리의 연애 생활에도 커다란 긍정적인 변화가 찾아왔다. 수용소에서의 첫 6개월이 끝나갈 무렵, 약 200명의 미국인이 본국으로 송환되면서 많은 독신자들이 병원 위층으로 방을 옮길 수 있게 되었던 것이다. 우리 연경 대학 그룹은 가장 좋은 꼭대기 층 방을 배정받았다. 그곳에서는 수용소 밖에 펼쳐진 단조로운 메마른 농지를 가로질러 몇 킬로미터 떨어진 두 개의 작은 중국인 마을이 내려다보였다. 나귀가 끄는 수레와 행상인들, 시골 아낙네들이 수용소를 지나 위현

시내로 짐을 메고 터벅터벅 걸어가는 모습도 보였다. 이런 풍경보다 더 좋았던 것은 나와 룸메이트 아서 호웰의 여자 친구가 둘 다 바로 아래층에 살게 된 것이었다. 그녀들은 또래의 영국인 두 명과 방을 나누어 썼다. 우리 방에는 나와 아서 말고도 한 명의 미국인과 한 명의 영국인이 더 있었다. 우리는 일과가 끝나면 다 함께 아래층으로 내려갔다. 그러고는 8명이 통금 시간이 될 때까지 네 개의 침대 위에서 함께 웃고 떠들며 시간을 보냈다. 그러다가 나중에는 양말만 신은 채 살금살금 위층으로 몰래 올라갔다.

하지만 젊은이들의 이런 소박한 사랑도 1944년 6월에는 무참하게 끝나고 말았다. 수용소의 두 명의 젊은이가 탈출해서 근처 언덕에 머물던 게릴라들과 합류했던 것이다. 여기에 대한 보복으로, 또는 병원 위층의 젊은이들이 외부와 다시 접촉하는 것을 막기 위해, 일본인들은 우리의 거처를 수용소 중앙의 큰 기숙사로 옮겨버렸다. 여자들은 24구역에 있는 여성 숙소로 옮겨졌다. 그리하여 우리 네 쌍의 청춘 남녀가 누리던 즐거운 밤도 끝나고 말았다. 또다시 우리는 여름 밤늦게 공터를 산책하는 것으로 만족해야 했다. 겨울에는 가끔 아는 가족들의 방에서 아기를 봐주며 같이 있을 수 있는 기회에 만족해야 했다.

앞에서 이야기한 탈출 사건이 야기한 더 심각한 결과는, 점호가 강화된 것이었다. 사건 전에는 이른 아침에 그저 형식적으로 대충 점검하는 정도였지만, 사건 이후에는 아침, 저녁으로 엄격하게 시행되었다. 수용소 전체가 네 개의 "점호 그룹"으로 구분되었으며, 각각의 그룹은 하루에 두 번씩 연병장으로 가서 줄을 서야 했다. 점호 때마다 전체 인원을 다 계수하려면 40분에서 한 시간 정도 걸렸다. 따라서 이 일은 젊은이들에게 끔찍하게 지루한 시간이었을 뿐만 아니라, 가족이나 노인들에게도 여간 불편한 시간이 아니었다.

내가 수용소에서 사귄 사람들 중에서 가장 친밀하고 따듯한 관계를 꼽으라면, 매튜와 이디스 레드와 나눈 친교를 들 수 있겠다. 매튜와 이디스는 천진에서 온 감리교 선교사들이었다. 매튜는 아주 독특한 남자였다. 마른 몸매에 잘 생긴 얼굴, 재미있고 똑똑하며 따뜻한 성품을 가진 그는 누구와도 잘 지내는 특별한 능력을 가지고 있었다. 그래서 매튜는 늘 노동 팀 위원장으로 선출되었다. 그는 손에 파이프 담배를 쥔 채 몇 시간이고 우리 삶의 복잡성과 해학성을 생각하고 분석하는 일을 좋아했다. 이디스 역시 많은 부분 유사한 특질을 가지고 있었다. 우리는 지루하던 일상에서 함께 경험을 공유하고 대화를 나눌 친구를 찾게 되어 몹시 기뻤다. 그들과의 대화를 통해 나는 내 생각을 말함으로써 더 명확한 표현을 얻게 되었다. 또한 이 독특한 두 친구의 시각을 통해 사물을 새롭게 바라볼 수 있었다.

어느새 나는 일주일에 두세 번은 그들을 찾아가 삶에서 일어나는 모든 문제에 대해 열띤 토론을 벌이게 되었다. 바깥세상에서 한창 진행 중인 전쟁과 미국과 영국의 미래 정치 상황, 수용소 내의 조직과 도덕에 관련된 문제, 최근에 수용소에서 일어난 위기 혹은 스캔들, 이런 수많은 주제가 등장했다. 수용소 생활이 끝날 무렵에는 매일 저녁 식사와 매주 일요일 아침 식사를 그들과 함께 할 정도였다. 매튜와 이디스의 따뜻한 마음 덕분에 나는, 이 부부의 쾌활한 딸과 더불어 한 가족이 된 것 같았다. 그들이 없었다면 내 수용소 생활이 얼마나 달랐을지, 나로서는 상상조차 되지 않는다.

4
약, 레서피, 혹은 난국을 헤쳐가는 비법

도시에 살든 농장에 살든, 아니면 수용소에 살든, 인간관계 말고 사람의 가장 큰 관심사는 일에 대한 것이다. 일과 삶은 기묘한 상관관계를 가지고 있다. 사람은 일을 해야만 살 수 있다. 하지만 자신이 하는 일이 생산적이고 의미 있게 느껴질 때만, 이 일을 통해 영위되는 삶을 견뎌낼 수 있다. 따라서 수용소에서도 일은 우리 각자에게 정말로 중요했다. 우리의 모든 협력 활동이 생존에 필수적인 서비스와 물품을 생산함으로써 우리의 생명을 유지시켜주었다. 동시에 우리도, 제아무리 지루해 보이는 일일망정 거기에 관심과 에너지를 쏟을 수 있기 때문에 갇혀 있는 지루함에 질식되지 않을 수 있었다. 수용소에서 우리에게 노동이 어떤 의미였는지를 설명하자면, 나의 경험을 들려주는 게 가장 좋을 것 같다.

소모적이고 마음에 상처를 남기는 숙소 팀 일을 6개월 동안 계속했던 나와 쉴즈는 우리에게 변화가 필요함을 느꼈다. 그래서 1943년 9월부터 나는 사무 업무 대신 육체노동을 하기로 선택했다. 한동안은 수용소 석공의 조수로 일했다. 이 석공은 천진에서 온 미국인 기술자로, 강인하고 시원시원하며 유능한 일꾼이었다. 석공 일이 근육에 좋은 것은 사실이었지만, 내 유능한 상관을 위해 시멘트를 섞는 일은 무척 지루했다. 결국 나는 주방 일에 다시 지원하기로 했다.

북경 그룹의 식사를 담당하는 제3 주방은 수용소에서 조리를 처음 배우기에 이상적인 곳이었다. 이곳은 수용소의 세 군데 주방 중에서도 가장 생기 넘치는 곳이었다. 여기서는 300명분의 음식만 준비되면 족했으므로, 여자들만으로도 운영이 가능할 정도로 규모가 작았다. 예를 들어, 이 주방에서는 작은 햄버거도 만들 수 있었다. 800명분을 만들어내야 하는 다른 주방에서는 꿈도 못 꿀 일이었다. 무엇보다도 이곳의 조리사 그룹은 선교사 출신으로 이루어졌기 때문에 다른 곳보다 협력이 잘 되는 분위기였다. 그래서 이곳 조리 팀은 일이 많을 경우에는 10명에서 15명쯤 여성들을 추가로 소집해서 도움을 받을 수 있었다. 또한 낯선 중국 조리 기구들도 마음껏 시험해볼 수 있었다. 하지만 1943년 8월, 미국인 본국 소환이 이루어지고 가톨릭 사제들도 대부분 떠나고 나자, 이 그룹의 음식 수준은 눈에 띄게 나빠졌다.

내가 제3 주방에 등장한 것은 바로 이 시기였다. 나는 보조

조리사로 출발했지만 실제로는 계란 삶는 법도 잘 몰랐다. 내 상관은 에드윈 파커라는 이름의 다재다능한 동성애자였다. 그는 백발에 둥근 얼굴을 가지고 있었고 북경에서는 골동품상으로 일했다. 에드윈은 요리는 잘했지만 다른 사람을 감독하거나 계획적으로 요리하는 것은 싫어했다. 그래서 우리 조리실 안은 늘 웃음이 넘쳤고 위계질서도 없었다. 물론 성공적인 요리도 종종 나왔다. 내 임무는 프라이팬과 가마솥을 씻고 고기를 자르고 수프와 스튜를 젓고 리크(아스파라거스목에 속하는 야채)를 튀기고 고기를 삶는 일이었다. 다시 말해 주방장 에드윈이 식단을 짜고 음식을 만들고 양념을 하는 동안 나는 온갖 잡다한 일들을 맡았다.

나나 에드윈이나 상황이 허락하는 한도 내에서 좋은 음식을 먹으며 살기를 원했다. 그래서 우리는 열심히 일했다. 제3 주방을 운영하는 세 팀(각 팀이 하루씩 돌아가며 일했다) 중에서 최고의 팀이라고 할 수는 없었지만, 늘 음식에 불만인 사람들로부터 우리는 점차로 좋은 평판을 얻어냈다. 수용소의 첫 겨울이 시작될 즈음에는 동트기 전에 주방으로 가서 화부(북경에서 온 보험업계 종사자였다)가 가마솥 아궁이에 불을 붙이는 것을 지켜보았다. 또한 커다란 솥에 밥을 하고, 사람들이 암시장에서 사온 계란을 임시변통으로 만든 화로에 부쳐내는 일도 즐기게 되었다. 나머지 시간도 점심과 저녁 식사를 준비하면서 보낸 후, 어두워져서야 병원으로 돌아왔다. 저녁시간은 앨리스와 함께 보냈다. 몸은 고단했지만 하루 종일 열심히 일한 사람이 느끼는 만족감이 충만했던 시절이었다.

그래서 1944년 1월 1일자로 제3 주방을 비우고 다른 두 개의 큰 주방에 합류하라는 일본인들의 명령을 받았을 때는 정말 큰 충격을 받았다. 다른 주방에는 내게는 낯선 사람들로 가득했다. 게다가 분위기가 안 좋기로 유명했을 뿐 아니라, 음식의 질도 형편없다는 악평을 듣고 있었다. 하지만 일본인들은 계획을 번복하지 않았고(새로 이송될 이탈리아인들이 우리 구역에 배치될 계획이었다), 우리는 제3 주방을 떠날 수밖에 없었다.

우연히도 새 근무지인 제1 주방에서의 나의 첫 근무는 새해 아침에 떨어졌다. 이전에는 이 주방에 와본 적이 없었기 때문에 나는 주방 안에서 길을 잃을 지경이었다. 작은 솥 두 개에, 단 두 명의 조리사가 일하던 제3 주방에 비교하면, 이곳은 엄청나게 넓었다. 엎친 데 덮친 격으로, 나는 전날 밤 앨리스와 함께 천진 그룹 주방(제2 주방)에서 열린 흥겨운 댄스파티에 갔다가 새벽 4시가 넘어서야 돌아왔다.

새벽 6시에, 그것도 졸리고 머리 아프고 화난 상태로 나는 낯설고 거대한 주방을 헤매고 있었다. 새해 아침은 춥고 축축했다. 불을 막 지펴서인지 김이 서려서, 길게 늘어선 거대한 솥단지들과 그 위로 허리를 구부린 낯선 형체들이 희미하게 보였다. 어느 정도 김이 걷히자, 날카로운 목소리로 지시를 내리고 있는 주방장과 이리저리 바쁘게 움직이는 여섯 명의 보조가 서서히 눈에 들어 왔다. 곧 밥 짓기 보조 역할이 내 자리라는 것을 알게 되었다. 또 내가 알게 된 것은, 다른 사람들은 점심 식사로 스튜를 준비하고 있다는 사실이었다.

빠른 시간 안에 나는, 이 주방에서는 아무도 음식의 질에는 신경을 쓰지 않으며, 필요 이상의 일은 조금도 하려 하지 않는다는 것을 파악했다. 주방장 맥대니얼은 일하는 방식이 거칠고 무관심하며 게으르기는 했지만 그런대로 괜찮은 사람이었다. 하지만 무슨 음식을 만들 것인지에 대해서는 늘 입이 험한 자기 아내가 시키는 대로 했다. 거의 매일같이 오후만 되면, 맥대니얼은 집으로 달려가곤 했다. 아내가 저녁 식사로 무엇을 만들 것인지 지시했던 것을 잊어먹었기 때문이다! 아내의 지시를 충실히 시행할 뿐, 그는 조리에 대해서 별로 아는 바도 원하는 것도 없었다. 첫 두 달 동안 여기서 일하면서 나는 우리가 만들어내는 음식에 좌절감을 느꼈다. 나는 무언가 주방에 새로운 활기를 불어넣고 좀 더 나은 음식을 만들 수는 없을까 모색하게 되었다. 그래서 나와 비슷한 생각을 하는, 하지만 나와는 달리 음식을 만들 줄 아는 사람을 찾아 나서기 시작했다.

제1 주방에 점차로 익숙해지면서, 처음에 나를 압도했던 낯선 인상은 사라져갔다. 심지어 사흘에 한 번씩 돌아오는 주방 근무를 즐기게까지 되었다. 큰 주방 바깥에는 햇볕이 잘 드는 마당이 있었는데, 날씨가 좋은 날에는 밖에서 스튜 재료를 다듬고, 거기에 큰 탁자를 펴서 점심도 먹을 수 있었다. 우리는 거칠고 야한 농담도 주고받곤 했는데, 나로서는 그런 분위기가 정말 마음에 들었다. 주방의 일이 점점 편안하게 느껴질 즈음이 되자, 갑자기 내 속에 협동을 통해 모든 일이 이루어지는 주방에 대해 흥미가 생겼다. 내가 보기에 주방이야말로 정말로 놀라운 조직이었던 것이다.

주방의 조직은, 부엌 밖에서 중국인들이 손수레로 식량 보급품을 실어오는 것에서부터 시작된다. 보급 팀이 두 개의 대형 주방에 사람의 수에 맞추어 보급품을 나누어준다. 그러면 보급 담당자가 보급품을 나무 상자에 담아 주방으로 옮긴다(야채는 야채실로, 육류는 푸줏간으로). 그러면 다음 날 식사 담당인 두 명의 조리사는 800명분으로 주어진 이 빈약한 배급품을 침울하게 바라보며, 메뉴에 대한 새로운 아이디어를 짜내고 야채 담당과 도축 담당에게 어떤 식으로 재료를 준비할지에 대해 지시한다.

그날 오후부터 다음 날 아침까지 두 명의 고기 담당자는 고기를 얇게 썰거나, 입방체 모양으로 자르거나, 갈았다. 이는 주로 겨울철에 고기를 손질하는 방법이었다. 여름에는 냉장고 없이 최소한 하루 정도 저장하기 위해 고기를 삶아야 했다. 15명에서 20명 정도의 보조 여성들이 당근을 썰고 감자 껍질을 벗기고 양배추를 써는 동안, 중년 남자들은 야채 바구니를 운반하고 손질된 야채를 두 개의 오래된 욕조(수용소 내 "출입 금지" 구역에서 가져온 것)에서 씻는다.

다음 날 새벽 5시경, 두 명의 조리사와 다섯 명의 보조가 일하러 주방으로 나온다. 아침밥을 짓고 나서(뭐라도 곡식이 있는 경우), 나머지 시간 동안 그날의 점심과 저녁 식사를 준비한다. 나와 같은 조인 프라이팬 설거지 담당자(원래는 중국 문학 연구자였으며, 현재는 코넬 대학 교수)가 음식을 준비하기 위해 사용된 그릇을 재빨리 씻었고, 우리는 그 용기에 저녁 식사를 담아냈다. 식사를 받기 위해 줄을 선 800명의 사람들에게 음식을 배식하는 역할은 여자들이 맡았다. 또 나이 든 남자들은 사람들을 감독하면서, 음식을 두 번 받는 사람은 없는지, 또 준비된 음식이 얼마나 빨리 줄어드는지 체크했다.

젊은 여자들은 식당의 테이블 사이를 돌아다니며 차를 따라 주는 역할을 했다(물론 차가 있는 동안이지만 말이다). 또한 차 담당 남자들은 찻물을 큰 병에 나누어 따르는 일을 했는데, 이 병들은 숙소에 머물러 함께 식사하고 싶어하는 가족들을 위해서였다.

배식대 바로 옆에는 빵 배급소가 있었다. 여기서는 대여섯 명의 나이 많은 남자들이 매일 200덩이의 빵을 썰어서 각 사람에게 배급했다. 마지막 팀은 설거지 팀으로서 여자들이 두 개의 조를 이루어 식사 후에 일했다.

음식을 조리하고 물을 끓이는 데는 불이 필요했다. 불을 피우기 위해서는 석탄과 장작을 보급 창고에서 주방 마당까지 수레로 실어와야 했다. 우리 주방 마당에서는 두 명의 남자가 노상 장작을 패고 있었고, 다른 한편에서는 다른 일꾼들이 석탄 가루(주로 이런 형태의 석탄을 배급받았다)를 뭉쳐서 덩어리를 만들었다. 한 명은 주방에서, 다른 한 명은 식수를 끓이는 곳에서, 두 명의 화부가 불을 피우고 지키는 일을 했다. 화부 일은 상당한 기술을 요하는 일이었다. 왜냐하면 석탄의 질이 형편없는데다가, 주방장들은 스튜를 끓일 때 불의 세기에 대해 요구 사항이 많았기 때문이다.

수용소 초기 시절에는, 이렇게 복잡한 체계를 매끄럽게 운영하기 위해 겨우 작은 비공식적인 조직을 가진 것이 전부였다. 이 조직을 구성하는 사람으로는 대표인 주방 관리자(모든 일을 다 떠맡은 듯 보였다)와, 창고를 관리하는 두 명의 여자(우리 주방의 설탕과 기름을 관리했는데, 수용소 매점에 생강이나 감미료, 말린 과일이 들어오면 구입하기도 하고, 주방 관리자가 문제를 의논하는 대상이기도 했다)가 전부였다.

1944년 2월의 어느 쌀쌀한 아침, 주방 보조원으로서의 나의 경력은 심각한 사고로 해서 갑작스레 중단되고 말았다. 주방 조리대에는 별로 할 일이 없어서 나를 포함한 몇 명이 식수를 끓이는 남쪽 주방을 청소하기로 했다. 음식에 대해 까다롭게 구는 사람들 때문에 우리는 화가 났던 것이다. 청소를 하려고 하니 우리 주방은 정말 더러웠다. 불의 그을음 자국이 천장과 벽을 뒤덮고 있었고, 가마솥은 기름때로 뒤덮여 있었다. 바닥은 그을음과 기름때에 더해서, 발에 붙어 들어온 진흙으로 가득했다. 이런 상황에서 우리가 할 수 있는 청소는, 빗자루와 걸레로 벽이나 천장, 파이프에 묻은 때와 검댕을 최대한 벗겨내는 게 고작이었다.

가마솥 위 벽에는 약 12센티미터 정도 툭 튀어나온 굴뚝 턱이 있었다. 딛고 올라설 수 있겠다고 생각한 나는 그 위로 기어

올라갔다. 그런데 20초도 채 못 버티고 균형을 잃는 바람에 본능적으로 발을 뒤로 뻗어야 했다. 그런데 바로 그곳에는 펄펄 끓는 가마솥이 있었다! "앗 뜨거워"라고 내뱉었는가 했는데, 내 몸은 어느새 방 건너편에 가 있었다. 의식적으로 생각할 겨를도 없이 나도 모르게 그 가마솥을 건너뛰었던 것이다. 사실 어찌나 쏜살같이 튀어나갔는지, 동료는 내가 반대편 벽에 부딪히는 것만 보고는, 내가 미쳐서 발광하는 줄 알았다고 한다. 다음으로는 통증이 찾아왔다. 어찌나 아픈지 펄쩍펄쩍 뛸 지경이었다. 일단 앉아서 나는 신발과 양말을 벗고 어떻게 되었는지 살펴보았다.

오른발에서 양말을 벗으면서 피부가 같이 벗겨지는 것을 볼 때까지도 나는 심한 화상을 입었다는 사실을 감지하지 못했다. 이때쯤에는 다른 쪽 주방에 있던 주방장도 건너왔다. 피부가 벗겨진 내 발목을 보더니 주방장은 즉시 나를 병원으로 데려가라고 지시했다. 덩치 큰 두 남자가 팔로 가마를 만들어 나를 태워서 천천히 병원으로 옮겼다. 밖으로 나오자 비로소 진짜 통증이 느껴졌다. 물론 안에서 깡충깡충 뛸 때도 발이 아팠지만, 이제는 그 정도가 아니었다. 그로부터 다섯 시간 동안 나는 극심한 쓰라린 고통을 견뎌야 했다.

수용소 병원 의사들의 처치는 훌륭했다. 카일론 광산회사에서 근무했던 영국인 의사는 붕대를 피크르산에 적셔 상처를 싸맨 채 열흘 동안 그대로 두었다. 게릴라들을 통해 수용소에 몰래 반입된 술파닐아미드 덕분에 2차 감염도 피할 수 있었다. 마침내 붕대를 풀었을 때는 거의 새 피부가 올라온 상태였다. 3주도 안 되어 나는 절뚝거리면서 걸을 수 있게 되었다. 6개월이 지났을 때는 화상이 남긴 흔적이라고는 노르스름하고 불그스름한, 약간 어두운 색조의 무늬가 전부였다.

이 경험을 통해 나는 우리 수용소 병원이 훌륭하다는 사실을 알게 되었다. 수돗물이나 중앙난방 시설 없이도 병원은 효율적으로 돌아갔을 뿐 아니라 환자를 인격적으로 대했다. 최신 장비를 갖추었지만 매우 비인격적인 방식으로 운영되는 많은 "현대적" 병원보다, 우리 수용소 병원이 환자에게는 훨씬 나아 보였다. 개인의 인격이 부정되고, 그저 "304호실 방광염 환자", 또는 "복도 끝 말기 심장병 환자"로 취급받는 분위기 때문에, 많은 미국 병원들은 탁월한 효율성에도 불구하고 환자에게는 공포스러운 장소로 남아 있다.

하지만 수용소 병원의 상황은 쉽지 않았다. 병원 근무자의 주축을 이루는 의사와 간호사는 교대조로 일할 인원이 없어서 장시간 근무해야 했다. 병원 운영에 부족한 것은 전문 기술을 구비한 인력만이 아니었다. 병원에는 필수적인 서비스를 제공하기 위해 약을 배급하는 약국과(약은 우리가 받는 용돈의 이자로 쌓인 수용소 기금으로 사들였다), 소변 검사, 혈액 검사 등을 시행하는 실험실이 있었다. 또한 병원 내의 식사를 준비하는 조리사, 야채 담당자(모두 여성이었다), 육류 담당자, 보급 담당자, 화부, 나무 패는 사람도 있었다. 손빨래 장에서는 다섯 명의 여자와 한 명의 남자가 서른

명가량의 입원 환자에게 필요한 시트, 수건, 붕대 등을 빨았다. 병원 건물을 청결하게 유지하기 위해, 모든 방과 병동을 돌며 걸레질을 하고 먼지를 털고 창문을 닦을 사람도 필요했다. 마지막으로 간호사들이 환자를 씻기고 돌볼 때 도와줄 남성, 여성 도우미들도 있었다.

이 작은 수용소 병원에서 지내면서 특별하게 다가왔던 점은, 이곳에서는 직원과 환자의 관계나, 환자들 서로간의 관계가 각별하다는 것이다. 매일 병실로 와서 환자의 침대 밑을 청소하거나 차를 가져다주는 일을 하는 사람들도 비인격적인 타인으로 행동하지 않았다. 오히려 이들은 환자의 삶 안으로 들어와 그와 대화를 나눌 정도로 친분을 나누었다. 이들과 환자들은 이미 수용소에서부터 서로 알던 사이였기 때문에, 병원에서도 한 사람의 인간으로 대우하고 대우받을 수 있었다. 그래서 이곳의 환자들은 스스로를, 죽으면 지하실에 폐기 처분될 병든 유기체로 느끼지 않아도 되었다.

병동에 있는 환자들도 서로서로 잘 알았다. 예를 들어, 맨 끝 침대의 연로한 왓킨스 씨가 심각한 폐렴 증상으로 "고비"에 이르렀을 때는 병실의 모든 사람이 그의 기침이 사그라지기를 걱정하며 기도했다. 우리 모두가 그의 병에 대해 알고 있었기 때문이다. 또한 군인 출신 바텐더와 천진에 있는 "부두 창고" 감독과 영국 성공회 사제(이들은 내가 병원에 있을 당시 병동 청소를 맡고 있었다)는 침대를 정리하고 배변을 치우면서, 내 다리가 어떤지 묻기도

하고, 내가 물 위를 걸을 수 있을지도 모른다고 농담을 하기도 했다. 의식하지 못하는 사이에 우리 속에는, 아픈 사람만이 느낄 수 있는 내적 공허감과 절망에 맞서는 우리만의 공동체 의식이 형성되었다. 드디어 나는 완쾌된 몸으로 병원을 떠날 수 있었고, 미안한 마음으로 수용소의 일상으로 복귀했다.

병원 업무 중에서 가장 힘든 일은 약을 확보하는 일이었다. 수용소에 들어올 때 우리는 의사들의 지시에 따라 가방에 수많은 약을 챙겨왔다. 하지만 이 약들은 1943년이 다 가기도 전에 바닥이 났다. 일본인들은 필요한 약의 극히 일부만 공급해주었다. 청도에 있는 스위스 영사가 매달 우리에게 송금된 위로금을 가지고 수용소를 방문할 때 사다주는 약도, 이 지역 약국에서 통용되는 종류로 한정되었다. 결국 우리의 건강 문제가 해결된 것은, 미국 병참 팀과 스위스 영사의 기발한 재주가 절묘하게 조화를 이룬 덕분이었다. 나중에 알게 된 사실이지만, 이 문제의 해결 방식은 아주 독창적이어서 수용소 안에서 일어난 사건 중 최고의 이야깃거리로 꼽힌다.

우리에게 약이 절실하게 필요하다는 사실을 세상에 전한 이는, 앞에서도 이야기한 1944년 6월에 수용소를 탈출한 두 젊은이였다. 그들은 라디오를 통해 우리 상황을 충칭에 알렸고, 이 방송을 들은 미 공군은 대량의 최신 설파제를 수용소 바로 근처에 있던 민족주의 게릴라 진영에 "투하"했다. 하지만 연합군에게서 나온 것이 분명한 이 보급품이 어떻게 일본 경비를 뚫고 수용소 안으로 밀반입될 수 있었을까?

외부 세계에서 수용소와 접촉하는 것이 허용되는 유일한 사람은 청도의 스위스 영사였다. 세계대전 당시, 모든 나라는 시민들을 군인으로 징병했지만, 중립을 지키던 스위스는 자신의 국민들을 외교단으로 징병했다. 그리고 이것은 기묘한 결과를 낳았다. 예를 들어, 연경 대학에는 역사를 가르치는 뒤발이라는 노교수가 있었다. 그는 근시에 영민하고 매력적이며 예의 바른 사람이었지만 아주 비계획적인 사람이었다. 눈은 크고 툭 튀어나왔고 정수리는 훌러덩 벗겨지고 콧수염은 유난히 새까맸다. 알고 보니 (놀랍게도! 또 조금은 실망스럽게도!), 그는 북경 주재 스위스 영사직을 맡고 있었다. 즉 일본 군인들로부터 우리의 권리를 지켜주는 역할을 하고 있었던 것이다. 뒤발은 연경 대학에서는 사랑과 존경을 받는 인물일지 몰라도, 실제적인 능력이나 책략적인 기발함이나 강한 의지력에 있어서 영사 같은 중요한 직책을 감당할 수 없는 사람임에 분명했다.

뒤발보다 더 어울리지 않는 인사가 있다면 그 주인공은 바로 청도에 주재하는 라웁쉬였다. 라웁쉬는 산둥 지역의 임시 스위스 영사였다. 그리하여 가혹한 운명의 장난으로 그는 매달 위현 수용소를 방문하여 일본인들에게 우리와 우리 정부를 대변해야 했다. 청도에서 그와 알고 지내던 사람들의 말에 의하면, 라웁쉬는 소규모 수입상 출신이었다. 아주 딱딱하고 격식을 차리며 과묵한 남자로, 늘 빨간 코에 눈물 고인 눈을 하고 있었다. 오랜 세월 선

술집에서 노름을 하거나 클럽 바에 앉아 혼자 술을 홀짝거리다가 그렇게 된 것이라는 소문이 파다했다.

 누구나 라웁쉬를 보면 책상 한 번 세게 내리치지 못할 위인이라는 걸 금방 알아챌 것이다. 눈은 흐리멍덩하고 얼빠진 것처럼 보였으며, 열심히 뭔가를 해도 결국 아무 소득도 챙기지 못할 사람처럼 보였다. 사실 우리는 그가 우리를 빼내거나 일본인들을 상대로 우리가 원하는 바를 얻어내리라고는 전혀 기대하지 않았다. 단호한 의지로 끈질기게 압력을 가하고, 머리는 냉정을 유지하면서도 겉으로는 진짜로 화난 것처럼 보일 수 있다면 그래도 일본인들에게 뭔가를 얻어낼 수 있으리라. 하지만 저렇게 축 처진 라웁쉬의 모습에서 그런 자질을 조금이라도 기대하는 것은 무리였다. 별 기대도 없이 우리는 그가 하는 바를 지켜보기만 했다.

 하지만 놀랍게도 약품 배급의 성과를 이뤄낸 것은 바로 이 라웁쉬였다. 전쟁이 끝나기 전에 그는 직접 우리에게 이 과정을 설명해주었다. 고풍스러우면서도 부드러운 그의 목소리로 전해진 이야기는 다음과 같다.

 "친애하는 동료 여러분, 이 모든 일은 어느 날 밤 노동자 차림의 한 중국인이 청도에 있는 스위스 영사관의 벨을 누르는 것으로 시작되었습니다. 그 중국인은 아무도 없는 데서 저하고만 이야기하겠다고 고집했습니다. 제 하인들도 믿을 수 없다고 하더군요. 저는 조금 겁이 났지요. 에헴! 그래서 저는 지팡이를 최대한 가까이 두려고 애썼습니다!"

몸무게가 54킬로그램밖에 안 나가는 라움쉬가 일 대 일 몸싸움에서 자신을 지키려고 애쓰는 모습이 상상되었는지, 청중 사이에서 킬킬거리는 웃음이 새어나왔다.

"그 사람은 자기가 언덕에 있는 게릴라 부대 소속인데 마을로 몰래 숨어들어왔다고 하더군요. 전날 중국 서부에 있는 미 공군이 늘 하던 대로 자신들에게 보급품을 '투하'했는데, 보급품 중에는 네 개의 커다란 나무상자도 있었다고 했습니다. 그 상자에는 '위현 수용소를 위해'라는 쪽지가 달려 있었답니다. 지각 있게도 군인들이 상자에 주인을 표시해놓은 게 얼마나 다행입니까! 쪽지에는 상자의 내용물이 의약품이라는 말도 적혀 있었습니다. 노동자 행색의 그 중국인은 다음 날 새벽 2시에 자기 사람들을 보내 영사관에 이 상자들을 전달하겠다고 말했습니다. 저 혼자서 이 물건을 전해 받아야 하고, 아무에게도 말해서는 안 된다는 단서도 달고요. 이 상자가 수용소 수감자들에게 전달될 여부가 전적으로 제게 달려 있었던 것입니다.

그 남자는 이런 말만 남기고 떠나버렸습니다. 여러분, 솔직히 저는 정신이 멍하고 모든 게 너무도 무서웠습니다. 위험한 일이었지요. 두려움 없이 전권을 가지고, 어떻게 이 비밀 요원 역할을 감당해야 할지 난감했습니다. 이 임무를 수행하면서 마음을 진정시키기 위해 처음으로 술에도 입을 댔습니다! 물론 그게 마지막은 아니었지만….

정확히 다음 날 새벽 2시에 벨이 다시 울렸습니다. 집의 하인들을 다 내보낸 상태였기에, 제가 직접 문을 열었지요. 네 명의 노동자가 아무 말도 없이 걸어 들어왔습니다. 각 사람은 어깨에 큰 나무상자를 메고 있었습니다. 그들은 제 지시에 따라 사무실에 상자들을 쌓아놓았습니다. 저는 나중에 그것들을 영사관 귀중품 보관실로 몰래 옮길 계획이었지요. 그러고는 그들은 떠났습니다.

저는 그 네 개의 보물 상자를 물끄러미 바라보았습니다! 이것을 보면 수용소 사람들이 얼마나 좋아할까! 혼자 중얼거리다 말고, 어떤 생각이 떠오르자 저는 죽은 사람처럼 꼼짝도 못하고 멈추어 설 수밖에 없었습니다. 제기랄, 용서하십시오! 어떻게 이 상자들을 수용소 안으로 들여보내지? 일본인들은 제가 청도에서 살 수 있는 약품이라고는 중탄산과 아스피린뿐이라는 것을 잘 알고 있지요. 그런데 이렇게 많은 약을 제가 어디서 구할 수 있겠습니까? 저는 좌절한 채 나무상자 하나에 걸터앉아 무슨 방책이 없을까 고민하며 거의 세 시간을 보냈습니다. 또다시 스스로를 격려하기 위해 술을 홀짝거리면서요.

계속해서 저는 자문해보았습니다. '청도의 영사 사무실에는 뭐라고 말하고 이 물건을 승인받지?' 이 부분에서 낙담이 된 저는 또 이렇게 물었습니다. '이 상자들을 다 가지고 수백 킬로미터 떨어진 수용소로 간다고 해도 수용소 일본인들에게는 뭐라고 말하지?' 여러분, 바로 그때 제게 한 가지 생각이 번뜩 떠올랐습니다! 갑자기 청도에 있는 영사관 관리와 수용소에 있는 일본인이 다른 사람이라는 사실에 관심이 가기 시작했지요. 그때부터 제 계획은 세워지기 시작했습니다.

다음 날 아침, 저는 스위스인 비서(믿을 수 있고, 또 내가 믿기로 작정한 사람이지요)에게 청도에서 구입할 수 있는 모든 약품 목록을 작성해달라고 부탁했습니다. 아마 25개나 30개 항목은 있을 거라고 생각했습니다. 제가 비서에게 지시한 내용 중 가장 중요한 부분은, 약품 항목 사이사이에 네 줄씩을 비워두라는 것이었습니다. 그녀는 의아해했지만, 에헴!, 그래도 제 말에 순종해서 지시대로 목록을 작성했습니다. 그래서 거의 네 쪽 분량의 보고서가 제출되었습니다.

저는 이 목록을 들고 일본인 영사관 사무실로 부리나케 달려갔습니다. 여러분도 아시다시피 제가 수용소로 가져가는 모든 물건은 먼저 여기서 허락을 받아야 하니까요. 관리인은 목록에 있는 빈 줄들을 미심쩍다는 듯 보더니 저를 호기심 어린 눈으로 바라보았습니다. '도대체 이 작은 얼간이가 무슨 일을 꾸미는 거야' 하고 묻는 것 같았죠. 저는 그의 시선을 피하면서 초조한 기색을 감추려고 애썼지요. 혼자서 콧노래도 흥얼거리고 우산으로 바닥도 툭툭 치면서 창밖을 내다보았어요. 마음속으로는 이 관리가 빈 줄들에 대해서 어떤 오류나 위험성도 감지하지 못하기를 간절히 바랐지요. 만일 내가 영사관 비품을 이렇게 터무니없이 낭비해서 썼다면 물론 제 제삿날이겠지만 말입니다! 저는 창문을 바라보면서 이런 생각을 하다가 거의 킥킥거릴 뻔했답니다. 관리는 약간은 의심스러운 눈치이긴 했지만, 결국 서랍을 열더니 도장을 꺼내 목록에 찍었습니다.
 의기양양해진 저는 다시 영사관으로 돌아왔습니다. 그리고 비서에게 같은 타자기를 사용해서 목록의 빈 공간에 나무 상자에 들어 있는 약품 이름을 쳐 넣으라고 지시했습니다. 여러분, 솔직히 그때 제 비서는 저를 완전히 다른 눈으로 바라보았답니다!
 다음 날 아침 일찍 저는 위헌 행 기차를 탔습니다. 그리고 오후가 조금 넘어서 나무 상자들을 가지고 수용소 입구에 도착했지요. 여기서도 또다시 일본인 관리들은 의아해하더군요. 이 키 작은 외국인 얼간이가 어디서 이 모든 약을 가져왔지? 일본에서 온 선적 중에 우리가 모르는 배가 있었나? 자꾸만, 그들은 의심스러운 눈길로 저와 서류를 번갈아 쳐다보았습니다. 저는 다시 낮은 소리로 노래를 흥얼거리며 먼 산만 바라볼 수밖에요. 일본인들은 서류 하단에 찍힌 영사관 허가 도장만 있으면 아무 이상 없을 거라고 믿는 것 같았습니다. 마침내 관리가 '통과'를 외쳤고, 드디어 수용소 문이 활짝 열렸지요. 약품을 잔뜩 실은 마차가 수용소 안으로 들어가 병원까지 운반되었습니다. 제가 병원 의사들에게 가지고 온 상자들을 보여주며 목록을 건네주었을 때, 그들이 지었던 표정을 정말 잊을 수가 없습니다!
 그리고 여러분, 청도로 돌아온 저는 다시 한 번 마지막 술 한 잔을 더 들이켰습니다!"
 라움쉬가 이야기를 끝내고 강단에서 내려왔을 때, 우리는 그에게 감쪽같이 속은 일본인 관리들만큼이나 놀라고 충격을 받았다. 그 이후로 라웁쉬는 수용소를 방문할 때마다 과거와는 완전히 다른 사랑과 존경으로 환영받았다. 종종 나는 병원 근처에 그의 모습을 완벽하게 재현한(낡은 중절모에 손잡이가 둥근 우산, 빳빳한 옷깃에 눈물이 고인, 하지만 예리한 두 눈!) 동상이라도 세워야 하지 않을까 생각하곤 했다.

내가 병원에서 퇴원하고 다시 주방으로 돌아갔을 때는, 주방에 약간의 변화가 있는 시점이었다. 맥대니얼이 요리사 일을 그만두는 바람에, 여러 가지 이유로 유일한 대안이었던 내게 책임 요리사 의뢰가 들어왔던 것이다.

  나는 요리 기술에 대해서는 완전히 초짜였다. 하지만 다른 조 책임 요리사가 양념의 양이나 조리 시간을 일러주고, 어떤 문제든 도와주겠다고 내게 약속했다. 그래서 나는 한 조를 책임져보기로 마음먹었고 다음 해 겨울까지 꾸준히 이 일을 계속했다. 맥대니얼의 지휘 하에서 나는 음식을 더 낫게 만들려는 노력이 전혀 없는 것에 불만이었고, 약간의 에너지와 창의력만 더하면 더 맛있는 음식을 만들어낼 수 있을 거라고 믿었다. 그런데 이제 그 생각을 실행할 수 있는 기회가 온 것이 아닌가!

  한 달쯤 후, 아직도 나의 시도가 실험 단계에 머물러 있을 때 태피 그리피스라는 남자가 우리 팀에 합류했다. 카일론 광산회사 이사 출신인 태피는 금발에 잘생기고 말랐으며, 에너지가 넘쳐흐르는 명석한 웨일스 사람이었다. 또한 성질도 불같았다. 아무리

거창하고 복잡한 요리 계획을 세워도 절대로 겁내는 법이 없었으며, 지치지도 않고 일했다.

7남매의 막내인 태피는 고향 애버데어에서 자라면서 늘 부엌에서 어머니를 도왔다고 한다. 그때 요리에 대해 많은 것을 배웠다. 태피는 감칠 맛을 내는 법, 접시를 예쁘게 장식하는 법에 대해 감각을 가지고 있었다. 곧 그는 우리 팀의 브레인이 되었다. 나는 주방 사람들과 우리 그룹 운영자들, 그 외에도 일반 사람들과 좋은 외교적 관계를 유지하려고 애썼다. 하지만 그게 항상 쉬운 일만은 아니었다. 왜냐하면 태피는 어리석거나 게으르거나 비합리적인 사람한테는 참지 못하고 폭발하는 성정을 지녔기 때문이다. 우리 팀이 가진 또 하나의 행운은, 미국 YWCA 출신으로 매우 창의적인 일꾼인 로라 홀콤이 합류하게 된 것이었다. 태피와 로라, 이 두 사람이 주축이 된 우리 팀은 그 해 봄과 여름 동안 수용소 내에서 음식 혁명을 일으켰다.

보통 수용소 음식은 초라할 뿐 아니라 영양 면에서도 많이 부족했다. 늘 액체로 된 음식을 먹어야 하는 것도 고역이었다. 하지만 우리에게 주어진 큰 솥과 접시의 수를 고려하면, 우리가 할 수 있는 음식은 수프나 스튜, 아주 드물게 제공되는 디저트로는 바닐라 혹은 캐러멜 커스터드가 전부였다.

그때까지 수용소 요리에 있었던 가장 큰 도전은, 한 요리사가 우리의 기본 음식인 소량의 소고기와 감자를 "마른 상태로", 즉 우묵한 수프 접시가 아니라 평평한 접시에 담을 수 있는 상태로 제공한 사건이었다. 우리 팀이 가장 먼저 시도한 것은, 입방체로 썰어진 고기는 푹 삶고, 감자는 튀긴 다음(온도 조절도 안 되는 불로 큰 솥에서 감자를 튀겨내는 것은 쉬운 일이 아니다), 이것들과 함께 그레이비 소스를 따로 담아내는 것이었다. 이 요리는 일종의 "마른 상태"의 스튜라고 할 수 있었다. 액체 스튜보다 훨씬 손이 많이 가고 조리 과정도 복잡했지만, 사람들은 이 요리를 무척 좋아했다.

이 최초의 "돌파"에 힘입어, 우리는 상당히 다양한 요리들을 선보였다. 빵 굽는 시간을 피해서 제빵소의 오븐을 사용하는 방법을 생각해냈다. 얼마 안 가 우리 팀은 셰퍼드 파이(다진 고기를 으깬 감자에 싸서 구운 파이)나, 러시아 여인들이 만드는 피로슈키(고기를 넣어 만든 러시아식 만두)를 만드는 데도 성공했다. 이런 음식을 위해서는 엄청난 수의 여성 자원 봉사자들이 동원되었다. 그녀들이 200개가 넘는 만두피에 고기를 채워넣으면, 우리는 그것을 수레에 실어 제빵소로 가져가서 굽고는 다시 주방으로 날랐다. 가끔씩 기름이 충분하면 감자튀김도 할 수 있었다. 정말 드물게는 평상시보다 훨씬 더 큰 고기 덩어리를 배급받았다. 그럴 때면 고기를 넓적하게 썰어서 오븐에 스테이크를 구워내기도 했다. 정말 호화로운 식사였다.

우리가 가장 자랑스럽게 여기는 요리는 아주 가끔씩 만들어내던 디저트였다. 케이크나 타르트 같은 디저트는 아무리 재료가 충분해도 워낙 많은 숫자를 만들어내야 하기 때문에 쉬운 일이 아니었다. 그런데 로라의 도움으로 우리 팀은 해결 방법을 찾아낼 수 있었다. 그것은 일종의 공장식 조립 라인을 응용한 것으로, 케이크 제작 단계별로 큰 그릇들을 계속해서 옆 사람에게 건네주는 방식이었다. 첫째 사람이 큰 그릇에 기름과 설탕을 섞으면, 다음 사람은 거기에 밀가루를 붓고, 그 다음은 향신료와 소다를 섞고, 마지막 사람은 물을 붓는 식이었다. 이런 순서로 여남은 개의 그릇이 조립 라인을 통과하고 나면, 거기에는 100개의 케이크 혹은 800조각의 쿠키를 구울 수 있는 반죽이 생겼다. 매점에서 말린 과일을 충분히 살 수 있을 때에는 한 사람에 하나씩 돌아갈 수 있도록 타르트를 굽기도 했다. 이런 경우에는 제빵사들이 자원해서 우리를 도왔다. 이렇게 우리 팀이 별도의 요리를 더할 수 있었던 데는 천진에서 온 미국인 수의사의 도움이 컸다. 수용소 안에서는 자신의 전공을 써먹을 데가 없었기 때문에 그는 수용소의 수석 제빵사가 되었다. 그는 타기 쉽고 불 조절도 안 되는 오븐으로 200개의 과자를 하나도 태우지 않고 구워내는 기술자였다.

그때를 돌아보니, 우리가 이런 새롭고도 발전된 기술을 선보인 것이(처음에는 느리게 진행되었지만, 나중에는 가속도가 붙었다) 수용소 내 다른 모든 영역에도 영향을 미친 것이 확실하다는 생각이 든다. 수용소가 발전하는 모습을 지켜보는 것은 정말 흥분되는 일이었다. 그래서 나는 요리사 일을 그만두고 싶은 생각이 없었다. 그런데 전쟁 마지막 겨울(1944-1945) 동안, 유능한 경영자 한 명이 자신의 일에 싫증이 났는지 나더러 자기 자리를 맡으라고 제안했다. 나는 주방 팀 멤버들의 지지와, 전적으로 태피와 로라 덕분에 얻은 요리사로서의 명성 때문에 선출될 수 있었다. 그래서 나는 수용소에서의 마지막 9개월을 경영자로서, 새로운 요리의 개발 같은 창조적인 문제보다는 정치적이고 조직적인 문제를 풀어가며 보내게 되었다. 주방은 800명이라는 대규모 인원을 만족시켜야 하는 조직이었기 때문에, 어쩔 수 없이 정치와 조직에 관련된 문제가 발생했다.

요리와 배급 같은 문제 말고도 주방 세계에는 수많은 심각한 문제들이 산재했다. 나는 이미 주방에서 일한 경력이 있었기 때문에 그렇게 심각한 시험을 받지는 않았다. 우리의 가장 강력한 라이벌은 바로 제빵소였다. 왜냐하면 우리 일꾼들이 자꾸 제빵소의 일을 하려고 주방을 떠나려 했기 때문이다. 처음에는 이해가 되지 않았다. 제빵소의 일은 육체적으로 가장 고된 일이었기 때문이다. 여름철이면 특히나 지옥 같았다. 시설도 엉망인 뜨거운 제빵소에서 매일 400명분의 빵을 반죽하고 덩어리를 빚고 구워내야 했다.

하지만 이 일 자체가 만족감을 주는 게 분명했다. 특히 남성들에게 더 그런 것 같았다. 빵 굽는 일은 아주 긴밀한 협동 작업을 통해 이루어지는 일로, 각 구성원은 매일 규칙적으로 고된 육체노동을 해야 했다. 이 작업에는 지시하는 "책임자"가 따로 없었다. 오히려 각자가 오랜 시간 숙련된 기술로 능숙하게 협동 작업을 하면 되었다. 그렇게 하루가 끝나면 제빵사는 열심히 일하고 생산적인 일을 했다는 뿌듯함을 느꼈다. 사람들의 구시렁거리는 불평을 들을 필요도 없었다. 또한 제빵 일은 꼭 필요한 일이면서도 차분히 할 수 있었으며, 아주 가까운 동료들과 함께 할 수 있는 일이기도 했다.

대조적으로 주방일은 똑같이 팀을 이루어 하는 일이긴 했지만, 늘 변화를 주기 위해 책임 요리사의 지시에 따라야 했다. 책임 요리사만이 그날 할 요리가 무엇인지, 어떻게 만들 것인지를 알고 있었다. 따라서 다른 사람은 그저 "보조자"로서 리더의 지시에 따라 일해야 했던 것이다. 스튜가 맛이 없거나 부족하면, 사람들은 꼭 그날 주방조가 "엉망으로 일했다"며 불평을 했다. 반대로, 빵 맛이 없을 때는 이스트가 형편없어서 그런 거라고 오히려 제빵사들을 격려했다.

빵을 굽고, 주방과 보일러실의 일을 하고, 수조에서 물을 길어 주방과 샤워실로 나르고, 보급품을 여기저기 운반하는 일 외에 다른 힘든 일들은 정비소에서 감당했다. 30명의 남자로 이루어진 정비 팀은 놀라울 만큼 계속해서 바쁘게 움직였다. 변기를 고치고, 나무상자를 만들고, 방이나 창문이 망가지면 고쳤다. 또한 병원 시설을 고쳐서 주방을 하나 만들고 보일러실도 손을 봐서 더운 물이 나오게 한 것도 정비 팀이었다. 이 팀은 수용소 여기저기서 "집어온" 재료들로 이 모든 일을 했으며, 손에 들어오는 재료들을 다시 개조해서 사용하곤 했다. 원래부터 수용소에 비치되어 있던 장비라고는 하나도 없었다.

주방, 제빵소, 병원, 정비소(우리는 이런 곳을 "공공시설"이라고 불렀다), 그 외에도 공동생활을 위해 필수적인 활동은 아주 다양했다. 예를 들어 간이 화장실을 청소하는 일은 아주 고되지는 않지만 그리 유쾌하지 않은 일이었다. 책임자 한 명과 두 명의 남자로 이루어진 팀이 줄곧 그 일을 맡아서 했다. 이들은 우리 기숙사 근처에 기거하는 중년의 미국인 선교사와 은퇴한 영국인 은행가였다. 자기 일을 대하는 그들의 편안하고 자연스러운 행동을 보면, 수용소 생활을 통해 얼마나 우리의 태도가 달라졌는가를 실감할 수 있었다. 그들은 화장실 청소 일을 끔찍하게 생각하는 대신, 다른 사람과 친하게 지낼 기회를 주는 사회생활의 장으로 여겼다. 그들은 화장실에 들어오는 모든 손님과 웃고 떠들며 농담을 주고받았다!

흰 턱수염에 반짝거리는 눈을 가진 이 은퇴한 은행가는 종종 내게, 우리 요리사들 때문에 그날 자기네 일이 훨씬 불어났다고 투덜거리곤 했다. 제빵사들에게는 그날따라 빵이 유난히 컸다고 불평하기도 했다. 그러다 아침 식사가 끝나도 아무도 화장실에 오지 않는 날이면 또 이렇게 구시렁거렸다. "이렇게 아무도 안 오면 난 도대체 누구에게 세상 소식을 들으란 말이야?"

참 재미있는 사실은, 이유는 알 수 없지만 여자들 중에서는 화장실 청소 일을 지속적으로 하려는 사람이 한 명도 없었다는 점이다. 그래서 몸을 움직일 수 있는 여성이라면 누구나 이 일을 돌아가면서 맡아야 했다. 평균적으로 한 여성은 일 년에 한 주일 정도 청소를 해야 했다. 물론 화장실 청소가 썩 유쾌한 일은 아니라는 사실에 대해서 모두가 인정한다. 그럼에도 남자들의 눈으로 보면, 여자들은 이 일에 대해 드러내놓고 고생하는 티를 내고 싶어하는 것이라고 의심할 수밖에 없었다. 왜냐하면 그 주의 화장실 청소를 담당하는 여성이 누구인지 모두가 다 알 정도였기 때문이다.

성격이 명랑한 여자들은 이 일을 더 유쾌하게 해냈다. 긴 장화와 거대하고 무거운 대걸레(화장실 청소의 상징)로 무장한 채, 지나가는 모든 남자들에게 기분 좋게 손을 흔들며 이렇게 인사했다. "이번 주에 제가 무슨 일을 맡았는지 아세요? 이 힘든 일 하는 것을 좀 도와주실래요?"

어쨌든 남성의 눈으로 보면 이런 식으로 일을 배분하는 여성들의 협약은 몹시 이상했다. 특히나 이해가 가지 않는 부분은 러시아 출신의 단 두 명의 여인이 교묘하게 화장실 청소를 피했다는 사실이다. 한 여성은 부유한 미국인과 결혼했고, 다른 여성도 역시 부유한 영국인과 결혼한 여자였다.

물론 일의 핵심은 그녀들이 러시아인이라는 데 있지 않다. 이 여인들은 천진에 거주하는 친척들이 보내준 커피로 다른 여성을 고용하는 방법으로 화장실 청소 일을 피했다. 고용된 이 여성 또한 연경 대학에서 영어를 가르치던 영국인 교수와 결혼한 러시아 여성이었다. 그녀는 같은 러시아 출신이었지만 이 고되고 냄새나는 화장실 청소를 자진해서 떠안았다.

이 여성들이 화장실 청소를 거부한 이유는 분명히, 아무 차별

성도 없는 피난민 사회에서 벗어나 사회적 불평등이 존재하는 식민지 사회로 진입하고 싶어했기 때문이었다. 그녀들은 다른 사람이라면 꿈만 꾸는, 부와 명성을 가진 잘 나가는 남자들과 결혼했다. 따라서 자신이 옛날에 살던 삶으로 되돌아가, 새롭게 얻은 사회적 지위를 잃고 싶은 마음이 조금도 없었던 것이다. 그녀들에게 화장실 청소란 과거의 자신의 삶을 상징하는 일이었다!

아이러니를 더 선명하게 만든 것은, 사회적으로 저명한 고위층 영국인 사업가의 아내들은 화장실 청소가 공공 봉사라는 사실이 분명해진 이상, 이 일을 거절하는 것은 꿈도 꾸지 못했다는 사실이다. 고상해지기를 원했던 두 러시아 여성은 화장실 청소를 하기에는 너무 자부심이 강하고 또 불안정했던 반면에, 영국의 지체 높은 부인들은 같은 일을 거부하기에는 너무 자부심이 강하고 안정적이었다.

계급 상승에 성공한 망명 출신 러시아 여성의 마음은, 자신이 이제 막 탈출한 사회에는 존재하지 않던 가치들로 가득 차 있었다. 동양에 있는 서양 망명객 사회는 무척 암울했다. 지독한 가난에 자국 정부의 보호도 없었기 때문에, 정치적·경제적 혼란 속에서 모든 외국인 그룹의 공격에 노출되어 있었다. 그래서 이들은 일본인들에게 심한 학대를 받아왔고, 온갖 괴로운 노동을 강요당했다. 조금이라도 힘이 있는 사람이라면 어떻게 해서든 이런 사회를 떠나려 했을 것이다.

따라서 그들이 가장 우상시하는 가치는 물질적으로 안정되고 개인의 청결이 유지되며, 하층 계급의 삶과 굴욕적인 노동으로부터 벗어나는 것이었다. 따라서 화장실 청소를 하는 것은 새로운 지위를 통해 얻은 모든 가치를 버리는 행위였다. 이 러시아 여성들은 화장실 청소를 하면 다시 옛날로 돌아가 귀부인의 소망을 잃게 될 것 같아 감히 그 일을 할 수 없었다. 그녀들의 내면은 여전히 가난한 난민이었다. 화장실 청소는 이런 내면에 정확히 들어맞는 일이었기 때문에, 그녀들은 더더욱 기겁했던 것이다.

대조적으로 식민지 세계의 상위층에 속하는 안정된 지위를 가진 영국 여인들은, 태어나면서부터 지금까지 계속 높은 신분을 누려왔기에, 화장실 청소 같은 일이 전혀 사회적 위협으로 다가오지 않았다. 진흙탕 속에서 다 떨어진 신발을 신고 있어도 그녀는 자신이 "귀부인"이라는 사실을 의심하지 않았다. 이 일은 그저 잠시 맡은 역할에 불과했다. 이 일은, 그녀가 자신에 대해 내리는 평가(자신이 생각하는 자아)와 일치하지 않을 뿐 아니라, 다른 사람이 자신을 바라보는 평가와도 맞지 않는다고 믿었기에, 그녀는 전혀 두려워하지 않았다. 게다가 그녀는 상류층의 더 민감한 기준과 요구에도 부합하는 행동을 해야 했다. 상류층의 기준이란, 공정하라, 나누어라, 싫어도 기꺼이 협력하라 같은 수준 높은 도덕적 요구들이었다. 일 자체가 아무리 불편해도, 그녀는 감히 이런 기준을 무시할 수 없었다. 상류 계층에서 자란 사람만이 이런 기준을 인식할 수 있다. 아래에서 위를 동경하는 사람은 이해할 수 없는 기준들이다. 청소를 거부했던 러시아 여성들은 자신들이 이런 규칙을 깼다는 사실조차 알지 못했을 것이다. 이런 "교양"의 부족 때문에, 그녀들은 필사적으로 자신을 지체 높은 사람으로 보이려고 애씀으로써 오히려 자신을 깎아내리게 만들었다.

그 외에도 수용소에는 그리 특별하지 않을지도 모를, 수많은 직종이 있었다. 구두 수선하는 일도 그중 하나였다. 수용소에서는 새 신발은 가질 기회가 없었다. 많은 사람이 수년 전 고국을 방문했을 때 사온 이미 낡은 신발을 신고 수용소에 도착했기 때문에, 구두 수선소에서 일하는 네 남자들은 이 신발들마저 다 닳지 않도록 막느라 언제나 바빴다. 시계 수리소와 이발소, 재봉실도 있었다. 재봉실에서는 여성 작업자들이 독신 남자들의 해진 옷을 기워주었다.

내 팬티 한 벌 때문에 우리 기숙사에서 아주 형이상학적인 논쟁이 벌어진 적도 있었다. 문제의 팬티는 중간에 고무줄 부분만 원래 천 그대로이고 나머지는 모두 다른 천으로 덧댄 상태였는데, 이것은 아주 훌륭한 철학적 논쟁의 주제가 되었다. "지금이 팬티는 예전의 팬티와 같은 팬티인가? 아니라면 어느 지점부터 다른 팬티가 되었는가?"

해가 뜨나, 해가 지나, 수용소는 다양한 활동들이 북새통을 이루는 벌집 같은 곳이었다. 이 활동은 대부분 육체를 쓰는 노동이었다. 모든 사람이 처음보다 훨씬 효율적으로 일을 해결해가고 있었다. 망치질 한 번 안 해봤던 남자들이 벽에 선반을 설치했으며, 석공의 흙손을 본 적도 없던 사람들이 방에 벽난로를 만들었다. 벽난로 안에는 오븐을 만들어서 방도 따뜻하게 하고 멋진 케이크나 쿠키도 구워냈다. 여름에는 매점에서 산 매트로 정교한 차양을 만들어 방 앞 테라스에 서늘한 그늘을 드리웠다.

수용소 생활이 시작된 지 1년쯤 지나서는, 창의적이고 손재주 있는 사람들이 직접 만든 각종 수공예품을 전시하는 전시회가 열렸다. 창의력을 타고나지 않은 사람이 보기에는 정말 믿기지 않을 정도로 훌륭한 작품들이었다. 환상적인 벽난로, 옆으로 밀어서 여는 방충 문과 창문, 수공예 냉방 시스템, 우아한 붙박이 장식장, 굉장히 아름다운 기름 램프 등이 있었는데, 개인적으로 가장 마음이 끌리는 작품은 복잡하면서도 정교하게 균형을 맞춘 선반이었다. 이 선반은 손가락으로 한 번 툭 치면 천장에 연결된 줄이 선반을 끌어올리게 되어 있어서 좁은 공간을 넓게 이용할 수 있었다.

이 전시회를 보면서, 아무리 현실이 어렵고 힘들어도 인간의 창의성을 방해하지는 못한다는 진리를 새삼 깊이 깨달았다. 우리는 예전에 누리던 편리함을 다 누리지 못하는 상황에 처했다. 또한 이미 만들어진 부속품이라고는 하나도 살 수 없었다. 그러자 사람들 안에 잠재되어 있던 강력한 기술적인 창의성이 살아나기 시작했다. 물질적인 안락함의 수준을 더 끌어올리기 위해 각자 나름대로의 방식으로 기술을 발휘하기 시작했다.

하지만 공동체를 계속 움직이려면 기본적인 필요를 채우는 것 이상의 그 무엇인가가 필요하다는 사실을 우리는 곧 깨닫게 되었다. 우리가 이런 필요를 절감했던 것은, 수용소에서의 첫 주를 두려움에 휩싸여 보낸 후, 토요일 저녁 교회로 몰려가 한 구세군 리더의 인도를 따라 익숙한 찬송을 목청껏 따라 불렀을 때였다. 이런 아주 단순한 형태의 오락에도 사람들이 아주 본능적으로 반응하는 것을 보고 용기를 얻은 연경 대학 출신 몇 명이 시대 풍자극을 준비하기 시작했다.

중국 북부에 있는 선교 단체와 교육 단체들은 매년 여름이면 북대하(北戴河)에 있는 공동 휴가 장소에 모여서, 그들의 지식과 재능과 경건을 총동원하여 풍자극을 공연해왔다. 나이든 교수들이 근엄한 목소리로 "로힌바"(Lochinbar, 영국 낭만주의 시에 나오는 무사 이름)나 "하이아워서"(Hiawatha, 롱펠로우의 시에 나오는 아메리칸 인디언의 영웅)를 읊조리는가 하면, 젊은이들은 바보 같은 서정시 가사를 쓰고 오래된 노래를 부르고, 킬트나 토가 같은 무대 의상을 입은 채 이리저리로 뛰어다니는 일에 익숙했던 것이다.

우리는 기획을 하고 짤막한 풍자극을 쓰고 연습하기 시작했다. "우리"에게라면 이런 넌센스가 통할 것이라는 확신이 있었다. 하지만 수용소에서처럼 다양한 사람이 모인 이 복합 공동체도 과연 풍자극을 재미있어 할까?

우리 공연 팀 네 사람이 무대 앞으로 걸어나갔을 때는 사실 좀 걱정스러운 마음이었다. 우리는 수용소 노동복 차림으로 최대한 지저분하게 분장을 했다. 그러고는 무언극으로 연기를 하고,

"솔로몬 레위"(Solomon Levi) 곡조에 맞추어 수용소 노동에 대한 노래를 불렀다. 다행히도, 그리고 기쁘게도 관중들의 환호로 건물이 흔들릴 정도였고, 모두들 발을 구르며 앙코르를 외쳤다. 물론 노래나 가수가 훌륭했기 때문은 아니었다. 수용소에서의 고생 이후에, 그 순간이야말로 온 수감자들이 마음껏 웃을 수 있는 시간이었기 때문이다.

수용소에 도착해서 처음으로 사람들은 자신의 비참한 자아를 벗어나서, 잠시나마 현재의 문제를 웃고 즐기며 초월할 수 있었다. 그것은 일종의 역(逆)"카타르시스"였다. 즉 관중들의 실제 삶에 존재하는 비극을 무대 위에서 희극적으로 표현함으로써, 그 비극을 완화시켰던 것이다.

이것은 시작에 불과했다. 그때부터 음악과 드라마에 흥미를 가진 사람들이 대거 공연 활동에 참여했다. 결과적으로 교회에서 즐기던 토요일 밤의 여흥은 아주 높은 수준으로 발전했다. 그해 늦은 봄, 우리는 최초의 정식 연극을 무대에 올렸다. 일막극 두 개짜리 공연이었다. 나는 두 번째 일막극인 A. P. 허버트(A. P. Herbert)의 작품에서 역할을 맡았는데, 아주 재미있는 연극이었다. 따로 무대를 꾸밀 수는 없었지만, 한두 개의 소품만으로도 충분했다.

여름이 되자 예술성이나 무대 장치 면에서 한층 발전된 장편 연극들이 선보이기 시작했다. 공연된 12편의 연극 중에서 특별히 기억에 남는 작품으로는 노엘 카워드(Noel Coward)의 『고

초열』(Hayfever)과 제임스 베리(James Barrie)의『핌씨 스쳐 지나가다』(Mr. Pim Passes By), 머리카락이 곤두설 만큼 무서웠던『밤은 끝난다』(Night Must Fall), 웃기고 재미있었던『사생활』(Private Lives)이 있다.『사생활』에서는 두 영국인 커플이 네 주요 배역을 맡았다. 모두들 짐작하겠지만, 그들에게는 연기를 위해서 많은 지도가 필요 없었다. 이 두 커플은 최상급으로 실력 있는 극작가들로서, 직접 두 편의 음악 풍자극을 쓰고 공연했는데, 정말 재미있었다. 약간은 무거웠던 제임스 베리의 작품 후에 이런 유쾌한 풍자극을 공연해서인지 더 많은 호응이 있었다.

연극계의 최고 절정은 1945년 6월, 버나드 쇼(Bernard Shaw)의『안드로클레스와 사자』(Androcles and the lion)를 전막 공연했을 때였다. 무대를 세 개나 완벽하게 설치했을 뿐 아니라, 천과 골판지로 실물 크기의 사자도 만들었다. 또한 10명의 로마 군인을 위해서는 적십자 구호품으로 받은 알루미늄 캔을 땜질해서 투구와 갑옷을 만들었다.

수용소에는 연극배우 말고도 음악가들도 있었다. 그래서 매 "시즌"마다 두 차례씩 토요일 밤에 음악회를 열 수 있었다. 합창단이 결성되어 헨델의 "메시아", 존 스테이너(John Stainer)의 "십자가에 못 박힌 예수", 멘델스존의 "엘리야"를 위시하여 많은 작품을 공연했다. 22개나 되는 악기로 이루어진, 작은 교향악단 수준을 능가하는 악단은 수용소의 자랑거리였다. 이 악단은 마지막 연주에서 모차르트의 D단조 협주곡을 전곡 연주했다(베이스 바이

올린과 튜바 부분은 빼고). 대부분의 악기는 북경이나 천진에서 떠나올 때 사람들이 가방이나 손에 들고 온 것이었다. 피아노는 교회 지하실에서 다 망가진 상태로 발견되었다. 그곳에 머물던 군인들이 망가뜨려 놓았던 것인데, 수용소 음악가들에 의해 신속히 개조되어 모든 음악회에서 정말 큰 역할을 감당했다.

너무 춥거나 너무 더워서 도저히 교회 건물에 머물 수 없을 때만 빼고는, 거의 매주 교회에서는 놀라울 정도로 훌륭한 문화 활동이 펼쳐졌다. 연극, 풍자극, 합창 프로그램 등으로, 이런 문화가 없다면 무척 단조로웠을 우리 수용소 생활의 어려움을 완화시키려는 의도로 계획된 활동이었다. 연극에 심취하거나 오케스트라 연주를 듣고 있으면 어느덧 마음은 수용소 담장을 뛰어넘어 자유로워진다고, 종종 우리는 이야기하곤 했다. 매주 두 시간 동안은 이 초라하기 짝이 없는 무리가 런던의 웨스트엔드나 오프브로드웨이(브로드웨이가 아닌 타지구의 극장에서 시도되는 근본적·예술적 가치를 추구하는 연극 활동) 무대로 돌아갈 수 있었다. 그래서 공연이 있으면 수용소 안의 모든 사람이(예전에는 연극을 보거나 음악회에 가본 적이 없던 사람들까지) 미어터지게 교회로 모여들었다. 그래서 수용소에서 보낸 마지막 해에는, 관중들을 다 수용하기 위해 금요일과 토요일, 이틀로 공연을 늘여야 했다.

규모가 작은 초창기 문명이 역동적이고 진취적으로 발전해나가는 모습을 직접 본다면 누구라도 생각의 변화를 겪을 것이다. 나

역시도 변화를 경험했다. 처음에는 동료들의 용기와 끈기, 창의성에 깊은 감동을 받았다. 앞에 놓인 세상이 아무리 낯설고 험해도 그들은 현실을 용감하게 받아들였으며, 자신들의 천재성을 발휘해서 상황을 점점 나은 것으로 만들어갈 방법을 모색했다. 위생이든 요리든 연극이든, 문제를 해결할 방법을 찾아냈던 것이다. 또한 그 해결 방법들 자체도 계속적으로 진화해갔다.

오래지 않아 나는, 문명의 기술적인 측면(그러니까 방법론)을 개발하는 인간의 능력에는 끝이 없다는 결론을 내리게 되었다. 지식이나 실용적 기술, 이 두 측면에서 발전을 거듭하는 인간의 능력에는 결코 실망할 일이 없으리라는 확신이 들었다.

안전과 편리를 극대화해가는 인간의 천부적인 능력을 깨닫게 되면서, 나는 이런 물질적인 문제가 가지는 근본적인 성격에 대해서도 새롭게 이해하게 되었다. 숙소 배치나 화장실 청소, 요리 영역에서 매일같이 위기를 겪으면서 내가 깨달은 사실은, 어떤 거창한 철학이나 신념보다도 가장 먼저 해결되어야 하는 것은 바로 이 물질적인 문제라는 것이다. 이런 부분들은 삶의 다른 부분들이 세워지기 위해 가장 기본적으로 필요한 기반이다. 물론 공연장이나 강의실, 도서관도 삶을 위해 중요하다. 하지만 어떤 경우에도 절대적으로 필요한 것은 먹고 입고 자는 문제다.

발전된 문명 속에서 풍족한 음식과 물을 공급받으며 사는 소위 지식인이라 불리는 사람들은 지성적 삶을 선호하며 물질적 가치의 중요성을 과소평가하는 경향이 있다. 그 결과 신발,

담요, 의약품을 생산하는 사람들보다 예술가, 철학자, 시인, 설교가 등 인간의 영혼을 살찌우는 사람들이 더 중요하고 더 가치 있는 존재라고 믿게 된다.

하지만 나는 이런 견해가, 물질적인 필요가 너무나 완벽하게 채워진 나머지 이 필요 자체가 잊힌 상태에서나 가능하다는 사실을 깨닫게 되었다. 물질적인 만족이 위험에 처하면, 물질적인 필요가 얼마나 중요한가 하는 것이 모든 사람에게 단번에 선명해진다. 우리 수용소 문명의 초기 시대를 만들어낸 사람들은 모두 실제적인 기술을 가진 사람들이었다. 빠른 시일 내에 요리를 배워서 실제적으로 음식을 만들어내고 빵을 굽고 시설을 고치고 화장실을 청소한 사람들이었다.

이런 중요한 진리를 깊이 깨달았을 때, 내 신앙에도 위기가 찾아왔다. 이미 나는 삶에서 종교와 종교의 역할에 대해 심각한 변화를 경험한 바 있었다. 내가 성장한 가정은 관용적이면서도 아주 열렬하게 자유주의적 입장을 고수하는 집안이었다. 그래서 나는 어려서부터 집안의 신앙이 강조하는 윤리적 이상주의와, 삶의 물질적이고 감각적인 측면을 경시하는 성향을 그대로 받아들이고 있었다. 그러다가 대학에서 철학을 공부하면서 산타야나(Santayana, 스페인 태생의 미국의 철학자, 시인. 비판적 실재론의 대표자)의 사상을 만나게 되었다. 이 철학자의 궤변에 넘어간 나는, 내 어린 시절의 신앙 환경이 재미없고 유치하고 다소 감상적인 것이었다고 여기게 되었다. 결과적으로 나는 어린 시절 신앙 환경에서 윤리적인 강조점만 취하고 나머지 종교적인 부분들은 다 버렸다. 나는 스스로에게 이렇게 물었다. "신앙이 없는 자연주의자라도 쉽게 인정할 수 있는 도덕적 약속들 위에 왜 종교적인 장식을 달아야 하지? 현대의 불가지론적 지식인도 세계 평화와 사회 정의라는 도덕적 절대 덕목은 준수하지 않는가? 그들도 이런 도덕률을 지키며, 바르고 창의적인 삶을 스스로 살아가지 않는가?"

이런 신념은 자연주의적 기반 위에 어설프게 의거한 대학생다운 이상주의였다. 그러나 이 생각은 1939년과 1940년의 강타로 "완전히 뒤바뀌고 말았다." 히틀러가 권력을 잡는 것을 보면서 자연주의적 이상주의가 얼마나 순진하고 무력한 생각인지 절감했던 것이다. 이 시절에는 정의를 지키는 것이 평화를 포기하는 것을 의미했다. 히틀러를 타도하기 위해서는 오직 무력이 필요했기 때문이다. 반면에 어떤 행동도 하지 않음으로써 평화를 유지하는 것은, 나치가 지배하는 세상의 불의를 용인하는 행동이었다. 만일 정의와 평화, 이 두 가지 위대한 이상 중 어느 하나를 선택하여 거기에 헌신하고, 그것을 위해 온 마음으로 싸우려 한다면, 진짜 세상에 대해서는 비현실적이 되어야 할 것이다. 반면에 현실적이 되도록 노력하면서, 진짜 역사적 상황이 가지는 모호성을 인식한다면, 이 두 가지 위대한 이상이 실제적 삶에 대해 가지는 적합성에 대해 냉소적이 될 수밖에 없을 것이다. 이런 두 이상들에 헌신하는 것이 윤리적 실존이라면, 현재 세상에서는 이런 실존이 불가능해 보였다.

대학 동기들이 다 그랬듯, 프랑스가 무너졌을 때는 나도 어떻게 해야 할지 몰라 비참하고 혼란스러운 마음으로 주저앉아 있었다. 전쟁에 참전해서 우리의 평화를 파괴해야 하나? 아니면 중립을 지키며 독재자가 온 세상을 통치하도록 허용해야 하나? 이런 경험을 통해서 나는 실제 세상에서 창조적으로 살아가고자 한다면, 현재 갈등하고 있는 이런 도덕적 이상들보다 더 심오한 무엇인가를 붙들 필요가 있음을 알게 되었다.

그 시기 많은 사람에게도 그랬겠지만, 삶을 위한 더 깊은 구조의 발견은 조금은 갑작스럽게 찾아왔다. 이 귀중한 발견은 라인홀드 니버(Reinhold Niebuhr)의 강의와 저서를 통해서였다. 니버의 사상에는 인간에게 닥친 사회적 상황의 어떤 모호함과 더러움에도 의연히 맞서려는 예리한 현실주의가 있었다. 동시에 인간의 선함을 깊이 신뢰하고 있었기에 그의 사상은 대단히 도덕적이었다. 차이가 있다면, 니버의 신뢰는 인간의 탁월한 선함이나, 사회 역사 안에서 이상적인 상황을 건설할 가능성에 기반을 두지 않는다는 점이다. 이 두 가지는 모두 다 제2차 세계대전이라는 명백한 현실 앞에 허상임이 분명해졌다. 그의 신뢰는 하나님에 대한 믿음에 근거했고, 그 결과 자신이 처한 상황이 아무리 불확실할지라도 이웃을 섬기라는 소명으로 귀결되었다. 니버의 사상을 통해 나는 냉소적이지 않은 현실주의, 순진하지 않은 이상주의를 가지고 전쟁의 현실을 직면할 수 있었다.

대학 졸업 직후인 1940년, 연경 대학에서 영어를 가르치기 위해 중국으로 갈 때 나는 이 새로운 "현실주의적 신학"에 강한 흥미를 느끼고 있었다. 비록 정식 신학 교육을 받지는 않았지만, 그때부터 1943년 수용소에 들어갈 때까지 틈만 나면 신학 서적들을 탐독했다. 그 즈음 나의 정체성은 완전히 바뀌어 있었다. 대학 시절의 자연주의적 휴머니즘에서 (내가 느끼기에는) "독실한 기독교인"으로 변했던 것이다. 하지만 나의 이 새로운 믿음은 개인적 종교 체험의 결과가 아니라 지적 확신이었다. 다시 말해, 나로서는 기독교적 가치관을 통해서만 우리가 사는 세상을 이해할 수 있었고, 윤리적 결정을 내릴 수 있었다. 따라서 수용소에 도착했을 때에는, 신학적인 전문 용어와 간접적으로 얻은 개념들과, 내 가치관만이 유일한 것이라는 확신으로 가득 차 있었다.

이런 신념을 가진 내가 수용소라는 공간에 갇히게 되자, 처음 몇 달간은 다급하면서 망연자실하게 만드는 질문들로 마음이 어지러웠다. 과연 가치관이라는 것이 정말 중요한 것일까? 가치관이란 주지주의자들이 위기를 바라보는 전형적인 방식이 아닌가? 이런 "삶의 큰 문제들"이 정말 큰 문제일까? 분명히 우리의 실존은 자연주의적 주지주의 관점 대(對) 기독교 신앙의 관점의 문제도 아니고, 이상주의 대 정신분석학의 문제도 아니었다. 이런 구조는 철학적으로 사고하는 대학생들에게나 적합할 것이다. 정말 이런 것이 기본적인 문제일까? 삶의 실제적 문제들은 물질적이고 정치적인 것임에 분명하다. 진짜 문제는 먹고 자고 입는 문제이며, 우리 공동의 노력을 어떻게 조직할 것인가 하는 문제인 것이다. 이런 문제들은 철학이나 종교적 믿음이 아니라(이 신념이 아무리 확신 있게 들린다 할지라도), 실제적 삶의 경험과 기술로 해결될 수 있다.

그렇다고 종교가 다 틀렸다고 생각했다는 말은 아니다. 다만 실제적 문제를 해결하는 것과 종교는 무관하다고 믿은 것이다. 삶의 기초적인 문제가 기술과 조직력을 통해 해결되어야 하는 상황에서, 종교가 현실적 삶을 위해 하는 역할은 과연 무엇일까?

물론 인간의 본성과 우주에 대해 관심을 가지는 사람도 있고, 종교 생활을 즐기는 사람도 분명히 있다. 하지만 살기 위해 반드시 있어야 할 음식이나 공중위생과는 달리, 종교는 단순히 개인적 취향의 문제 또는 기질의 문제가 아닐까? 원하는 사람에게는 꼭 필요한 것이지만 관심이 없는 사람에게는 아무 짝에도 소용없는 그런 것이 아닐까? 종교에 "세속적인" 기능이 있을까? 즉 인간이 공동생활을 하는 데 종교는 어떤 쓸모가 있을까? 기술과 용기, 이상주의를 수반하는 세속주의가 종교 없이도 인간의 모든 삶을 다 창출해낼 수 있는 마당에, 종교는 무용지물이 아닐까? 수용소 생활 초기에 이런 질문을 반복해서 스스로에게 던지면서, 나는 소위 "세속적인" 사람이 되어갔다. 즉 종교란 선호하는 사람에게는 도움이 되지만, 그렇지 않은 사람에게는 시간 낭비일 뿐이라고 확신하게 되었다. 확실히 나도 후자의 부류에 포함되는 듯했다.

이런 견해는 수용소의 어디를 가든, 무엇을 보든 점점 확고해져 갔다. 철학을 가르치고 기독교 복음을 설교하는 일이 삶에서 도대체 무슨 쓸모가 있단 말인가? 바깥세상에서 이런 고상한 일에 종사했던 우리가 지금 수용소에서는 나름대로 감당해야 하는 육체노동을 하고 있었다. 그렇다. 우리가 하는 일은 정신노동이 아니었다. 우리는 교수 또는 선교사였지만, 여기서는 능숙하게 불을 피우고 빵을 구울 수 있을 때만 가치 있는 존재였다.

노동 팀의 어느 누구도, 철학을 가르치거나 설교하는 일이 수용소 작업으로 합당하다고 말하지 않았다. 내게는 이 사실만으로도 이런 활동의 사회적 무용성이 충분히 증명되는 것처럼 보였다. 우리의 지적이고 "종교적인" 직업들은 분명히 실제적 삶과는 무관하다. 따라서 이런 일들은 "취미"가 되어야 한다. 이것들은 여가 시간이나 일요일에나 하는 활동으로 평가절하되었다. 반면에 기술자, 의사, 노동자, 생산자는 우리 공동체로 들어올 때 그들의 직업을 조금 변형하도록(포기가 아니라) 요구받았다. 우리가 가진 재료만 가지고도 역할을 감당할 수 있을 때만 그 직업이 가치 있는 것으로 증명되었던 것이다. "영적인" 직업을 가진 사람들은 매일의 노동에 참여하기 위해서 다른 기술을 배워야 했다.

이런 이유들로 인해, 수용소에 도착한 이후 나는 이전에 관심을 가졌던 종교 활동과 신학적 사고에 급속도로 흥미를 잃어버렸다. 한편 선교사들은 전대미문의 일치와 단결을 이루어냈다. 서로 다른 개신교 교파들 간에도, 또한 개신교와 가톨릭 간에도 놀라운 단결이 이루어졌다. 그래서 합심한 상태에서 강의나 예배 같은 수많은 협동 사업이 계획되고 추진되었다. 하지만 나는 이 모든 일에 관심이 없었고 나중에는 거기서 완전히 멀어지게 되었다.

다음에 소개하는 에피소드는 당시 내 감정을 잘 표현해준다. 어느 일요일, 숙소 팀 일로 바빠 교회 옆을 지나던 내게 귀에 익은 찬송가 소리가 들려왔다. 나는 약간 성난 기분으로 이렇게 자문해보았다. "이렇게 해야 할 중요한 일이 많은데, 저것이 무슨 도움이 된다는 걸까?" 불신감 속에서 머리를 흔들며, 나는 내 볼일을 보러 발걸음을 재촉했다.

5
개인 공간

수용소에서 한 달쯤을 보내고 나자 삶에 대한 나의 관점이 바뀌었다. 미국의 자유주의 학문 진영의 강한 특징인 확고한 인본주의로 다시 돌아가 있었던 것이다(그 인본주의를 버린 지 얼마 되지 않았는데도 불구하고 말이다). 당시에는 주위를 둘러보면 어려운 문제를 헤쳐나가는 인간의 능력에는 끝이 없는 것 같았고, 종교와 철학이 다루는 영적 삶이라는, 소위 "더 깊은 차원의 문제들"은 실제 삶과 아무런 관계가 없는 듯 보였다.

하지만 시간이 흐르고 숙소 팀에서 예상치 못한 많은 문제와 직면하면서, 이런 확고한 인본주의적 관점이 수용소 삶의 현실에 정확하게 들어맞지는 않는다는 사실을 깨닫기 시작했다. 우리에게 닥친 물질적인 위기가 덜 심각해졌거나, 우리의 이성이 이런 문제를 해결하는 데 무디어졌던 것은 아니었다. 오히려 기술적인 지식과 방법만으로는 해결할 수 없는 새로운 종류의 문제들이 계속해서 일어났다. 다시 말해 "도덕적"이거나 "영적"이라고 표현할 수밖에 없는 어려움이 불쑥불쑥 튀어나왔던 것이다. 위기는 기술의 실패가 아니라 인격의 실패로 인해 야기되었다. 우리에게는 도덕적인 진실성과 자기희생이 더 요구되었다. 내가 새롭게 붙들었던 인본주의의 문제점은 인간의 과학과 기술을 신뢰한다는 데 있지 않았다. 오히려 이런 기술을 휘두르는 인간의 합리성과 선함에 대해 너무 순진하고 비현실적으로 신뢰한다는 것이 문제였다. 인간의 용기와 재능이 수용소 생활 전반에서 증명된 것이 사실이지만, 이렇게 힘들고 괴롭고 억압받는 상황 안에서 얼마나 인간이 정의롭지 않으며 관대하지 않은지도 여실히 드러났다.

가장 중요한 사실은, 이런 영혼의 위기가 우리 중에서 고지식하고 변통 없는 일부 사람에게만 나타나는 문제가 아니라는 점이었다. 우리 모두가 가진 도덕적 결함은, 이질이 돌고 빵 공급이 중단되는 것과 맞먹을 정도로 심각하게 공동체의 존속을 위협했다. 이런 내적이고 도덕적인 위기가 해결되지 않으면, 그동안 온갖 노력을 기울여 건설한 이 작은 문명 세계가 망하는 것은 시간문제라는 것이 분명해졌다. 도덕적인 건강함이 없다면, 물질적인 공급이나 혜택이 결여된 것과 마찬가지로 공동체는 아무 힘도 발휘하지 못한다는 사실을 깨닫기 시작했다.

바로 이것이 내가 수용소 생활을 하면서 배운 가장 깊은 깨달음이었다. 이런 깨달음 이후로, 학문에서든 일반적인 관찰에서든, 크고 작은 모든 인간 사회에서 이 진리가 입증되는 것을 나는 보아왔다.

이런 더 깊은 차원의 위기(인간이라는 동물의 타고난 고집스러움이라고 부를 수 있는 그런 인격적인 결함에 의해 야기되는)를 처음으로 절감했던 것은 숙소 팀에서 수용소 인구 조사를 실시한 직후였다. 나와 쉴즈는 수용소 숙소의 대부분이 심각할 정도로 비좁다는 사실을 알고 있었다. 그래서 우리가 해야 할 일은 사람들에게 가능한 한 더 많은 공간을 제공하는 것이었다. 여기서 어려운 점은, 수용소 어디에도 필요 이상으로 공간을 차지하고 있는 사람은 없다는 점이다. 따라서 심각하게 불편을 겪는 사람을 위해 여분의 공간을 마련하려면, 간신히 그럭저럭 지내는 누군가로부터 어느 정도의 공간을 빼앗아야 공정한 게임이 된다는 의미였다. 이런 일로 사람들과 한 두 차례 접촉해보니 우리 일이 얼마나 어려울지 감이 잡혔다. 하지만 염려가 되는 한편으로, 이것이 꼭 필요한 일이라는 확신으로, 우리는 우리가 할 일을 설명하기 시작했다.

첫 단추를 어떻게 끼워야 하나 고심하고 있을 때, 세 명의 독신남으로 구성된 일종의 대표단이 우리 숙소 팀 사무실에 나타났다. 무슨 일이냐고 묻자, 그들은 (내가 느끼기에) 약간 공격적인 태도로 이렇게 대답했다. "우리는 숙소 팀이 일을 공정하게 처리했으면 합니다."

이 말에 약간 뒤통수를 맞은 느낌이었지만, 그래도 나는 확신

있는 어조로 이렇게 말했다. "물론이지요. 당연히 그렇게 해드려야지요! 무슨 일이시죠? 어떻게 도와드릴까요?"

"아주 간단한 문제입니다." 대표단 세 명 중 가장 맏형인, 제1차 세계대전에서 다리를 다친 퇴역 군인 출신으로 천진에서 작은 서점을 운영하던 사람이 입을 열었다. 그는 다른 두 사람(담배 회사에 다니던 젊은 미국인과 영국인 교사)을 쳐다보며 이렇게 말했다. "우리 세 사람은 49구역 숙소에 삽니다. 그 좁은 방에 11명이나 있어서 돌아눕기도 힘듭니다. 짐 둘 곳은 말할 필요도 없고요. 복도 맞은편에 우리 방과 크기가 똑같은 방이 있습니다. 알고 계시죠?"

다른 두 사람도 그의 말에 동조하며 고개를 끄덕였다. 한 사람이 그 방에 들어가 사람들과 대화를 하며 시선을 끄는 사이, 다른 두 사람이 방의 크기를 잰 것이 분명했다.

"그런데 그 방에는 겨우 9명밖에 없습니다. 우리 방에는 11명인데 말입니다. 그러니 우리 방에서 한 명을 빼서 그 방으로 보내주셨으면 합니다. 그래야 공정하지 않겠습니까?" 다른 두 사람도 당연히 그래야 한다는 식으로 맞장구를 쳤다.

사실 그때 내 마음은 조금 우쭐해졌다. 깔끔하게 처리할 수 있는 일이라고 믿었던 것이다. 적어도 상황만 보면 불공평한 것은 명확했으니까 말이다. 두 방이 맞붙어 있으니, 숫자를 셀 수 있고 방의 크기를 잴 수 있는 사람이라면 누구나 지금 상황이 불공정함을 인정할 터였다.

해결책은 간단해 보였다. 한 사람이 다른 방으로 옮기면 두

방 모두 10명이 될 것이었다. 나는 혼자서 이렇게 생각했다. '인간은 합리적이고 도덕적인 존재 아닌가? 누구나 분명히 알 수 있는 이런 불평등이 존재하는 것을 보면, 설령 자신에게 손해가 오더라도 적어도 그 불평등을 개선하려는 데 동의하겠지? 그리고 모두가 어려움을 겪는 상황이라면 다들 서로서로 나누려고 하지 않을까? 평범한 일상을 사는 것이 아니라 바다 한가운데 떠 있는 뗏목에 있는 상황이라면 더더욱 서로 나누려고 하지 않을까?' 나는 이런 확신을 하며 대표단과 함께 49구역으로 갔다.

그러나 정의는 이론과 실재가 달랐다. 이론의 영역에서는 정의를 이루는 데 책임이 따르지 않지만, 실제 삶에서는 합리적이고 공정하다는 것은 내 소중한 삶의 공간을 잃는 것을 의미했다!

맞은편 숙소에 들어가 숙소 팀에서 왔다고 말하자마자, 사람들이 경계하는 것이 느껴졌다. 내 뒤로 맞은편 방에 사는 세 사람이 서 있는 것을 보자 그들의 의심은 더욱 커졌다. 드디어 내가 무슨 일로 왔는지 본론을 꺼내자, 그들의 적대감은 밖으로 표출되었다. 시무룩하게 침묵을 지키며 서 있는 사람들의 마음을 대변이라도 하듯, 약간 거칠어 보이는 한 영국인 기술자가 이렇게 입을 열었다. "저쪽 방 사람들에게 미안하긴 합니다. 하지만 그게 우리와 무슨 상관입니까? 우리는 지금도 충분히 비좁습니다. 그러니 자기들끼리 알아서 해결할 일이지요. 다른 사람을 위해 우리가 더 비좁아지는 것은 절대 허락할 수 없습니다!"

나는 최대한 논리정연하게 이 상황을 다시 한 번 설명했다.

같은 크기의 방인데 한 방에는 9명이 있고 다른 한 방에는 11명이 있는 것은 비합리적이라는 사실을 강조하고, 가장 공정하게 이 문제를 해결하려면 이 방에서 한 명을 더 받아야 한다고 결론지었다.

"그럴 수도 있겠지요. 하지만 저도 할 말이 있습니다. 공정이고 뭐고, 당신들이 이 방에 한 명을 더 데려오면 우리는 즉시 그 사람을 다시 내보낼 겁니다. 그리고 당신들이 이 문제로 다시 찾아오면, 당신들도 즉시 내쫓을 겁니다!"

그 방의 사람들 중에는 이런 식으로 감정적으로 대응하거나 위협하듯 행동하기보다는 좀더 합리적으로 반응하려고 애쓰는 사람들도 있었다. 이들은 내가 제안한 해결책이 납득이 가지 않는다며, 수용소 숙소 문제 전체를 들먹이며 "왜 하필 우리 숙소냐?"고 반문했다.

여기에 대한 반박으로 나는 숙소 팀이 하는 일을 변호하기 시작했다. 현재 수용소 전체의 숙소 상황이 어떤지, 앞으로 어떤 계획을 가지고 있는지 등등을 설명했다. 하지만 설명을 하다 보니, 이런 논리적인 말들이 아무 소용이 없으며 아무런 결론도 낼 수 없다는 사실이 점점 느껴졌다. 이들은 우리가 하려는 일이 정말 공정한지 아닌지 지적으로 의심하고 있는 것이 아니었다. 다만 그들은 자신들의 공간을 빼앗기고 싶지 않았던 것이다.

문제의 뿌리는 바로 이런 욕구 자체였다. 이 욕구 때문에 그들은 이렇게 감정적으로 행동했던 것이다. 또한 너무나 놀라운 사실은, 이런 욕구가 그들이 문제에 접근하는 방식까지 결정한다는 점이었다. 따라서 내가 아무리 합리적이고 도덕적인 근거로 설득하여 그들의 마음을 바꾸어놓으려 애쓴다 해도, 이런 상황에서는 그들의 마음을 움직이는 가장 근본적인 동력에는 영향을 줄 수 없었다. 그 근본적인 동력이란 누군가 다른 사람이 방에 들어오면 그만큼 더 공간이 비좁아진다는 두려움이었다. 나는 다음과 같은 의심이 들어 하마터면 큰 소리로 웃을 뻔했다. '합리적이고 도덕적이 되어서 자신의 소중한 공간을 뺏기게 된다면, 인간이 왜 굳이 합리적이고 도덕적이 되려고 원해야 할까? 정말로 인간은 자신의 안위와 안전보다 도덕적 우월성을 더 소중하게 여길 수 있을까?' 갑자기 복잡하고 혼탁한 인간사의 새로운 심연이 내 눈앞에서 열리는 것 같았다. 인간이 "선하고 합리적으로" 되는 것보다는 자신의 안위에 더 마음을 쏟는다면, 인간의 선함을 믿을 수 있는 근거는 어디에 있단 말인가?

그날 밤 너무나 혼란스럽고 떨리는 마음으로 나는 방으로 돌아왔다. 그때까지 나는, 보통의 문명화된 인간인 "우리 같은 사람들"은 일단 상황을 이해하면 공정하고 관대하게 행동할 것이라고 믿어왔다. 철학자, 교육자, 사회과학자, 사회심리학자들 대부분이 당연히 그렇다고 믿었다. 현대 문화는 과학 지식과 기술 발달이 사회 진보를 이끌어왔다고 주장하지 않는가? 이런 주장이 함축하는 바는, 기술을 사용하는 인간은 조직적인 탐구를 통해 분명하게 사물을 이해하게 되면 합리적이고 공정하게 행동할 것이라는 가정 아닌가?

　하지만 49구역 사람들도 완전히 이해하고 있었다. 즉 그들은 "개혁"이 자신들의 손실을 의미한다는 것을 이해했으며, 그래서 개혁에 대항해서 싸웠다. 합리성이고 정의고 상관하지 않고 마치 개혁이 전염병이라도 되는 양 반발했던 것이다. 자기 이익이라는 절대적인 힘 앞에서 논리와 공정은 무력하고 나약했다.

　역설적인 것은, 우리가 처리했던 수많은 문제 중에서 그 해결책이 가장 논리적이고 명확해 보였던 이 문제가 결국에는 권위의 힘으로 해결되어야 했다는 점이다. 정의가 이루어지도록 하기 위해 그 논리가 가장 명확했던 상황에서, 가장 합리성이 미약해 보이는 권위가 행사되어야만 했다. 우리는 일본인 관리 이즈에게 부탁하여, 우리 말을 듣지 않는 사람들에게 한 사람을 더 방에 받으라고 명령하게 했으며, 그들은 그 명령에 기꺼이 순복했다. 그 이후로는 49번 구역에서는 어떤 문제도 일어나지 않았다.

　정말 불행한 것은 그후로도 수주 동안 많은 문제를 처리하면서 이런 식의 일이 반복되었다는 사실이다. 숙소 팀 일을 6개월 정도 하면서, 공평하고 공정하기 위해서는 변화가 필요하다는 점을 설득하는 데 딱 한 번 성공한 적이 있었다.

　일본인들이 13살쯤 되는 소년을 아이의 어머니와 양부와 함께 2.7×3.6미터쯤 되는 방에 배정한 적이 있었다. 그런데 이 부부는 정치적 수완이 좋은 사십 대 중반의 사람들이었다. 물론 이렇게 비좁은 공간에 세 명의 가족이 지내는 것은 쉽지 않은 일이다.

거기다 이 경우에는 아이의 아버지가 양부라는 특수한 점도 있어, 함께 지내는 것이 거의 불가능할 지경이었다. 부부는 신경질적인데다 사사건건 화를 냈고, 이 작은 방에 감도는 무거운 중압감으로 인해 끊임없이 서로 다투었다. 이런 상황은 특히 소년과 양아버지를 서로에 대한 증오와 실망으로 몰고 갔다.

우리는 이 상처 입은 소년을 그 방에서 꺼내 상처를 덜 받을 만한 곳으로 옮겨야 했다. 하지만 어디로 보낸단 말인가? 대부분의 숙소는 꽉 차 있었고 다들 심기가 언짢아 있는데, 한 명이라도 더 보태면 다들 적대시할 것이 분명했다. 그때 내게 한 가지 생각이 떠올랐고, 그래서 어떤 숙소를 향해 서둘러 달려갔다. 그곳은 다른 곳보다도 유달리 비좁은 곳이었지만, 선교사로 일하던 의사, 설교가, 교사, 기술자, 건축가들이 기거하던 좀 독특한 방이었다. 그들은 다양한 선교 단체 출신으로 다양한 직업을 가지고 중국에서 선교하던 사람들이었다. 내가 그들에게 소년의 상황을 설명하고 그의 미래를 위해 대단히 중요한 일임을 역설하자, 즉시로 그들은 상황의 심각성을 인식했다. 장로교회에서 파송을 받은 중년의 한 건축가(그의 이름은 레이튼이었다)가 따닥따닥 붙은 자신들의 침대를 보더니 이렇게 질문했다. "당신 말을 들으니 왜 그 소년을 숙소에서 빼내와야 하는지 충분히 이유를 알겠습니다. 하지만 왜 우리에게 이 일을 부탁하시는 겁니까? 사실 우리 숙소는 지금도 다른 곳보다 훨씬 사람이 많지 않습니까?"

나는 이 사람들이라면 정직하게 말해도 통할 거라 믿고 이렇게 대답했다. "왜냐하면 당신들만이 이 문제를 심각하게 생각하고, 이 소년을 위해 기꺼이 자기 자리를 좁혀줄 거라고 믿기 때문입니다."

더 이상 아무 말도 필요 없었다. 레이튼은 정말로 멋진 사람이었다. 그는 내가 그 방을 떠날 때, 소년이 편안하게 지내도록 최선을 다하겠다고 확언해주었다. 실제로 그들은 그렇게 처신했으며, 소년과 부모는 이후로는 놀라울 정도로 잘 지냈다.

하지만 우리가 해결해야 했던 다른 경우 대부분에서, 사람들의 반응은 49구역과 같았다. 그들은 자신들의 안위가 위협받는다는 생각 때문에 우리 행위가 공정하다는 사실을 보지 못했을 뿐 아니라, 아예 문제 자체를 고려하려고도 하지 않았다. 마치 자신의 온 존재와 자아, 지성과 감성이 모두 총동원되어 자신들의 공간을 뺏기지 않으려고 발버둥치는 것 같았다. 이런 강렬한 저항을 논리나 간청이나 토론으로 굴복시키는 것은 역부족이었다. 공간을 빼앗긴다는 생각에 "중추 신경"이 자극을 받자, 그때부터는 객관성이니 합리성이니 하는 것들은 자동적으로 무력해졌다.

또 내게 놀랍게 다가왔던 점은, 인간의 복지(생존이 아닌)에 있어서 공간이 차지하는 중요성이었다. 이전에는 공간이 부족한 어려움을 한 번도 경험해보지 못했으니 당연한 일이다. 나는 이 상황에 대해 곰곰이 생각해보았다. 특히 다 큰 어른들이 아주 작은 공간이나마 지키려고 피터지게 싸우거나, 심지어 여성 숙소에서는 밤중에 몰래 이웃의 소중한 공간을 조금씩 훔치는 일이 생기는 것을 보면서 이 문제를 간과할 수 없었다. 사실 인간이 한 명의 개인이 되기 위해서는 "공간"이 필요하다. 깊은 차원에서 정말로 존재한다고 느끼기 위해서는 "공간"이 필요한 것이다. 분명히 우리는 근본적으로 뿌리 없는 존재들이다. 집이라고 부를 수 있는 장소(돈을 주고 샀으며, 우리 소유물이 있는 곳)에 뿌리를 내리지 못하면, 우리는 표류하는 것처럼 느끼고 존재하지 않는 것처럼 느낀다. 존재할 장소가 없다는 것은 존재 자체가 불가능하다는 것을 의미한다.

아마도 합숙 생활이 만들어낸 가장 큰 고민거리가 있다면, 어디에도 속한 것 같지 않은 기분, 말하자면 허공 속에 존재하는 것 같은 느낌이었다. 집에서 또는 단골 술집에서 누리던 자신만의 "공간"을 잃어버리고, 비좁고 갑갑한 수용소에 내던져져 혼자 기거하기에도 부족한 공간에서 여러 사람과 함께하게 된 사람들은, 그나마 자신만의 작은 공간이라도 있어야 존재감을 느낄 수 있었다.

이런 공간의 문제가 물리적 영역에만 국한된 사실이 아니라는 것은 말할 필요도 없다. 우리는 자신이 존재하는 모든 환경에서, 나만의 것이라고 부를 수 있는 공간을 필요로 한다. 그것은 물리적 영역일 수도 있고, 자신을 개인으로 규정하는 가족이나 친구, 공동체라는 사회적 영역일 수도 있으며, 전문적 기능을 하는 직업의 세계일 수도 있다. 많은 경우 이런 다른 차원의 공간들은 서로 대체될 수 있다. 예를 들어 자신만의 물리적 공간이 없다

해도, 친구 사이 또는 직업 세계에서 자신만의 독창적이고 확고한 자리가 있다면 우리는 얼마든지 견딜 수 있다. 하지만 동시에 모든 차원에서 뿌리를 내릴 수 없다면 인간은 견딜 수 없다.

그래서 우리 숙소에서도 외롭고 고립된 사람일수록 더 집요하게 공간에 집착했다. 마치 자신의 공간이 존재의 근간이기라도 한 듯 말이다. 사실 그들에게는 공간이 존재의 토대였다. 국가가 영토를 넓히려고 총력을 기울이는 것처럼, 그들은 자신만의 공간과 그 경계를 넓히는 데 광적인 열성을 보였다. 이렇게 "존재"하지 않는 것에 대한 두려움으로 자극받아 움직이는 개인은, 설사 더 넓은 세계에 있다 해도, 모든 방법을 동원해서 "자신만의 공간"을 만들려고 한다. 또한 자신만의 공간을 위협받는다고 느끼면 온갖 잔인성을 발휘하여 현재의 위치를 지키려 한다.

공간과 인간의 고집스러움의 관계를 가장 극명하게 보여준 사건을 이야기해보려 한다. 이것은 방 하나에 함께 살던 4인 가족들에게 생긴 문제였다. 처음에 일본인들은 숙소 배정을 하면서, 두 명의 자녀가 있는 4인 가족에 대해 두 가지 방식으로 처리했다. 즉 십 대 자녀가 있는 24개 가정에는 방 두 개를 배정했고, 이보다 어린 자녀가 있는 약 20개 가정에는 방을 한 개만 배정했다. 따라서 후자의 경우에 생활은 견디기 힘들 정도였다. 큰 집에 익숙해 있던 두 명의 어른이 아이들과 함께, 주방에 깔린 양탄자 크기만 한 작은 공간에 사는 것을 상상해보라. 그 좁은 공간에 아이들

침대도 두 개 놓아야 하고, 중국 북부의 춥고 긴 겨울에는 그곳이 아이들 놀이터도 되어야 했다. 또한 어린아이를 둔 엄마로서 아이들을 위해 별도의 요리와 빨래를 할 공간도 있어야 했다. 이런 환경에 처한 주부들 가운데 한 여성이, 수용소 생활 초기부터 우리에게 강한 불만을 표시해왔다. "당신들 숙소 팀이 아무 일도 하지 않으니, 우리가 이 무거운 짐을 다 져야 하잖아요!" 우리는 할 말이 없었다. 정말 뭔가 조치가 필요했다.

이런 문제를 해결하기 위해 여분의 공간을 찾기 시작했을 때, 자연스럽게 우리 눈에 들어온 것은 방 두 개를 가진 24개 가정이었다. 이 가정들이야말로 수용소 내에서 유일하게 "호사"를 누리고 있었다. 방 하나를 십 대 아이들 둘이서 차지하고 있었기 때문이다. 우리가 발견할 수 있었던 해결책은, 이 십 대 아이들이 조금만 공간을 나눠 쓰면, 한 방에서 아이 둘을 데리고 씨름하는 주부들에게 약간의 공간이 주어지리라는 것이었다. 항상 소망하는 것처럼, 이번에도 너무 힘들지 않게 일이 풀리기를 나는 바랬다. 방 두 개를 배정받은 가정들의 목록을 살펴보던 나와 쉴즈는 약간 낙관적이 될 수 있었다.

"여길 봐, 쉴즈. 다들 좋은 가문 출신들 같아. 대부분 사업가 아니면 전문직 종사자들이야. 로버츠 씨는 천진에서 의사였고, 슈미트 씨는 선교사, 램즈바텀-토마스 씨와 로빈슨 씨는 청도에서 변호사였어. 다들 교양 있는 사람들이니 문제를 일으키지 않겠지. 존경받는 중산층들이니 도덕적으로도 수준을 지킬 거야.

고향에서라면 공동체에 이익이 되는 일은 얼마든지 지지할 사람들이지. 자, 이번에는 별로 어려울 것 같지 않아. 조금만 설득하면 다들 이해하고 곧바로 협조할 거야. 두고 보라고."

하지만 현실은 달랐다. 목록에 있는 가족들을 찾아가 너무 비좁게 생활하는 다른 가족들을 위해 공간이 필요하다는 이야기를 전하자, 문제가 터져 나오기 시작했다. 누가 봐도 존경할 만한 미국인, 영국인들이 모인 이 집단에서 누구하나 기꺼이 협조하려 들지 않았다. 어떤 사람은 우리 면전에서 문을 꽝 닫아버리기도 했다. 또 다른 사람은 끝까지 논쟁을 벌일 의도로 우리를 집 안으로 들이기도 했다. 모두가 철벽에 고집불통이었다.

이런 식으로 우리의 하루하루는 끝없는 갈등의 연속이었다. 매일 아침, 불행한 주부들은 "시끄러운 차축에 기름을 친다"라는 속담을 확신하며, 득달같이 우리 사무실에 몰려와 불평을 쏟아냈다. "이것 보세요, 우리를 위해 뭐라도 해야 하는 거 아닌가요?"

그러면 우리는 자기 방어 본능과 나름대로의 정의감에 이끌려, 방 두 개를 가진 사람들과 또다시 대화를 시도한다. 하지만 그들은 이렇게 반문하곤 했다. "왜 우리한테 이러는 거요? 그 사람들 사정이야 딱하지요. 하지만 왜 이 문제를 우리한테 가지고 와서 난리요? 잘 가시오!"

어느 날 아침도 똑같은 실랑이를 벌이다 사무실로 돌아오는 길이었다. 그날따라 마음이 엄청나게 괴로웠다. 나는 혼자서 중얼거렸다.

"제기랄, 우리가 중간에 끼어드는 게 아닌데. 저들끼리 직접 싸워야 하는 거 아닌가? 윈드햄 스미스 부인이 저렇게 난리를 치는데도 왓슨 부인이 방 두 개에서 아무렇지도 않게 편하게 살 수 있는지 정말 보고 싶은걸! 우리를 중간에 세우지 않고, 자기들끼리 직접 이야기해보라고 하면 금세 꼬리를 내릴 게 분명해."

이렇게 중얼거리다 말고 나는 갑자기 걸음을 멈추었다. 한 가지 기발한 생각이 떠올랐던 것이다. '양편 가정들을 모두 모이게 해서 이 문제를 함께 토론해보게 하는 건 어떨까?' 그렇게 하면 우리가 양쪽 편에서 욕먹을 일도 없을 것이다. 더 중요한 것은 토론을 통해 진짜 타협책이나 해결책이 나올 수도 있었다. 방이 비좁아서 고생하는 엄마들의 한탄을 들으면, 다른 엄마들의 마음도 누그러질지 몰랐다. 내가 쉴즈에게 이 아이디어를 말하자 그도 좋은 생각이라고 찬성했다. 우리는 수용소 병원의 의사들에게도 토론에 동참해달라고 부탁했다. 만일 두 그룹 사이에서 어느 쪽이 더 공간이 필요한지 논쟁이 일어나면, 의사들이 전문 지식과 편견 없는 판단을 동원해 중재할 수 있으리라는 판단에서였다.

우리는 큰 기대감을 가지고 만남을 추진했다. 불공평이 시정되려면 합리적인 토론이 시급한데, 이 모임을 통해 합리적인 토론이 가능하리라 기대했던 것이다. 그러나 모임이 시작되자마자 목도할 수 있었던 것은 지극한 불합리였다. 모임을 진행하던 나는 이 자리에서는 어떤 토론도 불가능하다는 사실을 인정하지 않을 수 없었다. 양편 그룹의 부모들은 각각 방 양편에 자리를 잡고 침울한 표정으로 앉아 있었다. 어금니를 앙다물고, 화가 난 듯 팔짱을 낀 채 눈은 바닥을 응시하고 있었다. 그들은 이 주제를 가지고 함께 이야기하는 것 자체를 거부했다. 나중에 누군가는 이렇게 말했다. "우리는 그쪽 사람들의 고집스러운 마음을 절대 바꿀 수 없다는 걸 알고 있었어요. 물론 잘못한 건 그들이지요. 하지만 안 될 게 뻔한데, 왜 이 문제를 가지고 싸움에 휘말리겠습니까?"

양편 그룹의 대표가 일어나 각자의 관점을 설명하자, 마치 고등학생 토론 그룹처럼, 반대편은 상대의 주장에서 오류를 찾아낼 일념으로 그 말을 들었다. 이런 식으로 협상을 통해 양쪽의 분노에서 벗어나고자 했던 우리의 희망은 오산임이 분명해졌다. 양편 모두 동의하는 유일한 사안은 바로 우리 숙소 팀에 대한 분노였다. 비좁게 지내는 가족들은 우리 숙소 팀이 나약하고 어리석은 나머지, 십 대 아이들에게 넓은 공간을 다 내어준 것이라고 계속해서 비난했다. 반대편 그룹은 우리가 자신들이 가진 그나마 미약한 평안마저 위협하고 있다고 맹공격을 퍼부었다.

이쯤 되자 나는 이 만남의 중요 주제였던 '십 대 자녀를 둔 가정과 더 어린 자녀를 둔 가정 중 어느 쪽이 더 많은 공간이 필요한가?'에 대한 답은 절대 찾을 수 없다는 결론을 내렸다.

논쟁은 길고 복잡하고 씁쓸했다. 토론이 끝났을 때도, 상대편에게 그만한 사정이 있었구나 하고 생각하는 사람은 한 명도 없었다. 어린 자녀를 둔 부모들은 유아용 변기를 놓을 장소와 아이들이 놀 공간, 그리고 아이들을 위해 빨래나 음식 등 허드렛일을 할 장소가 필요하다는 점을 강조했다. 그들은 십 대 아이들의 처지에는 콧방귀를 꼈다. "그 애들이 기껏해야 하는 일은 집에서 잠자는 것밖에 더 있어요?" 그러자 상대편 그룹 부모들은, 아이들이 육체적으로 성장한 만큼 작은 방이 얼마나 비좁겠느냐고 반박했다. 또한 십 대 아이들은 이제 성숙했기 때문에 성생활에 있어 아이들뿐 아니라 부모도 실제적으로 어려움을 겪을 수 있다고 주장했다.

마지막으로 나는 세 명의 의사 패널들에게, 각 그룹의 주장을 판단하는 데 도움이 될 만한 의견이 있느냐고 물었다. 실망스럽게도 의사들은 치료하는 데는 사자처럼 용감할지 몰라도, 정치적인 면에서는 비겁한 겁쟁이들이 분명했다. 그들은 자신들의 생각을 밝히기를 거부했다. 아마도 어느 한쪽의 편을 들면 다른 한쪽으로부터 배척받을지도 모른다는 두려움 때문이었을 것이다. 나중에 들은 바로는, 의사라는 직업 영역을 지키고 싶어 싸움에 끼어들지 않은 사람도 있었다. (우리 모두와 마찬가지로, 이런 전문가들은 자신의 직업적인 이익이 직접 위협을 받을 때만 정치적인 영역에서 "전문적인 의견"을 내려고 한다.) 어쨌든 양측은 "자신들의 입장"만 밝히고 집으로 돌아갔다. 그들 모두가 동의하는 딱 한 가지 내용은, 이 만남이 완전히 시간 낭비였다는 점이다.

우리 숙소 팀은 양측의 주장이 다 옳다는 생각에 마음이 무거웠다. 나는 생각했다. '이런 토론을 해보아도, 어느 그룹에게 공간이 더 필요한지 잘 모르겠어!' 그날 밤 집으로 돌아오면서 나는 정말 좌절감을 느꼈다.

나는 혼자 생각해보았다. '44개 가정의 사람들은 모두 자신의 논리만으로 문제를 보고 있어. 모든 인간사가 이런 식이라면, 정의로운 이성이란 현실적으로 가능한 개념일까? 양쪽의 이해관계가 크게 걸려 있어서 공정한 이성이 절실히 필요한 이때, 오히려 공정한 이성은 사라져서 어디서도 찾을 수 없다니! 공정한 이성은 필요한 순간에는 어디론가 사라져버리고, 모든 갈등이 해소되고 조화를 찾으면 다시 나타나는 것이란 말인가? 그렇다면 이성이란 사회적 조화의 원인이라기보다는 증상 혹은 결과라고 보는 것이 더 맞겠어. 그리고 이게 사실이라면, 우리는 도대체 어디서 사회적 건강함을 기대할 수 있을까?'

한 주쯤 후, 이 난국에 하늘이 내려준 것 같은 기쁜 소식이 들렸다. 솜씨 좋은 목수들과 기술자들이 쓸모없이 버려져 있던 기숙사 두 동을 수리해서 숙소로 쓸 수 있게 만들었던 것이다. 기숙사에 감독관을 세우고 한 동은 십 대 소년들이 쓰고, 한 동은 십 대 소녀들이 사용하게 하면 문제가 해결될 것 같았다. 그렇게 하면 한 방에 네 명이 살던 가정들에게 여분의 공간을 제공할 수 있었다. 수용소의 두 명의 마음씨 좋은 선교사(둘 다 십 대들에게 굉장히 인기가 있었다)가 기숙사 "감독관"으로 자원했다.

마침내 해결책을 찾은 듯했다. 일이 더 수월해지려고 그랬는지, 목수들이 일종의 이층 침대를 고안해서 원하는 곳에 설치해 줄 수 있게 되었다. 이층 침대 덕분에, 24개 가정 중에서 굳이 원하지 않는 가정은 자녀를 기숙사로 보내지 않아도 되었다. 예를 들면 십 대가 있는 다른 가정과 연합해서, 한 방에 네 명을 함께 두면(이층 침대를 두 개 놓으면 가능했다) 방 하나를 비울 수 있었다. 하지만 문제는 우리가 인간의 원죄를 계산에 넣지 않은 것이었다. 아이들이 기숙사로 옮겨가거나 다른 가족 자녀와 한 방으로 합치게 되면, 가족 전체의 공간은 정확하게 반이나 잘려나간다. 이런 희생은 곤란을 겪고 있는 인간이 감수하기에 절대 쉬운 일이 아니었다.

바로 이 단계에서, 세 가지 잊을 수 없는 사건이 일어났다. 이 사건들은 모두 인간의 아집을 약간씩 다른 형태로 보여주고 있었다.

첫 번째 사건은 저명한 미국인 선교사 가정에서 일어났다. 이 집의 가장은 당시 중년의 나이에 외모가 출중했으며, 지적이고 세련된 아이비리그 출신이었다. 희끗한 머리에 혈색이 좋았으며, 조금 뚱뚱해지기는 했어도 여전히 조각 같은 외모를 한 이 남자는, 사업가나 종교 지도자들이 모인 자리에서도 단연 돋보였다. 그의 아내는 유능하고 덕망 있고 자애로운 여인으로, 모든 사회적 조건과 더불어 우아함과 관대함까지 갖추고 있었다. 말하자면 이 부부는 전문성을 갖춘 미국인 부부의 전형, 즉 인간의 선한 자유의지와 기독교적 관심을 두루 가진 지적이고 자유롭고 친절한 사람들이라 할 수 있었다. 그들에게는 13살과 16살의 두 아들이 있었다. 따라서 한 명 혹은 둘 다 기숙사로 옮겨와야 했다. 이 가정 바로 옆방에는 네 명이 한 방에 사는 가정이 있었기 때문에, 나는 당연히 이 멋진 부부가 문제를 무시하지 않을 것이라고 믿었다. 그래서 그 집 문을 두드리면서는 일이 쉽게 풀릴 것이라고 기대했던 것이다.

기대한 대로 화이트 부인은 정중하고 예의 바르게 나를 반겨주었다. 내가 온 이유를 설명하자, 그녀는 옆집 사람들의 곤경을 안타까워하면서 자신과 남편은 이 문제를 해결하기 위해 최선을 다하겠다고 말했다. 이 말에 용기를 얻은 나는 소년들을 기숙사로 모으기로 했다는 계획을 이야기했다. 나는 아이들을 "훌륭한 기독교인 감독관"이 돌볼 것이라고 말한 후, 그들도 이 해결책에 적극 동참해줄 것으로 기대한다고 덧붙였다. 대화가 여기까지 진행되었을 때, 화이트 부인은 뭐랄까, 한층 더 예의 바른, 하지만 동시에 약간 모호한 태도를 취하기 시작했다. 뭔가 망설이는 기미가 역력했다. 그래서 나는 실제적인 세부 사항으로 넘어가기가 어려웠다. 결국 나는 그녀에게 생각할 시간을 주겠으니, 다음 날 대답해달라고 제안할 수밖에 없었다.

부인은 부드러운 미소를 지으며 이렇게 말했다. "정말 감사합니다. 오늘밤 남편과 함께 이 문제에 대해 더 생각해보고 기도해볼게요." 이렇게 희망을 주는 말을 들으며 나는 그 집을 나섰다.

다음 날 다시 방문했을 때, 화이트 부인은 좀더 단호하고 확신에 차 보였다. 나는 괜히 의기양양해졌다. 드디어 우리 일에 반대가 아닌 도움을 줄 사람을 얻겠구나 싶었다. 나는 부인이 정중하게 꺼내는 말에 열심히 귀를 기울이고 있었다.

"어제 저녁 당신이 말한 그 문제에 대해 남편과 함께 생각하고 기도해보았어요." 부인은 나를 보며 웃으며 이렇게 시작했다. "우리는 결심을 했답니다. 우리 아이들을 기숙사로 보내는 것은 허락할 수 없습니다."

"하지만, 화이트 부인, 거긴 겨우 45미터 떨어진 곳인걸요." 나는 흠칫 놀라며 언성이 높아졌다. "에릭 리델 씨가 감독을 하기 때문에 아이들에게 무슨 일이 생길 걱정은 전혀 없습니다!"

"아니, 그렇지 않아요. 폴은 이제 겨우 16살인데 한창 많은 것들에 영향을 받을 나이지요. 다른 애들에 대해 나쁘게 말하고 싶지는 않지만, 애들이 어떤지는 당신도 아시잖아요! 게다가 난방이나 통풍도 제대로 되지 않는 곳이라, 우리 애는 누군가 보살펴주지 않으면 금방 감기나 독감에 걸리거든요. 그리고 13살짜리 조니가 우리 곁을 떠나는 건 더 말할 필요도 없고요."

"네, 충분히 이해합니다. (사실은 정말 실망스러웠다.) 그럼 다른 대안을 한번 살펴보죠. 막내는 이 방에서 부모님과 함께 기거하고, 폴은 옆집 존스 씨네 아이들과 함께 기거하게 하면 어떨까요?"

"그것도 안 됩니다. 그 방법에 대해서도 생각해보고 마음을 정했습니다. 우리는 아이들에게 좋은 가정을 지켜주는 것이 중요하다고 믿습니다. 그런데 한 방에 세 명의 아이들을 지내게 한다면 그것은 불가능하지요. 어젯밤에 남편과 이야기하면서 점점 더 생각이 분명해지더군요. 이런 상황에서 가장 중요한 것은 뭐니뭐니 해도 가정과 가족입니다. 우리 부부는 이 수용소에서 우리가 지켜야 할 가장 중요한 도덕적 책임은 우리 아이들을 위해 진짜 미국 가정을 지켜내는 일이라는 결론을 얻었습니다."

예의 바르면서도 단호하게 선을 긋는 화이트 부인의 어조 속에는, 자신의 결정을 뒷받침하는 명확한 도덕적 원리를 발견해서 안도하는 느낌이 엿보였다. 평생을 "도덕적인" 분위기, 즉 인간이라면 도덕적으로 책임감 있고 협조적이어야 한다는 분위기 속에서 살아왔기에, 부인은 매사에 도덕적으로 책임감 있는 방식으로 행동하지 않을 수 없었던 것이다. (사실은 수용소의 다른 가족들보다 자기 가족의 이익만을 필사적으로 챙기고 있었지만, 적어도 겉으로는 도덕적인 포장이 필요했다.) 이렇게 견고하게 정의로 포장된 갑옷을 뚫기는 힘들겠다는 생각이 들자, 나는 초조해지기 시작했다.

"화이트 부인, 당연히 누구에게나 가정과 가족은 중요합니다." 나는 힘을 주어 말했다. "그렇다면 한 방에서 두 명의 아이들과 함께 기거하는 저 옆집 부부가 누려야 할 '진정한 미국 가정'은 어떻게 합니까?"

내가 이 점을 상기시키자, 화이트 부인의 기독교적 관점이 쏟아져나왔다. 그녀는 분노와 동정으로 얼굴이 상기되었다. 그러더니 내 말에 완전히 동의한다는 식으로 고개를 끄덕거리며 이렇게 말하는 것이었다. "그러게 말이에요. 저 일본인들 정말 사악하지 않나요?"

대화는 이런 식으로 흘러갔다. 폴을 기숙사로 보낼 가능성은 없어 보였다. 집으로 돌아오면서 나는 화도 나고 실망도 되어 이렇게 중얼거렸다. "화이트 부부가 협조하지 않는다면, 도대체 누가 우리 편을 들어주겠어? 우리 중에는 정말 선한 의지를 가진 사람이 없단 말인가?" 그러다 하마터면 큰 소리로 웃음을 터뜨릴 뻔했다.

북경에서 있었던 신학 토론장의 한 장면이 떠올랐기 때문이다. 신학적으로 매우 "자유주의적인" 노선을 걷던 화이트 목사는, 인간의 타락과 타고난 이기심을 주장하는 구시대의 교리가 "말도 안 되는 헛소리"라고 열변을 토했다. 또한 화이트 목사는 "보통 사람에게 내재한 도덕적이고 선한 의지를 복음으로 자극하고 이끌어내기만 하면, 어떤 무력을 사용하지 않고도 가정의 정의와 세계 평화를 이룰 수 있다"라고 주장했다.

둘째 사건도 첫째 사건과 그리 다르지 않았다. 천진에서 온 영국인 사업가 피커링 씨는 키가 크고 예민하고 창백한 남자로서, 불같이 화를 내는 사람으로 평판이 나 있었다. 그는 자신이 결정한 행동에 대해 도덕적 근거를 찾는 데는 별로 관심이 없어 보였다.

내가 그 집 문을 두드리며 숙소 팀에서 왔다고 말하자, 피커링 씨의 평상시의 정중함은 온데간데없이 사라져버렸다. 나는 내 볼일을 밀어붙이려는 심산으로 새로운 기숙사가 조성되었다고 설명하면서, 그의 19살짜리 딸과 15살짜리 아들이 각각 기숙사로 옮겨갈 수 있다고 말했다. 그러자 그는 갑자기 불같이 화를 내며

"자기 땅"에서 썩 꺼지라고 명령했다.

"숙소 팀이 무슨 권리로 내 집에 대해 이러쿵저러쿵 하는 거요? 내 땅은 조금도 내줄 수 없소. 이 문제로는 더 이상 아무 말도 하지 않겠소. 다른 사람이 비좁든 말든 나랑 상관없는 일이요. 잘 가시오, 선생."

그는 자기말만 멋대로 쏟아내고 문을 꽝 닫아버렸다. 하지만 나도 질 수는 없었다. 나도 닫힌 문에 대고 큰 소리로 계속해서 말했다. 수용소에 있는 그의 방은 사실 그의 방이 아니며, 또한 숙소 팀은 이 문제에 대해 어느 정도의 사법권을 행사할 수 있다고 말이다. 이 말이 떨어지기가 무섭게 그는 다시 문을 열더니, 전쟁이 끝나면 자신을 고의적으로 괴롭힌 혐의로 나를 고소하겠다고 협박했다.

여기에 대해 밝히고 싶은 점은, 내가 화를 내기는커녕 오히려 웃었다는 사실이다. 나는 피커링 씨에게, 도대체 어떤 법정이 중국 본토에 있었던 일본인 수용소에서 미국 시민인 나를 상대로 영국 시민이 고소한 사건을 처리할 수 있겠느냐고 반문했다. 하지만 그는 너무 화가 난 상태라 이렇게 재미있는 법적 문제를 논할 경황이 없었던지 완전히 문을 닫아버렸다.

세 개의 사건 중에서 가장 재미있는 것은 세 번째였다. 이번에는 미국인 선교사인 슈미트 씨 가정이 연관되었다. 이 부부에게는 두 명의 십 대 딸이 있었다. 아버지는 기독교의 사랑을 환한 미소와 넘치는 친절과 동일시하는 듯한 경건한 사람이었다. 같은 소식을 전하자 슈미트 씨는 좀더 성품이 곧은 사업가들에게서나 기대할 수 있는 반응을 보였다. 그는 우리에게 저주를 퍼붓거나 위협을 가하거나 화를 낼 수는 없었다. 그래서 우리가 이런저런 대안을 제시할 때는 그저 온화하게 웃기만 했다. 하지만 속으로는 우리가 자신을 거절하기 힘든 어려운 상황으로 몰아가는 것을 그저 기독교인으로서 참아준다고 생각했을 것이 분명했다. 슈미트 씨의 방법은 효과적인 논리로 반박하고 핑계를 대고 대답을 회피하는 것이었다.

그는 매우 거룩한 미소를 띠고는 우호적인 태도로 이렇게 말했다. "길키 씨, 당신도 알다시피 난 여기서 수많은 설교를 준비하오. 다른 선교사들이 예배 설교를 다 내게 부탁하고 있으니까. 그러니 선교사들과 우리 수용소 전체를 위해 내게는 설교를 작성할 조용한 공간이 꼭 필요하다오."

집으로 돌아오는 길에 이 사건들을 떠올리면서, 차라리 불같이 화를 내던 피커링 씨가 개중에 낫다는 생각이 들었다. 그는 기독교 덕목을 내세우며 속내를 감추기보다 드러내놓고 자신의 이익을 챙기려고 "총력을 기울였다." 반면 슈미트 씨는 자신의 막강한 영향력을 이용해서 다른 사람을 도우려는 시도를 막으려 했다(자신에게는 해가 될 수 있으므로). 그는 "이 문제를 다루는 숙소 팀의 태도에 대한 불만"을 정의로 포장하려 했다. 그러고는 다음날에는 기독교인 티를 내면서 얼굴에는 미소를 띠고 사람들의 평안을 물을 것이다.

일반적으로 다른 가족들의 반응도 대동소이했다. 하지만 우리는 그들을 방문하고 설득하고 간청하기를 계속했다. 여름의 뜨거운 열기가 비좁은 방에 살고 있는 가족들을 덮치기 전에 빨리 결정을 내려달라고 촉구하기도 했다. 그런데 나중에 알게 된 것은, 두 가정(피커링 씨와 조지라는 성을 가진 영국인 가정)이 자신들은 결단코 이 문제에 관여하지 않을 것이며 자신들의 방을 포기하지 않을 거라고 대놓고 이야기했다는 사실이었다. 그들은 "이건 우리 집이야"라고 말하고 있었던 것이다. 사실 그건 그랬다.

우리는 이 두 가정이 이런 거부 의사를 철회하지 않는 한, 다른 가정들도 공간을 포기하지 않으리라는 것을 알았다. 결국 피커링 씨와 조지 씨 문제가 해결될 때까지는 모든 일이 해결되지 않을 것이었다.

따라서 우리 숙소 팀은 이 두 가정에 달라붙을 수밖에 없었다. 수용소 생활을 공정하게 처리할 목적으로 세워진 수용소 통치 기구의 권위가 우리의 승패에 달려 있었다. 그래서 우리는 두 번째로 일본인 숙소 책임자를 만나러 갔다. 전체 상황을 설명하고 나서 그들이 우리 명령에 따르도록 도와달라고 부탁했다. 책임자는 즉시 두 사람을 불러, 각자의 입장을 말해보라고 했다. 그리고 그들의 대답을 듣고 신중하게 생각하더니, 두 사람에게 각각 방 하나씩을 비우라고 명령했다. 정말 놀라운 것은, 그들이 순순히 그렇게 하겠다고 응했다는 것이다. 그들에게는 자신의 동료보다는 적군의 권위에 순복하는 것이 심리적으로 훨씬 더 쉬웠던 모양이었다. 하지만 사무실을 떠나기 전, 그들은 모두 전쟁 후에 우리를 고소하겠다는 협박을 단호하게 되풀이했다.

일단 이 두 가정이 일본인의 명령으로 협조할 수밖에 없게 되자, 다른 가정들도 재빨리 방침에 따르기 시작했다. 십 대 소년들을 위한 멋진 기숙사가 설립되었고, 또 다른 가정들은 편한 사람들끼리 서로 방을 합쳤다. 이렇게 해서, 비좁게 지내던 가정들은 여름의 뜨거운 열기를 피할 수 있을 만큼 공간을 넓힐 수 있었다.

이 외에도 숙소 문제를 해결하기 위해 다각도의 노력을 했는데, 결정적으로 숙소 문제가 해결된 것은 1943년 8월과 9월 사이 가톨릭 성직자들과 미국인들이 대거 수용소를 떠나면서였다. 이때 수용소 전체 인구가 2,000명에서 1,450명으로 줄었다. 그때 우리가 제일 먼저 한 일은 4인 가족에게 모두 방 두 개씩을 주는 것이었다. 하지만 이 일을 통해 누군가로부터 고맙다는 말은 거의 듣지 못했다. 오히려 이들 가족에게서 계속해서 들려오는 말은 "6개월 동안 숙소 팀이 한 일은 하나도 없어"였다.

이런 식으로 평범한 사람들이 가지는 완고함을 경험하면서, 나는 자연스럽게 깊이 사색하는 습관을 가지게 되었다. 사람들이 어떤 존재이고 그들의 행위의 동력이 무엇인지에 대한 나의 신념은 급격한 변화를 겪었다. 일반적으로 사람들은(물론 나도 예외는 아니다) 내가 생각했던 것보다 훨씬 더 이기적이고 비합리적이었다. 나는 사람들이 "선하다"고 믿었지만, 실제로는 전혀 그렇지 않았다. 사람들이 어떤 행위를 하는 것은 그것이 도덕적이거나 합리적이기 때문이 아니었다. 오히려 그 행위가 자기에게 유리하기 때문에 그렇게 행동한다. 그러고는 나중에 이미 결정한 일에 대해 도덕적이고 합리적인 이유들을 찾으려 한다.

몇 번의 사건을 통해 이런 인간의 모습을 보고 나니, 어떻게 예전에는 이걸 모를 수 있었는지 의아할 지경이었다. 나는 자문해보았다. "그런데 어째서 우리의 총체적인 문화, 특히 학문 분야는, 모든 증거가 분명히 가리키고 있는 이 사실을 전혀 모르는 것일까?"

우리의 일상적 삶은 철학이나 학문적인 원리가 아니라, 상식과 "가계 경제의 지혜"라고 불리는 것이 기반하고 있다. 이런 매일의 삶만 봐도 인간의 오랜 이기심은 드러난다. 자신의 이익에 반하는 주장이 제기되면 대부분의 사람이 법정으로 달려간다는 것을, 우리 모두는 알고 있지 않은가? 대부분의 사람이 자신의 사회적·경제적·종교적 이익에 따라 투표한다는 것을 우리 모두는 알고 있지 않은가? 모든 집단과 계급은 다만 공정하고 합리적이라는 이유로 자신들의 기득권이나 힘을 포기하는 것이 아니라 강요에 의해 그렇게 한다는 사실을, 우리는 알고 있지 않은가? 민주주의 사회에서 전제 정치를 피하려면 모든 힘이 다른 형태의 힘에 의해 견제를 받아야 한다는 사실을, 우리는 알고 있지 않은가?

사업(특히 판매나 광고 분야), 정치, 법률에 몸담은 사람은 이런 대중의 이기심을 너무도 잘 알기 때문에 여기에 맞게 모든 것을 계획한다. 우리 정부와 법률 구조를 봐도(법원부터 국방부, 입법 규제 부서에 이르기까지), 인원 배치와 권력 면에서 이기심은 얼마든지 발견된다. 이런 사회적 기구에서 이기심을 빼면 모든 것이 말이 안 되게 된다. 이렇게 모든 사회적 기구와 관습이 이기심에 바탕을 두고 있는데, 왜 우리 문화는 그리고 그 문화의 산물인 나는 인간의 합리성과 도덕성을 낙관적으로 확신했던 것일까?

누워서 기숙사 천장을 바라보며 이런 생각을 하다가 갑자기 깨달은 사실은, 내 과거의 삶은 인간에 대한 낙관론이 흔들릴 만한 환경이 아니었다는 것이었다. 나는 중상류층 사회에 익숙해 있었다. 거기서는 모두가 편안하고 물질적으로 풍요로운 삶을 누린다. 그러니 사람은(적어도 우리 그룹 안에 있는 사람은) 대체로 공정하고 관대하다는 결론을 쉽게 내릴 수 있다. 대학이나 도시 외곽, 또는 해변의 집을 방문하면 모든 집주인은 기쁘게 손님방을 내주고 맛있는 음식을 대접했다. 당연하지 않은가? 이 계층 사람들에게는 늘 여분의 침실이 있었고 밀가루, 계란, 설탕이 찬장에 가득했던 것이다.

이런 상류 계층이 누리는 표면적 조화 아래에, 이제 내가 막 보기 시작한 현실이 존재한다는 사실을 나는 깨닫게 되었다. 더 넓은 공동체 세상에서 일어나는 경제적이고 정치적인 갈등과 비즈니스 세계의 냉혹한 경쟁들은(여기서는 직업, 인종, 계급, 민족 간의 근본적인 갈등이 일어난다), 안일한 일상을 영위하는 우리들에게 인간의 적개심, 이기심, 편견 같은 추한 면모들을 보여준다. 대학이나 컨트리클럽 같은 곳에서 맺는 일반적인 관계만을 가지고는, 인간이 합리적이고 도덕적이며 따라서 옳고 그름을 알고 공동의 이익을 추구한다는 현대 자유주의적 사고를 계속해서 고수할 수밖에 없다.

분명히 우리는 우리 자신을 이런 식으로 믿고 싶어한다. 가정이나 공동체에 큰 위기가 생기지 않는 한, 이런 견해는 쉽게 깨지지 않는다. 친절과 용기와 관용의 모습만 보일 수 있는 환경에서는 한 가지 결론밖에 내릴 수 없는 것이다. 자유주의적 사상가인 화이트 목사가 주장했던 것도 바로 이것이었다. 즉 "원죄"나 인간의 내재적인 이기심 같은 것은 옛날 비관주의자나 수도사들이 고집하는 한물 간 생각이거나, 현대 소설가나 극작가가 만들어낸 잘못된 견해라는 것이다. 사무실 동료나 대학에서 알게 된 지인들이나 컨트리클럽에서 만난 친구들은 모두 "좋은 사람들" 아닌가? 또한 교회를 섬기는 선한 의지를 가진 관대한 사람들이 어떻게 "죄인"일 수 있겠는가?

위현 수용소에서 얻은 것이 있다면, 안전한 사회에서나 볼 수 있는 그럴듯한 모습에 속아 인간에 대해 잘못된 신념을 가졌던 나의 모습을 깨달은 것이었다. 수용소 찬장에는 더 이상 밀가루와 설탕이 쌓여 있지 않았고, 욕실이 딸린 손님방도 없었다. 모든 것이 꼭 필요한 만큼만 있었다. 음식이며 공간이며 견디기 힘들 만큼 부족하다. 이런 상황에서 공정함과 관대함 같은 가치는 완전히 그 성격이 바뀌고 말았다.

이런 상황에서 공정하고 합리적이려면, 자신의 실존에 반드시 필요한 무엇인가를 포기해야 한다. 따라서 이곳에서 공정하고 관대하기란 절대로 쉽고 자연스러운 일이 아니다. 오히려 자기희생을 요구하는 이런 "가치"들은 자신의 안전과 안위를 위태롭게 만든다. 그래서 아무도 그렇게 하고 싶어하지 않는다. 아무도 이런 가치를 가장하려고도, 추구하지도 않는 것이다. 왜냐하면 이것으로 인해 이익을 얻기보다 도리어 해를 입을 수 있기 때문이다. 결과적으로 이런 상황에서 미덕은, 현자들이 늘 주장하던 대로 정말로 드문 일이 된다. 수용소는 우리의 비밀스러운 내면이 다 드러나는 곳이었다. 즉 급할 때를 대비해 여분으로 남길 것이 없는 어려운 상황에서, 우리의 도덕성이나 공정성이 다 사라졌을 때 드러나는 진짜 내면을 관찰하기 딱 좋은 장소였던 것이다.

참 이상한 일은, 그래도 나는 여전히 인간에게 반대의 모습을 기대했다는 것이다. 왜냐하면 현대적 낙관주의의 독특한 자부심 가운데 하나가(나 역시도 이런 자부심을 깊이 가지고 있다), 위기의 순간에 인간의 선함이 드러난다는 믿음이기 때문이다. 어떤 이유인지 모르지만, 우리는 공동체에 음식과 공간이 부족하면, 풍족하던 평상시보다 사람들이 서로 더 잘 나누려 할 것이라고 믿는다. 위급한 상황에서 우리의 "진짜 모습"이 드러나면, 모두들 다른 사람에게 선하게 대할 것이라는 이 확신이야말로 인간의 내재적인 선함에 대한 맹신을 잘 보여준다. 이런 생각만큼 완전히 잘못된 생각도 없다.

"위기에 처한" 인간 실존의 독특한 점은 그 성품이 더 좋아지거나 더 나빠지는 것이 아니라는 것이다. 인간의 성품은 좀처럼 변하지 않는다. 문제는 성품이 가지는 중요성이다. 위기 상황에 처한 인간에게는 모든 문제에 대해 "감정의 전압"이 엄청나게 증가한다. 이전보다 훨씬 상처 입기 쉬운 존재가 된 우리는 더욱 자신의 이익에 예민해지고, 그 이익이 위협을 받으면 더 두려워하며, 그래서 그것을 지키려고 더 단단히 각오하게 된다. 위기에 처했다고 해서 인간이 더 선해지거나 악해지는 것은 아니다. 하지만 위기에 처하면 그 위기가 모든 행동에 영향을 미쳐서, 그동안 모든 사람의 내면에 잠재되어 있던 가장 실재적인 본성이 드러나게 된다.

위현 수용소 사람들이 언제나 서로에게 으르렁거리기만 했던 것은 아니었다. 또한 늘 야만적이거나 이기적이었던 것도 분명히 아니었다. 사실 우리들은 놀라울 정도로 쾌활함을 유지했다. 유머 감각이야말로 가장 영향력 있고 가장 환영받을 만한 인간의 좋은 자질 중 하나라는 것을 모두들 알게 되었다. 삶의 많은 부분에서 사람들은 선의를 드러냈다. 그들은 다양한 방식으로 타인에 대한 진정한 관심을 보여주었다. 예를 들면, 유용한 도구를 만들어 다른 사람이 방을 고치는 것을 돕거나, 너무 늙어 혼자 화로를 만들 수 없는 사람을 위해 화로를 만들거나, 몸이 불편한 사람을 위해 석탄을 뭉치거나 빨래를 해주기도 하고, 서로를 위해 줄 서는 것도 참았다. 이런 차원에서 보면, 공동이 겪는 어려움은 놀라울 정도로 인간의 관대함을 이끌어냈다.

그러나 한 시간 정도의 노동으로 끝나는 것이 아니라 삶의 전반적인 조건(예를 들어, 거주 공간이나 음식의 양)과 관련될 때는 이런 선의는 감소되는 경향을 보였으며, 결국에는 아예 사라져버렸다. 바로 이런 이유 때문에, 바깥세상에서는 우리 대학 근교의 집주인들처럼 개인 관계에서 얼마든지 관대할 수 있었던 사람들이, 지금은 국가 안보, 경제적 권리, 숙소 제한, 인종 간 정의 같은 더 깊은 사회적 문제들에 대해 고집을 피우거나 편견을 주장하거나 심지어 악의적으로 대항했다. 삶의 기초 조건이 문제시되고 기본적인 안전이 위협받게 되자, 파이 한 조각을 더 먹는 문제나 교회 구제, 얼마간의 시간을 기부하는 문제가 걸렸을 때와는 다르게, 사람들은 훨씬 더 감정적이 되고 두려워했다. 바로 이 이유 때문에(다른 이유들도 있지만), 나는 기독교 도덕론자들이 "개인의 선함"뿐 아니라 사회 구조에도 큰 관심을 기울여야 한다고 확신한다. 인간 삶의 기본 조건은 사회 구조에 의해 결정되기 때문에, 이 사회 구조 영역에서 공의와 관대함을 발견하기란 훨씬 어려운 것이 분명하다.

내가 또 깨닫게 된 사실은, 긴장과 불안이 존재하는 상황에서 개인의 존재와 안위가 위협받으면 인간의 지성은 더 이상 현실을 있는 그대로 보는 객관적인 도구로서의 역할을 하지 못한다는 것이다. 어떤 문제에 대한 양측의 주장이 합리적이냐 하는 데는 관심이 없어지며, 오직 "적절하고 현명한 해결책"을 찾는 데 급급하게 된다.

　인간의 지성에 대한 이런 낙관적 묘사는, 살아 있는 그대로의 삶의 실존보다는 연구나 실험을 통해 이론적인 문제를 다루는 데 익숙한 학자들이 만든 신화라 할 수 있다. 실제적 삶에서 인간은 나누어지지 않은 전체적 자아로서, 자신의 복지에만 온통 관심을 기울이는 존재다. 감정과 마찬가지로, 인간의 지성은 이렇게 움직이는 자아의 도구다. 즉 지성은 위협을 받으면 지식을 동원해 자신의 지위를 변호하고, 기회가 생기면 자신의 안전을 좀더 확보하려 한다.

　적어도 수용소에는, 감정에 치우치지 않기 위해 중요한 사안들에 자아의 개입을 배제하고 이성적으로 대처하는 사람은 거의 없었다. 사회 활동에서 합리적 행동이란 도덕적으로 얻어지는 것이지, 지적으로 얻어지는 것이 아니다. 합리적 행동은 도덕적으로 자기희생을 할 수 있는 사람에게만 가능한 행동이다. 나는 이 기심 없는 도덕성이야말로 인간이 이성적으로 살아가는 데 가장 필수 조건이라는 확신이 들었다(하지만 학자들은 반대로, 인간이 이성적이 되면 그 결과로 이기심 없는 도덕성이 나타난다고 믿는다).

　현대의 자유주의 학문이 가지는 기괴한 점은, 사회과학자들이 인간을 연구의 "대상"으로 삼을 때 이런 "현실적인" 견해를 취한다는 것이다. 정치인, 광고인, 변호사, 경찰처럼 사회과학자들도, 인간을 자신에게 이익이 되는 사회적이고 경제적인 힘에 의해 의사를 결정하는 존재로서 인정한다. 즉 인간은 자신의 돈지

갑과 사회적 지위에 도움이 되는 쪽으로 결정하는 것이다. 여기서는 인간의 이성도 이런 이기적 관심을 넘어서지 못한다. 왜냐하면 인간의 합리성이 이기심에 의해 결정되지 않는다면, 사회과학자들의 "법칙"이 전제하듯, 전반적인 인간 행위는 규칙적이거나 예상 가능한 것이 될 수 없기 때문이다.

하지만 사회과학자들은 인간의 운명에 대해, 새로운 지식이 가져올 인간 삶의 가능성에 대해 말할 때는, 자신의 주장을 증명하기 위해 인간의 또 다른 면을 본다. 여기서는 자신이 관찰해서 알아낸 바를 말하지 않고, 자신이 인간으로서 바라고 믿는 바를 이야기한다. 사회과학자 개인의 철학 안에 등장하는 인간 모델은, 공동체에서 살아가는 사람이 아닌 "흰 가운을 입고" 객관적인 진리를 찾기 위해 현대 과학 기술이라는 도구를 사용하는 탐구자에 의해 제공된다.

이 지점에서 사회과학자는 자신의 철학 안에 등장하는 인간 모델로, 일반적인 대중이 아닌 자기 자신을 내세운다. 그래서 누구나 그렇겠지만, 그는 타인에게보다는 자신이 세운 이 개인적인 모델에게 훨씬 더 공감 어린 시선을 보낸다. 왜냐하면 과학자가 자기 자신 안에 있는 인간 모델을 볼 때, 또한 우리가 우리 자신 안에 구현된 그를 볼 때는 인간은 합리적 존재이기 때문이다. 따라서 여기서 이 모델은 편견이나 감정에 치우치지 않고 오직 진리 탐구와, 그가 연구하고 지향하는 인류의 복지에만 관심이 있는 존재로 묘사된다. 이런 식으로 객관적이고 합리적이고 도덕적인 인간이라면, 물론 우리가 소망하고 믿기에 합당한 존재일 것이다. 이런 인간에게 더 폭넓은 과학 지식과 더 발전된 과학 지식이 주어진다면 밝은 미래는 당연히 확정될 것이다.

하지만 이성과 선의를 따라 움직이는 인간, 정의를 성취하기 위해 자신의 운명을 알 수 없는 미래로 던지는 인간의 모습은, 실제로 삶을 살아가는 인간이 보여주는 모습과 일치하지 않는다. 인간의 실재 모습을 보면 이 모든 신뢰가 사라진다. 바로 이것을 나는 수용소에서 발견했다. 흰 가운을 입은 과학자와 기술자들은 과거의 현자들처럼 자연과 우리 자신에 대해 많은 것을 알려주었다. 그러나 실제로 인간이 삶에서 어떻게 행동하느냐에 대해서는 자신에 대한 과대망상적인 이미지로 인해 오류에 빠지고 말았다. 그래서 그들은 무식한 정치인보다도 더 인간에 대해 잘못된 이해를 가지게 되었다.

대학에서 배운 학문과 문화에 대해 이런 생각을 하게 되자, 지금까지 과학 기술이 나를 속여왔다는 사실도 깨닫게 되었다 (물론 수용소 생활에 정말 큰 도움도 주었지만). 수용소 초기 시절에 나는, 위현 수용소에서 직면한 물질적 문제를 과학 기술로 극복해가면서 인간에 대해 잘못된 이미지를 가진 바 있다. 이로 인해 인간을 과학 기술을 탐구하는 자와 발명가로, 자연발생적인 어려움을 극복하는 존재로 여긴 것이다. 하지만 시간이 흘러가면서, 인간이란 수많은 자아들이 모인 공동체 안에서 생존하고 경쟁하는 하나의 자아이며, 그래서 자신의 이익에 반하느냐 아니냐에 따라 끝없이 도덕적·정치적 결정을 내려야 하는 존재임을 알게 되었다.

서구 사회가 근본적으로 인간을 탐구자와 지식인으로 여긴 것은, 과학 기술이 눈부시게 발전하던 시대에는 피할 수 없는 일이었다. 현대 문화는 최근에 이루어진 과학 기술적 발견이 주는 경이로움에 취해 있었고, 이런 발전으로 가능해진 공간, 시간, 무게, 추위, 열, 병의 정복에 매료되어 있었다. 따라서 사회는 이런 업적을 가장 깊은 차원의 인간 문제의 해결로 오해했으며, "지적" 인간을 자신에 대해서나 자신의 운명에 대해 바르게 사고하는 존재로 오해했다. 이런 이미지를 통해 현대 문명은 너무도 쉽게 인간의 완전함이라는 결론에 도달했다. 즉 인간은 합리성과 객관성을 바탕으로(인간은 과학자요 기술자로서 이런 가치들을 보여왔으므로) 사회적이고 정치적인 문제들을 해결할 수 있다고 믿었다.

게다가 전통적인 종교 신앙마저 쇠퇴하면서, 인간에 대한 이런 낙관적 이미지가 함축하는 미덕에 우리 미래의 소망을 걸 수 있다는 유혹은 걷잡을 수 없이 커져갔다. 하지만 다시 한 번 강조하지만, 과학 기술이 인류의 "진보"를 이끌 수 있으려면, 인간은 정말로 선하고 합리적이어야 한다. 하지만 이기심으로 움직이는 인간은 악하고 비열한 편견과 열정에 사로잡히는 존재이며, 자신의 안전이 위협받으면 쉽게 타인을 해하거나 죽일 수 있는 존재다. 인간은 결코 확고한 믿음을 가진 과학자가 아니다. 이런 존재의 손에 들린 과학적 무기는 인류에게 있어, 극단적으로 인류의 전멸은 아니라 할지라도 장애물을 의미할 수 있다. 인간을 이런 식으로 어둡게 조명해보면, 우리를 기다리는 것은 진보가 아니라 더 새롭고 깊은 불안인 듯하다. 바로 이것이 『멋진 신세계』(Brave New World)나 『1984년』(1984), 『닥터 스트레인지러브』(Dr. Strangelove) 같은 소설들이 줄곧 이야기하는 바다. 따라서 인간을 바르게 인식하면, 과학 기술이 스스로 진보한다는 믿음도 흔들리게 된다. 우리는 모두 무언가를 믿고 싶어한다. 그래서 세속적 문화는 인간에 대한 이상적인 견해, 즉 인간은 본래 선하고 합리적이며, 자연을 지배하듯 자신과 자신의 역사도 지배할 수 있다는 믿음을 만들어냈다. 결과적으로 우리는 정치인보다는 과학자가, 도덕가보다는 지식인이 인류에게 안정과 평화를 담보하는 사람으로, 더 나은 세상을 가져올 선구자로 믿었던 것이다.

　내가 수용소에서 경험한 바처럼, 이런 이상은 거짓된 꿈이었다. 우리가 바라는 평화, 번영, 장수 같은 것들은 실험실에서 만들어진 최신 발명품이 아니라, 인간 사이의 조화와 정의의 성취에 훨씬 더 의존한다(물론 실험실의 발명품도 가치가 있지만). 이런 조화와 정의의 성취는 우리를 하나의 경주(競走), 즉 과학 기술이나 지식이 아니라 정치적이고 도덕적인 결정의 문제를 포함한 경주에 직면하게 만든다. 하지만 우리는 이런 사실에서도 위안을 찾을 수 없다. 왜냐하면 인간의 도덕적이고 정치적인 능력은 지적인 재능보다도 훨씬 더 모호하기 때문이다. 바로 이것이 내가 수용소에서 제기했던 질문이었다(물론 이런 질문은 수용소뿐만 아니라 언제 어디서든지 가능하다). "만약 우리가 옛날처럼 인간을 신뢰할 수 없다면, 우리는 무엇을, 누구를 믿을 수 있는가?"

6
뒤섞인 축복

 공간 다음으로, 반드시 필요하면서도 심각하게 부족했던 것이 바로 음식이었다. 굶어 죽을 지경까지는 아니었지만, 식량 배급은 턱없이 부족했고 우리는 늘 굶주렸다. 전쟁 마지막 해에는 그나마도 배급량이 계속 감소했다. 우리는 우리끼리, 연합군이 전쟁에서 이기고 있으니 적들이 우리를 배불리 먹이지 않는 것이 당연하다고 숙덕거리곤 했다. 이렇게 생각하면 안심이 되고 용기도 났지만, 텅 빈 위장을 달래주지는 못했다.

 처음 받은 배급품은, 수용소에 막 도착한 우리 눈으로 보면 형편없는 것이었지만, 나중에 받은 양에 비교하면 엄청난 것이었다. 첫 해에는 일 년 내내 아침으로 시리얼이 나왔다. 비록 밀로 만든 부드러운 시리얼이 아니라 거친 중국산 수수로 만든 시리얼이긴 했지만, 그래도 추운 날 배를 든든하게 채워주는 고체 음식이었다. 또 밀가루도 빵을 만들 분량보다 더 많이 배급받을 수 있었다. 그래서 남은 밀가루로 국수나 경단같이 배를 채울 수 있는 대체 음식들을 만들었다.

    게다가 수용소 생활 초기에는, 매일 요리사들에게 적당량의 고기와 감자, 두 가지 야채가 공급되었다. 그래서 감자와 야채로 수프를 끓이기도 하고 점심에는 영양이 풍부한 스튜를 내놓을 수도 있었다. 초기에는 빵이 배급제가 아니었기 때문에, 수감자들은 누구나 원하는 만큼 먹을 수 있었다. 이런 거친 식사에 익숙해지는 것이 힘들어서 그렇지, 일단 익숙해지고 나면 배고플 걱정이나 음식 상태에 대한 걱정은 하지 않아도 되었다.

    그러나 1944년이 되면서부터 배급량이 점점 감소하더니 위험한 수준까지 떨어졌다. 그해 여름에는 아침 식사로 제공되던 시리얼과 차가 완전히 끊겼고, 대신 빵 두 조각과 뜨거운 물 한 잔이 전부였다. 또한 가을과 겨울에는 기본 배급이 엄청나게 삭감되었다. 고기와 밀가루, 기름 배급이 반으로 주는 바람에 국수나 경단같이 허기를 채우는 데 도움이 되는 대체 음식을 만드는 것은 엄두도 낼 수 없었다. 야채의 양과 질도 점점 나빠졌다. 요리사들이 받는 것이라고는 하루에 두 종류의 야채는 고사하고, 반쯤 상한 고기에 말라비틀어진 감자, 잎은 하나도 없고 줄기만 남은 시금치, 썩은 가지 정도가 전부였다.

    이런 음식 공급에 대한 삭감 소식은, 주로 배급 부서와 식당 운영자들이 매달 모이는 정기 모임에서 일본인 당국자들이 발표했다. 마지막 해 겨울에는 이 모임이 다가올 때마다 참가자들이 두려움에 떨 지경이었다. 여기서 듣게 되는 소식은 죄다 나쁜 소식뿐이었기 때문이다. 동시에 내부의 수감자들로부터는 "일본 당국자에게 맞서지 못하고 삭감을 거부하지 못했다"며 비난을 받기 일쑤였다.

이런 지속적인 식량 삭감의 결과, 수용소에서 보낸 마지막 해 겨울인 1944-1945년 겨울에는 빵 배급량이 하루에 여섯 조각으로 엄격하게 제한되었다. 또 끓인 물만 마실 수 있었으며, 하루 평균 점심으로는 스튜 한 그릇, 저녁으로는 묽은 수프가 전부였다. 의사들은 우리가 하루에 먹는 음식이 대략 1,200칼로리 정도 될 것으로 추산했다. 전쟁 동안 수많은 사람이 간신히 목숨을 연명하며 먹었던 음식에 비하면 그리 적은 칼로리는 아니었다. 하지만 평범하게 잘 먹고 잘 살던 서구인들로서는 늘 배고픔을 겪어야 했고 앞으로 더 굶주리게 될 거라는 불안에 떨어야 했다. 얼마나 더 그곳에 있어야 할지 몰랐으며, 전쟁이 끝나기 전 상황이 더욱 악화될 수도 있는 현실이 불안감을 가중시켰다.

놀랍기도 하고 당황스럽기도 했던 것은, 우리의 위(胃)가 마치 무자비한 폭군처럼 우리 생각을 지배했다는 사실이다. 처음에는 종교나 정치, 성(性)으로 시작되었던 대화가, 끝은 반드시 음식에 대한 상상의 나래를 펴는 것으로 마무리되곤 했다. 음식 이야기가 무르익어갈 때면, 오래전에 희미하게 잊힌 과거의 기억까지 동원되었다. 그래서 오래전에 방문한 식당에서 먹어본 음식을 떠올리며 맛을 다시 음미하고 세세한 부분까지 묘사하고는 했다. 밤낮으로 내 생각을 사로잡던 웃지 못할 꿈은, 하워드 존슨 식당에 다시 가서 햄버거 스테이크와 초콜릿 밀크셰이크를 다시 먹어 보는 것이었다.

우리의 대화가 의지와 상관없이 음식에 대한 것으로 자연스럽게 집중되는 것을 보면서, 인간 영혼의 생물학적 기반이 분명하게 보이는 것 같았다. 우리의 생각은 지칠 줄 모르고 줄기차게 음식을 향해 달려갔으며, 마치 둥지를 떠난 새가 자기 집을 갈망하듯 끝없이 같은 주제로 되돌아왔다.

예전의 과체중은 사라지고 이제는 앙상한 정강이와 가죽이 축 처진 턱만 남았다. 예전에 심하게 비만이었던 누군가는 거의 45킬로그램이나 살이 빠졌다고 한다. 나도 수용소로 들어갈 때는 77킬로그램이었는데, 나중에는 56킬로그램이 되었다. 하지만 이렇게 살이 빠진 결과로 건강상 병이 생긴 징후는 거의 나타나지 않았다. 현기증이나 저혈압 증상을 호소하는 사람이 급격하게 많아지고, 사십 대 이상의 남자들이 힘든 노동을 하는 것이 조금 어려워졌을 뿐이었다. 하지만 전쟁이 끝난 후에는, 3년간이나 제대로 된 음식을 먹지 못한 덕분에 많은 사람이 시력이 약해지거나 각종 내분비 질환으로 고생해야 했다. 우리는 언제나 배고픈 상태였기에, 우리가 가장 바라는 것은 (자유 다음으로는) 더 많이 먹는 것이었다.

1944년 겨울, 최악의 배고픔의 시간에, 수용소의 일부 사람들에게는 이 고통을 다소 해소할 기회가 주어졌다. 1943년 가을에 풀려난 미국인들을 대상으로 인도 고아에서 포로 교환이 이루어졌을 때, 미국 적십자사는 그곳까지 동행했던 일본인들에게는 수백 개의 물품 상자를 전달했다. 이 물품들은 극동 아시아 지역에 아직도 구류되어 있는 미국인들에게 주어질 것이었다. 그로부터 9개월 후인 1944년 9월, 그중 200개의 물품 상자가 위현 수용소에 도착했다. 수용소에 남아 있는 200여 명의 미국인들 앞으로 보내진 것이었다.

아무도 그 소포 꾸러미를 처음 보았던 날을 잊을 수 없을 것이다. 우리는 꾸러미가 크고, 그 안에 든 내용물이 상상을 초월한다는 소문만 들었다. 아직도 우리는 실감을 하지 못하고 있었다.

우리 미국인들은 총무 팀 사무실 밖에 줄을 서서 기다렸다. 줄 맨 앞에는 브라운이 서 있었다(어떤 줄이건 그는 늘 맨 앞에 선다). 브라운이 거대한 꾸러미를 안고 비틀거리며 사무실에서 나오는 모습을 보고도 우리는 우리 눈을 믿을 수 없었다.

"그게 꾸러미 하나예요?" 내 옆에 있던, 아직 통통한 살이 조금 남은 여자가 소리쳤다. "이제 다시 살찔 준비를 해야겠어요." 그녀는 기쁨에 들떠 좋아라 했다. 하지만 그녀뿐만 아니라, "자기 먹을거리"가 들어 있는 거대한 꾸러미를 받아들였을 때는 우리 모두가 같은 기분이었다. 우리는 소포 안에 들어 있는 신기한 물품들을 탐험하고 싶은 나머지, 그 짐을 집까지 옮기기도 힘들 지경이었다.

소포는 정말 엄청나게 컸다. 길이는 약 1미터, 폭은 30센티미터, 높이는 45센티미터나 되었다. 그리고 안에는 믿기 어려울 정도로 놀라운 물건들이, 다 쓸 수 없을 만큼 풍성하게 채워져 있었다. 배고픈 수감자들이 간절히 바라는 물건, 하지만 다시는 못 볼 거라고 포기했던 물건들이었다.

꾸러미는 모두 네 부분으로 나누어져 있었다. 그중 한 부분에는, 가루우유 500그램과 담배 네 갑, 버터 네 통, 스팸 3통, 치즈, 초콜릿, 설탕 각각 500그램, 가루 커피, 잼, 연어, 말린 자두나 건포도가 500그램 들어 있었다. 고기나 기름은 소량으로 섭취하고, 단 음식도 거의 먹지 못했던 우리에게, 이 20킬로그램이나 되는 맛있고 지방질 풍부한 음식은 정말 하늘에서 떨어진 만나와 같았다.

예전에는 군인들이 군대의 통조림 음식에 대해 불평하는 소리를 많이 들었다. 하지만 수용소에서 굶주림에 허덕이던 우리에게는 스팸이며 버터, 네스카페, 건포도 등 모든 깡통 음식이 최고로 맛있었다.

게다가 이 소포 꾸러미는 그동안 먹지 못했던 음식을 먹는 기쁨 그 이상의 의미를 전했다. 침대 위에 늘어놓은 물건들을 물끄러미 바라보다 보니, 이 음식들이 가져올 새로운 미래에 대해 생각이 미쳤다. 무엇보다 이 음식들은 상당히 오랫동안 나를 배고픔에서 보호해줄 피난처였다. 나와 친구가 알아낸 바로는, 한 개의 소포 꾸러미를 한 사람이 규칙을 세워 매일 먹는다면 거의 넉 달 동안 극한의 배고픔에서 벗어날 수 있다고 했다.

따라서 우리 각자에게 이 꾸러미는 실제적인 부(富)였다. 문명화된 사회에서는 주식이나 채권, 캐딜락, 부동산 같은 것들이 부를 상징하지만, 이것들은 우리에게 이 음식이 가지는 실제적인 부의 의미와 맞먹을 수 없었다. 왜냐하면 이 음식은 넉 달 동안이나 배고픔을 면하게 해줄 수 있었기 때문이다. 적십자의 구호품은 그것을 소유한 자를 엄청난 부자로 만들었다. 침대 위에 쌓인 사랑스런 물건들을 바라보다가, 아무것도 받지 못한 기숙사 동료들의 배고픈 눈을 보는 순간 그 사실을 알 수 있었다.

음식과 함께 의복도 상당히 보충되었다. 구호품의 수신자인 미국인 남자들은 모두 외투, 신발, 두꺼운 속옷, 무명 셔츠, 스웨터, 캡 모자, 양말, 장갑, 튼튼한 작업복 등을 한 벌씩 받을 수 있었다.

한 그리스계 미국인 이발사가 했던 말도 결코 잊을 수 없을 것 같다. 그는 이 옷더미들을 언짢은 듯 쳐다보더니 이렇게 말했다. "아니, 도대체 바지는 어디 있는 거야?" 우리 기숙사에 있는 영국인들 사이에서는, 어째서 이 의류 목록에 바지가 없는지에 대한 토론이 벌어졌는데, 누군가가 아주 재미있는 추리를 했다. "이봐, 당신네 나라에서는 아무도 바지를 안 입나봐?"

다행히도 의류는 풍족했다. 특히 외투와 한 벌로 된 작업복은 수용소의 미국인 남자의 숫자보다도 많았다. 따라서 남은 옷들은 다른 국적의 사람들에게도 배급되었다. 뿐만 아니라 미국인들은 예외 없이 자기가 받은 구호 음식을 이웃들과 관대하게 나누었다. 모든 사람들이 좀더 배부르고 따뜻하게 지낼 수 있었을 뿐 아니라 국제 관계도 좋아졌다. 영국인 친구들은 내게 말하기를, 이 소포 꾸러미에서 뭔가를 받지 않은 사람은 수용소에서 한 명도 없을 거라고 했다. 그들은 미국인의 관대함에 큰 감동을 받은 것 같았다.

1944년에서 1945년으로 넘어가는 겨울이 시작될 즈음에는 이 음식들도 동이 났고, 식량 배급은 더 급격하게 줄었다. 중국 북부의 겨울 추위는 살을 에는 듯했다. 디트로이트나 시카고의 겨울과 비슷할 정도였다. 방을 덥힐 석탄 가루는 아주 소량만 배급되었다. 그리하여 수용소 내 사기는 늘 최저치였다. 미래는 수용소 철조망 너머에 있는 눈 쌓인 평원만큼이나 기약이 없고 황량해 보였다.

그런데 추운 1월의 어느 날, 아무 예고도 없이 갑작스럽게 놀라운 일이 벌어졌다. 수용소 정문 곁에 있던 몇몇 수감자들은 우연히도, 거대한 문이 여느 때처럼 열리는 것을 보고 있었다. 그런데 눈을 뚫고 덜거덕거리며 문으로 들어온 것은 우리 배급품을 실은 낯익은 나귀 수레가 아닌가! 수레 위에 가득 쌓인 상자들, 믿을 수 없을 만큼 엄청난 양의 적십자 구호품이 그들의 눈에 들어왔다. 이 소문은 순식간에 수용소 전체에 퍼졌다. 눈 깜짝할 사이에 수많은 군중이 모여들었다. 모두들 웃음과 울음이 뒤섞인 표정으로 문으로 들어오는 끝없는 수레 행렬을 믿을 수 없다는 듯 지켜보고 있었다. 모두 14대의 수레가 들어왔으며 수레마다

100개 이상의 꾸러미가 실려 있었다. 놀란 우리 얼굴에는 눈물이 흘러내렸다!

"어? 저번 것과 같은 꾸러미야!" 누군가가 말했다. "봐, '미국 적십자' 표시가 붙어 있어. 저번보다 훨씬 많은 걸!"

"위원회 멤버한테 방금 들은 말인데, 이번에는 따로 수령인이 지정되어 있지 않대."

"그럼 저것들은 '누구' 거지?"

"그럼 누구 거지?"라는 질문이 우리 사이로 산불처럼 번져갔다. 당연히 첫 반응은, 이번에도 미국인들이 행운의 주인공일 거라는 의견이었다. 하지만 수레가 끊임없이 계속 들어오는 것을 보고는, 누가 주인이 될지에 대해 의견이 분분해졌다. 미국인들은 들어오는 수레의 숫자를 세면서 이 횡재가 자신들의 것이라는 행복한 추측을 하기 시작했다.

"세상에!" 누군가 큰 소리로 외쳤다. "계산해보니 꾸러미가 적어도 1,500개가 넘겠어! 미국인 한 명당 7-8개는 돌아가겠는 걸! 저걸 다 어디다 두지?"

하지만 수량이 엄청나게 많다는 점이 각인되자 다른 추측도 쏟아져 나왔다. "아니, 1,500개나 되면 우리 수용소 인원과 얼추 맞는 숫자잖아! 우리 영국인들도 저 꾸러미를 하나씩은 받을 수 있지 않을까? 이번에는 '모두에게' 돌아가지 않을까?"

하지만 이런 질문이 운집한 군중(그때쯤에는 수용소 전원이 다 모여 있었다) 사이를 휩쓸고 지나갈 때는, 미국인들의 기쁨과 정면 충돌을 일으켰다. 경이감으로 가득했던 미국인들의 얼굴은 일그러졌으며, 기쁨에 들떴던 목소리에는 화난 불평이 섞였다.

"빌어먹을 영국인 같으니라고!" 분노에 찬 한 미국인이 외쳤다. "저건 미국인들 거야. 치사하게 빌어먹기나 하는 당신들은 하나도 받지 못할걸. 왜 '당신네' 적십자는 '당신들'을 돌보지 않는 거지?"

그러자 혐오감에 찬 대답이 돌아왔다.

"당신네 미국인들이야말로 정말 재수 없는 놈들이야! 모든 걸 다 자기가 가지려고 하지, 안 그래? 당신들 거니까, 아무도 보지도 말라 이거야?"

이런 식의 실랑이가 계속되었다. 꾸러미들은 교회 건물 앞에 산처럼 쌓여, '누군가'(권한이 있는 사람)가 어떻게 분배하라고 지시하기를 기다리고 있었다. 물건들을 지키기 위해 엄중한 경비가 세워졌다. 미국인과 다른 국적 사람들이 함께 기거하는 방이나 기숙사에서는 이 몹쓸 논쟁이 계속해서 들끓었다. 미국인이 없는 숙소에서는, 이번에도 미국인들이 부자가 될 것이지만 그들은 인간적으로 물건을 나누지 않을 것이라는 우울한 동의가 자리 잡아가고 있었다. 위급한 상황에서는 모두들 자기 것만 챙기지 다른 사람을 돌아보려 하지 않기 때문이었다.

이틀 후 일본인 당국자가 공고를 냈다. 여기에 따르면 모든 사람이 만족할 수 있는 방향으로 이 문제가 풀려가는 듯했다. 공식적 지시를 따르고 있다는 점을 먼저 밝힌 사령관은, 이 꾸러미들을 다음 날 오전 10시에 수용소 전체 인원에게 배포하겠다고 선언했다. 모든 미국인에게는 꾸러미 한 개 반을, 다른 국적의 수감인에게는 꾸러미 하나씩을 준다는 것이었다. 이 기발한 배당이 가능했던 것은 수용소 전체 인구가 1,450명인데, 그중 미국인은 200명이고 꾸러미는 1,550개였기 때문이었다.

나는 기분이 좋았다. 다루기 힘든 사안이 탁월한 정치적 수완으로 해결되었다는 생각이 들었던 것이다. 이런 조치로 수용소 전체가 배불리 먹게 될 것 같았다. 동시에 미국인 중 광신적 애국자들도 "빌어먹을 영국인들"보다 실제적으로 더 많이 받게 되었으니, 마음이 누그러질 것이었다.

그날 밤 수용소 전체를 휩싼 기쁨과 흥분은 좀체 사라지지 않았다. 모두들 평생 보낼 성탄절 전야를 한꺼번에 보내는 것 같았다.

아이들에게도 놀라운 선물 꾸러미가 하나씩 돌아갈 수 있었다! 가족들에게는 꾸러미가 세 개에서 네 개까지도 돌아갈 수 있으니 엄마, 아빠에게는 얼마나 큰 축복인가! 이 정도면, 수용소 배급 상황이 어떻게 되든 다음 봄까지는 거뜬히 버틸 수 있는 식량이었다! 남아 있는 황량한 겨울날도, 앞으로 펼쳐질 불확실한 미래도, 풍성한 음식을 맛볼 수 있게 된 마당에 더 이상 두렵지 않았다. 아이들은 모두 빨리 선물을 받고 싶어서 벌써부터 줄을 서겠다고 난리였다.

보편적인 선의가 수용소 전체를 휘감았다. 모두들 미국인들의 관대함을 열성적으로 칭찬했다. 사기와 공동체 의식이 최저치에서 최고치로 급속하게 반등했다. 우리 숙소에 머물던 냉소적인 스코틀랜드인 브루스조차 이렇게 말했다. "오늘 밤은 왠지 다른 사람을 사랑할 수 있을 것 같아! 이보게 친구, '이런 감정'은 정말 내게는 드문 일이라고!"

다음 날 아침 약속된 시간보다 훨씬 일찍부터, 축제 분위기에 쌓인 수감자들이 물건을 받으려고 줄을 서기 시작했다. 그런데 갑자기 모든 것이 불행으로 바뀌었다. 10시가 되기 직전, 경비 한 명이 성큼성큼 걸어오더니 게시판에 공식 문서로 보이는 공고문을 붙였다.

앞쪽에 있던 사람들은 무슨 내용인지 보려고 즉시 공고문 주위로 몰려들었다. 글을 읽은 후 돌아서 나오는 사람들의 얼굴이 벼락을 맞은 듯 까맣게 변해 있었다. 나도 게시판으로 달려가 사람들이 이룬 숲 위로 고개를 들어 공고문을 읽으려고 했다. 그때 영국인 하나가 막 돌아서면서 이렇게 말하는 소리가 들렸다. "돼지 같은 놈들!" 가슴이 철렁 내려앉으며 불길한 예감이 스쳤다. "제기랄, 아이들한텐 뭐라고 말하지?" 그리고 내 예감은 틀리지 않았다.

공고문에는 짧지만 의미심장한 한 문장이 적혀 있었다.

미국인 측이 제기한 항의로 인해, 물품 배급은 공고된 오늘 날짜에 할 수 없음을 밝힌다.

-사령관

무슨 일이 있었는지 알아보니, 7명의 젊은 미국인이 사령관을 찾아갔다는 것이다. 그들은 사령관에게 미국 적십자가 보낸 물품을 미국 시민이 아닌 수감자들에게 배포하는 것은 직권 남용이라고 항변했다. 그리고 이 물품은 합법한 소유자인 미국인들에게 즉시 양도되어야 한다고 주장했다.

일본인 장교는 이들의 강하고 논리 정연한 항의(서구인 특유의 소유 관념)에 완전히 꼼짝 못하고 있었다. 일본인 사령관의 문화적 배경으로는, 자기 결정에 항의할 것에 대비해서 답변을 준비해둔다는 것은 상상도 할 수 없는 일이었다. 사령관이 물건을 모든 수감자에게 배포하겠다고 선포한 것은 자기 나름대로의 도덕적 판단에 근거해서 그렇게 한 것이지, 그 판단을 지지해줄 더 높은 권한이 없었던 것이 분명했다. 이런 경우에는, 차라리 군대 특유의 융통성 없음을 발휘했더라면 훨씬 좋았을 것이다. 사령관이 7명의 대표단에게 사무실에서 떠나라고 명령했더라면, 수용소 사람들도 엄청난 괴로움을 느끼지 않아도 되었을 것이고, 미국인들도 나중에 그렇게 부끄러워하지 않아도 되었을 것이다. 하지만 사령관은 망설이다가 이 문제에 대해 도쿄 상부에 조정을 신청하겠다고 약속했다. 그러고는 배급을 취소했다.

이 7명의 행동으로 인해 미국인들은 생명을 유지해줄 음식을 배고픈 동료들에게 나누어주지 못하도록 방해한 사람들이라는 비난을 면할 수 없었다. 또한 자기만 음식 꾸러미 7개 반을 다 받겠다고, 다른 사람들을 굶주리게 내버려둔다는 비난도 받았다.

당연한 결과가 이어졌다. 이틀 전에 있었던 씁쓸한 논쟁이 전보다 더 맹렬하게 벌어졌다. 공고문 앞에서 들은 영국인의 말처럼, 잔뜩 기대하고 있던 아이들에게 "미국 사람들이 산타 할아버지 선물을 빼앗아갔단다" 하고 설명해야 했던 사람들은 누구도 이 문제를 가볍게 여기지 않았다. 자기가 대놓고는 하지 않은 일에 대해 이기적이고 탐욕스럽다고 심하게 비난을 받은 미국인들은 자신뿐 아니라 동족의 잘못도 인정하려 들지 않았다. 특히 자기에게 분노하는 외국인들에 대해서는 더더욱 그러했다. 다른 나라 사람들에게서 자기 동족을 보호하려는 본능이 발동된 미국인들은, 동족들이 무슨 짓을 저질렀고 어떤 생각으로 그렇게 했는지는 따져보지 않은 채, 그들의 행동을 열렬하게 변호하고 나섰다.

이렇게 열흘이라는 시간이 지나갔다. 우리 모두는 도쿄에서 어떤 지시가 내려오기를 기다리고 있었다. 이 틈새 기간 동안, 배고프고 절망적이고 불안한 1,450명 사람들의 온갖 적대감과 질투와 민족적인 자부심이 들끓었다. 전에는 언쟁만 오갔지만, 이제는 주먹다짐까지 있었다. 줄에 서 있던 미국인 소년과 영국인 소년이 이 문제로 멱살잡이를 하기도 했다. 이 소년들의 아버지는, 가장 친한 친구 사이였던 두 소년이 싸웠다는 말을 듣고 처음에는 아이들을 혼냈다. 하지만 싸운 이유를 들은 아버지들은 이번에는 그들끼리 몸싸움을 벌이기 시작했다. 결국 다른 사람들이 끼어들어 감정이 격해 분노하고 있는 두 사람을 떼어놓아야 했다. 이들은 지난 일 년 반 동안 가까운 이웃이자 친구였다.

온통 이런 이야기뿐이었다. 누가 미국인인지, 영국인인지, 백인인지, 흑인인지, 유대인인지, 파시교도인지, 인디언인지 그런 것들에 대해서는 오랫동안 잊고 있었던 우리 공동체가 갑자기 싸움으로 붕괴되더니 적대적인 민족주의 집단으로 완전히 분리되고 말았다. 정말 역설적인 것은, 우리의 놀라운 크리스마스 선물이 평화와 정반대되는 것을 가져왔다는 사실이다. 생명을 주는 막대한 양의 음식 꾸러미는 수용소 중앙에 맥없이 놓여 있는 반면에, 인간의 갈등과 악의라는 돌풍은 그 주위를 소용돌이치고 있었다.

난생처음으로 나는 내가 미국인이라는 사실이 말할 수 없이 부끄러웠다. 같은 숙소에 있는 영국인들은 예의상 드러내놓고 불쾌감을 표현하지는 않았지만(그들은 대부분의 미국인들이 이 일에 대해 얼마나 애통해하는지 알고 있었다), 그들의 침묵은 오히려 많은 것을 말하고 있었다.

적십자 구호품에 얽힌 이런 소동을 경험하면서, 전에는 깨닫지 못했던 인간의 공동생활의 양상이 확실하게 보이기 시작했다. 어느 날 나는 언짢은 마음으로 산같이 쌓인 소포 꾸러미들을 바라보며 우리 공동체가 어쩌다 이렇게 다투는 사회가 되었는지 곰곰이 생각하다가, 부(富)란 절대로 공동체에 완전한 축복이 될 수 없다는 사실을 깨달았다. 많은 경우에 부는 축복이라고 간주된다. 하지만 사실상, 부는 운 좋게도 그것을 소유한 사람에게 음식과 평안을 제공하는 것이 아니라, 오히려 운이 좋지 않아 부를 가지지 못한 공동체 내 다른 사람들을 사랑하지 못하게 만들며 그들에게 관심을 기울이지 못하게 만든다. 부는 하나의 역동적인 힘으로 너무나 쉽게 악해질 수 있다. 부는 선하게 사용되지 않으면 큰 해를 끼칠 수 있다.

문제의 음식 꾸러미들이 도착하면서 우리 수용소는 갑자기 가늠할 수 없을 정도로 엄청난 부를 얻었다. 마치 13세기 촌락 수준이던 작은 공동체가 하룻밤 사이에 현대의 부유한 산업 사회로 바뀐 것과 같았다. 이제 우리에게는 봄까지 배고픔을 면하게 해줄 음식이 있었다.

하지만 이 부(물질적 발전의 중심 요소)의 유입은, 실제로는 우리가 전에는 알지 못했던 괴로움과 갈등만 증폭시키는 결과를 낳았다. 물질적 발전이 가져오는 결과에 대한 이런 상징들을 보면서, 나는 물질적 발전이 모든 불행에 대한 해결책이 된다고 믿는 서구 문화의 꿈이 정말 허망한 꿈에 불과함을 깨달았다. 부와 발전은 잘못 사용되면 악한 결과를 낳는다는 증거가 바로 눈앞에 있었던 것이다.

전달된 음식물이 공동체 전체의 유익을 위해 사용되었다면, 부는 모든 사람의 삶에 완전한 축복일 수 있었을 것이다. 하지만 부가 몇몇 소수의 재산으로 비축될 위협을 받자, 부는 즉시로 창조적이기보다 파괴적이 되었고, 사람들 사이를 분리시켰으며, 공동체의 연합과 도덕성의 흔적을 모두 파괴하고 말았다.

부는 몇 마디 논쟁을 하고 성난 표정을 짓는 정도의 사안이 아니었다. 부를 위해서라면 인간은 기꺼이 전투를 벌일 수 있었다. 이제 수용소 내를 순찰하는 경비들의 모습을 보면, 그들이 거기에 있다는 사실이 기뻤다. 수용소 질서를 지키는 일본인들의 총이 없었다면 우리는 분명히 진짜 내전을 겪었을 것이다. 그리고 이 문제로 해서 우리 공동체는 스스로 자멸했을 것이다.

갑자기 내게는 예전에는 그리 선명하게 보이지 않았던, 사회 갈등에 가장 강력하게 영향을 미치는 요소들이 인식되기 시작했다. 어째서 욕심과 불의로 모은 재산이 갈등을 일으킬 수밖에 없는지, 그리고 이런 갈등이 어떻게 사회 구성원들을 죽이려고 위협하는지 알 수 있었다. 따라서 사회적 갈등을 막는 유일한 해답은 부와 물질적 소유물을 덜 가지는 것이 아니라, 부를 공평하게 나누어 사회적 평화의 기반을 마련하고자 하는 도덕적 성품을 기르는 것임이 분명해졌다. 부가 사회에서 창조적인 역할을 하느냐 파괴적인 역할을 하느냐를 결정하는 것은, 단순히 부를 축적하는 문제가 아니라 부를 도덕적으로 사용하느냐 그렇게 하지 않느냐의 문제였다. 음식 꾸러미를 다 차지하고 싶어한 미국인들의 주장과, 이런 주장이 공동체에 가져온 파괴적인 영향력을 보면서, 도덕적 성품이 인간 공동체에 가지는 중요성이 얼마나 큰지 확인할 수 있었다.

오늘날 서구 문화는 물질적 발전과 그것을 이뤄낸 부가 순수한 축복만이 아님을 배우고 있다. 대부분이 굶주리며 불안하게 사는 이 세상에서 서구인들은 부와 안전을 모두 움켜쥠으로써,

수용소에서 음식 꾸러미 7개 반을 다 차지하려 한 우리 미국인과 매우 비슷한 처지에 놓여 있다. 현대 서구 사회가 누리는 물질적 부를 전 세계에 균등하게 나눌 수 있다면, 이 새로운 형태의 부는 우리 모두를 위해 좀더 풍요로운 삶을 창출해낼 것이다. 그러나 우리가 이 부를 우리를 위해서만 비축한다면, 분명히 이것은 우리 주변에 질투와 괴로움을 불러일으켜, 결국은 우리의 존재 자체를 위협하는 악마적인 것이 될 것이다. 부유한 계급과 부유한 나라들은 그들의 부가 가져오는 이런 파괴적인 결과에는 별로 신경 쓰지 않은 채, 이 부가 주는 안락함과 특권으로 스스로를 고립시키고 있다. 하지만 우리는 특권층에 속하지 못한 사람들을 기억해야 한다. 이들이 현재의 불평등과 이기심에 극도로 분노하는 한, 공동체는 영속될 수 없다. 따라서 살아 있는 공동체가 세워지려면 부를 창출하고 축적하는 기술적인 능력뿐 아니라 가진 것을 궁핍한 이웃과 나누려는 도덕성과 의지를 가져야 한다.

만약 서구 민주주의 문화가 이질적인 공산주의 세계 앞에서 몰락한다면, 그 원인은 다름 아닌 이런 도덕적 진리를 배우고 실행하지 못한 결과일 것이다. 현대 서구 문화를 대적하는 세력들의 뿌리는 대부분, 자신들의 특권을 나누려하지 않는 서구 백인들에 대한 분노일 것이다.

마르크스 사상이야말로 과거의 자본가 계급이 자신의 경제적 특권을 농민과 노동자 계층과 나누려 하지 않아서 생긴 직접적인 결과물이라 할 수 있다. 이런 분노 때문에 마르크스 사상은 여전히 강력한 호소력을 가진다. 식민지 지배를 받았던 아시아와 아프리카의 많은 나라들이 공산주의로 돌아선 것은, 과거의 서구 정복자들이 제국주의 정책에 굴복한 사람들에게 자신의 정치적 권리를 나누어주려 하지 않았기 때문에 생긴 분명한 결과였다. 같은 논리로, 유색인들이 백인들에게 가지는 분노는, 백인들이 그들의 사회적 권리를 유색인들과 나누려 하지 않았기 때문에 생긴 결과다. 나와 같은 피부색을 가진 사람들만을 위하는 "도덕적" 행위는 완전히 도덕적이라 하기 어렵다. 따라서 부와 특권을 붙들려는 필사적인 시도는 부한 자와 가난한 자가 함께 사는 공동체를 파괴할 수 있으며, 결과적으로 부자들의 대저택도 무너뜨릴 수 있다.

우리 미국인들 중에도 음식 배급을 취소하게 만든 동족의 행동이 충분히 잘못되었다고 생각하는 사람들이 있었다. 그래서 우리는 언제나처럼 낙관적인 생각으로 새로운 수정안을 추진했다. 이 계획을 함께 추진한 친구이자 동료인 스탠리 모리스에게 나는 이렇게 말했다. "이건 전체 미국인의 뜻이 아니야. 분명히 대다수의 사람은 그 빌어먹을 꾸러미들을 수용소 전체가 나누어 갖길 바랄 거야."

그래서 우리는 같은 생각을 하는 사람들을 모았다. 그리고 그중에서 "대표격"에 속하는 미국인들을 찾아가, 정말 그들이 이 문제에 대해 어떻게 생각하는지 물어보기로 결심했다. 만약 대다수의 미국인이 물건을 전체 수용소와 나누어 갖기를 원한다고 판단

되면, 모임을 소집해서 문제의 7인의 행동을 거부하는 투표를 할 계획이었다. 그렇게 되면 물건 배급도 가능해지고, 수용소 내 "외국인" 친구들과의 결속력도 회복될 수 있으리라고 생각했다.

하지만 우리가 시도한 대화의 결과는 정말 놀라웠다. 이로 인해 내게 그나마 남아 있던 과거의 낙관주의는 그 편린들마저 산산이 부서졌다. 우리와 대화한 사람들은 인간의 도덕적 문제가 가지는 미묘하면서도 무한한 깊이를 여실히 보여주었으며, 억압받는 상황에서 인간이 할 수 있는 희한한 행위를 보여주었다.

내가 처음으로 접촉한 사람은 리키 콜첵이라는 좀 거친 인상의 남자였다. 무뚝뚝하고 방어적이고 냉소적이며 감상적인 면과는 거리가 먼, 시카고 태생의 왜소한 사업가였다. 리키는 공동체를 위한 "좋은 일"에는 솔선수범한 적이 한 번도 없었으며, 유머 감각 있는 "무뚝뚝한 사람" 정도로 통하고 있었다. 하지만 그의 무뚝뚝한 외모 밑에 무엇이 있는지는 아무도 몰랐다. 그는 꽤 유머 감각도 있고 관대한 편이라 세상의 시선으로 보면 "괜찮은 사람"으로 보였다. 물건을 수용소 전체와 함께 나누자는 말을 하러 가면서, 나는 리키가 어떤 반응을 보일지 전혀 알 수 없었다.

리키는 내가 하는 말을 정말로 이해하지 못했다. 저 음식들은 그의 것이며 게다가 그는 배가 고팠다. 그의 논리는 단순했다. 음식을 받지 못하는 사람은 정말 재수가 없는 것이지만, 그것은 그 사람 문제였다. 그는 차가운 눈으로 나를 바라보더니 퉁명스럽게 이렇게 말했다. "나는 미국인이고 그 물건들은 내 것이요. 내 분량은 끝까지 다 받아낼 거요. 물론, 다른 사람들에게 미안하긴 하지만 이건 우리 물건이요. 그들 정부는 왜 넋 놓고 있는 거요? 형편없는 외국 놈들은 우리 물건을 받을 일은 없을 거요!"

리키의 말을 듣고 있자니, 그의 의견이 곧 많은 미국인의 의견일 것이라는 생각이 들었다. 바로 이것이 지난 2년이라는 힘든 시간을 이 "외국인들"과 함께 살고 일했던 미국인들의 평균적 생각이었다. 자신의 안전이 위기에 처하자, 이웃과의 연대감이나 그에 따른 이웃에 대한 책임감은 완전히 사라져버렸다.

다음으로 내가 이야기를 나눈 사람은 천진에서 온 미국인 변호사였다. 그는 리키처럼 직접적인 공격을 할 허술한 위인이 아니었다. 그는 이 문제를 법률적 관점에서 보고 싶다는 말로 포문을 열었다.

"오해하지 마십시오." 그는 이렇게 강조했다. "그 물건들에 대해서, 그러니까 나나 다른 미국인이 몇 개나 받게 될지에 대해서 걱정하는 것이 아닙니다. 전 별로 신경 안 씁니다. 저한테 중요한 건 법적인 근거입니다.

이건 미국인 재산입니다. 간단하지 않습니까? '이 부분'에 대해서는 의문을 제기할 수 없습니다! 아시겠지만, 이 재산은 적군이 아닌 오직 미국인들만 처리할 수 있습니다. 그러니 우리 평판에 큰 오점을 남긴다 해도, 반드시 이 지옥 같은 곳에서 우리 미국 재산에 대한 권리를 지켜야 합니다. 한번 생각해보십시오. 우리를 위해 이곳에 물건을 보낸 적십자 후원자들을 위해서라도 우리는 성실하게 우리의 권리를 행사해야 합니다. 하지만 이건 어디까지나 전문적인 변호사로서의 의견입니다. 개인적으로는 몇 개의 꾸러미를 받든 상관없습니다."

"그래, 물론 그렇겠지." 나는 속으로 생각했다. 우리가 자신을 속일 수 있는 방법들이 놀라웠다. 우리는 자신의 진짜 욕망과 욕구를 스스로에게도 감추기 위해 직업적이거나 도덕적인 옷을 입는다. 그러고는 이기적 관심이라는 진짜 속내 대신 객관성과 정직이라는 겉옷을 걸치고 세상에 나간다. 숙소 팀에서도 익히 겪었던 일이었다. 이번에도 이 변호사는 소유권이니 적십자니, 제네바 협정, 민족 원리와의 상관성 등등에 대해 끝없는 법적 논쟁을 늘어놓았다. 하지만 나는 이 모든 말이 의미 없다는 사실을 알고 있었다. 사실 그의 말은 문제의 핵심(배고픔, 불안, 이기심)을 건드리지 않았다. 인종과 계급을 뛰어넘어 굶주리는 사람들을 먹이기 위해 선한 영혼을 가진 수많은 사람이 자발적으로 후원하여 만든 적십자사가, 지금은 절대적인 소유권을 주장하는 소규모 집단에 의해 이용당하고 있다니, 참으로 역설적이었다!

하지만 가장 기괴했던 것은 변호사 다음으로 대화했던 인물이었다. 그는 그랜트라고 불리는, 친절하고 보수적이며 나이 지긋한 선교사였다. 그랜트에게는 중국인 아내와 네 명의 아이가 있었다. 아이가 많으니 그만큼 걱정이 많은 것도 당연했다. 그런데 놀랍게도 그는 이 점을 부각시키지 않았다. 오히려 그는 이 문제의 "도덕적" 측면을 언급했다.

"길키, 난 언제나 모든 일을 도덕적 측면에서 본다네." 이 말에 나는 혹시 하는 마음으로 귀를 기울였다.

"물론 내가 개인적으로 또 우리 가족을 위해서 그 물건들을 욕심내지 않는다는 것을 자네도 알 걸세. 다만 내가 확실히 하고 싶은 것은, 이 미국산 물건을 사용하는 데 있어서 도덕적 성격이 있다는 사실이야. 자네도 알겠지만, 나누라고 '강요'받는다면 거기에는 미덕이란 있을 수 없지. 당연히 우리 미국인들이 그 물건을 받아야 해. 다음으로, 그것으로 무얼 할지에 대해서는 각자의 도덕적 판단에 맡겨야 하네. 분명히 우리는 다른 사람들과 나눌 거야. 하지만 적군의 명령으로 그렇게 해서는 안 되지! 그러면 도덕적이라고 할 수 없어!"

리키와 변호사 친구를 떠올리며, 나는 이렇게 물었다. "미국인들이 자기가 받은 물건 중에서 얼마나 다른 사람들과 나눌 거라고 생각하십니까?"

"글쎄," 그랜트는 만족스러운 표정으로 이렇게 말했다. "대부분은 적어도 두 꾸러미 정도는 나눠줄 거라고 확신하네."

이 대답에 나는 재빨리 응수했다.

"그 말은, 아무리 낙관적으로 계산해도, 미국인이 아닌 사람들이 받게 되는 양이 꾸러미 하나가 아닌 꾸러미의 4분의 1 이하일 거라는 의미가 되네요. 우리 모두 배고프고 궁핍한 상황에서 이게 도덕적인 나눔일까요?"

그랜트는 당황스럽다는 듯 나를 바라보았다. 그가 말한 "도덕적"이란 말은 전혀 이런 의미가 아니었던 것이다.

"이해가 안 가는군." 그가 말했다. "일본인들이 우리 대신 나누게 되면, 아무도 선한 행동을 하는 게 아닌 거지. 그러니 도덕성이라는 것 자체가 없게 되는 거라네."

나는 이 주장을 들으면서 도무지 믿기지가 않았다. 지금 나는 그랜트의 입을 통해, 폭넓게 수용되고는 있지만 지금 상황에서는 말도 안 되는 도덕성에 대한 관념을 듣고 있었다. 말하자면 이런 주장은 도덕적 행위를, 한 개인이 "선해지는" 도구로 이해한다. 따라서 개인이 자유의지로 행한 행동이 아니면(예를 들어 정부의 명령으로 했다면), 그 행동이 주위 사람에게 어떤 결과를 초래하든, "도덕적인" 행동일 수 없다. 그랜트가 반문한 것은, 명령에 의한 행동을 통해 누가 거룩해질 수 있느냐는 것이었다. 이와 같은 논리에서 본다면, 이웃의 복지를 해치는 행동일지라도 개인이 자유의지로 선을 행하려는 목적으로 한 것이라면 도덕적이라고 할 수 있다.

그랜트에게 있어서, 도덕적 행동이란 그것을 행하는 개인과 관련해서만 생각할 수 있었다. 즉 선한 행위는 그의 미덕을 높이고 악한 행위는 그의 미덕을 갉아먹는다는 식이다. 이런 관점에서 보면 어떤 권위에 의해 강요된 행동은, 그것이 모든 사람에게 유익한 결과를 가져오더라도, 절대로 도덕적일 수 없다. 그랜트 같은 사람들은 정부의 행동과 그 정부에 속한 사람들의 도덕성이 서로 연관되어 있다는 사실을 알지 못하는 것이 분명했다. 또한 도덕성과 정치가 서로 연관되어 있다는 사실도 전혀 모르고 있었다!

도덕적 행위를 개인의 거룩함을 위한 도구 정도로 보는 이런 이론은, 무엇보다 도덕적 행위가 공동체 사람들 간의 상호 관계와 연관된다는 점을 무시한다. 사실상 현실에서 도덕적 행위란 다른 사람의 필요를 내 필요와 동등하게 여기는 것이다. 따라서 비도덕적 행위란 자기 자신을 위해 이웃을 망각하는 행위다. 반면에 도덕적 행위란 이웃의 복지에 대한 관심을 행동으로 표현하는 것이다. 이웃의 복지를 생각하는 마음이 바로 내적 미덕이다.

이런 관점에서 보면, 배고픈 이웃에게 먹을 것을 주려는 모든 행동은 도덕적이다. 비록 그렇게 나누도록 한 주체가 정부라는 비인격적인 힘이라 해도 마찬가지다. 따라서 내가 그랜트에게 주장했듯, 모든 사람과 나누려는 노력은 도덕적인 것이며 그런 나눔을 막으려는 행동은 비도덕적인 것이다.

하지만 그랜트는 자신의 신앙심에도 불구하고 전혀 들으려 하지 않았다. 그는 미국인들이 "거룩"해질 수 있는 정정당당한 기회를 얻는 데만 신경을 썼지, 이웃의 배고픔이 해결되는 문제에 대해서는 전혀 관심이 없었다. 게다가 그의 도덕관은 천국에 복을 쌓는다는 개인적 공로주의에 입각한 것이었다. 개인적 의를 중시하는 이런 사상은 중세적 공로주의며, 개신교 개혁자들은 이 사상과 끊임없이 싸워왔다. 그런데 과격한 반(反)교황주의자인 그랜트가 이런 견해를 지지하고 있다니 얼마나 역설적인가!

그랜트의 견해가 갖는 유리한 점은, 그가 말하는 "도덕적"인 행동이 우리로 하여금 케이크를 먹을 수도 있고 비축할 수도 있게 해준다는 것이다. 그의 주장에서도 분명히 드러났듯, 만일 내가 선해서 꾸러미에서 두 개를 영국인 이웃에게 나누어준다면, 나는 도덕적 신뢰를 얻을 뿐 아니라(거기다 부수적인 효과로 영국인들로부터 나의 관대함에 대한 감사도 받을 것이다) 더 나아가 꾸러미 다섯 개를 독차지할 수도 있다!

고향에 있을 때 "가난한 사람"을 돕는 문제로 비슷한 논쟁을 했던 일을 떠올리지 않을 수 없었다. 비인격적인 법률을 통하기보다는 개인적으로 관용을 베푸는 행위를 통해 가난한 자들을 도울 때 더 도덕적이라는 주장을 들었던 것이다. 그렇게 할 때 우리의 재산에는 실제적으로 손대지 않으면서, 우리의 양심은 편할 수 있으니 더 좋은 것 아니냐는 주장이었다.

이렇게 하루 종일 열띤 토론을 벌인 후, 나는 이웃에게 진정으로 인간적이 되는 것이 이렇게 어려운 일이라는 사실에 충격을 받으면서 집으로 돌아왔다. 또한 이런 어려움에 직면하지 않고 교묘하게 피할 수 있는 방법이 그렇게 많다는 사실에도 충격을 받았다. 물론 이번 경우에는 자신의 이기심을 내리누르기가 힘든 것이 사실이었다. 특히 배고픈 아이들을 책임져야 하는 부모들에게는 더욱 그랬다.

사람이 배가 고프고, 무의식적으로 더 심각한 상황이 올 수 있다고 느끼는 상황에서는 사실 음식 꾸러미 7개 반으로도 부족함을 느낄 수 있다. 이 7개의 꾸러미도 다 떨어진 상황을 상상하기 시작하는 것이다. 그러다보면 꾸러미에서 한 개라도 이웃에게 빼앗기거나, 혹은 6-7개 대신 3-4개만 받게 될지도 모른다고 생각해도, 이 꾸러미들이 도착하기 전보다 훨씬 극심한 불안을 느끼게 된다.

물건을 소유하는 데는 질리는 법이 없는 것 같다. 불확실한 미래를 대비해서는 아무리 쌓아놓아도 불충분해 보이며, 그래서 더 쌓으려는 욕구에는 끝이 없다. 그래서 다른 때 같았으면 평범하고 존경받을 만한 사람들이, 미래에 대한 끝없는 두려움에 사로잡혀서는 가능한 한 많이 자기 것을 주장하게 된다. 동시에 이웃의 필요는 희미한 배경으로 밀려나고 만다. 이런 상황에 처한 인간에게는 관대한 행동을 할 수 있는 자유가 없으며 오직 자기 이익에 충실할 수밖에 없어 보인다.

그래서 브레히트도 『서푼짜리 오페라』에서 이렇게 썼다.

아무리 성자 같은 사람도 식사다운 식사를 못하면
죄인처럼 행동할 것이다.

그리고 다른 곳에서는 이렇게 말했다.

무엇이 사람을 살아 있게 만드는가?
사람은 다른 사람들에게 의지해서 살아간다.
그러고는 그들이 자신의 형제였다는 사실을 잊어버린다.

바로 이것이 우리 모두의 현실이었다. 하지만 많은 사람이 이것을 우리의 실제 모습으로 인정하기 힘들어한다. 우리 안에 있는 무엇, 즉 계속 "도덕적"이고 싶어하는 이상한 욕구가 이 이기심으로 손상을 입는다. 그래서 이기심을 인정하기를 거부하면서 우리는 위선적이 된다. 내가 만난 사람들만 봐도 솔직하게 자신의 이기심을 드러내는 경우는 거의 없었다. 많은 경우 사람들은 매우 도덕적인 이상주의(하지만 행동은 거부하는) 뒤에 숨는다. 법적이거나 도덕적인 주장, 심지어 종교적인 주장조차 이기적인 자기 행위를 위장하려는 의도를 숨기고 있다. 더 심한 것은, 이런 도덕적인 위장에 자기 자신도 속는다는 사실이다. 그래서 누군가가 자신의 도덕적 관심의 타당성에 의문이라도 제기하면, 바로 그 사람이 가장 놀라고 분노하는 것이다.

　이런 이유로, 나는 이상주의적 의도로는 충분하지 않다는 사실을 처음으로 깨닫게 되었다. 또한 누군가의 이상주의적 열정이 그의 인격의 정도를 측정하는 결정적인 기준이 될 수 없다는 사실도 알게 되었다. 우리는 스스로 "도덕적 원리"라고 여기는 것을 위해 이웃에게 심각한 범죄(정말 심각한 죄이다)를 저지르고 있었다. 이웃에게 해를 끼칠 수 있는 데도 불구하고, 우리가 하려는 행위의 동기가 옳고 공정하다고 스스로를 확신시켰다. 따라서 인간에게 높은 이상을 가르치는 것만으로는 더 선한 인간을 만들어내지 않는다. 단순히 그것을 배우는 사람에게 자신의 안전을 지키려는 의도를 정당화하는 새로운 방법만 제공할 뿐이다.

세상에서 권력과 안전을 쟁취하기 위해 벌어지는 모든 정치적 싸움을 보면 이런 진리가 그대로 드러난다. 개인과 마찬가지로, 계급, 나라, 인종도 자신의 유익을 변호할 때는 먼저 법적이거나 도덕적인 근거를 찾는다. 마르크스는 이런 경향을 "이데올로기"라고 불렀으며, 프로이트는 "합리화"라고 불렀다.

수용소 생활을 경험하고 또 일반 역사가 주는 교훈을 보면서, 일반적으로 인간은 자신의 이익이 걸린 문제 앞에서는 "비도덕적인" 방식으로 행동한다는 생각이 더 확실해졌다. 동시에 인간에게는 이런 욕구만큼이나, 자신의 능력으로는 선해질 수 없는데도 위선을 행해서라도 도덕적이고 선한 사람으로 보이고 싶은 욕망이 있었다.

다음 날 우리는 다시 한 친구의 방에 모여, 우리가 알아낸 사실을 교환한 후 다음 행보를 결정하고자 했다. 내가 대화를 시도한 사람들 중에는 우리와 입장을 같이하는 사람이 없었기에 나는 낙심이 되었다. 그래서 다른 이들은 좀더 좋은 소식을 가져왔겠지 하고 기대했다. 그러나 들어보니 다른 이들의 경험도 내 것과 그리 다르지 않았다.

대다수 사람들은 이런저런 다양한 근거를 대며, 저 7인 대표단을 지지하여 구호품은 미국인이 가져야 한다고 생각하고 있었다. 이런 상태로는 투표를 감행하는 것은 불가능해 보였다. 우리는 크게 실망하지 않을 수 없었지만, 괜히 투표를 실시해서 미국인들이 다른 수감자들에게 갖고 있는 냉담한 생각이 공식적으로 드러나면 지금의 불행한 상황만 더 악화될 것이 분명했다.

그날 밤 우울한 마음으로 친구들과 헤어진 후, 나는 이런 생각을 했다. "만일 사람들이 자신들이 원하는 만큼 합리적이고 선하다면, 분명 투표를 실시해서 큰 표 차로 이길 수 있었을 텐데. 그런데 우린 투표를 실시하지도 못하다니!"

며칠 후, 도쿄에서 결정 사항이 내려왔다. 즉시로 그 내용은 수용소에 공포되었다. 모든 수감자에게 구호품 한 꾸러미씩을 배급하겠다는 것이었다. 이 공문서는 다음과 같은 퉁명스러운 문장으로 끝을 맺었다. "이전에 미국인들에게 주기로 했던 나머지 100개의 꾸러미는 다른 수용소로 보낸다."

7개 반을 전부 달라는 미국인들의 요구는 결국, 그들에게 돌아갈 수도 있었던 반 꾸러미의 음식을 잃는 결과를 가져오고 말았다. 스탠과 나는 이 일을 보면서 조금 냉정하긴 하지만, 하나님이 적의 권세를 사용해서라도 인간사에 하나님의 정의를 이루신다는 것을 알 수 있었다. 수용소는 다시 안정되었으며, 모두가 받은 물건들로 기뻐했다. 몹시도 원하던 물건들을 누리는 기쁨에 그간의 어려움까지 잊혀졌다.

야비하기까지 했던 이 모든 이야기는 우스꽝스러운 결말로 끝났다. 싸움이 끝난 후 저 엄청난 구호품 더미를 조사하다 보니, 음식물 꾸러미 말고도 남아프리카공화국 적십자가 보낸 200켤레의 신발이 있다는 사실이 발견되었다. 이것은 많은 미국인들에게 미국 바깥에도 적십자의 박애 정신이 있다는 사실을 상기시켜주었다. 다행히 우리 중에 있던 두 명의 남아프리카인이 다음과 같은 공고를 붙였다. 그리고 이것을 읽은 모든 사람이 안도할 수 있었다.

> 앞서의 선례를 따라 우리 남아프리카공화국 공동체는 우리나라 적십자가 보낸 200켤레의 신발에 대해 권리를 주장하는 바입니다. 따라서 우리는 이 신발이 우리 소유라는 권리를 표시하기 위해 3일 동안 이 신발들을 다 신어보겠습니다. 그런 후에는 우리가 쓰지 않을 때, 남아프리카공화국 국민이 아닌 분들 중 원하는 모든 분들에게 기꺼이 빌려드리겠습니다.

이런 갈등(처음에는 공간, 다음에는 음식)을 경험하면서, 공동체에 속한 인간과 인간의 삶에 대해, 그리고 인간이 진실로 어떤 존재인지에 대해 깊이 생각하지 않을 수 없었다. 분명한 것은, 인간은 스스로 믿는 것만큼 그렇게 도덕적이지도 합리적이지도 않다는 사실이었다. 너무도 자주 나는, 인간의 지성과 관념이 모두 자신의 전체적 자아의 도구 역할을 하는 것을 목도했다. 또한 이 전체적 자아는 오로지 자신의 복리에만 신경 쓸 뿐, 이웃을 존중하거나 공정하게 대할 자유는 없는 것 같았다(그럼에도 자신의 행동에 대해 합리적이고 도덕적인 근거를 찾기 위해서는 충분히 "자유로웠다").

그렇다면 이런 불행한 상황의 원인은 뭘까? 왜 우리는 우리가 원하는 모습 또는 그런 척하는 모습과 다른 것일까? 문제를 일으키는 것은 저 하위 본능, 즉 "우리 안에 있는 원숭이" 때문일까? 아니면 더 어려운 말로 표현해서, 아직 합리적 통제 안에 들어오지 않은 동물적 본능 때문일까? 현대 지식인들은 우리 문제를 이런 식으로 이해하고, 과학적 탐구를 통해 이런 하위 본능을 다루는 법을 알게 되면 인간의 가장 중요한 딜레마가 풀릴 것이라고 믿는 경향이 있다.

그러나 우리의 경험을 통해 볼 때, 한편으로는 하위 본능이니 상위 본능이니 우리 자신을 일련의 본능들로 구분하고, 다른 한편으로는 우리의 지성을 합리적 통제에 들어온 부분과 그렇지 않은 부분으로 나누는 것은, 인간 행동이 보여주는 실제적인 복합성을 설명하기에는 너무 단순한 이분법이다. 수감자들 사이에서 현저하게 나타나는 이기심은 단순히 "본능적인" 것이 결코 아니었다. 그 뿌리는 자신의 안전에 대한 두려움에 있었다. 이런 두려움은 자의식이 있고 지적인 존재만이 경험할 수 있는 것이다. 따라서 꾸러미 7개 반을 다 갖겠다는 주장은 "동물적인" 반응이 아닌 "인간적인" 반응이라고 보는 것이 맞다.

인간의 지성만이 미래를 내다볼 수 있으며, 꾸러미를 네다섯 개 차지해도 몇 달 후면 다시 궁핍에 처한다는 사실을 계산할 수 있다. 그렇게 먼 미래에 다가올 위험을 감지하면서 적어도 꾸러미 7개는 있어야 안전할 거라는 생각을 굳히게 된다. 단순히 본능적이거나 동물적인 반응이라면 순간적인 만족을 요구했을 것이다. 현재와 미래에 닥칠 위험을 감지했을 때, 삶의 모든 우발적 사건들로부터 자신을 보호하기 위해 재빨리 움직인 것은 다름 아닌 놀란 우리의 인간 영혼이었다.

이렇게 인간의 지성은 본능적인 "살려는 의지"에 차원들을 더한다. 그리고 이 차원들은 각각 그 의지의 성격을 변화시킨다. 처음에는 단순히 살려는 의지가, 의식적이고 지적인 것이 되면 곧 힘을 소유하려는 역동적 의지, 무한히 물건을 소유하려는 의미로 변한다. 인간이나 동물이나 모두 살아남고 싶어하는 욕구는 같다. 이런 욕구는 "본능적"이라 할 수 있다. 하지만 인간은 본능뿐 아니라 영혼으로, 또한 기질적인 충동뿐 아니라 지성으로 이루어진 존재다. 그래서 자신의 목표를 달성하기 위해 동료에게 훨씬 더 큰 위험을 가할 수도 있고, 물건을 가지려는 욕구에 있어서도 훨씬 탐욕스러울 수 있다. 이런 인간의 행위를 "본능"이라고 부르는 것은, 우리의 동물 사촌들이 갖는 상대적인 순수성을 훼손시키는 행위인 동시에, 우리 본성 안에 훨씬 더 깊게 자리하는 영적이고 정신적이고 의식적인 요소들의 혐의를 부인하는 행위다.

따라서 지금 본 것처럼, 인간의 문제는 현명한 지성과 헌신적인 의지가 반항적인 본능적 성향을 통제해야 하는 그런 단순한 문제가 아니다. 오히려 인간은 하나의 총체적인 존재, 즉 육체와 본능, 의식과 무의식, 지식과 의지가 서로 복잡하게 뒤얽혀 있는 통합체로 이해되어야 한다. 지성과 의지라는 "더 높은" 힘을 창조적으로 사용할 것인가, 아니면 파괴적으로 사용할 것인가를 결정하는 것은, 완전한 정신 물리학적 유기체, 즉 완전한 현존하는 자아인 것이다.

따라서 어떤 사람이 도덕적으로 건강한지 아닌지는 무엇보다, 그의 자아가 가지는 근본적인 성향, 방향성, 충성도에 의존한다. 말하자면 존재의 가장 깊은 차원이 갖는 "방향성"에서 그의 영적 일관성이 나온다는 말이다. 하지만 너무나 슬프게도, 우리의 진짜 자아는 안을 향하고 있으며, 나만의 복지를 향하고 있다. 우리는 이 안에 너무도 침잠한 나머지, 우리 안에 이런 것이 있는지조차 알지 못한다. 따라서 이런 딜레마에서 우리를 구하는 일은 더욱 힘들게 된다.

눈앞에 펼쳐진 인간 존재에 대한 이런 진리를 깨달으면서, 그동안 수용소 생활에 바빠 거의 잊고 있었던 신학 사상들이 생각났다. 그중에서도 내게는 원죄 사상이 가장 설득력 있게 다가왔다.

역설적이었던 것은, 기독교 신앙과 관련된 사상 중에서 보통 사람들이 가장 의심하는 이 원죄 사상이 지금 상황을 가장 설득력 있게 설명한다는 점이었다. 물론 전통적인 원죄 사상은 많은 부분 현재의 우리에게는 진부해 보인다. 십중팔구 아담과 하와 같은 한 쌍의 조상 부부는 존재하지 않았을지도 모른다. 어쨌든 이 문제는 생물학이나 인류학 같은 학문이 결정할 사안이다. 그 둘이 한 번 불순종한 행동이 우리에게 유전되어 전 인류의 타락을 가져왔다는 가정을 믿고 싶거나 믿을 수 있는 사람은 별로 없을 것이다. 우리의 문제를 아담으로부터 받은 유전 탓으로 돌리는 것은, 진화상 조상인 동물을 탓하는 것만큼이나 무익하고 책임을 회피하는 태도이리라!

하지만 사람들의 실제적인 사회적 행동을 보면 이런 신학적 개념, 즉 우리는 선을 원하지만 의지에 있어서 악하다는 원리가 그 어떤 판단 기준보다 더 잘 우리의 경험을 설명해준다. 내가 수용소에서 본 것은, 바로 원죄론이 말하는 것이었다.

분명히 수용소의 모든 사람은 같은 문제에 관련되어 있었다. 완전한 의인은 단 한 사람도 없었다. 소위 "선한" 사람도, "악한" 사람도, 이런 긴장 상황에서 객관성을 유지하며 이웃에게 관대하고 공정하게 행동하는 일이 극도로 어렵다는 것을(불가능은 아니라 할지라도) 알게 되었다. 게다가 우리 내면의 어떤 힘은 우리로 하여금 다른 사람의 이익보다는 우리 자신의 이익을 추구하도록 만드는 것 같았다. 우리는 자신이 원하는 자아, 또는 스스로가 그렇다고 믿고 싶은 자아가 아니었다. 우리는 자발적으로, 동시에 어쩔 수 없이 불가항력적으로 자기 사랑에 붙들려 있었다. 스스로의 힘으로 거기서 벗어나는 것은 불가능해 보였다. 왜냐하면 우리의 의지 자체가 잘못되어 있었기 때문이다. 우리가 뭔가를 의지할 때마다 그렇게 의지하도록 하는 것은 우리 자신의 왜곡된 의지였다. 그래서 우리는 선한 것을 원할 수 없었다. 주어진 상황에서 우리가 행하고 싶은 바를 무엇이든 마음껏 원할 수 있는 자유가 있음에도 불구하고, 우리에게는 서로 사랑하기를 원할 자유는 없었다. 왜냐하면 우리의 의지는 그것을 정말로 원하지 않기 때문이었다. 문자 그대로 우리는 우리 자신의 죄에 매여 있었다.

분명히 이것은 인간과 인간의 본질적 문제를 바라보는 내용이기도 했으며, 동시에 내가 경험한 내용이기도 했다.

기독교가 말하는 인간의 모습과, 스스로 인간에 대해 알게 된 사실이 일치함을 보면서, 바로 이것이 기독교의 원죄 사상이 말하려는 바였음을 깨달았다. 원죄 사상이 말하는 "타락"과 "원죄"의 상징들은 아담 개인의 문제가 아니었다. 오히려 그것은 우리의 진짜 자아가 가지는 근본적인 이기심이었다. 이 이기심은 우리 개인의 생각과 행동 저 깊은 곳에서 행위를 결정하고 방향을 정한 다음, 일상생활에서 늘 목격되는 그런 실제적인 잘못된 행동으로 우리를 끌고 간다. 에덴동산에서 이루어진 아담과 하와의 행위나, 아우구스티누스의 원죄의 유전 개념은, 이런 거부할 수 없는 인간 존재의 현실이 어떻게 나타났는지, 인간이 어떻게 이런 어려움에 처하게 되었는지를 설명하려는 기독교 사상가들의 설명 또는 이론이었다.

유감스럽게도 이런 상징들이 지시하고 설명하는 문제들은 우리의 일상적인 경험에서 부인할 수 없이 선명하게 드러났다. 현대의 지식이 아담의 이야기와 그의 실수에 대해 무슨 설명을 하든 상관없이 말이다.

7
설탕, 그리고 정치

정치가 따분한 경우는 거의 없다. 위헌 수용소에서도 마찬가지였다. 도착한 날부터 떠나는 날까지, 권력, 법률, 행정과 관련된 문제는 우리가 직면한 가장 흥미로우면서도 곤혹스러운 문제였다. 하루하루가 지나면서 우리는 대부분의 사회학자들이 추상적으로 토론하는 수많은 문제와 직면했다. 그리고 우리는 그 문제들을 실제적으로 해결해야 했다. 행정부는 어떻게 구성되어야 하는가? 최고의 리더는 어떤 방식으로 뽑을 수 있는가? 왜 민주주의 통치가 비교적 나은 통치 방식인가? (만일 민주주의가 낫다면) 행정부에게 통치권을 충분히 주면서도 독재를 방지하려면 어떻게 해야 하는가? 삶의 도덕적 측면과, 인간 공동체 안에 있는 법과 권력의 역할은 어떤 상관관계를 가지는가?

우리는 매일 이런 문제들과 씨름했다. 이 문제 중 어떤 것도 완전히 해결됐다고는 말할 수 없다. 수학 이론이나 기술적인 문제와는 달리, 정치적인 문제는 사물이 아닌 사람과 사람의 관계와 연관되기 때문에, 완전한 해결이란 있을 수 없다. 하지만 우리는 인간이 정치적으로 다뤄야 할 문제들에 대해 많은 것을 직접 배울 수 있었다.

모든 수용소가 우리와 같은 이런 독특한 정치적 문제에 직면하는 것은 아니었다. 많은 민간인 수용소의 경우에는 일본인들이 다스렸기 때문에 이런 자유가 허용되지 않았다. 수용소 안에서 누리는 이런 내부의 자유는 큰 혜택이기도 했지만, 동시에 우리에게는 이 작은 사회를 능률적으로 다스리기 위한 충분한 권력을 만들어내야 한다는 과제도 생겼다.

이런 점에서 민간인 포로수용소인 우리 수용소는 다른 전쟁포로수용소와 매우 달랐다. 군대가 관리하는 수용소의 통치 서열은 처음부터 군대식으로 정해진다. 그래서 수용소 리더가 바로 군대의 통솔자가 된다. 수용소가 잘 굴러가기 위해서는, 군대의 갖가지 규칙을 새로운 상황에 맞게, 현명하고 인간적으로 적용시킬 수 있는 통솔자의 상식과 재능만 있으면 된다. 수용소를 통치하는 모든 문제와 외교적인 문제(적을 다루는 문제이므로)가 오직 그에게 달려 있는 것이다. 하지만 이 경우에는 "정치적인" 문제는 해당되지 않는다. 왜냐하면 통솔자가 계급장을 달고 있는 한, 정치적인 문제는 결코 생기지 않기 때문이다. 역사가 반복적으로 보여주듯, 군을 통솔하는 것과 민간인을 통솔하는 것(정치)은 다르다는 사실이 자주 간과된다. 또한 가장 성공적인 군대 통솔자라도 늘 정치적으로 성공하는 것은 아니라는 것도 사실이다.

정치의 제1 관심은 권력의 "사용"이 아니라 권력의 "생성"이다. 동시에 정치는 권위를 얻고 유지하는 데도 관심을 쏟는다. 위대한 "정치" 천재들도 왕이나 장군만큼 잘 다스릴 수 있다. 하지만 그들을 "정치적 동물" 또는 "타고난 정치인"으로 만드는 것은 이런 다스리는 능력 자체가 아니라, 리더로서의 역할을 맡고 유지하기 위해 (한두 가지 방법으로) 자신에게 권력을 끌어오는 능력이다. 통치권, 즉 합법적이고 통제된 권력을 가지는 문제는 인간과 사회 양측에 정치적 문제를 초래한다. 이 문제는 모든 사회가 풀어야 하는 문제다. 정치적으로 풀 수 없다면 "국민적 지도자(독재자)"에 의해서라도 풀려야 한다. 따라서 민주주의와 정치의 쌍은(이상과 천박한 현실이라는 상반되는 쌍으로도 종종 비쳐진다) 함께 일하거나 아니면 함께 망한다.

민주주의는 오직 정치적 수단에 의해서 권위와 권력이 세워지는 사회 통치 구조다. 민주주의에서는 일반 시민(세습 통치자와 반대되는)이 설득과 정치적 압력(무력 사용이 아닌)을 통해 다른 사람의 동의를 끌어내 자신의 통치를 합법화한다. 모든 미국 대통령이 알고 있듯, 권위를 얻고 유지하는 일은 자신의 정치적 수완과 무력을 사용하지 않고도 자신이 해야 할 일을 완수해내는 권력을 이끌어내는 능력에 달려 있다. 만일 이런 정치적 직무를 감당할 역량이 없다면 민주주의 사회에서 통치권은 오래 갈 수 없다.

우리 수용소 공동체는 가장 기본적인 형태의 정치 문제들에 직면했다. 수용소에 도착했을 당시에는 정부를 이루기 위한 기초가 전혀 없었다. 모두 서구인이라는 점만 뺀다면 우리만큼 이질적인 무리도 없었다. 이렇게 조직력이 없는, 지금 막 시작된 공동체에서는 자주 무기를 가진 자들이 거친 형태의 예비 통치권을 세우고 유지한다. 그러다가 나중에 공통된 특징이 나타나기 시작하면, 무력의 힘에 기반을 두는 이 권력은 동의에 기초하는 권력으로 대체될 수 있다. 하지만 우리 수용소의 경우에는 질서를 세울 이런 초기 단계가 불가능했다. 왜냐하면 일본인들이 모든 무력 도구들을 장악하고 있었기 때문이다. 따라서 수용소 내 질서를 유지하는 것은 미숙한 신출내기 정부가 아니라 일본인들이었다. 우리와 같은 정부, 즉 책임은 가지지만 권위를 발휘할 가시적인 수단은 없는 정부는(현 미국의 문제와 매우 유사하다) 괴롭고 당혹스러운 일에 직면하게 된다는 사실을 우리는 곧 깨달았다.

이런 경험을 통해서 나는 다음과 같은 몇 가지를 배웠다. 첫째, 안정적인 정부 또는 법률 체계를 세우려면 반드시 최선을 다해 공의와 평등의 원리를 따라야 한다. 둘째, 정부는 결국 자신이 다스리는 공동체의 통합된 "도덕적" 힘에 의존할 수밖에 없다. 셋째, 그렇지만 통치 능력은 동시에 강압적인 권력에도 달려 있다. 강압적인 권력은 정부의 뜻에 복종하도록 강요하는 데에도, 공동체의 법을 심하게 거스른 자들을 벌하는 데에도 유용하다. 합법적인 정부 권한을 만들어가는 과정에서, 이런 도덕적인 요소와 강압적인 요소가 함께 작용하면서 매우 흥미로운 문제들이 발생한다. 도덕성은 강압적인 힘을 대신할 수는 없다. 하지만 도덕적 힘은 강압적인 힘이 창조적으로 사용되도록 깊은 근간을 제공해야 한다.

정부가 통치하는 데 강압적인 힘이 반드시 필요하다는 사실을 처음 알게 된 것은, 숙소 팀에서 일할 때였다. 숙소를 좀더 효율적으로 배정하기 위해서(다시 말해 좀더 공정하게 배정하기 위해서) 우리는 계속해서 사람들의 방을 옮겨야 했다. 앞에서도 말했듯, 처음에는 이 일이 "공정하다"는 사실만 증명되면 사람들이 쉽게 움직여줄 줄 알았다. 하지만 이런 생각은 곧 환상으로 밝혀졌다. 그 다음에 나는 사람들이 합법적인 권위의 명령에는 자진해서 순종할 것이라고 생각했다(이렇게 생각한 데는 학교 교육의 책임이 컸다). 우리는 "임명된" 권위자들이었다. 하지만 우리는 여전히 우리 일이나 신경 쓰라는 말을 들어야 했다.

따라서 우리에게는 권력의 문제가 생겨났다. 위원회가 공정하다고 생각하는 바를 실행하려면, 반드시 사람들로 하여금 그 계획에 따르도록 만들어야 했다. 하지만 설득으로도 안 되고, 명령으로도 안 된다면, 도대체 어떻게 공의가 실행될 수 있을까? 그리하여 이때 처음으로 나는 평화주의자나 무정부주의자들의 이론과는 달리(예전에는 이 이론에 동의했지만), 공의가 실제로 실행되기 위해서는 합법적인 무력도 필요하다는 생각을 하게 되었다.

수용소에서 넉달 정도 지냈을 무렵, 이즈가 다음과 같은 지시를 했다. 즉 열흘 후에 40여 명의 벨기에인이 도착할 것이니, 이 가족들이 머물 수 있도록 방 열 개를 비워야 한다는 것이었다. 우리는 숨이 턱 막혔다. 지금 있는 사람들로도 너무 비좁아서 여유 공간을 만드는 것이 그렇게 어려웠는데(위험까지는 아니더라도), 짧은 시간에 이 낯선 사람들을 위해 어떻게 방을 준비한단 말인가?

이즈는 무심하게 어깨를 으쓱이면서 이렇게 말했다. "무슨 일이 있어도 방은 꼭 준비해야 합니다." 그러더니 반박할 수 없는 논리를 대며 덧붙였다. "새로 도착하는 사람들이 여기 와서 춥고 축축한 밖에서 자는 것보다는 지금 있는 사람들이 방을 옮기는 게 훨씬 공정하지 않겠어요?"

이즈의 말은 맞았다. 방은 마련되어야 했다. 분명히, 방을 찾을 길이 보이지 않는다는 것보다 방이 있어야 한다는 사실이 훨씬 중요했다.

수용소 지도를 쭉 훑어보니, 두 가지 가능성이 보였다. 작은 방에 기거하는 독신 남성 30여 명을 기숙사로 옮기거나, 아니면 비슷한 수의 독신 여성들을 옮기는 방법이 있었다. 가족들을 기숙사로 옮길 수도 없고, 벨기에 가족들을 기숙사에 거처하게 할 수도 없었기 때문에 독신 여성이나 남성을 대규모로 이동시키는 것이 유일한 대안이었다. 하지만 도대체 어느 그룹이 옮겨야 할까?

"옳은 일"을 하려는 사람에게 이것은 괴로운 질문이었다. 공명정대한 마음으로 보면, 여자보다는 남자를 이동시키는 편이 옳다는 것을 누구나 알 수 있었다. 대체로 여성들이 나이도 더 많았고 건강도 약했으며, 수용소 생활의 혹독함으로 더 큰 고통을 받고 있었다. 모든 면을 고려할 때, 여성들이 남고 30명의 남성들을 옮겨야 한다는 결론이 나왔다. 통치가 도덕적인 근거에 의해서만 행해진다면, 우리는 즉시 이렇게 시행해야 했다. 하지만 우리가 알게 된 바로는, 통치는 도덕적 근거로만 행해지는 것이 아니었다. 권력 또한 정치 방정식의 일부였던 것이다. "옳은가?"라는 질문만큼이나 "가능할까?"라는 질문이 관련되어 있었다.

먼저 우리는 독신 남성들에게 가서 지시 사항을 전했다. 하지만 그들은 작은 방에서 세 명씩 비좁게 살고 있음에도 기숙사로 가는 것은 딱 잘라 거부했다. 이제는 그리 놀랍지도 않았다. 합리적으로 설득하고 도덕적으로 압박을 가하는 것은 소용이 없었다. 그들은 다른 사람이 옮겨야 공정하다는 새로운 이유만 찾아낼 뿐이었다.

"전쟁이 일어나기 전에 아내들을 본국으로 돌려보내라고 정부가 명령을 내려서 그렇게 한 거 아닙니까?" 한 사람이 항변했다. "저 빌어먹을 여자들은 중국을 떠나라는 영사관의 단호한 명령에도 불구하고 여기 머문 거 아닙니까? 우리는 여기 머무를 수밖에 없었지만, 여자들은 그렇지 않아요. 그런데 왜 우리가 그 여자들을 위해 방을 옮겨야 합니까?"

"하지만 여자분들 상당수가 비서와 교사입니다. 회사 중역이신 여러분만큼이나 이곳 중국에 꼭 필요한 분들이었죠." 내가 반박했다.

"당신 말이 맞을 수도 있지만, 우리는 방을 옮기지 않을 겁니다. 아무리 위원회가 애써도, 우리 30명을 어떻게 할 수는 없을 겁니다."

도대체 우리가 무엇을 할 수 있었겠는가? 이들은 단합되지 않아서 우리에게 반기를 들 수 없었던 개별 가정들과는 달랐다. 이들 30명의 남자들은 힘을 합할 때 자신들이 어떤 힘을 가질 수 있는지 잘 알고 있었으며, 싸우고자 하는 의지를 가지고 있었다. 어떻게 그들을 방으로부터 나오게 할 수 있겠는가? 일본인 경비를 부를까도 잠시 생각했다. 하지만 즉시 그 생각은 접었다. 너무 위험했다. 경비들이 개입해서 난장판이 벌어지면 결국 누군가 다치거나 죽을 수도 있었다. 우리 이미지는 고사하고, 수용소 안에서 동요와 몸싸움이라도 벌어지면 누구나 경비를 부르는 일이 벌어질 수도 있었다. 육체적 저항이 없을 거라는 확신이 있어야만, 일본 군대에 도움을 요청하는 것도 고려할 수 있었다.

실망한 우리들은 수감자 징계 위원회로 가서 혹시 우리를 위해 해줄 수 있는 일은 없는지 알아보았다. 수용소 내의 남성들을 징발해서 이 고집 센 독신 남자들을 옮기게 할 수 있는지 물어보았다.

"절대 안 됩니다." 실제적 책임자인 이언 캠벨이 말했다. "그 사람들을 옮기려면 적어도 50명은 징집해야 합니다. 하지만 건장한 남성들은 다 이 독신 남성들 편에 설 겁니다. 사실 이들은 그들을 도와 당신에게 대항할 수도 있습니다. 여기서 그런 싸움이 벌어지게 할 생각은 추호도 없습니다. 차라리 조용히 여자들을 옮기고 그 일은 빨리 잊어버리는 게 상책일 것 같군요."

"하지만 그건 '옳지' 않아요!" 나는 화가 나서 큰 소리로 말했다. "여자들을 강제로 옮기느니 차라리 내 성을 갈겠어요. 그건 불공평합니다! 남자들을 옮길 수 없으니까 여자들을 옮기는 거니까요! 그들에게 뭐라고 말할 수 있겠습니까? 그것이 옳지 않다는 걸 내가 알고 있는데, 어떻게 그들에게 옳은 일이라고 설득할 수 있겠습니까?"

"그럼, 어쩌겠다는 겁니까? 공정한 방법으로 방을 구할 수 없으니 벨기에인들을 추운 바깥에서 자게 하겠다는 겁니까?" 캠벨은 자신의 논리가 이겼다는 걸 알고는 씩 웃으며 이렇게 물었다. "벨기에인들을 고통받게 하는 것이(그들의 고통이 독신 여성들의 고통보다 훨씬 클 텐데) 그나마 양심의 가책을 덜어줄까요? 그렇지 않습니다. 내 충고대로 가서 독신 여성들을 옮기세요."

정말 그러고 싶지 않았지만, 캠벨의 말이 옳다는 것을 인정할 수밖에 없었다. 결국 나는 쉴즈에게 여성들을 옮기자고 제안했다. 늘 그랬듯이, 여성들이 남성들보다 다루기 쉬웠다. 하지만 정작 우리 숙소 팀 사람들은 이런 우리의 행동을 기뻐할 수 없었다. 그리고 미심쩍어하는 여성들에게 이렇게 하는 것이 "옳은 일"이라고 설득하면서도 정작 우리 자신에게는 전혀 설득력이 없게 들렸다.

어쨌든 내게는 이 일이 정의에 어긋난 일, 그래서 중요한 일로 느껴졌다. 그래서 여기에 대해 많이 생각했다. 정치적 행동은 협상을 수반했다. 놀랍게도 내가 알게 된 것은, 앞과 같은 우리 행동이 덜 현실적인 이상주의적 길을 따를 때보다 실제적으로는 더 도덕적이라는 사실이었다. 왜냐하면 공동체 생활을 이끌어가는 어떤 행동 계획도 그것이 실행되지 않으면 공의로운 것이 될 수 없기 때문이다. 자유로운 방관자들의 마음에는 늘 이상적인 해결책이 떠오를 수 있고, 이런 해결책은 우리 마음에 그럴듯해 보일 수 있다. 그러나 이 방법들이 정치적으로 무용지물이고 실행될 가능성도 없다면, 도덕적인 가치도 전혀 가질 수 없다. 이런 해결책은 "공정함"을 주장할 수 없다. 왜냐하면 당면 문제에 적절하지도 않고 현실성도 없기 때문이다. 이상주의적 기반 위에서 여성들을 옮기기를 거부하는 것은 공정한 처사가 될 수 없었다. 무책임한 결과만 가져올 뿐이었다. 그리고 벨기에인들을 노숙자로 만드는 정치적 행위야말로 가장 불공정한 행위였다. 이번 경우에는, 도덕적인 차원에서 나의 도덕적 원칙이 절충되어야 할 필요가 있었다.

내가 내린 결론은 다음과 같았다. 즉 이번 경우에 "순수한" 정의가 전혀 적절하지 않았던 것은, 권력이라는 이상한 요소가 개입되었기 때문이었다. 본질적으로 정치는 가능성을 다루지, 이상을 다루지 않는다. 근본적으로 정치는 실제 삶에서 일어나는 공동체의 문제들에 대해 해결책을 실행하는 것이지, 사고의 영역에서 지적인 문제들에 대한 해결책을 생각해내는 것이 아니다(비록 그 실행을 생각해내는 것이 중요하지만). 이런 이유로, 정치적 행위는 그 해결책을 실행에 옮길 수 있는 권력의 크기에 의해 제한을 받는다. 여기서 공정할 수 있는 능력은 실행할 수 있는 능력과 정확하게 비례한다. 따라서 나는, 평화주의자들의 주장처럼 권력과 사회적 정의가 반대되는 것이 아니라, 오히려 서로 연결되어 있다고 믿게 되었다.

또 내가 깨달은 것은, 사태의 추이나 심지어 우리 자신조차도 우리의 최고의 이상이나 기준에 의해 쉽게 정해지는 것은 아니라는 사실이었다. 모든 정치적 결정은 주어진 상황 안에서 그 순간에 작동하는 사회적 힘과 균형을 맞춘 한에서 이루어진다. 각각의 결정은 이 특수한 상황이 허용하는 가능성 안에서 최선의 것을 선택하는 것이다. 정치적인 영역에서는 옳기 때문에 행하는 것이 아니었다. 이런저런 압력 아래서 공동체 내의 중요한 사안들을 한두 가지 방법으로 해결하려는 행동을 하는 것이다. 우리는 실행 가능한 그 해결책이 상황을 해결할 수 있으며, 그나마 가장 공정한 해결책이기를 소망하고 바란다. 하지만 결정적으로 중요한 것은, 그 해결책으로 주어진 문제가 창조적으로 해결되고 공동체의 삶이 지속되는 것이다. 따라서 이번 경우에는 벨기에인들이 축축한 바깥에서 자지 않고 적어도 방에서 자게 되었다는 데 만족할 수밖에 없었다.

초창기에 숙소 팀에서 일했던 우리 멤버는 선거가 아니라 임명을 통해 그 자리에 가게 되었다. 나는 개인적으로 민주주의를 신봉하긴 했지만, 처음에는 내가 임명되었다는 사실이 그리 고통스럽지 않았다. 처음에는 수용소 정부를 세워나가는 데 좀더 민주적인 방법을 사용하는 것이 바람직했다는 생각도 하지 못했다. 그저 나는 내 일이 좋았고, "중요 인물"이 된 것이 기뻤다. 선거를 한다는 생각은, 수준이 되는 정치 지도자를 뽑겠다는 약속보다는 오히려 내 자리를 위협하는 것으로 비쳐졌다.

하지만 곧 나의 태도는, 지도자 위치에 있던 다른 이들과 마찬가지로, 바뀌고 있었다. 이런 변화에 가장 큰 영향을 끼쳤던 것은, 문제를 해결하려고 애쓸 때마다 사람들이 우리에게 했던 말이었다. 누군가의 숙소를 옮기려 하거나 누군가의 열악한 상황을 바꿔보려고 노력할 때면 우리는 이런 의심 섞인 질문을 들어야 했다. "당신들이 무슨 권리로 여기 와서 우리더러 숙소를 옮기라고 하는 거요? 우리가 숙소를 옮기는 게 그렇게 중요한 문제면 당신은 왜 옮기지 않는 거요? 그리고 당신 친구들은 왜 옮기지 않는 거요? 말이 난 김에 하는데, 보아하니 다른 위원회 일원들도 숙소를 옮기지 않더군요!"

이런 의심의 눈초리가 사라지지 않는 것은, 우리가 임명을 통해 관직을 얻었기 때문이었다. 또한 우리는 "권한을 어떻게 얻었느냐?"라는 질문에 대답할 수도 없었다. 우리 권한은 단순히 다른 위원회 멤버로부터 얻은 것이지, 우리가 다루어야 할 사람들로부터 얻은 것이 아니었다. 엄밀한 의미에서 보면 이것은 불법적인 권한이었다.

민주주의가 정부 형태로서 지극히 중요하다는 생각이 새삼 분명해지기 시작했다. 민주주의 체제에서 권위는, 권위를 사용해야 할 바로 그 대상자들로부터 나온다. 따라서 권위의 합법성을 묻는 질문에 합리적으로 대답할 수 있다. 만일 내가 선거를 통해 뽑혔다면, 이렇게 대답할 수 있었을 것이다. "어떻게 권한을 얻었냐고요? 바로 당신들로부터지요! 그러니 우리가 정직하게 일한다고 느껴지지 않으면 다음 선거에는 다른 사람을 뽑으세요."

이런 이유로, 처음에는 임명이라는 안전한 길에서 특혜를 누리던 바로 그 사람들이 나중에는 선거로 지위를 얻는 위험을 감수하고 싶어하게 되었다. 이것은 "민주주의에 대한 신뢰" 때문이 아니었다(비록 대부분이 민주주의를 신뢰하는 것은 사실이지만). 오히려 트집 잡는 대중으로 하여금, 우리가 해야 하는 인기 없는 행동들에 대해 얼마간의 책임을 함께 지도록 강제할 필요가 있었기 때문이었다. 배급 팀의 한 사람은 이렇게 말했다. "늘 불평을 늘어놓는 저 사람들이 나를 이 자리에 세우는 게 낫겠어. 그러면 아무리 일을 못한다고, 정직하지 못하다고 나를 욕해도 참을 수 있을 것 같아. 왜냐하면 어차피 그들이 나를 뽑았으니까 말이야! 그렇게 되면 내가 잘못한 것만큼 그들도 잘못한 셈이니까!"

이런 이유로 수용소 생활을 시작한 지 6개월 후부터는, 매년 두 차례씩 9명의 위원장을 선거로 선출하는 일이 관례가 되었다.

갈등이 일어날 소지가 있거나 불평이 많고 의심의 소지가 있는 모든 직책, 즉 책임감이 요구되는 모든 직책에 대해서 이런 "민주화" 과정이 시행되기 시작했다.

예를 들어 주방 관리자는 정말 큰 책임감이 요구되는 자리였다. 주방에 배급되는 모든 물품과 그곳에서 일하는 사람들을 배정하는 모든 일이 관리자의 손에 달려 있었다. 당연히 사람들은 초라하기 그지없는 배급품일망정, 받은 배급품이 제대로 자신들의 식탁에 오르는지 (때로는 조용하게, 때로는 공공연하게) 의심했다. 이런 의심이 가져온 정치적인 결과는, 다른 경우와 마찬가지로, 주방에 완전한 민주주의 체제를 설립하는 것이었다.

의도하지는 않았지만 우리 주방에 민주주의가 시행되도록 한 장본인이자, 지금 내가 하고자 하는 이야기의 "여주인공"은 위더스푼 부인이었다. 그녀는 남편보다 몸무게가 더 많이 나가는 나이 든 여자였다. 위더스푼 부부는 매우 독특했다. 위더스푼 씨는 변호사 출신으로 키가 작고 조그만 콧수염을 기른 좀 지쳐 보이는 남자로, 절도 성향이 있는 것이 분명했다. 그가 비누를 훔치다 클럽에서 쫓겨난 이야기는 북중국 사회에 파다하게 퍼져 있었다. 중국 소식통들 중에는 그와 카드를 하거나 골프를 치는 사람이 한 명도 없었다. 왜냐하면 소문대로 그는 늘 속임수를 썼기 때문이다. 다행히도 위더스푼 씨는 몇 해 전부터는 이 심각한 행동을 그만두고 선량하게 살아간다고 했다. 어쨌든 몸집이 거대한 자기 부인 곁에 서면 이 변호사는 허약한 갈대처럼 보였다.

위더스푼 부인은 백발에 강한 인상을 가진 고집 센 사람으로 덩치도 산처럼 컸다. 사람들 말로는 그녀가 불쌍한 남편을 못살게 굴 때면, 위더스푼 씨는 마치 폭풍 속에 흔들리는 작은 배 같은 모습이라고 했다. 위더스푼 씨가 작은 방의 문을 뛰쳐나오면 그를 좇아 부인의 급류 같은 말들이 문밖으로 쏟아져 나왔다. 그러면 그는 숙소 옆 작은 정원에 있는 잔잔한 물가를 어슬렁거리며 어찌할 바 모르는 자기 영혼을 진정시키곤 했다. 그런 후 거친 말을 퍼부어대는 아내에게 되돌아가, 조용한 목소리로 자기 의견을 이야기하는 것이었다. 소문에 따르면 위더스푼 씨가 비열한 좀도둑질을 하게 된 것도 부인 때문이었다. 그녀는 남편에게 빈손으로 오면 집에 들이지 않겠다고 협박했다고 한다. 어쨌든 그가 주방에서 그들 부부에게 할당된 양보다 더 많은 음식을 가져가기도 하고, 배급 수레 옆을 지나다 배급품을 가져가려고 했던 것도 사실이었다.

이 이상한 부부는 수용소에 늦게 들어왔는데 배급품, 그중에서도 특히 설탕을 꽤 많이 비축하고 있었다. 그런데 1944년 4월 즈음, 이 비축품이 다 떨어진 것이 분명했다. 갑자기 위더스푼 부인은 주방에 배급되는 설탕에 큰 관심을 보이기 시작했다.

식당 이용자들 사이에서 주방에 배급된 설탕이 조금씩 없어진다는 소문이 돌기 시작했다. 요리사들이 설탕을 집으로 빼돌린다는 소문도 파다했다. 추적해보니 소문의 진원지는 위더스푼 부인이었다. 그녀는 겨울 내내 소문을 솔솔 피우더니, 결국 5월에는 공식적으로 전쟁을 선포했다. 부인은 가가호호 다니며, 주방 운영자들이 설탕을 빼돌리고 물품 저장고 목록을 조작하고 있다고 여론을 몰아가기 시작했다.

주방에서 일하는 우리도 소량의 설탕이 정기적으로 사라진다는 사실, 그리고 고기와 야채는 그보다 더 많이 없어진다는 사실을 잘 알고 있었다. 하지만 운영 팀이 이런 사태를 막기보다 오히려 조장하고 선동한다는 혐의는 명백히 거짓이었다. 하지만 우리가 만들어내는 후식의 시시한 당도에 만족할 수 없었던 사람들은 이런 말에 쉽게 넘어갔다. 결론적으로, 주방에서 만드는 음식이 맛있어야 이 모든 의심이 사라질 수 있었다.

"이봐, 배급품이 다 있는 거 맞아?" "그들이 소금도 훔치는지 잘 살펴보라고." 파렴치한 위더스푼 부인과 그녀의 소문을 믿는 우둔한 식당 이용자들 중에서 누구에게 더 화를 내야할지 모를 지경이었다.

주방 직원들은 식당 이용자들과 전체 회의를 소집하고, 모두 함께 이 문제에 대처하자고 요구했다. 먼저 식당 이용자들이 대표단을 결성하여 주방을 조사하고 주방 경영 향상에 도움이 되는 방안을 제시해달라고 의견을 냈다. 그 다음에는 규제 위원회에게 우리 직원들을 조사해서 위더스푼 부인의 고소가 맞는지 확인하고, 우리에게 혐의가 없다고 밝혀지면 이런 비난을 중지시켜줄 것을 요청했다.

그때부터 놀랍고 환상적인 조사가 시작되었다. 매카시 시대와 다를 바가 없었다. 사안이 거대하고 엄청나다 보니 믿고 싶은 사람을 제외하고는 아무도 주방 운영자들을 믿을 수가 없었다. 동시에 결정적인 반증을 제시하는 것도 무척 어려웠다. 위더스푼 부인은 규제 위원회의 관심을 받으며 모든 수용소 토론의 중앙에 서게 되자, 자신의 고소 내용을 매우 구체적으로 말하기 시작했다. 이로 인해 주방 운영자들은 더 신뢰받기 어려운 처지였다. 부인은 석 달 동안 주방에서 만들어진 후식이 무엇이었는지 열거한 다음, 이 음식에는 요리사들이 기록한 설탕보다 더 적은 양이 들어갔다고 말했다. 그러고는 아무 주저함 없이 어떻게 주방 직원들이 설탕을 빼돌렸는지도 상세히 설명했다. 그녀가 계산한 사라진 설탕의 양은 약 135킬로그램, 어마어마한 양이었다. 그 시기 주방에 배급된 전체 설탕 양과 거의 맞먹는 수준이었다!

그녀의 진술을 읽으면서 나는 뭔가 의심쩍은 느낌이 들었다.

"제기랄," 나는 같은 요리 팀에서 일하던 스탠에게 말했다. "그녀가 언급한 후식 중에서 여섯 개는 우리가 만든 거야! 지난주에 만든 케이크를 기억해봐. 자네랑 로라가 저울에 설탕을 올리고 내가 숫자를 적었잖아. 이 노친네가 거짓말하는 게 분명해! 하지만 어떻게 '증명'하지? 우리는 거기 있었고 재료들을 직접 다루었지만, 어떻게 아무것도 안 훔쳤다는 걸 증명하지?"

"그래, 힘든 일이야." 스탠이 한숨을 쉬며 말했다. "하지만 이런 식으로 한번 생각해보자고. 우리가 케이크를 만드는 동안 설탕을 빼돌리려면 그곳에 있던 20명의 자원봉사자, 8명의 주방 직원, 2명의 요리사, 주방 관리자, 2명의 창고 지킴이를 모두 한패로 끌어들였어야 해. 이렇게 많은 사람이 개입된 음모를 꾸몄다는 말이 되는데! 하지만 자네라면 이 35명의 어중이떠중이가 모인 집단이 거의 서너 달 동안 비밀스럽게 한통속이 되어(우리 대부분은 서로 얼굴 보는 것도 싫어하는데) 음모를 꾸며왔다고 상상할 수 있겠나? 게다가 위더스푼 부인 말고는 아무도 이 사실을 눈치채지 못했다니? 아무도 믿지 않을 일이야. 걱정 마!"

스탠의 말이 옳았다. 그녀의 모호한 의심이 구체적으로 무슨 일이 있었는지에 대한 것으로 옮겨지자, 아무도 그녀의 말을 믿지 않게 되었다. 조사를 받으면서 그녀의 주장은 점점 더 와해되어갔다. 예를 들어 부인은 규제 위원회의 한 위원으로부터, 어째서 케이크에 설탕 10킬로그램이 들어가지 않았다고 확신할 수 있느냐는 질문을 받았다.

"왜냐하면 불가능하니까요. 그게 이유죠." 그녀는 약간 화를 내며 대답했다. "보세요, 요리사들은 케이크를 만드는데 40킬로그램의 밀가루가 들어갔다고 했어요. 그러니 설탕과 밀가루의 비율은 1:4죠. 그런데 여길 보세요. 페니 파머가 쓴 『보스턴 요리 학교』를 보면," 그녀는 과시하듯 말했다. "최고급 가정용 케이크는 밀가루 두 컵에 설탕 한 컵이라고 되어 있어요. 그렇다면 우리가 지난주에 먹은 케이크는 요리책에 나와 있는 가정용 케이크보다 반 정도 덜 달아야 해요. 하지만 우리가 먹은 케이크는 그보다 훨씬 덜 달았어요. 아마 당신도 설탕 맛을 거의 느끼지 못했을 거예요. 장담하는데, 설탕 양이 1/8이나 1/9도 안 들어갔을 걸요. 다른 말로 하면, 설탕은 기껏해야 약 5킬로그램 정도만 사용했다는 말이 되요!"

자신의 말을 증명하기 위해, 위더스푼 부인은 요리책을 펴더니 밀가루 두 컵에 설탕 한 컵이라고 적혀 있는 부분을 손으로 가리켰다. 사실 나는 이 대목에서 마음이 흔들렸다. 사실 우리가 만든 케이크가 훌륭한 가정용 케이크에 비해 반 정도만 덜 달았다고 할 수 없다는 주장에 승복해야 했기 때문이다. 또한 케이크를 만드는 데 요리책에 나온 대로 밀가루 두 컵 당 설탕 한 컵이 필요하다면, 40킬로그램의 밀가루에 설탕 10킬로그램을 넣어 만든 우리 수용소 케이크는 정말 의심스러웠다.

그때 내 눈에 요리 파트너 로라의 표정이 들어왔다. 여태껏 심각했던 얼굴에 환한 미소가 번지고 있었다. 로라는 부인에게 무뚝뚝한 어조로 반격하기 시작했다.

"가엾은 부인이시네. 전에 요리책을 한 번이라도 제대로 보셨더라면, 설탕 컵 양이 밀가루 컵 양보다 두 배 많다는 사실을 아셨을 텐데. 패니의 요리법은 부피 단위로 되어 있어서 밀가루 두 컵 당 설탕 한 컵이라는 것은 우리가 사용하는 무게로 계산하면, 밀가루 '한' 컵에 설탕 '한' 컵이라는 의미가 되요. 따라서 800명분의 케이크를 만들려면 밀가루 40킬로그램에 설탕 40킬로그램이 필요하다는 의미죠. 이렇게 만들면 겨우 설탕 10킬로그램으로 만든 우리 케이크보다는 '훨씬' 달콤한 케이크가 되겠죠. 우리 케이크가 패니의 케이크 맛이 안 난 건 당연해요! 그녀가 말한 설탕양의 1/4도 안 들어갔으니까요!"

사실 위더스푼 부인의 실제적인 요리 경험이란, 수석 집사에게 명령해서 요리사더러 차랑 같이 먹을 케이크를 굽도록 시키는 것이 전부였던 것이다.

마지막으로 부인에게, 이 요리책에서 나온 계산 외에, 설탕이 없어지고 있다고 확신한 또 다른 이유가 있느냐는 질문이 주어졌다. 누군가 설탕을 훔치는 것을 보았는가? 아니면 믿을 만한 사람으로부터 그런 소리를 들었는가? 위더스푼 부인은 이런 질문에 모두 아니라고 대답했다. 그녀 자신도 다른 식당 이용자들과 마찬가지로 후식을 직접 맛보았으며, 자신의 미각이 설탕이 없어지고 있는 것을 말해주었다는 것이다. 이런 식으로 맛에 대해 더 논쟁을 벌여봐야 얻을 게 없다고 판단한 우리는, 방법을 약간 바꿔서 위더스푼 부인의 미각이 정말 믿을 만한 것인지를 위원회에 보여주기로 했다.

다음 날 아침, 우리는 미리 알리지 않은 상태에서 징계 위원회 위원들을 불러 모으고 그들이 보는 데서 직접 시리얼에 많은 양의 설탕을 탔다. 그러고는 그날 오후 위더스푼 부인을 불러 아침에 시리얼을 먹었느냐는 질문을 했다. 그녀는 먹었다고 대답했고 우리는 다시 이런 질문을 했다. "그럼 그 시리얼은 달았습니까?" "아니요, 전혀 달지 않았습니다." 그녀는 분개했으며, 설탕 맛이 전혀 나지 않았다고 맹세까지 했다.

이 대답을 들은 캠벨은 의미심장한 눈빛으로 이렇게 말했다. "부인, 당신이 절도 행위를 제기한 근거는 부인의 미각의 정확성이었습니다. 그런데 당신의 미각은 전혀 신뢰할 수 없다는 사실이 드러났군요. 당신이 제기한 사건은 이제 아무 증거도 없으니 더 이상 조사할 근거가 없습니다. 다행히 수용소 내에는 명예훼손이나 위증죄에 대한 법률이 없으니 망정이지 안 그랬으면 부인은 아주 심각한 어려움에 처할 수도 있었습니다. 다만 우리 위원회는 이제부터 당신이나 당신 남편이 제기하는 어떤 고소나 불평에도 관심을 기울이지 않겠다고 선언하는 바이며, 이것으로 사건을 매듭짓겠습니다."

설탕과 관련된 이런 소동으로 생긴 가장 큰 결과는, 주방의 정치 구조를 과감하게 개편한 것이었다. 징계 위원회와 함께 위더스푼 부인 문제를 조사했던 식당 이용자 위원회는, 앞으로 운영 위원들을 선거로 뽑자고 건의했다. 그들이 말한 대로, 선거라는 방법을 쓰면 유권자들이 정기적으로 주방 행정부를 바꿀 기회를 확보할 수 있었다. 또한 식당 이용자들도 주방의 정치에 대해 책임이 있음을 명심하게 될 것이고, 따라서 주방일과 관련해서 운영자의 뜻에 동의함으로써 그가 합법적인 권위를 갖도록 도울 수 있을 터였다.

이런 식으로 일이 진행되었다. 점차적으로 갈등과 의심, 소란의 여지가 있는 모든 수용소 내 직책을 선거로 뽑게 되었다. 주방 운영자를 뽑는 첫 선거가 열렸을 때, 나는 혼자 이렇게 생각했다.

"라인홀드 니버가 말했듯, 인간 역사에 민주주의가 발흥되도록 한 것은 인간의 선함과 합리성이 맞을지는 몰라도, 우리 수용소의 경우는 달라. 이곳에 민주주의가 필요했던 것은 사람들의 불평과 고집스러움과 노골적인 분노 때문이었지. 민주주의는 강한 자로 하여금 힘을 포기하도록 강제하고, 트집 잡기 좋아하는 대중으로 하여금 힘과 함께 책임감을 가지도록 만들지. 다른 형태의 정부보다 민주주의가 우월한 것은 바로 이 부분 때문일 거야. 민주주의는 위로는 탐욕스러운 독재자가 일어날 기회를 줄이고, 아래로는 성난 반역이 일어날 기회를 줄인다."

이렇게 우리 공동체는 정치적으로는 민주주의 체제를 갖추어간 반면에, 경제적으로는 언제나 사회주의 상태였다. 모든 생산 수단은 수단을 소유한 개인이 아니라, 공동체 대표들에 의해 전체적으로 운영되었다. 또한 수용소 정부는 모든 서비스가 개인의 노동력과 상관없이 모든 사람에게 골고루 배분되는지 감시하는 역할도 했다. 실질적으로 우리 공동체 경제는 마르크스가 강조한 사상처럼 "능력에 따른 생산, 필요에 따른 분배"라는 확고한 원리로 노동력을 조직하고 물품을 분배하는 사회였다.

 제아무리 광신적인 자본주의자라 할지라도(사실 우리 대부분은 북중국에서 사업을 하던 사람들로 자본주의를 따랐다) 우리 상황에서는 이 구조가 가장 적합하다는 사실에 동의하지 않을 수 없었다. 다른 형태의 사회적·경제적 구조는 생각할 수도 없었다. 여기서는 생산 수단을 사유화하는 자본주의만의 독특한 관점이 전혀 통하지 않았다. 예를 들어, 주방과 제빵소가 가장 운영 능력이 뛰어난 전문 기술자들의 소유가 되고, 그래서 이 "주인들"이 생산물을 다른 사람에게 판매하는 것은 상상도 할 수 없는 일이었다. 너무 어리거나 너무 늙었거나 너무 약해서, 노동으로 생활비를 벌 수 없는 사람에게 음식과 난방과 물을 주지 않는 것은 아무리 냉정한 사람에게도 최악의 잔인한 일로 비쳤다.

미국에서 보수적인 지도자들의 입을 통해 자주 들었던 말은, 유일한 "정상적인" 경제 질서는 바로 기업 간 자유 경쟁이라는 말이었다. 이 방법을 통해서만 사회는 조직되고 유지될 수 있으며, 건강하고 창조적인 상태로 존속할 수 있다는 것이다. 하지만 우리는 경험을 통해, 어떤 상황에서는 적절한 체계가 다른 상황에서는 건설적이지 않을 수도 있다는 사실을 알게 되었다. 미국에서는 지리적·경제적 상황으로 인해 사유재산이라는 매우 독창적인 체계가 발전할 수 있었다. 그러나 다른 상황을 가진 다른 나라에서는 다른 경제 체계가 우리가 선호하는 체제보다 더 창조적일 수 있다. 이는 미국과 공산주의자들 모두가 배웠으면 하는 진리다. 자본주의자든 사회주의자든, 구명보트 안에서 짐승이 아닌 인간으로 남기 원한다면, 그들은 식수를 공동 소유로 하고 다른 사람과 나누려 할 것이다(즉 식수를 지니고 배에 탄 사람의 사유 재산으로 여기지는 않을 것이다).

이런 사회주의적 경제 체제가 우리 상황에서 가능한 유일한 체제인 것은 사실이지만, 그렇다고 이 사회주의적 체제가 꼭 이상적인 것은 아님을 모두가 곧 깨닫게 되었다. 사실 이 체제 하에서 몇 가지 흥미로운 문제점이 드러났다. 분명히 이 문제들은 비자본주의적 체제에서 더 빈번히 일어나는 문제이기는 하지만, 아마도 거의 모든 체제에서 일어날 수 있을 것이다.

가장 중요한 문제는 어떻게 노동력을 최대한 이끌어내느냐 하는 문제였다. 고용도 하지 않고 임금을 지불하지 않기 때문에 해고할 수도 없는 상황에서 어떻게 게으른 사람을 열심히 일하도록 만들 수 있을까? 여기에 대해서 답을 찾는 일은 쉽지 않았다. 수용소의 그 누구도 게으른 사람의 태만을 중단시킬 방법을 찾아내지 못했다.

가장 공통적으로 제안된 방법은 의무 태만자들에게 가장 힘든 일을 시키자는 것이었다.

"게으름뱅이도 우리처럼 땀을 흘리게 해야지요. 그들이 바라는 것이 바로 당신들이 주는 그런 쉬운 일이라는 걸 모르겠어요?"

이론적으로는 이 처방이 그럴듯했다. 하지만 게으른 사람을 주방이나 제빵소처럼 힘든 일터에 배치하는 것은, 몸치에다 체력도 없는 사람을 최고의 프로 축구팀에 배치하는 것과 같았다. 막중한 책임을 요구하는 일에서 자신의 책임을 다하지 않는 게으른 사람은 늘 끝없는 혼란과 문제를 일으켰다. 결국 그 사람을 옮기지 않으면 팀 전체가 그만두겠다고 협박하는 일이 벌어지곤 했다.

이런 종류의 소동 중에서 가장 유명한 경우는 코박이라는 이름의 헝가리인과 관련된 일이었다. 코박은 자신의 어두운 과거에 대해 별로 좋지 못한 소문을 내는 것을 즐기며, 네 개나 되는 여권을 가진 것을 자랑스럽게 여기는 남자였다. 땅딸막하고 펑퍼짐한 몸매에 붉은 곱슬머리, 밋밋한 얼굴은 차갑고 냉정한 표정이었으며 웬만한 일에는 감정을 드러내지 않는 파충류의 눈을 가지고 있었다. 성격은 신경질적이고 부산스러웠으며, 붙임성은 있지만 다른 사람의 말에는 전혀 귀를 기울이지 않았다. 마치 그날 밤 꼭 성사시켜야 하는 거래에만 온통 신경을 쓰는 사람 같았다. 한마디로 코박은 어떤 일에든 전혀 쓸모가 없었다.

내가 주방 운영자로 일하고 있을 때, 코박을 프라이팬 설거지 담당자로 받아들인 적이 있었다. 그의 임무는 요리사들이 요리하는 동안 계속해서 더러워지는 도구와 그릇을 설거지하는 일이었다. 코박이 주방에서 일한 첫날은 영원히 잊을 수 없을 것 같다. 아침 8시경, 점호를 마치자마자 나는 아침과 저녁 식사를 만들 준비가 잘 되어 있는지 확인하러 주방으로 갔다. 가보니 수석 요리사는 화가 잔뜩 난 상태였다. 그는 설거지가 안 된 프라이팬이 산처럼 쌓여 있는 개수대로 나를 데리고 가더니 이렇게 말했다.

"빌어먹을 프라이팬 설거지 담당자가 도대체 누구요? 대체 그 사람은 지금 어디 있는 거요? 아침 식사를 준비하려면 벌써 두 시간 전에 와서 설거지를 다 해놨어야 한단 말이요! 이제 조수들이 일을 시작해야 하는데, 전혀 그럴 마음이 안 난다는군요. 그건 저도 마찬가지고요!"

마침내 나는 코박을 발견했다. 그에게 반드시 시간을 지켜 주방으로 가야 한다는 점을 누누이 강조한 다음, 나는 다른 일을 보러 갔다. 하지만 2시간 후에 다시 주방으로 돌아가보니, 새 프라이팬이 놓여 있어야 할 자리는 여전히 비어 있고, 더러운 프라이팬 더미만 더 높이 쌓여 있었다.

"그 게으른 인사가 아직도 안 나타난 겁니까?" 내가 물었다.

"허, 그렇답니다!" 수석 요리사가 볼멘소리로 말했다. "그 사람 한 9시쯤에 왔었죠. 여기 들어오더니 자기가 뭘 해야 하는지 묻더군요. 제가 프라이팬이 잔뜩 쌓인 곳으로 데려가 일을 시작하라고 말했죠. 그 사람, 프라이팬 더미를 한 번 흘끗 보더니 손을 머리에 얹고 이렇게 소리 지르더군요. '세상에, 맙소사!' 그러더니 그 뒤룩뒤룩 살찐 다리로 나가버리더라고요. 그후론 다시 보지 못했습니다. 보고 싶지도 않고요. 길키, 그런 사람을 우리 팀에 받아들이는 건 절대 사양이오!"

코박이 프라이팬 더미를 보고 자기가 해야 할 "일"이 어떤 것인지 깨닫고 대경실색하는 모습이 떠올라 배꼽을 잡고 웃다 말고, 나는 이 수석 요리사가 한 말의 의미를 문득 깨달을 수 있었다. 게으른 사람은 중요한 일에 전혀 쓰임 받을 수 없다는 사실이었다. 가장 좋은 방법은, 그가 해내지 못해도 아무 문제가 없는 중요하지 않은 일을 맡기는 것밖에 없었다.

코박의 이야기에서 참으로 역설적인 의외의 급변은, 수용소에 도착해서(그는 나중에 이곳에 합류했다) 그가 한 첫 번째 질문이 암시장에 대한 것이었다는 점이다. 수용소의 첫날부터 마지막 날까지, 코박은 하루 15시간씩 온갖 불법을 동원해서 물건을 사고팔며 분주히 돌아다녔다. 하지만 진짜 일이 주어졌을 때는 전혀 움직이려 들지 않았다. 이 일은 그에게 어떤 흥분감도, 보수도 주지 않았기 때문이다.

다음으로는 야콥슨이라는 사람이 있었다. 그는 천진에서 온 부유한 미국인 사업가로 큰돈을 벌기 위해 열심히 일했던 사람이지만, 수용소에서 해야 하는 육체노동에 대해서는 메스꺼움까지 느끼고 있었다. 이런 사람과 도대체 무슨 일을 할 수 있겠는가? 사십 대 중반의 야콥슨은 천진에 있을 때는 비만에 가까웠던 것이 분명했다. 하지만 수용소 생활을 통해 이제는 아주 날씬한 체형이 되었고 통통했던 얼굴은 지워지지 않는 슬픈 기색으로 주름이 깊이 팼다.

야콥슨은 수용소의 모든 종류의 일을(힘든 일만 빼고) 한 번씩 다 시도해보았다. 그러다가 결국에는 주방의 "야채 도우미"로 낙찰되었다. 이 일은 나이 든 남자와 야콥슨이 한 팀이 되어 하는 일로, 여자만으로 이루어진 야채 팀을 도와 야채 바구니를 옮기고 씻는 일이었다. 운영자였던 나는 처음에는 그의 모습을 보고 조금 놀랐다. 사십 대인 야콥슨이 육십 대 남자들이나 하는 가벼운 일을 하고 있었기 때문이다. 나는 의사들에게 그에게 문제가 있느냐고 물어보았다. 의사들은 아니라고 대답했다. 야콥슨이 정기적으로 의사들에게 진찰을 받는 것은 사실이지만, 육체적으로는 아무 문제가 없다고 했다. 어느 날 이 문제로 야콥슨을 찾아갔더니 그는 이렇게 대답했다.

"그래요. 사실입니다. 수용소의 의사들은 제 문제를 찾아내지 못하고 있어요. 길키, 정말 이상한 일이에요. 아시겠지만, 전 조금만 일해도 힘이 빠지고 속이 메스꺼워요." 그는 다시 메스꺼움이 시작되는 것처럼 조심스럽게 배를 만졌다. "기절 주문이라도 걸린 것처럼 현기증이 나기 시작해요. 그럼 잠시 앉아서 담배를 피우죠. 그러면 신기하게도 이상한 기분이 사라지고 다시 일할 수 있게 되요. 알다시피 나는 아주 천천히 느긋하게 일해야 해요. 왜냐하면 다시 또 어지러운 기분이 들 수 있으니까요. 길키, 난 이런 문제를 다른 사람에게는 말하지 않았어요. 그래서 많은 사람이 나더러 게으르다거나 일하는 걸 싫어한다고 말하지요. 하지만 당신은 이해하리라 믿어요."

이렇게 말하더니 그는 천천히 일어나 자신의 민감한 배를 손으로 만졌다. 그리고 나이 든 자기 파트너와 함께 감자를 씻고 있던 낡은 욕조로 조심스럽게 돌아갔다. 욕조에 몸을 숙여 다시 감자를 문지르기 시작한 야콥슨은 나를 향해 용감한 미소를 지어보이며 애처로운 목소리로 이렇게 말했다. "오늘은 감자가 지독하게 많네요!"

코박이나 야콥슨 같은 사람들은 여론의 압력에도 꿈쩍하지 않았다. 이런 최악의 꾀병 환자들의 소문은 언제나 수용소 전체에 퍼지게 마련이었다. 모든 사람이 그들을 의무 태만자라고 부르고, 심지어는 그들 면전에서도 그렇게 했다. 하지만 이런 모욕에도 그들은 절대로 더 열심히 일하지 않았다. 줄기차게 자신의 꾀병을 주장하며 온갖 하기 싫은 노동을 거부하고 피하기만 했다. 이렇게 그들이 다른 노동자들의 적대적인 태도를 견딜 수 있었던 것은, 노동에 대한 반감을 공유하는 그들만의 동지 집단이 있었기 때문이다. 그래서 그들은 다른 사람이 뭐라고 생각하든 상관하지 않았다. 그들은 자신들이 관심도 없는 사람들의 존경을 받느니 차라리 쉬운 일을 하는 것이 훨씬 중요하다는, 나름대로의 설득력 있는 논리를 가지고 있었다.

결국 우리는 게으른 노동자 문제를 해결하지 못했다. 일자리를 빼앗는 것은 그들에게 벌이 될 수 없었다. 그런 조치는 오히려 코박이나 야쿱슨 같은 이들이 원하는 바였기 때문이다. 그들은 자신들이 일을 하든 안 하든, 밥 먹는 것과 상관이 없다는 것을 알아차렸다. 야쿱슨이 파가 담긴 바구니를 한없이 천천히 들어 올리는 것을 보면서 결국 내가 내린 결론은, 이런 게으른 자들을 더 열심히 일하도록 만들기 위해서는 물질적인 보상이나 내적인 사기 진작 같은 실제적인 장려금이 필요하다는 사실이었다. 현금을 받게 된다면 야쿱슨 같은 사람은 열심히 일할 게 분명했다!

결국 노동의 효율성에 대한 질문은, 동기 부여와 노동의 의미라는 더 심오한 문제로 이어졌다. 내 견해로는, 이 문제에 대한 고전적인 사회학자들의 이론은 너무 이상주의적이었다. 사회학자들은 일단 주인이 아닌 자신의 공동체를 위해 일할 수 있게 되면 사람들은 무조건 기쁘게 일한다고 낙관적으로 생각했다. 우리 수용소 일은 충분히 공동체를 위한 노동이라고 할 수 있었다. 주인이 따로 있어서 노동의 대가를 수확해가는 체제가 아니었다. 하지만 사회학자들이 낙관했던 대로, 사람들이 즐겁게 열심히 일한다는 증거는 매우 희박했다. 어쨌든 분명한 것은, 일의 성취와 상관없이 우리의 안전을 지켜주는 이 사회를 지키기 위해서는 장려금 도입이 시급하다는 것이었다. 이것과 상응해서, 일을 잘하는 경우만 포상하는 경제 체제에서는, 사회의 희생자와 부적응자를 다루는 문제가 자주 등장하게 된다.

앞의 문제와 어느 정도 관련이 있는 동시에, 역시 풀기 힘든 문제는 일을 잘해내지 못하는 노동자에 대한 것이었다. 이들은 일하려는 의지는 충분하지만 그만큼 좋은 성과는 내지 못하는 사람들이었다. 운영자는 이들은 어떻게 다루어야 할까?

내가 운영자가 되고 나서 곧 알게 된 사실은, 운영자는 자신이 풀어야 할 문제에 대해서 엄청나게 많은 조언을 받게 된다는 것이었다. 어느 날인가 뜨거운 물을 받으려는 줄이 여느 때보다 긴 것이 눈에 띄었다. 왜 이렇게 줄이 줄지 않는지 알아보려고 보일러실로 가보니, 즉시 원인을 알 수 있었다. 화부가 새로 왔기 때문이었다. 신출내기 화부는 일에 능숙치 않아 모든 영국 사람이 차를 마시는 중요한 시간인 4시에 제대로 불을 피우지 못했던 것이다. 그런데 가엾은 그 화부가 바로 전에 주방에서 내 보스였던 미술상 출신 에드윈 파커였다. 에드윈은 다른 면에서는 능력이 출중했지만, 불을 지피는 데는 영 젬병이었다. 그렇게 거기 서 있는 내 귀에, 귀에 익은 한 목소리가 대놓고 불평하는 소리가 들려왔다. 그는 요크셔 출신의 토마스라는 남자로, 일이 자기가 원하는 대로 되지 않으면 마구 불평하는 경향이 있었다. 그는 아주 언짢은 큰 목소리로 말했다. "운영자들이 능률적으로 운영을 하면 저런 사람은 빼고 제대로 일하는 사람을 앉힐 텐데!"

이런 말은 두고두고 사람의 마음에 남는다. 이틀 후, 에드윈은 더 이상 화부 일을 못하겠으니 그만두겠다고 했다. 나는 그를 대신할 사람을 물색하기 위해 노동 위원회로 가보았다. 이런 일을 하려면 먼저 그때 누가 일을 쉬고 있는지, 누가 일을 바꾸고 싶어하는지 알아보고 당사자에게 물어보아야 했다. 사람들에게 강제로 일을 시킬 수도, 대가를 지불할 수도 없었기 때문에, 화부 일 같은 힘든 일을 하도록 설득하는 것은 쉬운 일이 아니었다. 그런데 노동 위원회에 있는 친구 매튜 리드로부터 마침 토마스가 하던 일을 그만둔 상태라는 것을 알게 되었다. 나는 그가 불평하던 말이 생각나 웃음이 났다. 노동 위원회의 두 사람에게 그때의 일을 이야기하며 나는 이렇게 결론지었다. "잘됐어! 이 일을 토마스더러 하라고 하면 되겠어. 주방이 잘 돌아가려면 능력 있는 사람을 배정해야 한다고 자기가 주장했으니까!"

매튜가 말했다. "좋아, 운영자들이 문제가 많은 것은 사실이지만 이번 건은 다르지. 토마스 말대로 우리가 능력 없는 사람을 써서 이런 문제가 생겼다면 토마스가 직접 하면 되겠네. 아마 자기가 직접 해보면 우리가 하는 일에 좀 너그러워질 거야. 이번에는 자네도 고생 안 해도 되겠어. 토마스가 감히 거절 못할 테니 말이야!"

가엾은 토마스! 그는 미술상만큼이나 화부 일을 형편없이 했다. 첫 주에는 제 시간에 물을 끓이지도 못했다. 종종 토마스가 일하는 곳에 들러보면 제 때에 물을 제공받지 못해 줄을 선 사람들이 화를 내는 모습이 보이곤 했다. 그럴 때마다 이렇게 말하고 싶은 유혹을 느꼈다. "정말로 제대로 일하는 사람을 찾아서 참 안심이네요." 하지만 토마스는 열심히 노력했다. 자신이 왜 이 일을 맡게 되었는지 나만큼이나 잘 알았기 때문에, 그는 나를 볼 때마다 내가 수치스러운 옛날이야기를 꺼낼까 봐 주뼛거리곤 했다.

이번 경우뿐 아니라 이와 비슷한 경험을 여러 번 하면서 내가 깨달은 것은, 수용소 내에 많은 일꾼들이 있지만 모든 노동은 작은 그룹의 사람들에 의해 행해져야 한다는 사실이었다. 작은 그룹 내에는 실력이 좋은 사람도 있고 실력이 없는 사람도 있었다. 하지만 운영자들이 아무리 "능률 향상"을 꾀해도 실력 좋은 사람을 늘릴 수도, 실력 없는 사람을 줄일 수도 없었다. 내가 직면한 다른 문제와 마찬가지로 노동의 문제 역시 사회를 구성하는 사람들이 어떤 사람들인가의 문제로 귀결되었다. 즉 그들의 수용력, 훈련 정도, 기술력, 일하려는 의지가 문제 되었던 것이다.

수용소라는 독특한 사회 구조로 해서 생겨나는 또 다른 문제는 배분의 문제였다. 우리 사회는 돈을 지불할 능력에 따라 얼마나 더 좋은 상품을 갖느냐가 결정되는 가격 경제 체제가 아니기 때문에, 다른 원리에 따라 물건을 배분해야 했다. 이런 상황에서 쉽게 나오는 결론은, 가장 공정하고 효과적인 원리는 평등의 원리일 것이라는 생각이다. 하지만 놀라운 것은, 각 경우가 보여준 바에 의하면 평등은 "공정"과 거리가 먼 경우가 많았으며, 평등이 공정인 경우에는 배분 문제가 정말로 복잡해졌다.

주방에서 가장 골치 아픈 문제도 배분 문제였다. 주방에서는 이 문제로 인한 대위기를 피하기 어려웠다. 결국 우리는 "식당 운영자"라는 특수직을 따로 세워야 했다. 이 직책에 임명된 사람은 버트럼 카터였는데, 북경에 있는 토마스쿡 여행사의 대표로 매력적이고 외교적인 수완이 있는 사람이었다.

문제는 심각했다. 먹을 게 충분하면 언제나 더 먹을 수 있기 때문에 분배의 양이 문제가 되지 않았다. 그러나 음식이 충분하지 않을 때는 배급은 철저하게 똑같은 양으로, 즉 1/800으로 나누어야 했다. 하지만 대부분의 식사의 경우, 모든 접시에 정확하게 1/800을 재어서 담는 것은 불가능했다.

어떤 식으로든 계산이 잘못되면 늘 문제가 일어났다. 배급이 덜 되면 남은 양을 즉시 다시 배급해야 했다. 그런데 음식을 집으로 가져가서 먹는 가족들은 나중에 이 소식을 듣고, 자신들이 원래 양보다 조금 받았다고 투덜댔다. 또한 처음에 너무 많이 배급해서 모자라는 경우에는 더 비참한 결과가 뒤따랐다. 뒤에 서 있던 사람들은 아무것도 받지 못하게 되고 분노라는 말로는 부족한 감정을 느끼게 된다! 그래서 우리가 결정한 것은 지적 능력이 뛰어난 나이 지긋한 사람을 뽑아(훈련을 받은 회계사나 은행가가 적격이었다) 배식구 옆에 세우고 배식 받는 사람을 하나하나 세도록 하는 것이었다. 배급량을 면밀하게 검토해서 배급이 진행되는 동안 배급량을 줄이기도 하고 늘이기도 하는 역할을 하도록 했다. 하지만 이런 방책 역시 사람들을 화나게 하기는 마찬가지였다. 왜냐하면 늦게 배식 받은 사람이 자기가 앞 사람보다 양이 적었다는 사실을(혹은 그 반대) 알게 되거나 하면, 다시 우리는 불공평하다는 불평을 들어야 했다.

한번은 모든 사람이 배급량이 불공평하다고 우리를 공격한 적이 있었다. 그때 나는 버트럼에게 이렇게 말했다. "세상에, 버트럼, 오늘 밤 일을 겪고 보니 역시 내 생각대로 사람들이 공평을 외치는 진짜 이유는, 다른 사람들을 위해 정의를 요구하는 것이 아니었어요. 그저 자기 것을 다 받아내려는 좌절된 욕구였지. 우리에게 진짜 중요한 것은 이웃이 우리만큼 많이 받았느냐가 아니라 이웃이 우리보다 많이 받으면 안 된다는 거네요. 물론 이웃보다 더 많이 받으려는 욕구의 뿌리는 이기심이에요. 그래서 인생이란 이렇게 더럽게도 복잡한 건가 봐요! 이렇게 되면 자신을 위해 정의를 요구하는 평범한 사람과, 다른 사람보다 더 많이 갖기를 원하는 비열한 인간이 별 차이가 없게 되는 거지요. 전자가 예의를 갖추고 존경할 만한 방법으로, 법적으로 자기 이익을 추구하는 것이라면, 후자는 무례하게, 비사회적으로, 불법적으로 그렇게 한다는 것만 다를 뿐이에요. 어쨌든 둘 다 그 행동의 동기는 같은 거지요."

버트럼이 말했다. "맞네. '감자' 사건을 생각해보라고."

그가 말하는 "감자" 사건이란, 우리의 이기심과 평등과 우리 안의 가장 어리석은 것들이 뒤엉켜 일어난 사건을 가리켰다. 수용소에서 보낸 마지막 해까지, 우리는 한 사람에 하나씩 돌아갈 만큼 충분한 감자를 2주에 한 번씩은 배급받았다. 이 말은 감자를 통째로 오븐에 요리해서 맛에 변화를 줄 수도 있고, 아니면 껍질째 쪄서 배급할 수도 있다는 의미였다. 어떤 경우든, 껍질을 벗기고 썰어서 스튜에 넣는 것보다는 훨씬 더 맛있고 게다가 껍질을 벗기지 않아서 건강에도 좋았다. 모든 사람이 이것이 훌륭한 생각이라는 데 동의했다. 그러나 막상 이렇게 시도를 할 때마다 우리는 불평 세례를 받아야 했다.

우리가 맞부딪힌 문제는, 선하신 하나님이 감자의 크기와 모양을 다 다르게 만드셨다는 사실 때문이었다. 크기가 작은 감자를 받은 사람은, 우리를 향해, 일본인들에게, 세상을 향해 불같이 화를 냈으며, 이 불공평에 대해 강력하게 반기를 들었다. 우리는 감자를 통째로 요리하거나 쪄서 배급하자면, 그리고 모든 사람이 이를 원한다면, 누군가는 작은 감자를 받을 수밖에 없음을 설명하려고 애를 썼다. 하지만 이런 설명은, 권리가 유린당해서 화가 머리끝까지 치솟은 사람을 달래기에는 너무 논리적이었다. 결국에 우리는 더 나은 판단과 의사의 처방을 버리고, 감자를 먹을 사람들의 진짜 소망까지 버리고, 감자의 껍질을 벗기고 썰어 똑같은 분량으로 배급해야 했다.

감자의 크기를 문제 삼는 일은 어리석어 보이기도 한다. 하지만 이런 일을 경험하면서 나는, 풍족한 사회에 사는 사람들이 저녁 식사의 배급에 대해 경계를 늦추는 것은 원하면 언제나 더 먹을 수 있기 때문이라는 사실을 깨달았다. 하지만 우리는 삶의 다른 필수품들, 예를 들어 월급이나 승진, 직업상의 신용 같은 것에 대해서 나보다 다른 동료가 더 유리한 대우를 받으면 분노하는 것이다.

이 점에 대해 깊이 생각하던 나는, 인류 역사상 미덕보다는 이기심이 정의의 발전에 기여했다는 기묘한 사실을 발견하게 되었다. 사실상, 세상의 부와 권리를 더 가지려는 하층민 계층의 욕구는 인간 역사 안에서 더 큰 정의를 이루는 동력이 되었다. 이런 이유 때문에 도덕적으로 진지한 사람이라면 누구나 이를 지지해야 하는 것으로 믿는다. 하지만 우리가 상기해야 하는 사실은, 그 "이유"가 아무리 덕스러워 보인다 해도, 정의롭게 더 많은 평등을 외치는 사람 역시도, 자신이 가진 편파적인 기득권을 잃지 않으려고 고집스럽게 붙들고 있는 운 좋은 사람만큼이나 이기심에 의해서 행동한다는 점이다. 따라서 우리가 흔히 갖게 되는 견해와는 반대로, 어떤 집단이 정의를 요구하는 이유는 그것이 덕스럽기 때문이 아니며 결국은 이기심 때문이다(권리를 누리지 못하는 사람들이 갖는 이기심도 마찬가지다). 그래서 나는 다소 냉정하지만 이런 결론을 내릴 수밖에 없었다. "지금 권리를 누리지 못하는 이들도 기득권자가 되고 나면 아마 자신들의 새로운 권리를 지키기 위해 필사적이 될 거야. 이전 주인들이 그랬던 것처럼 그들도 부당하게 자신의 권리를 지키려고 할 거야. 결국 정의롭던 사람이 정반대가 되는 거지."

평등의 원리에 대해 알게 된 것 중 가장 기묘했던 점은, 실재에 있어서 평등은 너무도 자주 공정하지 못하다는 사실이었다. 누군가의 필요가 다른 사람들의 필요와 실제적으로 다를 때, 기계적으로 똑같은 분량을 주는 것은 명백히 불공평한 처사였다. 어린아이, 임신부, 환자, 노인들에게는 특별식이 필요하다는 데 모두가 동의했다. 그들은 보통 사람들보다 단백질, 지방, 당분 등 필수 영양소를 더 많이 필요로 했다. 이런 특별한 필요를 만족시키기 위해 영양식을 만드는 주방이 병원에 따로 건립되었다. 이런 행위에는 특별식이 필요한 사람들에게 "공평한" 배식을 하는 일은 불공평한 처사라는 원리에 모두가 동의한다는 의미가 담겨 있었다. 병원 주방이나 우리가 운영하는 주방이나 운영 원칙에는 별반 차이가 없었지만, 나는 이렇게 생각했다. "명백히 그곳은 사랑이 율법을 이긴 장소, 더 잘 표현하면 사랑이 조직적인 실천으로 구체화된 장소야. 적어도 그곳에서는 개인의 특별한 필요가 관대하게 배려를 받는 곳이니까. 일반적인 평등의 법칙을 모든 경우에 적용하는 일반 주방과는 다르지."

하지만 언제나처럼 나는 내가 너무 낙관적이었다는 씁쓸한 사실을 깨달아야 했다. 모든 사람에게 가차 없이 적용되는 법의 엄격함 없이, 삶이 그렇게 순순히 살아지는 것이 아님을 새삼 알게 되었다. 따라서 병원 주방에도 나름대로의 엄격한 규칙들이 꽉 차 있었다. 끊임없이 사람들은 말도 안 되는 근거를 들이대며 "자신들이" 특별한 경우라고 주장했으며, 그에 따른 "공정한 별도의 음식을 더" 요구했다. 그리하여 참 역설적이게도, 누가 정말로 평등의 법칙에서 제외되어야 할 예외적 대상인지를 결정하기 위해 엄격한 규칙들이 세워졌다. 의사의 처방 없이는 누구도 병원 주방에서 별도의 음식을 받을 수 없었으며, 일반 주방에서도 특별 배급을 할 수 없었다.

모든 예외 사항에 대해 같은 규칙이 적용되었다. 생일 파티나 기념일 같은 특별한 행사가 있으면 늘 사람들은 주방에 조금이라도 특별한 음식을 달라고 요구했다. 예를 들어 감자를 추가해달라든가, 밀가루를 좀더 달라든가 하는 요구였다. 경험상 이런 예외가 가능하려면 경우마다 적용될 수 있는 일반적인 법이 세워져야 했다. 예를 들면, 생일이나 결혼기념일의 경우에만 밀가루 한 컵을 더 준다든가 하는 식으로 말이다. 그러지 않으면 나머지 799명의 사람들이 전부 그만큼의 추가분을 원할 것이고, 그것은 우리 배급품으로는 어림도 없는 일이었다. 큰 조직체가 평등하게 운영되기 위해서는 이런 특별한 혜택도 꼭 필요했다. 하지만 이런 특별한 경우에 베풀어지는 관용에도 규칙은 필수적이었다.

매트와 나는 저녁 시간에 이런 일들에 대해 고심하면서 이런 결정을 내렸다. 법에 예외가 되는 경우도 반드시 법에 따라 결정되어야 한다는 것이었다. 법의 영역을 떠나 각자가 원하고 필요로 하는 것을 그저 주는 사랑의 천국으로 옮겨가는 일은 여기서는 아무래도 불가능해 보였다. 왜냐하면 이기심으로 인해 인간은 늘 필요보다 더 많이 요구할 것이고, 이웃이 가진 것보다 더 많이 가지고 싶어하기 때문이다.

마르크스가 "부르주아적 권리라는 이기적인 계산"으로 부르던 것을 넘어서서, 마르크스주의자들이 소망하던 이상적인 "공산주의"를 끝까지 이루지 못한 것은 생산에 문제가 있었기 때문이 아니다. 오히려 인간 안에 있는 엄청난 이기심으로 인해, 만족할 줄 모르고 다른 사람을 착취하는 이웃으로부터 사람들을 보호하기 위해서 늘 법이 필요했기 때문이었다.

이 부분에 있어서 우리를 가장 곤혹스럽게 만든 것은 다른 사람보다 힘든 노동을 하는 사람들을 예외로 처리하는 문제였다. 몇몇 정당한 근거 위에서 이들은, 자신보다 덜 열심히 일하는 사람들, 또는 자신보다 음식이 덜 필요하거나 덜 원하는 사람들보다 더 많은 양을 배급받는 것이 마땅하다고 느꼈다. 하지만 이렇게 공정하기는 하지만 남들과 똑같지는 않은 배급이 공식적으로 처리될 수 있는 길은 찾을 수가 없었다. 힘든 노동을 하는 사람들을 별도의 줄에 세우자는 방안도 제기되었지만, 어떤 일이 "힘든 노동"인지 공정하게 결정하는 일도 어려웠다. 또 이렇게 하면 해당되지 않는 사람들이 질투할 것은 뻔했다.

마지막 해결책은 "비공식적으로" 처리하는 것이었다. 즉 힘든 노동을 하는 노동자에게 그 일과 관련된 배급을 조금 더 가져가게 하는 방안이었다. 화부들은 화로에서 코크스(석탄으로 만든 연료)를 가져가고, 주방 도우미들은 남은 음식을 가져가고, 제빵사들은 빵을 챙겨가고, 정비공들은 나무나 화로 파이프를 가져가는 식이었다. 이것은 "부수입"이라고 불렸으며, 다른 사람보다 힘든 노동을 하는 대가로 도덕적으로나 법적으로 합당한 것이라고 용인되었다.

하지만 예상대로, 이런 행위는 점점 수위가 높아지기 시작했다. 일을 쉴 때도 여분의 배급을 가져가기도 하고, 힘든 노동을 하지 않는 사람들이 부수입을 챙기기도 했으며, "남는 것"이 아닌 원재료를 일상적인 "부수입"으로 가져가기도 했다. 제빵소, 주방, 정비소가 부패와 횡령을 행한다는 비난이 빗발치기 시작했다. 그러자 이런 부수입을 챙기는 행위에 대해 좋지 않은 여론이 확산되었다. 그래서 결국 "부수입"을 챙기는 행위 자체를 불법으로 금지하자는 협약이 맺어졌다.

모든 "부수입"을 금지하는 새로운 법안은 얼마 못 가 본래의 목적을 망치는 결과를 낳고 말았다. 이 법안의 원래 목적은 정상적인 "부수입"이 노골적인 절도 행위로 확산되는 것을 막는 것이었다. 하지만 법 자체가 "부수입"을 범죄로 명명함으로써 절도와 가벼운 "부수입" 사이의 차이를 분명하게 만들지 못하고, 오히려 둘 사이의 차이를 없애버리는 치명적 결과를 낳았다. 따라서 절도라는 심각한 문제를 처벌할 근거가 없어졌던 것이다.

부수입 금지법이 발효되고 얼마 안 되어, 사건 하나가 터졌다. 주방에서 일하던 화부 한 사람이 주방 마당에 있던 석탄 덩어리(불을 지피고 남은 코크스가 아니라)를 집에 가져가다 붙잡힌 일이었다. 그는 극동 해운 관리자 출신으로 좋은 교육을 받은 상류층 사람이었다.

그는 재판에서 자신의 행동이 절도가 아니라 화부로서 당연히 챙길 수 있는 "부수입"을 챙긴 것이라고 주장했다. 다시 말해 자신의 행동은 모든 화부들이 늘 하는 일로, 다른 사람들의 행위와 다를 바가 없다는 것이었다. 만약 "부수입"이 이제 법에 어긋난다면, 수용소 내 모든 화부가 자신과 함께 피고석에 서야 하며, 안 그러면 자기만 불공정하게 재판을 받는 것이라고 항변했다.

그의 예리한 변호(그가 받은 수준 높은 교육 때문에 유리했다)로 인해 법정은 난처해졌다. 징계 위원회의 애초 의도는 "가벼운 부수입"을 집으로 가져가는 모든 화부를 처벌하는 것이 아니었다. 위원회가 처벌하고자 했던 것은 절도 행위였으며, 이 남자가 한 일은 절도가 명백했다. 하지만 징계 위원회는 그에게 무죄를 선고할 수밖에 없었다. 왜냐하면 법이 절도와 일반적인 부수입을 똑같이 불법으로 규정하고 있는 한, 둘 사이의 미묘하면서도 중요한 차이점을 법적으로 규정할 수 없었기 때문이다. 따라서 합법적인 "부수입"에 대한 법적 정의가 꼭 필요했다. 그래야 이것 이외의 행동에 대해 효과적으로 처벌할 수 있었다. 우리가 한 실수는, 공동체 생활에서 일반적으로 받아들여지던 행동 양식을 합리적인 범위 안에서 통제하기보다는 아예 폐지하려 했다는 것이다.

앞의 사건에 대한 판결 직후에, 또 다른 사건이 터졌다. 이번에는 누군가가 주방에서 원재료를 집에 가져간 일로 붙들렸다. 그도 역시 자신의 행동은 정당한 "부수입" 챙기기라고 주장했으며, "주방에 있는 모든 사람이 다 그렇게 행동하고 그들은 처벌받지 않는데 왜 자기만 처벌받아야 하느냐"고 주장했다. 이렇게 되자 부수입 금지 법안이 가진 오류가 모든 사람에게 분명해졌다.

모두가 아는 대로, "부수입"은 그것을 금지하는 법안에 의해 근절되지 않았다. 반대로 그 이상적인 법안의 선포로 인해 오히려 그 법은 실제 상황과 맞지 않는 법이 되고 말았다. 그리고 이는 정말 심각한 문제를 야기했다. 공동체가 인정하지 않던 행위와, 법적인 차원에서 공동체가 인정하던 행위가 똑같아지면서, 그 법은 본래 막으려 했던 행위를 막지 못하게 된 것이다.

따라서 모든 구성원의 동의하에 "부수입"을 금지하는 법안은 폐지되었다. 대신 부수입을 통제하기 위한 좀더 분별력 있고 효과적인 노력이 행해졌다. 이 문제점이 공식적으로 인정되고 나니 좀더 합리적으로 부수입의 한도를 규정할 수 있었다. 수용소 마지막 해에는, 각 시설마다 일에 합당한 "부수입"의 목록이 세세하게 작성되었다. 이렇게 부수입을 챙기는 일이 합법화되면서, "부수입"을 챙기기 힘든 노동의 경우(예를 들어 화장실)에는 운영자들이 적당한 부수입을 생각해내야 했다. 왜냐하면 이제는 "부수입"

이 모든 사람의 권리가 되었기 때문이다! 이것은 불평등한 배급을 정당화한다는 의미에서는 이상적인 입법이라 할 수 없었다. 그러나 "부수입"이 적법한 것으로 규정되었기 때문에 이제 절도 행위는 법에 따라 처리될 수 있었다.

우리는 "부수입"(좀 불공평하긴 하지만 사회적으로 용인된 행위)과 절도(너무나 불공평해서 사회적으로 용인되지 않는 행위)를 어떻게 구분해야 할지 심도 깊게 토론했다. 쉬운 일이 아니었다. 양을 참고하는 것도 어려웠고, 운영자의 직권으로 이건 "부수입"이고 저건 아니라는 식으로 임의적인 원칙에 만족할 수도 없었다. 결국 우리 사이에서 일반적으로 합의된 부분은, 둘의 구분을 원재료 형태의 배급품(음식이나 물건으로 만들기 전의 형태)과 만들어진 배급품(공동체가 쓰고 남은 것)으로 구분하자는 것이었다. 따라서 주방 노동자의 경우, 아직 요리되지 않은 고기나 채소를 가져가거나 배식이 되기 전에 음식을 챙기는 행위는 금지되었다. 그래서 주방 노동자들의 "부수입"은 배식이 끝난 후 남은 것에 대해 가능했으며, 음식이 다 떨어진 경우에는 "부수입"을 챙길 수 없었다. 하지만 첫 배식이 끝나고 남으면, 남은 분량에 대해 주방 노동자가 제일 먼저 챙길 수 있었다. 마찬가지로, 화부들도 아직 쓰지 않은 석탄을 집으로 가져가는 것은 금지되었지만 연료로 쓰고 남은 코크스는 가져갈 수 있었다.

처음에는 이 원칙이 무척 엄격하게 느껴졌다. 하지만 인간의 본성은 엄격한 규칙 안에서도 살아 움직이는 법이다. 주방에서는 케이크를 만들 때 늘 여분의 것을 더 만들어서 남도록 했다! 화부들은 좋은 코크스가 나오도록 불을 잘 조절했다! 여전히 이 원칙은 문제를 해결하는 데 현명한 방법이었으며 각 시설에 맞게 조정될 수 있었다.

매튜 리드와 나는 이번 일이 극명하게 보여준 법과 사회의 기묘한 상관관계에 대해 깊이 토론하곤 했다. 이야기를 하면서 서로 놀란 것은, 법이라는 것이 우리의 이기심 때문에 만들어졌다는 사실과, 따라서 법의 제1 기능은 과거의 내 생각처럼, 추상적으로 무엇이 옳고 공평한가를 말하는 것이 아니라, 오히려 이기심을 통제하여 그 이기심이 사회를 파괴하는 데 사용되기보다 사회를 창조적으로 이끄는 데 사용되도록 하는 것이라는 사실이었다.

관념론적인 법은 완벽한 사회에서나 통하는 추상적인 원칙들을 아름다운 미사여구로 말할지도 모른다. 그러나 우리의 경험이 계속해서 보여주듯, 이런 법은 법으로서의 중요한 기능, 즉 이웃에게 해를 끼칠 수 있는, 인간의 이기적이고 잠재적으로 위험한 약탈자적 행위를 통제하는 기능을 하지 못하게 될 것이다.

내 견해로는, 법은 인간의 행동을 통제하여 좀더 창조적이고 평등한 방향으로 만들어가기 때문에 정의로워야 한다. 법이 정의롭지 않으면 끝없는 고통이 뒤따르고 사회는 혼란에 빠질 것이다. 무엇보다도 법은 통제의 역할을 잘 감당해야 하기 때문에, 실제적이어야 한다. 법이 인간 행동을 통제하는 역할을 하려면 인간의 실제적인 행동 양식을 건드릴 수 있어야 한다. 결과적으로 효과적인 법이란 언제나 이상과는 상당히 거리가 멀다.

개인적이고 사회적인 존재로서의 인간은—내가 믿기로는 인간은 하나님의 자녀이기도 한데—이웃에게 책임을 져야 한다. 이런 이유로, 창조적인 법이란 그 이상을 향해 움직여가야 한다. 하지만 내가 경험으로 배웠듯, 인간은 이웃을 희생시켜서라도 이웃보다 더 많이 갖기를 바라는 죄인이다. 따라서 인간다운 사회를 이루기 위한 효과적인 법이란 인간의 행동을 충분히 통제할 만큼 "현실적"이어야 한다.

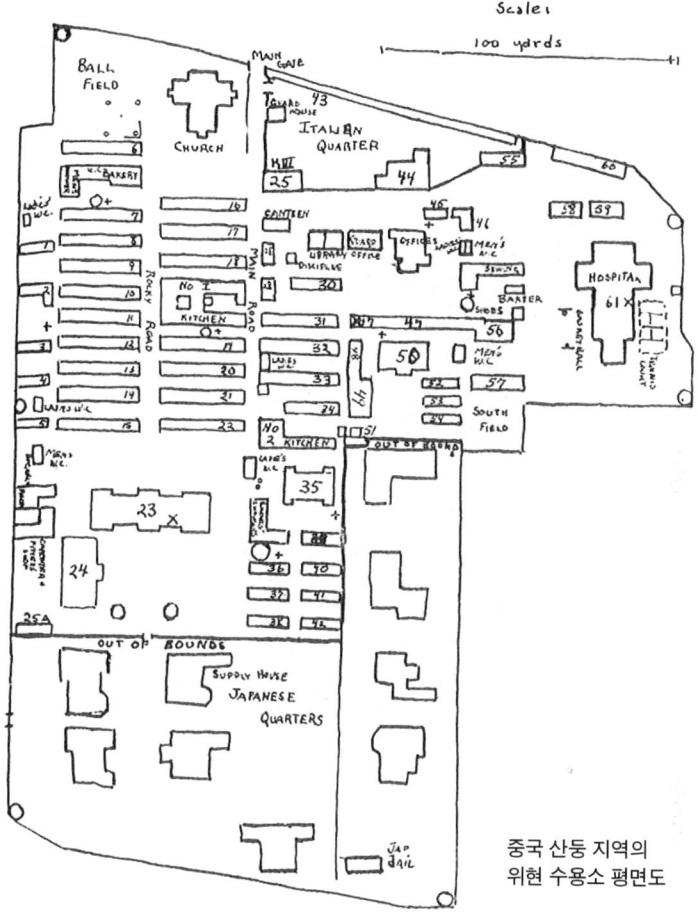

중국 산둥 지역의
위현 수용소 평면도

    수용소 건물은 50-60년 전에 지어졌으며 선교 시설로 사용되던 곳이었다. 인구 10만의 위현시에서 약 5 킬로미터 떨어진 이 장소는 사방이 담장으로 둘러싸여 있었다.
    담장 안은 두 구역으로 나뉘었는데, 하나는 일본인들이 사는 구역, 다른 하나는 수감자들의 거주지였다. 일본인들이 살던 집은 제1차 세계대전 이전 모델을 따른 상류층의 집으로, 벽돌로 지어졌으며 원래는 선교사들을 위한 주거지였다. 이 부분을 뺀 나머지 영역이 2,000명의 수감자들에게 할당되었는데, 여기에는 학교와 20세기 초반에 지어진 교회, 작은 야구 경기장, 멋진 신식 건물이라 할 수 있는 병원, 빵집, 세 개의 부엌이 있었다. 수감 중인 가족들은 2.7x3.6미터 크기의 방에 거주했으며, 독신자들은 큰 교실 건물에 마련된 기숙사에서 생활했다. 설계도의 수치는 정확하다. 수용소는 폭이 최대 180미터, 길이는 140미터밖에 되지 않았다.

작은 중국식 정자 두 개의 교실 건물 사이에 있다.

(위) 병원   오른쪽으로 전기 철조망이 쳐져 있는 담장과 경비 초소가 보이고, 그 너머로 시골 풍경이 펼쳐져 있다.

(아래) 교실 건물   수용소에서 가장 큰 건물로, 원래는 중학교 건물이었을 것이다. 이곳은 남자, 여자 기숙사로 쓰였다.

(위) 가족용으로 사용되었던 2.7×3.6미터짜리 방들
방 앞으로는 테라스가 있고, 한 여성이 일하는 곳에는 탁자와 스토브가 보인다.
또 야채가 자라고 있는 작은 정원과 빨랫줄도 보인다.

(아래) 수용소에서 제일 큰 주방인 제1 주방 마당 모습
여기서 랭던 길키는 처음에는 요리사로, 나중에는 경영자로 일했다.
그림에는 탁자 위에서 점심 식사를 준비하는 두 사람의 모습이 보인다.

800명분의 식사가 만들어지던 제1 주방 내부 모습
한 사람이 거대한 가마솥을 주걱으로 휘젓고 있다. 음식을 나르는 데 사용되는 다양한 그릇도 보이고, 가마솥 밑으로는 불을 때는 아궁이도 보인다. 화부들이 불을 지피던 아궁이가 바로 이것이다. 오른쪽으로는 물항아리가 보이고, 주방 바닥은 흙투성이로 지저분하다.

오른쪽에는 제빵소, 왼쪽으로는 남자 화장실과 샤워실

제빵소에는 커다란 오븐과 빵 만드는 작업실이 있다.
왼편의 물 저장용 탑은 샤워실을 위한 것이다. 한 남자가 그 탑에서 물을 펌프질하고 있다.

(위) 운동장과 전기 철조망이 쳐진 담장을 그린 스케치

경비 초소와 기관총, 일본인 경비의 방어 요새가 보인다. 사실 일본인들은 한 번도 이 방어 요새를 사용할 기회가 없었다. 작은 규모의 야구 경기장은 담장과 가까운 거리에 있어서 공이 담장 밖으로 넘어가면 큰일이었다.

(중간) 집이 늘어선 수용소 중심 도로

이곳을 쭉 따라 내려가면 정문이 나온다. 수감자들은 쓰레기를 버릴 때만 정문 밖으로 나갈 수 있었다.

(아래) 21, 22구역 모습

2.7x3.6미터짜리 방이 다닥다닥 붙어 있고 그 옆에는 여자 화장실, 뒤로는 물 저장용 탑이 보인다.

March 1942

Since not much has happened here in this calm, enclosed life, there hasn't seemed to be much point in keeping a day to day record. Nevertheless there are some aspects of a life like this that are interesting and so are worth putting down. But first the general circumstances of our interned existence should be recorded.

The main factor that stands out is that relative to what we all expected should war with Japan break out, we have been extremely fortunate. In the first place the majority of us, those who were already living in the South Compound, have been able to stay in our own houses and so to keep up the usual basic comforts of life as well as retain all our belongings. Since we had all rather expected to be carted off somewhere, presumably to some sort of 'concentration camp' with only those things that we could carry in our hands, this fact has been a pleasant surprise.

Of course, those foreigners who had been living in other parts of the main campus had to move into this compound into the houses already occupied with the inevitable result that there has been a bit of crowding. Fortunately, however, each of the separate groups has found itself

두 페이지의 일기는 랭던 킬키가 위현 수용소로 오기 전, 북경의 연경 대학에서 가택 구금 상태로 있을 때 쓴 것이다.

[...] the [...] manage? And how [...]
[...] in [...] [...] [...]
[...] of their [...] [...]

Just a note on prices as of May 1945: eggs $13.50, cigarettes $326.00, peanuts $55.00 lb (formerly $20), soap $6.00, brooms 20.00 (50¢), peng mati 2¢ lb. (4.00 before), nail 600.00 a lb., sugar 200.00, Am. cigarettes 100.00 a pack, equivalent of one roll of toilet paper 29.00. And tea a fine stock of room came in at $800.00 a long broom! And so it goes. In June peanuts $120.00 lb; I spent in other words $760.00 on 8 lbs. of peanuts. At $60.00 lb. Am. cigarettes $250.00 a pack or at the present exchange $1.00 gold. We are now dealing in $1,000 bills as if they were fifty dollars.

Where does all this money come from? This brings up the whole question of extra-legal dealing which is one of the most interesting chapters of camp history.

BLACK MARKET

During the first few months of camp most of us were astounded to find that food was coming into camp "over the wall." It takes quite a while for the information to seep into the consciousness of all. At first only a few friends of friends "knew about it." But gradually it became known all over, it started up in several places: wherever there was a sheltered corner of the wall with no guard in sight. Chinese contacts were made, notes were placed, and the stuff was thrown over one way as the money was thrown over the other way. The volume of business done in this manner was truly staggering that first summer + winter. Thousands of eggs came over regularly, jams, peanut butter, sugar etc. For a period of about six months you could buy these things almost at will if you went to the right people.

Along with hints of private individuals who could be seen walking and near the wall daily waiting for some sign from outside, there were, of course, three major

선교사 메리 레기어가 그린 드로잉

그림의 여인들은 여선교사, 은행가의 아내들 등으로서,
오래된 욕조에서 야채를 씻고 칼로 자르고 있다.

8

무질서에 대한 두려움

법과 질서와 관련해서 위헌 수용소의 가장 큰 어려움은 수용소 법이 정의로운가 하는 문제가 아니라, 그 법이 힘을 발휘하는가 하는 문제였다. 가장 중요한 문제는 어떻게 수용소를 지혜롭고 정의롭게 통치할 것인가가 아니라(물론 이것도 쉬운 일은 아니다), 어떻게 행정부의 힘을 창출해낼 것인가라는 정치적 문제였다. 적국에 있는 포로수용소에서 폭정의 위협보다 무정부(무질서)의 위험이 훨씬 더 직접적인 문제라고 하면 이상하게 들릴지도 모른다. 하지만 우리가 점차로 걱정스럽게 깨닫게 된 사실은, 효력을 발생시키는 강력한 법을 제정하지 않으면 우리의 작은 문명은 위험에 처하게 된다는 것이었다.

앞에서 이야기한 절도 행위로 인해 우리의 행정부가 더 강해져야 한다는 필요성이 강하게 제기되었다. 배급량이 줄어들면서 절도 행위는 더 늘어났다. 전쟁 마지막 해에는 절도가 공동체의 심각한 사회 문제가 되었다. 물론 우리 같은 상황에서 절도는 가장 이해할 수 있는 행위인 동시에 가장 쉽게 생길 수 있는 문제였다.

수용소 배급품은 여러 손을 거치기 때문에 빼돌리기가 쉬웠다. 배급품은 여러 사람의 손을 거쳐 주방으로, 제빵소로, 기타 시설로 배분되었으며 각 시설에는 정육 담당자, 요리사, 제빵사, 화부, 도우미 등 수많은 사람들이 있었다. 그래서 어떤 개인이나 그룹이 석탄 한 바구니, 밀가루 한 포대, 고기 한 덩이, 감자 한 박스를 빼돌려 자리를 뜨는 일은 식은 죽 먹기였다.

주방 운영자로 일하는 동안 나는 딱 한 번 현행범을 잡은 일이 있었다. 하지만 그것은 범인이 계절에 맞지 않는 옷을 입는 실수를 했기 때문이었다. 8월의 어느 더운 날, 덩치가 큰 중년 러시아 여성 한 명이(영국 육군 장교의 미망인이었다) 큰 겨울 외투를 걸치고 당근을 씻는 모습이 내 눈에 띄었다. 사실 난 예리한 감찰관과는 거리가 멀지만, 그런 내 눈에도 큼지막한 겨울 코트는 의심스러워 보였다. 그래서 난 그녀에게 옷을 열어보라고 요구했다. 그녀는 처음에는 오히려 불같이 화를 내며 내 요구를 거부했다. 하지만 나는 내 판단에 확신이 있었기 때문에, 요구를 계속하며 반강제로 그 널찍한 등에서 외투를 벗겨냈다. 그러자 그녀는 이번에는 태도를 완전히 바꾸어, 알겠다는 눈짓과 몸짓을 하며 자신이 만든 작품을 자랑스레 보여주는 것이 아닌가. 그녀의 외투

안쪽에는 두꺼운 안감이 대져 있고 거기에는 15개나 되는 주머니가 달려 있었다. 물론 주머니마다에는 굵은 감자 아니면 당근이 하나씩 들어앉아 있었다!

정육점에서 일하는 사람들은 훨씬 쉽게, 훨씬 가치 있는 물건을 빼돌릴 수 있었다. 두 사람이 한 조가 되어 하루 종일 독립된 공간에서, 수용소에서 가장 귀한 음식인 생고기를 손질했기 때문이다. 한 사람이 잠깐 자리를 비운 사이, 다른 사람이 전체 주방에서 3일 동안 쓸 고기 더미에서 서너 조각 떼어내어 집으로 달려가는 일은 터무니없이 쉬운 일이었다.

그래서 두꺼운 외투를 껴입은 사람이 급히 자기 숙소로 달려가는 것만 봐도, 그도 뭔가 한몫 챙긴 것은 아닐까 의심이 들곤 했다. 하지만 확실한 근거도 없이, 가서 주머니는 열어보라고 요구하기도 힘들었다. 괜히 잘못 짚고 의심을 했다가는 팀 전체의 사기에 문제가 생길 수 있었다! 절도를 막을 방법은 절도의 방법이 쉬운 만큼 더 어려웠다.

수용소 사람들에게는 이런 손쉬운 기회를 이용하고 싶은 유혹이 강할 수밖에 없었다. 그들은 늘 배고픔과 추위에 시달렸다. 굶어 죽거나 얼어 죽는 사람은 없었지만, 모두들 조금이라도 더 먹고 더 따뜻하게 지내고 싶어했다. 그러니 음식과 연료가 눈앞에 있으면, 정상적인 양심을 가진 사람도 약해졌던 것이다. 이런 유혹은 특히 가족이 있는 사람들에게 더 강했다. 늘 아이들 걱정을 해야 하는 부모들에게는, 가족에게 도움이 될 약간의 음식이나 연료를 거부하는 일이 결코 쉽지 않았다. 이렇게 한쪽에는 절도에 대한 유혹을 떨치기 힘든 현실이 있고, 다른 한쪽에는 이런 절도가 사회에 가져올 치명적인 결과가 있었다. 양편을 다 생각하면서 나는, 자기 가족을 챙기려는 인간의 자연스럽고 고귀한 책임감도, 더 큰 차원의 책임감, 즉 사회를 유지하려는 책임감에 의해 조절되지 않으면 위험한 사회 혼란을 일으키는 원인이 될 수 있음을 깨닫고 충격을 금할 수 없었다.

아무리 절도가 이해될 수 있는 상황이라 해도, 이런 범죄가 공동체에 미치는 위협은 치명적이었다. 절도로 인해 각 시설에서 실제적으로 사용되는 배급량은 비참하리만큼 줄어들었으며 상황은 점점 더 나빠졌다. 먹을 만한 고기나 석탄 덩어리, 쓸 만한 감자, 밀가루, 기름, 설탕 등 주요 식품들이 이런 식으로 없어지다 보니, 공동체가 사용할 수 있는 양은 심각할 정도로 빈약해졌다.

수용소 전원이 3일 동안 먹을 고기의 양이 약 70킬로그램 정도인데(질이 좋은 고기는 소량이고 나머지는 모두 껍데기, 비계, 내장) 정육점에서 일하는 사람들이 그중 좋은 부분을 10킬로그램 가져간다면, 식사하는 개인들의 입장에서는 마땅히 받을 배급양의 많은 부분이 줄어드는 셈이었다. 또 석탄 배급도 거의 가루 형태의 석탄으로 배급되는데, 화부들이 그중 몇 개 안되는 덩어리를 집으로 가져가버리면, 정작 불 때는 일은 불가능해지는 것이었다. 수감자 전원이 각종 시설에서 일하고 있었기 때문에, 우리는 이런 절도 행위가 우리의 협력 공동체를 와해시키는 결과를 가져온다는 사실을 즉각 알 수 있었다. 처음 터진 사건에서도 두려운 결과의 전조를 이미 볼 수 있었던 것이다.

처음에는, 절도가 이렇게 흔하게 이루어지고 그것이 공동체를 위협하는 상황에서, 왜 절도를 금지하는 법을 제정하기가 어려운지 이해할 수 없었다. 다시 말해 왜 사람들이 공동체의 일원으로서 자신에게 유익한 범죄 금지 조치를 반대하는지 이해하기가 어려웠다. 하지만 매튜와 함께 이 문제를 열심히 파헤치면서 알게 된 것은, 이 법이 우리의 삶에서 애매모호한 이중적인 역할을 한다는 사실이었다. 이로 인해 이 법의 적법성과 효력은 엄청나게 약화되는 경향이 있었다.

우선, 기묘하게도 모든 공적인 배급품과 재산은 이중적 소유권을 갖고 있었다. 즉 모든 재산은 일본인의 소유인 동시에 공동체의 소유였기 때문에, 수감자들은 "훔치는 것이 옳은가?"라는 도덕적인 질문에 대해 끊임없이 혼란스러워했다.

우리들 대부분의 눈에는, 일본인들의 물건을 훔치는 일이 도덕적으로 정당한 것으로 보였다. 혹은 정당한 것이 아니라면, 적국 국민으로서 우리의 의무처럼 보이기도 했다. 여기서 우리가 사용하는 모든 시설은 일본인들이 무력으로 빼앗은 선교 단체의 시설이었다. 우리에게 배급되는 석탄이나 금속도 일본이 중국인들로부터 탈취한 것이었다. 우리가 받는 음식도 적군이 무기로 빼앗은 것이었다. 그러니 일본인들이 다른 극동 아시아의 나라들로부터 무력으로 탈취한 물건을 우리가 다시 훔치는 일은 정당한 것이 아닐까? 이런 식으로 일본인들의 범법 행위를 되갚아줄 수도 있지 않을까? 이런 생각이 가능했던 것은, 대부분의 수감자들이 일본 군대에 의해 개인 재산과 사업을 무자비하게 압수당했던 기억이 있었기 때문이다. 따라서 사람들은 일본인들이 중국에서 탈취한 물건에 대해 도덕적 권리가 없기 때문에, 수감자들이 할 수 있는 한 그 물건을 빼앗는 것은 정당한 행위라는 태도를 갖고 있었다.

이런 도덕적인 정당화 외에도, 조금 덜 지지를 받긴 하지만 또 하나의 그럴듯한 이론이 있었다. 즉 이렇게 우리를 포로로 억류하는 사람들의 것을 훔치면 훔칠수록, 일본인들의 전쟁 시도를 저지하고 연합군을 돕는 행위가 된다는 생각이었다. 우리가 훔친 물건을 일본인들이 다시 채워주어야 했다면, 그래도 이런 주장은 일리가 있었을 것이다. 하지만 일본인들은 수감자들이 훔쳐가서 줄어든 배급량을 다시 채워주는 법이 없었다.

매번 일본인들은 이미 우리의 생존을 위해 필요한 석탄과 빵과 음식을 제공했기 때문에, 수용소 내에서 도난당한 물건에 대해서는 책임이 없다고 대답했다. 이는 어느 정도 정당한 대답이었다. 게다가 비록 물건이 도난당하긴 했지만 그 물건도 어차피 "수용소 안에서" 사용되는 것 아니냐며 비꼬기도 했다. 일본인들도 도둑들에 의한, 도둑들을 위한 배급품 분배가 공정하지 않다는 데 동의했다. 하지만 결국 배급품 분배는 오로지 수감자들의 책임이라는 점에 대해서는 양측이 오래전부터 동의해왔던 것이다(이 부분을 이야기하면서 일본인들은 미소를 짓곤 했다).

따라서 이런 주장은, 자기 자신을 위해 훔치고 싶은 욕구를 애국심을 근거로 합리화시키려는 고차원적인 시도로 보였다. 이런 식의 합리화는 그 안에 충분한 진리의 씨앗을 포함하고 있기 때문에 열심히 경작만 하면 법적 논쟁이라는 훌륭한 꽃을 피워낼 수 있었다. 절도범이 자기 행위를 묘사하는 말을 들어보면, 밤에 주방에 쌓인 석탄 더미에서 석탄 몇 덩어리를 훔쳐내는 일이 마치 적진으로 들어가는 위풍당당한 게릴라 급습처럼 느껴졌다. 그리하여 사람들은 이 절도범이 운영자와 징계 위원회의 눈을 피하는 것을, 애국자가 일본인 경비의 손아귀를 피하는 것처럼 생각하게 되었다.

암시장 또한 절도 금지법을 반대하는 데 큰 역할을 했다. 수용소 내 거의 모든 사람들이 이런저런 방식으로 이 사업에 참가하여 그 열매를 즐기고 있었다. 누구나 암시장이 불법이라는 사실을 알았고, 그래서 "수용소 규칙에 복종하겠다"고 한 약속에 어긋난다는 것을 알았지만, 그래도 암거래는 좋은 것이고 옳은 것으로 여겨졌다. 우리가 도덕적으로 책임질 필요가 없는 "적군의 법"과, 여전히 우리 양심을 붙들고 있는 우리의 "수용소 법"을 철저하게 구분함으로써, 대부분의 수감자들은 압제자들로부터 가능한 한 많은 것을 탈취하면서도 동시에 자신이 일반적으로 가지고 있는 법률 존중 정신과 도덕성을 침해하지 않을 수 있었다.

두 가지 법을 이렇게 선명하게 구분하는 태도는, 수용소 내지도자급에 속하는 명망 있는 사람들에게서 두드러지게 나타나긴 했지만 모든 수감인들이 갖는 생각임이 분명했다. 이런 경향은 굿패스처 씨와 관련한 슬픈 사건에서도 그대로 드러났다. 친구들에게서 "구디"라는 애칭으로 불리는 굿패스처 씨는 오십 대 초반으로 잘나가던 영국인 수입상이었다. 내가 보기에 그는 암시장 거래에 대해서 누구보다 잘 알고 있었지만 그런 일을 해낼 만큼 강하거나 지배력이 있지는 않았다. 그는 키가 작고 성격이 온순하며, 자기보다 훨씬 어린 아내를 데리고 있었다. 아내는 결혼 생활이 영 만족스럽지 않은 듯했고, 그래서인지 굿패스처 씨는 모든 사랑을 12살 난 자기 아들에게 퍼부었다. 아들은, 온순하고 왜소한 몸집의 아버지에 비해 훨씬 장래가 촉망되는, 몸집도 탄탄한 소년이었다.

수용소 초기에는 거의 모든 사람이 암시장에 참여했다. 구디도 좋은 물건을 놓치고 싶지 않은 마음에 이 일을 했지만, 나중에 스스로도 슬프게 인정했듯, 그는 암시장 일을 능숙하게 처리할 수 있는 유형이 못 되었다. 담 반대편에 있는 중국인들과 협상을 하기 위해 수용소 담벼락을 기어오르는 일도 그의 나이에는 힘든 일이었다. 그리고 일단 담 꼭대기까지 올라갔다 해도, 스스로 믿는 것만큼 그의 중국어 실력은 훌륭하지 않았다. 인력거꾼에게 명령을 내릴 수 있는 정도의 중국어 실력으로는 시간과 장소, 수량, 가격 등 민감한 대화를 나눠야 하는 암거래에서는 역부족이었다. 구디는 중국인들의 말을 전혀 알아듣지 못해서, 어떨 때는 자기가 원하던 가격이나 수량과는 전혀 딴판으로 계약이 이루어지기도 했다. 또한 담력도 약해서, 한 번 담벼락에 오르고 나면 떨리는 가슴을 진정시키기 위해 한동안은 쉬어야 했다.

이런 여러 가지 이유로 암시장 거래를 완전히 포기하려던 구디에게, 갑자기 새로운 착상이 떠올랐다. 어쩌면 자기 아들이 자기보다 훨씬 훌륭하게 이 일을 해낼지도 모른다는 생각이었다. 곧 이 부자는 역할을 바꿔서, 아버지 구디는 망을 보고 아들 구디는 위험을 감수하며 담을 탔다. 구디는 자신을 부러워하는 친구들에게 조용히 이렇게 자랑하곤 했다. "여보게들, 우리 아들이 진짜 밤도둑이 다 돼가고 있어. 그 애가 담을 훌쩍 올라가 중국어로 유창하게 물건을 주문하고 가격을 흥정하는 걸 자네들이 봐야 하는데. 언젠가는 내 아들이 술집에서 내 술값도 다 내줄 거야, 안 그런가?"

아들을 자랑스러워하는 아버지 눈에는 당연히 아들의 모든 행동이 무해한 것으로 보였다. 굿패스처 씨는 일평생을 준엄한 영국 법의 비호 아래 살아온 사람이었다. 이 법의 테두리 안에서 그는 승승장구하며 존경받는 사업가로서의 자아 정체성과 자아 존중감을 가질 수 있었을 뿐 아니라 수입상으로서 많은 수입도 올릴 수 있었다. 따라서 그의 사전에는 법에 의심을 품거나 자신의 양심이 법을 어기고 있을 수도 있다고 의심하는 것이 불가능했다. 그에게 이 한밤중의 외도는 단순히 일시적인 수단에 불과했다. 일종의 막간(幕間) 음악 같은 것으로, 포로수용소라는 완전히 낯설고 비정상적인 상황에서 이루어진 일로 치부되었던 것이다. 하지만 자기 아들에게는 같은 일이 완전히 다르게 보일 수도 있다는 생각은 추호도 하지 않았다.

불행히도 아들 구디에게 수용소의 삶은 막간 음악이 아니었다. 그에게는 여기서의 삶이 삶 그 자체였다. 아들이 아는 유일한 법은 자신과 아버지가 경멸하며 어기고 있는 일본인들의 법이었던 것이다. 그에게는 천진에서 영국인으로 살았던 날들, 즉 고향을 그리워하는 친구들과 부모님과 함께 보낸 저녁 시간들은 이미 오래전 일이었으며 따라서 현실이 아니었다. 아들 구디가 경험을 통해 배운 것은 인생은 매우 불확실하다는 것이었다. 따라서 좋은 것이 있으면 할 수 있을 때 최대한 챙기는 것이 현명하다고 보았다. 또한 법이나 권위자들의 손아귀는 최대한 피하는 것이 상책이었다.

곧 일어날 수밖에 없는 일이 일어나고야 말았다. 수용소 숙소에서 몇 건의 심각한 절도 사건이 있었다. 옷과 시계, 돈 따위가 없어졌는데, 그 수법이 점점 더 대담해지고 있었다. 얼마 후 목공소에서 중요한 장비들이 도난당하는 일이 또 터졌다. 이제 숙련된 절도범 또는 조직적인 절도 행위가 이루어지고 있다는 사실이 분명해졌다. 대대적인 조사가 착수되었고, 그 결과 도난당했던 목수들의 장비가 십 대들이 자주 모이는 회합 장소인 오래된 터널에서 발견되었다.

곧 이 사건의 범인이 아들 구디라는 명백한 증거가 나왔다.

며칠 후 구디의 침대에서 몇 가지 물건이 추가로 발견되었다. 하지만 예상대로 그의 아버지는 경악하며 이런 사실을 믿으려 하지 않았다.

"내 아들이 도둑질을? 그것도 우리 편에게서?" 아버지는 깊이 경악하며 한탄했다. 그리고 이제 14살이 된 아들이 계속해서 모든 사람을 속여왔다는 사실이 밝혀지면서 그의 절망은 더욱 커졌다. 아들 구디에게는 일본인들의 법이나 수용소의 법이나 별 차이가 없었다. 그래서 그는 일본인들이 부여한 질서를 무시했던 것만큼이나 간단하게, 수용소 질서에도 도전할 수 있었던 것이다.

공동체의 도덕성은 분위기와 풍조 같은 모호하고 비합리적인 문제이지 논리의 문제가 아니다. 어느 한 영역에서 기초적인 도덕적 기준이 무너지고 나면 다른 영역에서도 이런 기준은 세워지기 힘들다. 운영자로 일하는 동안 나는 이런 불법의 풍조를 감지한 적이 있었다. 한 화부가 석탄 덩어리를 "부수입"으로 주머니에 챙겨 넣으면서 친구에게 이렇게 말하는 것을 들었던 것이다. "위원회 사람들이나 빌어먹을 운영자들은 우리더러 석탄 덩어리를 집에 가져가면 안 된다고 말하지? 하지만 그놈들도 다 스토브 파이프를 훔쳐서 자기네 방에 가져다두었다고. 그놈들과 매한가지인 일본놈들한테서 훔친 거지. 내가 석탄을 집에 가져가는 게 그거랑 뭐가 달라? 다른 점이 있다면 나는 거물급 인사가 아니라는 거지! 아마 저 캠벨 늙은이는 어떻게 해서든 석탄을 넉넉히 공급받을 걸! 2번 보일러실의 화부가 그 사람 옆집에 살잖아. 스토브 파이프도 그치가 가져다준 거라고!"

일본인들의 것을 훔치고 그들의 법을 어기는 일이 도덕적으로 정당화되기 시작하자, 수용소 내에서 무엇을 훔치든 일본인들의 것이니 괜찮다는 식의 합리화가 일반화되었다.

분명히 수용소 생활의 상황은 절도 행위를 부추겼다. 하지만 동시에 우리 문명이 유지되기 위해서는 이런 범죄를 금지해야 하는 것도 사실이었다. 절도 행위가 성행하면서 진짜 위협이 되는 것은 절도의 양이 늘어났다는 사실만이 아니었다. 더 큰 위협은 절도로 인해 협동으로 이루어지는 우리의 조직 자체가 위험해졌다는 점이다.

도둑질 같은 도덕적인 질병은 페스트가 인체에 미치는 것만큼이나 파괴적인 영향력을 공동체에 끼쳤다. 수용소에서의 마지막 해에는 이런 파괴적인 영향이 가시적으로도 드러났다. 우리 공동체는 실제로 와해되지는 않았다. 그러나 그해에 절도의 양이 급속도록 늘어나자 공동체는 자멸해가는 양상을 점차로 드러내기 시작했다. 그 자멸의 구조는 대충 다음과 같았다.

절도가 늘어나면서 도난당한 물건들이 수용소 다른 곳에서 눈에 띄거나, 보았다는 소리가 들리거나, 심지어는 냄새를 풍기게 되자 필연적으로 소문들이 나돌기 시작했다. 정육점에서 "정기적으로" 고기가 없어진다거나 야채 칸에서 감자가 없어진다거나, 석탄 더미에서 석탄이 없어진다는 소문이었다. 사라진 물건이 누군가의 집에서 사용되고 있다는 소문을 들은 다른 수감자들은, 자신들도 같은 유혹을 받는다는 사실을 더 이상 숨기려고 하지 않았다. 한 주방 보조인이 스탠에게 이렇게 말한 적이 있다. "다른 사람들도 다 자기 애들을 위해 물건을 훔쳐가는데, 제기랄, 왜 우리 애들만 굶어야 하지요? 물건이 다 없어지기 전에 나도 챙겨야겠어요!"

이런 생각은 바이러스처럼 번져갔다. 예전에는 고기 10킬로그램이 없어지던 것이 이제는 20킬로그램이 되고 나중에는 40킬로그램이 되었다. 그리하여 얼마 후에는 식사하는 사람들에게 돌아가는 배급량이 합당한 양에 비교하여 눈에 띄게 줄게 되었다.

이쯤 되자 공동체의 와해 과정은 새로운 국면을 맞았다. 주방에서 일하는 사람들이 교체되었으며, 그 결과 주방의 통합된 조직력이 약해지기 시작했다. 매트는 노동 위원회 사무실에서 이 일을 목격한 바 있다. 오랜 시간 주방에서 요리사로 일했으며 일 자체를 좋아했던 사람들이 일자리를 바꿔달라고 요청했던 것이다. 매트가 이유를 물어보니, 그들의 대답은 이러했다.

"주방이 예전 같지가 않아요. 모두가 모두를 의심하고 있어요. 대부분의 경우 사람들은 요리사인 저를 의심해요. 저보고 우리 팀을 책임지라는 거지요. 우리 팀 사람들이 정직한지 어떤지 저한테 책임을 묻는 거예요. 저도 그들이 몰래 물건을 빼돌렸는지 알지 못해요. 아마 조금 빼돌렸을 수도 있겠죠. 하지만 정확히 얼마만큼 그랬는지 저는 몰라요. 만일 많이 빼돌렸다면 우리 팀은 그야말로 가짜들이 모인 팀이지요. 겉으로는 다른 사람들을 먹인다고 하면서 실제로는 우리 뱃속을 채우고 있으니 말이에요."

"난 성인군자인 체하는 선교사가 아니라고요! 아참, 미안합니다. 당신이 선교사라는 사실을 늘 잊는군요. 어쨌든 전 제가 증명할 수도 없고 막을 수도 없는 일에 대해 책임을 지고 싶지 않아요. 그래서 그만두려고 합니다. 아마 저처럼 느끼는 사람들이 많을 겁니다!"

매트가 위와 같은 대화 내용을 말해주었을 때, 내 마음도 낙심이 되었다.

"그래, 병이 퍼지고 있는 게 맞아! 사실 너무 빨리 퍼지고 있어서, 그나마 남아 있는 브록맨처럼 정직한 요리사도 내몰리고 있잖아! 세상에, 나도 그만두고 싶어지네. 절도 행위를 통제할 수 없다면 나도 책임지고 싶지 않아."

"맞아, 그리고 그게 다가 아니야." 매트가 말했다. "어제도 저 수상쩍은 두 사람, 탐과 그의 친구가 우리 노동 위원회에 왔었어. 그들은 브록맨이 그만두고 싶어한다는 말을 들었다고 하면서, 자신들이 새로운 요리 팀을 꾸리겠다고 제안했어. 당연히 나는 안 된다고 했지. 그 둘이 요리 팀을 맡으면 재료가 너무 빨리 사라져서, 아마 아주 재수 좋은 사람들이나 고기 덩어리를 구경하게 될 걸. 지금 이런 일이 이미 벌어지고 있다네. 정직한 친구들은 의심과 어려움에 봉착해 일을 그만두고 싶어하고, 도둑 심보를 가진 사람들은 보조 자리에서 치고 올라와 조직의 상부를 차지하려 한다구! 그러니 친구, 자네가 그만두고 아무도 그 일을 하려 하지 않으면 그들이 운영자 자리를 차지할 거야. 그렇게 되면 이 병이 환자들을 죽일 거고, 사람들을 먹이는 역할을 하던 주방은 사라지고 말겠지. 이보게, 비도덕성은 브록맨이 말하는 '성인군자인 체하는 선교사' 같은 사적인 악마가 아니라네. 비도덕성은 공적인 악마로서, 어떤 육체적인 전염병보다 더 확실하게 사회를 무너뜨릴 수 있어!"

"매트, 이제 다음에는 무슨 일이 일어날까?" 내가 되물었다. "우리 수용소 시설이 모든 사람이 아닌 소수에게 물건을 공급하는 수단이 돼버리면, 이 시설은 곧 와해될 거라고 나는 생각하네. 차라리 물건이 배급되자마자 즉시 개인에게 나누어주는 것이 더 나을 거야. 하지만 그런 식으로 개인화된 경제 구조는 돌아갈 수 없다는 걸 자네도 알겠지? 개인에게 돌아가는 배급품이 너무 소량이어서(특히 기름이나 밀가루) 개인적으로 빵을 굽거나 스튜를 만드는 것은 불가능하니까. 대가족인 경우는 어떻게 가능하다 해도, 작은 가족이나 독신자들은 그 양으로는 아무것도 만들 수 없어. 사회가 형성되기 이전의 이런 '야생 상태'는 영양 결핍을 의미하고 궁극적으로는 굶어 죽는 걸 의미하지. 아니 그걸 떠나서라도 우리는 사회적 동물이니 서로 협력하며 살아야 하지 않나! 그렇지 않으면 우리는 함께 망하고 말 거라고!"

"하지만 우리가 공동 조직체로 남으려면 절도 행위가 더 퍼지는 것을 막을 수 있는 강력한 법이 있어야 할 거야." 매트가 말했다. "내 견해로는, 자네 같은 운영자들이 더 철저하게 원칙에 따라 일하는 일부터 시작해야 할 거야. 법이 없으면 우리 수용소 생활도 끝난 거나 마찬가지라고!"

그날 밤 매튜와 에디스와 헤어져 집으로 돌아오는 내 마음은, 수용소에 처음 도착했을 때보다 더 착잡했다. 어떻게 해야 도둑질을 근절할 수 있을까? 매일 주방 구석구석을 감시해야 할까? 그런 방법이 불가능하다면, 우리의 숨통을 천천히 조여오는 이 질병을 통제할 수 있는 강력한 법을 만들 수 있을까?

어떻게 이런 법을 실행시킬 수 있을까? 수용소 초기에는 불법적인 행위에 대해 다양한 형태의 "도덕적 압력"이 가해졌다. 더 정확하게 말해서 "그 행위는 공적으로 인정되지 않는다"라는 압력을 가할 수 있었다. 누군가 잡혀서 범죄 사실이 확인되면, 그들의 이름은 수용소 게시판에 죄 목록과 함께 공개되었다. 이렇게 공식적으로 이름에 먹칠을 하게 되면 자신이 북경이나 천진에서 쌓아온 경력과 사회 활동을 손상시키기 때문에, 이 정도의 제재로도 대다수의 사람들을 통제할 수 있을 것이라고 나는 생각했다. 하지만 그것은 나의 경험의 한계에서 나온 착각이었다. 나는 전에는 한 번도 심각하게 배가 고프거나 추웠던 적이 없었다. 가정이나 학교, 대학에서의 교수 생활로 한정되었던 내 생활 속에서, 삶에 가장 큰 치명타를 가하는 것은 사회적으로 거부당하는 것이었다. 이런 이유로 나는 사람들이 게시판에 자기 이름이 오르는 수치를 당하기보다는 차라리 배고픔과 추위를 택할 것이라고 예상했던 것이다.

하지만 이런 내 생각은 곧 흔들리기 시작했다. 주방에서 일하면서 내가 알게 된 것은, 비공식적인 형태의 도덕적 압력(하지만 동료들의 비난이 너무도 분명한 경우)이 야콥슨 같은 부류의 사람들의 행위를 막지 못한다는 사실이었다. 이런 사람들은 타인의 인정이나 존경보다는 쉬운 노동을 선택할 것이 분명했다. 이렇게 대중의 인정에는 전혀 관심이 없는 그들의 태도가 어떤 면에서는 강인하고 독창적이기까지 하다는 생각이 들면서, 우리의 사회적 행동을 결정짓는 도구로서 여론의 압력을 이용하는 것이 과연 얼마나 도덕적인가에 대해 의심이 들기 시작했다.

하지만 무엇보다 놀라웠던 것은, 우리 상황에서는 도덕적 압력이 아무런 힘을 발휘하지 못한다는 사실이었다. 단순한 여론만 가지고는 누구의 반사회적인 행위도 바꿀 수 없을 듯했다. 위더스푼 부인과 관련된 또 다른 사건은 이런 무력함을 잘 보여주었다.

앞에서도 이야기했듯, 1944년 두 사람이 수용소를 탈옥한 후 모든 수감자들은 하루에 두 번씩 정해진 장소에 줄을 서서 인원 점검을 받아야 했다. 보통 이 일에는 한 시간이 소요되었다. 하지만 일본인들이 인원 점검에는 매우 엄격해서 한 사람이라도 늦으면 해당 그룹 전체가 45분을 더 집합해 있어야 했다.

그래서 대부분의 사람들은 인원 점검 벨이 울리면 즉시 지정된 장소로 와서 경비가 오기를 기다렸다. 하지만 위더스푼 부인은 그렇게 하지 않았다. 부인과 같은 그룹에 속한 사람들에게는 불행한 일이 아닐 수 없었다. 일단 그녀는 자기 방 뒤편 창문으로 사람들이 모이는 공터 모습을 내려다보고 있었다. 경비가 달려오는 모습이 보일 때까지, 그녀의 설명에 따르면, "머리를 빗으며" 방에 머무르는 것이었다. 그러고는 경비가 오는 것을 보고서야 방을 나와 거대한 몸집을 최대한 빨리 움직여 자신의 줄로 가서 섰다. 마치 거대한 공룡이 아무도 자신을 못 보기를 바라는 것처럼, 위더스푼 부인은 마지막 순간에 자신의 거대한 체구를 줄 속으로 슬쩍 집어넣으려고 시도했다. 나이로 보나, 몸집으로 보나 부인이 단거리 주자가 될 수 없는 것은 너무도 당연했으므로, 그녀는 늘 늦었다. 경비는 먼저 도착해서 비어 있는 그녀의 자리에 가 서 있거나 헐레벌떡 뛰어오는 그녀의 모습을 보기 일쑤였다. 그럴 때마다 부인은 격분했고, 다른 400명의 사람들을 더 기다리게 만들었다. 이웃들은 날마다 부인에게 화를 냈으며, 그것을 굳이 숨기려고도 하지 않았다. 벨이 울리면 다른 사람과 함께 즉시 줄로 나오라고 간청도 하고, 명령도 해보았지만 위더스푼 부인은 끄떡도 하지 않았던 것이다.

이렇게 되자 감독관과 징계 위원회는 일본인 경찰서장을 찾아갔다. 그들은 공동체가 부인에게 협력을 요구했지만 소용이 없었다는 사실을 보고했다. 더 이상 공동체는 그녀를 통제할 수 없으며 책임도 질 수 없다는 이야기도 했다. 따라서 부인의 고집스러움 때문에 그룹 전체가 벌 받는 것은 부당하다고도 했다. 서장도 부인의 기이한 행동을 멀리서 지켜보고 있었으므로, 엉성한 영어로나마 요점을 잘 짚어 이렇게 말했다. "그룹은 그녀에게 책임이 없습니다. 그리고 그녀도 그룹에 대해 책임이 없습니다."

도덕적 압력이 반사회적인 행동에 영향을 미쳤다면 이 철면피 부인은 훨씬 빨리 자기 행동을 고쳤을 것이다.

1944년에서 1945년으로 넘어가는 겨울에 일어났던 다음 사건도, 공동체의 압력만으로 법의 효과를 보려던 시도가 얼마나 헛된 것인지 여실히 보여주었다. 이번 일은 정말 어울리지 않는 두 사람이 관련된 절도 사건이었다.

관련자 중 한 명은 존 체임벌린이라는 이름의, 대규모 영국 기계 공사의 부유한 대표 이사 출신이었다. 체임벌린은 영국 식민지 지배자의 전형적인 모습을 하고 있었다. 수용소에서 2년을 지낸 다음에도 낡은 구두는 반짝반짝 윤이 났고, 다 해어진 바지는 주름이 반듯하게 잡혀 있었으며, 낡은 셔츠도 말끔하게 다려져 있었다. 목에는 늘 애스콧타이가, 주머니에는 비단 손수건이 꽂혀 있었으며, 콧수염은 마지막 한 올까지 깔끔하게 정돈되어 있었다. 그는 늘 깨끗했을 뿐 아니라 성격도 쾌활했다. 수용소에서 시간을 보내는 동안 달라진 점을 굳이 지적한다면, 그의 눈빛이 더 많은 것을 보여주게 되었다는 것 정도였다. 여전히 매력적이고 밝았지만, 그의 눈빛에서는 불안과 변덕, 부자연스러움도 엿보였다.

다른 한 명은 완전히 정반대 부류의 사람이었다. 윌리 브라이언은 상해 출신으로 가무잡잡한 유라시안 혼혈이었다. 우리 수용소에는 유라시안 혼혈이 많았는데, 그들은 대부분 눈에 띄는 검은 머리에 아름다운 몸매, 황금빛 피부를 가진 굉장한 미남들이었다. 나는 윌리의 형 조지와 함께 주방에서 일한 적이 있는데, 조지가 바로 이런 외모와 다정하고 예민한 성격을 가진 사람이었다.

하지만 어찌된 일인지 윌리는 전혀 유라시안 혼혈답지 않았으며, 내가 본 사람 중에서 가장 못생기고 사악한 인상을 가진 남자였다. 체임벌린과 윌리는 모든 면에서 대조적이었다. 체임벌린이 몸이 꼿꼿한 반면에, 윌리는 구부정했다. 체임벌린이 깔끔하고 청결한 반면에, 윌리는 수염도 깎지 않고 씻지도 않았다. 윌리는 과거에 상해에서 입었던 비단옷을 걸치고 다녔지만, 그 옷은 손질을 제대로 하지 않아 지금은 엉망이었다. 윌리는 덩치가 그리 큰 편은 아니었지만 힘이 셌다. 행동이 민첩해서 자기 앞가림은 했으며, 늘 몸에 지니고 다니는 칼도 능숙하게 다루었다. 그의 눈은 작고 오만하고 익살스러웠지만, 대부분의 시간 동안은 활기가 없었다. 하지만 화가 날 때면 적대감으로 활활 타오르곤 했다. 또한 얼굴에는 큰 흉터도 있었다. 윌리가 언제든 마음만 먹으면 위험인물이 될 수 있다는 사실을 모두가 알고 있었다.

수용소에 막 도착했을 때부터 윌리에게는 노름과 마약, 총기 밀매 등에 관련된 요란한 수식어가 따라다녔다. 사람들은 윌리와 친하게 지내면 보호를 받을 수 있지 않을까 하는 기대감과 존경심을 뒤섞어 그를 대했으며, 두려움과 애정을 동시에 담아 그에게 말을 붙이곤 했다. 하지만 동시에 유라시안 혼혈인 윌리가 자신들보다 사회적으로 아래 계층이라는 사실을 분명히 하고자 했다. 윌리의 실제 성격에 대해서는 뭐라고 단정 짓기가 어려웠다. 평상시에 그는 조금 빈정대는 경향이 있지만 유쾌하고 다정한 사람이었다. 하지만 왠지 모르게 그의 내면에서는 차갑고 잔인한 기운이 흘러나와, 누구나 약간은 그를 두려워했다.

한번은 이런 일이 있었다. 나는 윌리가 주도하는 배급 팀이 배급품을 옮기는 모습을 보고 있었다. 그런데 배급 수레가 지나가면서, 그 팀 일원인 그리스 소년의 집 앞에 석탄 네 덩어리를 떨어뜨리는 것이 아닌가. 다음 순간 윌리와 문제의 소년이 수레에서 내리더니, 집 안으로 석탄을 쑤셔넣고는 내가 미처 뭐라기도 전에 다시 수레를 올라타고 가버렸다. 나는 이 일을 징계 위원회에 보고했다. 그 일이 있은 후 거리를 지나가는데 윌리가 우리에게 침을 뱉았다. 그리고 그 이후로 나는 그와는 한 마디도 말을 나눌 수가 없었다. 이 일이 상해에서 일어나지 않은 것이 그나마 다행이었다.

다시 새로운 사건이 일어났다. 어느 날 밤, 한 중년 부인(영국 성공회 선교사)이 존 체임벌린과 윌리 브라이언이 배급품 더미에서 석탄 덩어리를 꺼내는 것을 목격했다. 즉시로 부인은 이 사실을 징계 위원회에 알렸다. 우리 수용소에는 이미 변호사들이 고안한 복잡한 사법 체계가 갖추어져 있었다. 드디어 이 사법 체계를 실제로 테스트할 기회가 온 것이다.

이 체계에 따르면 어떤 수감자에게 고소가 제기되면, 먼저 고소인과 피고인은 징계 위원회에 회부되어 사안에 대해 증언해야 한다. 위원회가 보기에 충분한 증거가 있다고 판단되면, 이 사건은 수용소 재판부에 회부된다. 재판부는 모두 5명의 판사로 구성되었다. 이 판사들은 40명의 "존경받는 사람"들로 이루어진 패널 중에서 제비로 뽑힌 사람들이었다. 40명의 패널은 이미 9명의 위원장에 의해 선출된 상태이기 때문에, 수용소 재판부가 사건을 다루기 위해서는 제비로 5명의 재판관만 뽑으면 되었다.

앞의 보고 바로 다음 날, 부인은 정식으로 체임벌린과 브라이언을 고소했다. 징계 위원회에 회부된 두 사람은, 이제 우리에게는 신물 날 정도로 익숙한 자기 정당화를 가지고 변호를 했다. 그들의 입장에 따르면 첫째, 석탄은 배급 팀에서 인정된 "부수입"이라는 것이었다. 위원회는 밤에 석탄을 가져가는 것을 "부수입"으로 간주하기 어렵다고 하지만, 실상은 다른 사람들도 마찬가지라는 논리였다. 둘째, 자기들이 가져간 만큼 일본인들이 석탄 배급량을 채워야 하기 때문에, 그들의 행위는 연합군을 돕는 것이 된다는 것이었다. 이들은 자신들이 위험을 무릅쓰고 일본인들의 석탄을 축냈기 때문에 벌이 아니라 오히려 환대를 받아야 한다고 느끼고 있었다! 이런 주장에도 불구하고, 위원회는 그들에게 죄가 있음을 인정하고 다음 날 재판을 열기로 결정했다.

수용소는 흥분으로 웅성거리고 있었다. 재판에 회부된 둘은 가장 성격이 독특한 인물인데다가, 이 사건은 우리 역사상 최초의 범죄 재판이었다. 모두가 처음 시행해보는 사법 체계가 어떻게 작동할 것인지 호기심 어린 눈으로 지켜보고 있었다. 재판이 열릴 위원회 사무실은 사람들로 가득 찼다. 재판과 직접 관련이 없는 사람들까지 모두 사무실 밖에 모여들었다. 밖에 모인 사람들은 창문으로 안을 들여다보며 앞으로 일어날 법적 논쟁에 대해 이야기를 나누었다. 의도한 것은 아니지만, 이 두 주인공 덕에 그간 수감자들이 간절히 바라던 이벤트가 벌어진 것 같아 모두가 즐거워하는 분위기였다.

마침내 5명의 판사가 도착해서 긴장된 모습으로 자리에 앉았다. 다음으로는 징계 위원회 임원들이 모습을 드러냈다. 검사는 위원장인 이언 캠벨이었다. 모두가 숨소리를 죽이고 재판이 시작되기를 기다리고 있었다. 하지만 두 피고인의 자리는 여전히 비어 있었다.

법정은 당황해서 어떻게 해야 할지를 두고 잠시 시간을 끌었다. 마침내 캠벨이(그는 화가 난 듯했다) 천진에서 경찰서장이었던 몸집이 크고 쾌활한 영국인 법정 경찰을 급파해 그들을 소환하도록 했다. 하지만 이 전직 경찰은 당황하고 혼란스러운 표정으로 혼자 돌아왔다.

"체임벌린과 브라이언이 오지 않겠답니다." 그러고는 상당히 당황한 어조로 이렇게 덧붙였다. "그들이 말하길, 유죄 판결을 받지 않은 이상 제가 자기들을 '강제로' 데려갈 수는 없다고 하더군요."

이 경찰관은 이런 주장에 완전히 할 말을 잃었던 것이 분명했다.

"그래서 제가 말했죠. '재판장에서 스스로를 변호하기 위해서라도 법정에 서야 하지 않겠습니까? 스스로를 변호하지 않으면 어떻게 공정한 재판을 받겠습니까?'

그랬더니 브라이언이 '알게 뭐람! 그 잘난 재판으로 맘대로 해보라지(재판장님, 이런 표현을 써서 죄송합니다). 무슨 판결을 받든 왜 우리가 신경을 써야 하지?' 하더군요."

경찰은 그들의 이런 현실 인식이 도무지 이해가 안 된다고 되풀이해서 말하기는 했다. 하지만 그의 경외심 섞인 말투를 들어보면, 이 경찰은 내장 깊숙이에서 그들이 하는 말의 의미를 알아들었음을 알 수 있었다. 판사들은 충격을 받아 "이런", "세상에" 같은 말만 중얼거리고 있었다. 판사라면 자신의 권위에 반발하거나 두려워하거나 욕설을 퍼붓거나 증오하는 반응에는 익숙할 것이다. 하지만 한 시간 이상 애를 써도 자신의 말을 들으러 오지도 않을 만큼 무시당한다면, 법과 질서의 수호자로서 자기 존중감에 치명타를 입을 수밖에 없다. 분명히 브라이언은 이런 수치심이야말로 좋은 변호라는 사실을 잘 알고 있었다.

이어진 재판 과정 역시 전혀 극적이지 않았다. 구경꾼들은 즐거워해야 할지 실망해야 할지 갈피를 잡지 못했고, 재판 참여자들은 마지못해 재판 절차를 진행하면서 당혹스러움을 감추지 못했다. 창밖으로는 가끔씩 체임벌린과 브라이언이 빈둥거리는 모습이 보였다. 그리하여 결국, 유죄 판결은 텅 빈 피고석을 향해 내려졌다. 예상했던 형벌이 부과되었다. 두 사람의 이름이 절도

혐의로 게시판에 게재된다는 내용이었다.

　재판이 끝난 후 나는 많은 무리와 함께, 성난 캠벨이 수용소 게시판에 판결문을 붙이는 모습을 지켜보았다. 예의와 상식을 갖추고 위신을 중시하는, 저 잘생기고 풍채 좋은 캠벨은 식민지 통치 계급의 강한 권력의 전형이었다. 이제 그는 자신의 계급의 위신을 실추시킨 체임벌린을 경멸하고 있었다. 하지만 윌리는 무시하기에는 힘이 너무 막강했다. 하지만 캠벨 자신은 법과 질서의 수호자였기에 윌리를 좋아할 수 없었으며, 더욱이 자신은 "신사"였기에 그를 존경할 수도 없었다. 하지만 우리 모두가 그렇듯 캠벨에게도 허점이 있었다. 캠벨은 윌리를 애써 무시했지만 윌리는 그것을 인정하지 않았다. 따라서 두 사람의 만남은 고전적인 의미에서의 대결이라 할 수 있었다. 즉 한 사람이 법과 질서를 좌지우지하는 세상의 막강한 힘을 대변한다면, 다른 사람은 "악한 자"의 서열에서 상대편의 권력의 허점을 알아보고 상대편이 우쭐대는 사회적 지위를 증오하는 사람이었던 것이다.

　뒤에서 누군가가 큰 소리로 웃는 소리가 들려서 돌아보니 윌리였다. 그는 캠벨의 어깨너머로 판결문을 읽고 있었다. 캠벨이 돌아서서 냉정한 시선으로 자신을 노려보자 윌리는 캠벨의 얼굴에 마주대고 조롱하듯 웃어댔다. 그의 웃음 속에는, 영국 제국을 대변하는 인물들이 누리는 뿌리 깊은 권력과 체면에 대해 유구한 세월 동안 유라시안들이 가졌던 적대감이 엿보였다.

　"그러니까 우두머리 한 놈의 지시를 따라 이 다섯 놈이 나한테 절도죄를 선고했다 이거지? 더러운 위선자 같으니라고! 저들 중 두 명에게는 보급 창고에서 벽난로에 쓸 벽돌과 파이프를 가져다주었는데, 이제 와서 뻔뻔스럽게 나한테 '나쁜 놈'이라고 하다니!" 갑자기 모인 사람들 사이로 깜짝 놀란 듯한 침묵이 흘렀다(캠벨도 아무 말이 없었다). 윌리는 위선적인 사람들한테는 화가 나지만 판결문에 대해서는 아무렇지도 않다는 듯, 웃음소리를 남기고 떠나버렸다. 자신이 무력한 법, 세간에서 인정받지도 못하는 질서를 완전히 이겨서 만족스러운 것 같았다.

그날 밤, 매트와 나는 "도덕적 압력"이 법적 토대가 될 수 있느냐는 문제로 이야기를 나누었다.

"우리가 너무 여론의 힘을 믿었나 봐." 매트가 말했다. "막상 뚜껑을 열어보니 여론은 아무 힘도 없고 믿을 게 못 되는군. 여론으로 벌을 주는 건 진짜 질 나쁜 범죄자에게는 너무 가벼운 형벌이고 게다가 진짜 위협도 되지 못해. 사회(여론)는 천재와 범죄자, 성인과 악인을 늘 같은 기준으로 구별하는 것 같지가 않아. 정부가 좋은 평판을 얻지 못하면 사회는 늘 범죄자를 동정하려 할 거야. 다른 말로 하면, 사회는 때에 따라 분명한 잘못을 저지른 사람을 허용하기도 하고, 허용하지 않기도 한다는 거지. 대중의 판단은 수천 가지 요인에 따라 분산되고 혼란스러워질 수 있어. 이런 허술한 구멍을 통해 윌리 같은 범죄자들은 유유히 도망을 치는 거지. 여론의 압력은 너무 허술해서 그들에게 아무런 힘도 가하지 못한다고."

"매트, 그보다 더 심각한 것은 세상의 윌리들에게는 늘 친구가 많다는 사실이야. 불법을 밥 먹듯 저지르고 정부를 미워하고 불평을 일삼는 사람들은 늘 있기 마련이거든. 자네도 알겠지만 도덕적 압력이나 힘이 진짜로 힘을 발휘하려면, 정부 권력이 강력하게 인정을 받고, 절대적으로 통합된 여론이 만들어질 수 있으며, 각 구성원이 서로 긴밀하게 연결되어서 서로에게 의존할 뿐 아니라, 그래서 다른 사람에게 인정받지 못하면 정말로 상처가 되는 그런 상황이어야 할 거야.

그런 조건은 가족이나 학교 같은 소규모 선별 그룹이나 법인 단체, 혹은 전체주의 국가에서나 가능하지. 하지만 적어도 학교나 법인 단체 같은 곳이 강제력이 아닌 도덕적 압력만으로 운영된다고 말하면 그건 거짓말이야. 왜냐하면 학교에서는 도덕적 압력이 안 통할 때는 제명이라는 강제력을 사용할 수 있기 때문이지. 아무도 내쫓을 수 없고, 누군가에게 상처를 줄 수 있는 통합된 여론도 없고 오직 도덕적 압력만으로 문제를 해결해야 하는 우리 같은 이런 수용소는 정말 대책이 없어.

도덕적 압력에 근거해서 사회 질서를 세운다고 할 때 진짜 어려운 점은, 이런 생각 속에는 이미 모든 사람이 도덕적이라는 전제가 깔려 있다는 거야. 윌리가 저 불쌍한 판사들을 비웃던 태도를 보라고. 그들이 윌리에 대해 도덕적 정죄를 내린 것이 진짜 효력을 발휘하려면 그들에게 아무 죄가 없어야 해. 하지만 이곳에서 부끄러운 일에 가담하지 않은 사람이 한 사람이라도 있을까?

어쨌든, 도덕적인 것에 전혀 관심이 없는 사람에게 도덕적인 정죄가 무슨 의미가 있겠나? 그런 사람이 도덕적 정죄를 받았다고 태도를 바꿀까? 절대 그렇지 않을 거야! 콧방귀도 안 뀔 거라고! 범죄자들에게 어떤 형태로든 손해를 입히겠다는 위협을 가하거나 강제력을 사용하지 않고는, 여기처럼 보편적인 도덕성을 기대할 수 없는 곳에서는 법체계 자체가 불가능할 거야. 만일 보편적인 도덕성을 기대할 수 있다면 법체계가 필요하지 않을 테지만 말이야!"

많은 사람들처럼 우리도, 우리가 겪은 사건처럼 법적이고 정치적인 문제는 행정적으로 해결되어야 한다고 믿었다.

"도난품이 너무 많다고? 그럼 대규모 경찰력을 투입해서 주방과 보급품을 지키게 하고, 부랑자들이 물건을 훔쳐가지 않도록 해야지!"

최초의 재판 후 절도 문제에 대해 나름 깊이 생각해본 사람들은 대부분 이런 해결책을 제시했다. 믿을 수 있는 사람들을 뽑아서 매시간 수용소를 감시하게 하면 문제가 해결될 것 같았다.

수용소 위원회와 각 시설 운영자들은 큰 기대를 품고 한 자리에 모여, 경찰이 되기에 합당한 사람들 목록을 작성했다. 이 회의는 겨우 30분밖에 걸리지 않았다. 물론 첫 토의 안건은 경찰력을 가질 사람, 즉 "믿을 만하고 정직한 선한 사람"(수용소 위원회 서기는 회의 기록을 하면서 이런 표현을 썼다)이 누구인가였다. 하지만 이런저런 이름이 거론되면서부터 우리는 심각한 문제에 봉착했다는 사실을 깨달았다.

"존스라니, 말도 안 돼요! 밤에 그 사람 혼자서 수용소를 순찰하게 하는 건 절대 좋은 생각이 아니에요. 그 사람을 감시할 사람을 또 붙여야 할 거예요."

"스미스요? 네, 물론 좋은 사람이죠. 아주 믿을 만한 사람입니다. 배급 팀 핵심 인물이죠. 그가 순찰을 돌면 아무도 물건을 훔치지 못할 겁니다."

"하지만 한번 생각해보세요. 만일 스미스를 배급 팀에서 빼면 다른 배급 팀 사람들이 물건을 빼돌리기 시작할 거라고요. 스미스는 지금 팀에서 사람들을 잘 규제하고 있는데 왜 굳이 빼서 경찰로 만들려는 겁니까?"

논의는 이런 식이었다. 청렴함이 의심되는 사람 이름이 거론될 때는, 그를 경찰로 만드는 것이 훨씬 위험하다는 결론이 나왔다. 즉 이 의심스런 경찰을 또 누가 지킨단 말인가? 청렴하다고 여겨지는 사람 이름이 거론될 때는, 그가 속한 시설이 그가 없이는 와해될 것이라는 추측이 나왔다. 이렇게 해서 결국 우리는 회의에서 한 사람도 뽑지 못하고 말았다. 목록에 올릴 사람이 한 명도 없었다.

그날 밤 집으로 돌아가면서 매트가 이렇게 말했다. "자네도 알겠지만, 어떤 그룹도 그 그룹의 도덕적 수준 이상으로 법제화될 수 없는 것 같아. 노동복을 벗기고 경찰복을 입힌다고 없던 정직함이 생기는 것은 아니니까. 법과 질서는 사람들이 다른 일을 맡는다고 생겨나지 않아. 공동체가 자체의 복지를 책임지려고 할 때만 법과 질서는 세워질 수 있어. 경찰력을 높인다고 문제가 해결되는 게 아니라고!…이레나이우스는 이렇게 말했지. '불멸자만이 유한한 자에게 불멸성을 허락할 수 있다.' 이 말을 우리 상황에 적용해보면, '부패하지 않은 자만이 부패의 문제를 해결할 수 있다'라고 할 수 있지. 우리 인간은 변덕스러운 존재이기 때문에 영속하는 사회 질서를 세우는 게 힘든 거야."

그렇다면 우리가 "해야 할 일"은 무엇일까? 도둑질이 근절되려면, 사람들이 이런 행위를 했을 때 받게 될 형벌을 두려워해야만 했다. 수용소에서 이런 효과를 내는 형벌을 생각해내기란 절대 쉽지 않았다.

이렇게 실제적인 형벌을 찾아내려는 최초의 노력들은 다 수포로 돌아갔다. 게시판에 이름을 공지하여 도덕적 압력을 가하는 것 외에도 수용소에서 가능한 방법, 즉 범죄자의 권리 몇 가지를 제한하는 방법도 써보았다. 예를 들어 매점에서 물건을 산다든가 이발소, 도서관, 구두 수선소, 재봉실을 이용하는 권리, 각종 오락 시간에 참여하는 권리를 제한했던 것이다. 하지만 이 모든 것이 어리석은 시도였음이 증명되었다! 곁의 친구가 매점에서 담배나 비누, 휴지를 사줄 수도 있었다. 또 우리 모두가 인정하는 바지만, 1등급 고기 5킬로그램을 훔치기 위해 머리 못 깎는 불편쯤이야 얼마든지 감수할 수 있었다!

다음으로는 징계 위원회가 자체 감옥을 세우는 방안을 고려하기 시작했다. 별로 어려운 일은 아니었다. 방 하나를 비워서 가구 몇 개 넣고 문에 단단한 자물쇠를 달고 창문에 빗장만 치면 될 것이었다. 하지만 생각하면 할수록 수용소 내 감옥이란 바깥세상과는 다른 모습일 것이 분명했다. 이 문제에 대한 사람들의 의견을 들어보면, 감옥에 가면 노동도 안 해도 되고 "하찮은 일에 걱정을 늘어놓는 여자들"로부터 벗어날 수도 있고, 친구와 이야기하고 책을 읽을 시간도 갖게 되니까 분명 좋아할 거라는 데 동의하고 있었다. 게다가 모든 사람이 즉시 깨달은 사실처럼, 우리 같은 상황에서는 갇히는 것이 오히려 매력적일 수 있었다. 갇히지 않았으면 그저 평범한 개인이었을 사람이 감옥으로 인해 영웅이 될 수도 있었다. 누군가가 일본인 감옥에 끌려가면 모든 사람의 시선이 그에게 몰려드는데, 수용소 감옥도 그와 별반 다를 바가 없었다. 아마 친구들은 그에게 작은 케이크라도 구워주려 할 것이고, 그러면 모든 것이 즐거운 일로 바뀔 것이었다. 최악의 경우, 위원회가 일본인들에게 왜 그를 감옥에 넣었는지 설명해야 하는 상황이 벌어질 수도 있었다. 그렇게 되면 일본인들이 자기들 방식대로 처벌할 가능성도 있었다. 이리하여 위원회는 마지못해 이 착상을 접어야 했다. 이렇게 범법자를 벌하는 수단들은 있었지만 스스로 모두 포기할 수밖에 없었다.

수용소 위원회는 처벌 문제를 더 논의하기 위해 다시 한 번 회의를 소집했다. 가장 빈번하게 언급된 처벌 방법은 범법자의 음식 배급량을 줄이자는 것이었다. 엄격하게 양을 제한하는 방법을 점차적으로 시행해보기로 하고, 일단 여론 타진기구를 세워 수용소 내 민심을 살피기 시작했다. 이렇게 하면 수용소 전체가 이 문제의 심각성을 깊이 자각할 수 있는 기회도 만들 수 있다는 이점이 있었다. 몇 가지 대안들이 논의된 후, 일단 첫 단계로 범법자의 용돈(위로금)을 삭감하는 것이 적합하다는 데 합의가 이루어졌다. 그리하여 수용소 변호사들에게는 새로운 조항에 맞게 수용소 헌법을 개정하라는 요청이 떨어졌다.

하지만 이런 방법은 법적으로 간단한 문제가 아니었다. 왜냐하면 위로금은 개별 정부가 스위스를 통해 수감자 개인에게 보내는 것이었기 때문이다. 수용소 위원회가 무슨 권리로 이 일에 개입할 수 있는지 명확하지 않았다. 일본인들이 주는 개인 음식 배급량을 줄이는 경우에도 같은 문제가 일어날 수 있었다. 따라서 즉시 핵심 사안으로 나아가는 편이 나았다. 즉 절도를 근절하기 위해 수용소 정부에게 이런 권한을 부여할 의향이 있는지 어떤지, 먼저 사람들에게 묻기로 했다.

그날 밤 변호사들이 개정한 새로운 법안의 법적 근간은 금융 위원회의 의무에 초점을 맞춘 것이었다. 금융 위원회의 주된 업무는 스위스를 통해 수용소로 들어오는 용돈(위로금)을 관리하고 분배하는 일이었다. 법적으로는, 범법자에게 수용소 내 다른 시설의 서비스를 금지하는 것처럼 금융 위원회의 서비스를 금지하여 용돈(위로금)을 받을 수 없게 만드는 것이 타당해 보였다. 이런 기본 방침 위에서, 변호사들은 수용소 초창기에 작성했던 수용소 헌법을 수정하여 그날 밤늦게 새롭고 강력한 헌법을 만들어냈다. 우리는 훨씬 가벼워진 마음으로 집으로 돌아갔다.

다음으로는 새롭게 만들어진 헌법을 가지고, 수용소 위원회와 몇몇 관심 있는 사람들이 모여 영국인들의 표현처럼 "여론 몰이"를 했다. 몇 차례의 회의를 열어 대중에서 새로운 헌법에 대해 상세하게 설명했다. 캠벨과 당시 총무 팀 위원장이었던 존 맥크레컨은 이 새로운 헌법을 인정하는 것이야말로 공동체를 위한 중요한 결정이라고 계속해서 주장했다. 도둑질이 근절되지 않으면 우리 공동체는 무너지고 무정부 상태가 될 것이며 필수적인 모든 제도가 서서히 와해될 것이라는 점과, 이런 사태를 막기 위해서는 오로지 강력한 법이 있어야 한다는 점을 강조했다. 또 우리 중 몇몇은 소규모 모임을 열어서 같은 주장을 펼쳤다. 우리는 이용할 수 있는 모든 기회를 이용해서 사람들에게 정보를 제공했으며, 조만간 우리 공동체의 사활이 걸린 투표가 시행될 거라고 알렸다. 우리로서는 10일 후에 있을 투표에서 압도적인 승리를 확신했다. 특히나 우리 의견에 딱히 반대하는 어떤 움직임도 없었기 때문에 승리는 더 분명해 보였다.

하지만 개표가 되고 결과가 나왔을 때, 우리는 우리 눈을 믿을 수가 없었다. 새 헌법은 엄청난 표 차이로 기각되었던 것이다. 수용소 전체가 수용소를 구원할 수 있는 강력한 행정부를 원하지 않는다는 사실이 분명히 드러났다.

매트와 나는 이 결과에 대해 여러 번이나 토론했다. 왜 사람들이 이런 식으로 투표했을까? 분명히 그들도 충분히 먹기를 원하며, 이렇게 절도가 횡행하면 곧 무질서가 야기된다는 사실을 잘 알고 있지 않은가? 이 질문에 답을 얻기 위해 우리는 많은 사람을 찾아다니며 투표에 대해 물어보았다. 그러면서 점점 사태의 윤곽이 드러나기 시작했다.

물론 수용소 정부가 수감자들의 돈을 빼앗을 권리가 없다는 식의 비슷한 법적 논쟁을 하는 사람도 있었다. "이 돈은 우리 정부가 나에게 보낸 것이니 괘씸한 위원회 놈들이나 재판부가 내 돈을 빼앗을 수 없소!"

거부 투표를 한 한 가지 확실한 이유는 수용소 정부가 자신들의 삶과 행동에 권리를 행사하는 것을 거부하겠다는 표현이었다. 즉 새로운 헌법이 수정하고자 했던 바로 그 조건들을 거부한다는 의미였다. 사람들이 수용소 공동체와 일체감을 느끼고 도덕적 책임감을 느끼지 않는 한, 그들은 계속해서 공동의 배급품을 훔치고 절도를 처벌하는 법안을 거부할 것이 분명했다.

매트와 대화하면서 더 분명해진 사실은, 수많은 수감자들이 이 새로운 절도 금지법으로 자신들이 무엇을 얻기보다 오히려 고통을 받을 것이라고 믿는다는 것이었다. 아무도 자기 물건을 뺏기고 싶어하지 않았으며, 마찬가지로 자기도 절도를 저지를 수 있다고 생각하기 때문에 이 행위로 처벌받는 것을 원하지 않았다. 분명히 대다수 사람들은 자신도 절도할 수 있는 가능성이 있다고 생각했다. 우리는 대중에게 새로운 헌법의 취지를 설명하는 일에는 성공했지만, 결코 원했던 반응은 얻지는 못했다.

공동체는 실제적으로 강한 효력을 발휘하는 법을 원하지 않는 것이 분명했다. 절도로 인해 공동체가 심각한 위기에 처해 있어서 이런 법이 간절히 필요한데도 불구하고, 역설적이게도 공동체 스스로는 절도를 근절하기에 도덕적으로 너무도 나약한 상태였다. 그래서 우리가 내린 불편하고도 절망적인 결론은, 민주 사회는 그 사회에 살고 있는 사람들의 도덕적 인격이 용인하고 지지하는 만큼만 강한 법을 가질 수 있다는 것이었다.

이런 놀랍고도 낙심스러운 전개 양상을 보면서, 내게는 문명이 도덕적 기반에 근거한다는 사실이 분명해졌다. 투표가 끝난 어느 날 저녁, 나는 매트에게 이렇게 말했다.

"정치학 수업에서 늘 배우던 오래된 개념이 떠오르는군. 헌법과 법률이 공동체를 만들어낸다는 그 개념 말이야. 그건 틀린 말 같아. 자네도 사회계약론 알지? 인간이 함께 모이고 계약을 통해 정치 공동체를 형성하고, 이런 헌법과 법적 기반 위에서 공동체와 그에 따른 협동적인 삶이 세워진다는 사상 말이야.

아무래도 그 이론은 순서가 바뀐 것 같아. 훌륭한 헌법은 공동체를 형성하는 원인(기반)이 아니라 한 공동체의 깊은 저변에 깔려 있는 도덕적 의지의 표현이라고 해야 맞을 것 같아. 확실한 도덕적 자기 통제가 있는 곳에서만 사람들은 강력한 법을 원하지. 그리고 그럴 때만 사회가 구성될 수 있어.

우리 자유주의 문화가 범한 한 가지 실수는 도덕적 힘을 강조한 것이 아니라 그 힘을 사회에서 잘못된 용도로 사용했다는 거야. 도덕적 압력은 경찰과 법정, 그 외 복종을 이끌어내는 다른 강제적 방법들을 절대로 대체할 수 없어. 오히려 도덕적 힘은 이런 강제적 수단들의 기반이라 할 수 있지. 아니면 적어도 인간의 이기적인 경향을 억제할 강력하고 공정한 법체계의 근간이라 할 수 있어. 우리가 직접 목격했듯, 어떤 사회도 도덕적 압력만으로는 유지될 수 없지. 하지만 다른 한편으로는, 도덕적 정의가 사회를 구성하는 데 필수적인 정부 구조를 떠받치지 않으면 사회는 유지될 수 없어."

헌법 수정 시도가 실패하면서 우리가 깨달은 것은, 이제 우리 작은 문명 공동체의 사활은 공동체에 속한 개개인의 청렴함에 달렸다는 사실이었다. 가장 직접적인 방식으로 말하면, 수용소 내 모든 시설의 역할은 그 안에 있는 정직한 사람의 손에 달려 있다는 이야기였다.

바로 그들만이 대규모 절도를 막을 수 있었다. 그들이 자신도 훔치지 않을 뿐 아니라 누구든 훔치는 사람은 고발하겠다는 뜻을 명확히 할 때 이런 사태를 막을 수 있었다. 하지만 이런 일은 우리처럼 작은 공동체에서 결코 쉽지 않은 일이었다. 작은 공동체였기 때문에 감정적 유대감이 강하고 또 자신이 고발해야 할 사람이 함께 일하는 동료였기 때문이다. 이런 청렴한 사람들의 숫자가 줄지 않으면 절도 풍조는 억제될 수 있었다. 어떤 이유에서든 이런 사람의 숫자가 줄어들면 그때는 우리 시설들이 무너지는 것을 막을 도리가 없었다.

이런 생각은 수용소 마지막 해 동안 새로운 화부나 요리사, 주방 도우미를 구할 때마다 더욱 분명해졌다. 노동 위원회와 운영자들의 최대 관심사는 더 이상 "그가 이 일을 할 능력이 있는가?"가 아니라, "이 모든 배급품을 맡길 수 있는 정직한 사람인가?"였다. 기술도 중요한 조건이지만, 기술은 배우면 되었다. 하지만 정직함은 배울 수 없었다. 정직함은 우리 공동생활에 가장 필수적인 것이었다. 기술이 아무리 발전해도 그 기술이 정직하지 못한 사람의 손에 들리면, 그것은 절대로 우리의 복지를 위해 쓰일 수 없었다.

사회적 법과 질서의 가장 궁극적인 뿌리는 자아의 도덕적이고 종교적인 깊이(여기가 협동과 나눔의 근간이다)까지 내려간다. 사람이 자신의 생존과 발전에만 몰두하거나, 자신의 가족과 공동체의 생존에만 몰두한다면, 압박을 받는 상황 속에서는 이웃과 나눌 수도 없고 법에 복종할 수도 없게 된다. 우리 공동체가 이런 사람들로만 구성되어 있다면, 협동을 통해 식량 생산과 배급이 이루어지고 재판과 법률이 질서를 유지하는 역할을 하는 우리 공동체는 더 이상 기능을 할 수 없게 된다.

우리의 훌륭한 제도가 내부로부터 붕괴의 위협을 받는 것을 보면서, 사회에서 도덕이 하는 역할은 전혀 없다고 생각했던 내 생각은 점점 바뀌었다. 예전에는 수용소에서 단 하나 무용한 직업이 있다면 그것은 성직자라고 믿었다. 하지만 이제는 수용소에서 필요한 세속적이고 기술적인 직업도 그것을 행하는 사람들의 내적인 도덕성 없이는 우리에게 아무런 유익이 되지 않음을 알게 되었다.

실제적인 업무에 능숙한 사람들은 그들이 보기에 삶의 현실적 문제(식량을 생산하고 집을 짓고 옷을 만들고 환자를 치료하고 법을 제정하는 등)와 상관이 없어 보이는 도덕성이나 양심 같은 문제에 에너지를 쏟는 도덕가나 종교인들을 우습게 보는 경향이 있다. 하지만 나의 경험이 여실히 보여주듯 이런 실제적인 일이 삶에 필수적인 것은 사실이지만, 이 일들이 공동체의 협력 정신에 의해 나오지 않는다면 아무 유익이 없다. 영적이고 도덕적인 문제는 삶의 주변에 있는 문제가 아니라 매일의 노동의 세계에서 가장 중심이 되는 문제다. 실제 업무에 능숙한 사람들은 이런 말에 수긍하지 못할 수도 있다. 하지만 매일의 노동이 진짜 효력을 발휘하는지의 여부는 그가 가진 도덕적 기반에 달려 있다.

이런 생각이 꼬리에 꼬리를 물고 떠오르더니, 마침내 며칠 후에는 이상한 딜레마가 형성되었다. 즉 서로 완전히 상반되어 보이는 두 가지 사실이 내 경험 속에서 선명하게 드러났던 것이다. 첫째는 인간은 도덕적이어야 한다는 깨달음이었다. 공동체가 가능하려면 인간은 자신의 안위뿐 아니라 이웃의 복지에도 관심을 가져야 한다. 하지만 이런 사실과 함께 또 분명한 것은, 둘째, 인간은 이기심을 극복하고 이웃에 책임감을 느끼는 존재가 아니며 또한 그렇게 될 수 없다는 점이었다.

이런 딜레마는 어떻게 가능한 것일까? 또한 어떻게 해결될 수 있을까? 이 모순은 사고의 오류의 결과가 아니었다. 경험을 통해 이런 모순된 두 측면이 분명히 존재한다는 사실이 드러났다. 그렇다면 인간의 삶 자체가 딜레마일지도 모른다. 즉 인간의 삶은 이상한 방식으로, 실제적으로 모순될 뿐 아니라, 자체적으로 이런 모순을 극복할 수도 없다. 따라서 삶의 딜레마를 사고의 차원에서 해결하려는 시도는 현실을 왜곡시키는 결과만 낳게 된다.

삶의 모순이 해결되는 것은 사고 차원에서가 아니라 실존 차원에서다. 사물에 대한 더 나은 철학, 더 분명하고 논리적인 사고방식으로는 충분하지 않다. 인간의 존재 방식과 성품이 변화될 때만 이런 딜레마는 풀릴 수 있다. 자아가 자신의 건강과 안전뿐 아니라 이웃과의 창조적인 관계도 세울 수 있는 새로운 중심을 찾을 수 있다면, 이런 딜레마는 해답을 발견할 것이다. 그래서 나는 인간 존재가 이런 새로운 중심을 정말 찾을 수 있는 것인지, 아니면 인간은 스스로 해결할 수 없는 자기모순이라는 장애를 안고 살아야 하는 것인지 궁금해지기 시작했다.

9

성도들, 사제들, 설교가들 I

공동체에는 윤리적인 사람이 필요하다. 하지만 세속 사회에 종교적인 인물도 필요할까? 정말로 성도는 선하고, 종교적 경건은 공동체의 미덕에 필수적이고, 이웃을 사랑하기 위해서는 하나님이 필요한가? 삶에서 도덕적 측면이 중요함을 깨달으면서, 나의 마음속에는 이런 질문들이 자주 떠올랐다. 그래서 나는 주위를 둘러보며 답을 찾았다.

사람들의 행동 양식을 종교적이다, 비종교적이다 구분하는 것만 가지고는 이런 질문에 답하기가 쉽지 않았다. 인간을 연구한 후, "자, 종교적으로 경건한 사람만 선한 사람으로 증명되었으니 당신도 종교적인 사람이 돼야 합니다"라고 말하는 것은 불가능했다. 사람들은 우리가 애써 만들어 끼워 넣은 범주에서 계속해서 벗어나며, 완전히 예상하지 못한 방식으로 행동하곤 한다.

내가 얻은 가장 중요한 교훈은 인간의 삶을 규정할 수 있는 정형화된 틀은 없다는 것이었다. 저 사람은 이러저러하다고 쉽게 규정할 수 없었다. 예를 들어 사회적 관계 속에서는 "존경스러운 사람들"이 실제로는 비협조적이고 성마르고 악하고 부정직한 것으로 판명되는 경우도 많았다. 반대로 존경스럽지도 경건하지도 않은 사람들이 실제로는 영웅적인 사람으로 판명되기도 했다. 마찬가지로 형편없는 부랑자로 여겨지던 사람이 알고 보면 아주 순수한 사람인 경우도 있었다. 나는 주위 사람들을 둘러보면서 인간이라는 존재가 얼마나 신비하고 풍성하고 놀라운지 깊은 충격을 받았다.

그중에서도 가장 놀라웠던 경우는 아마도 클레어 리처드일 것이다. 삼십 대의 영국 여성 클레어는 멋진 외모에 자신만만하고 건강한 인상이었다. 보는 사람의 취향에 따라서는 냉정해보일 수도 있겠지만, 꽉 끼는 치마에 깊이 팬 블라우스를 입고 수용소를 활보하는 클레어의 모습은 분명히 남자와 잠자리를 즐기는 그런 여성으로 보였다. 하지만 그녀와 이야기를 나눠보면 솔직하고 자신감 넘치는 눈빛과 씩씩한 목소리, 또 쾌활한 웃음이 남자들(적어도 젊은 남자들)로 하여금 그녀의 매력에 흠뻑 빠지게 만들 뿐 아니라 스스로의 능력에 대해 의심하도록 만들었다. 늘 클레어는 과거에 북경과 천진에서 친하게 지냈던 잘나가는 기업가나 고위급 정치인들 이야기를 했다. 물론 그녀의 이야기가 진짜인지 가짜인지는 알 수가 없었다.

클레어는 영국인들이 다수를 차지하는 이 수용소, 안경 낀 정숙한 영국 여인들이 이루는 숲 속에서 자신의 독특한 역할을 즐기고 있었다. 대부분의 영국 여성들이 그녀의 옷차림을 못마땅해 하는데도 불구하고, 클레어는 전혀 자신의 매력을 숨기려고 하지 않았다. 그러니 일단 그녀가 모습을 드러내면, 그녀를 시기하는 사람이든 끔찍하게 생각하는 사람이든 그녀에게 관심 있는 사람이든, 마음속에 떠오르는 첫 번째 생각이 "품성"이니 "도덕" 같은 것은 아니었다고 말할 수 있겠다.

1944년 초, 제2 주방은 큰 어려움을 겪고 있었다. 제2 주방은 음식을 형편없이 만들어낼 뿐 아니라, 조직력도 엉망이고 구성원들 사이의 관계도 냉랭했다(같은 시기 나는 제1 주방에서 새로운 도전을 감행하고 있었다). 매일 절도에 대한 소문도 들려왔다. 그래서 이 팀을 운영할 새로운 리더로 프렌티스 로우라는 사람이 뽑혔다. 프렌티스는 육십 대의 키가 크고 세련된 영국 신사로, 부유하고 예의 바르며 유머 감각이 있었다. 처음에 나는 이 무질서한 주방을 통합하기에 프렌티스가 너무 세상 물정을 모르는 귀족은 아닌가 생각했다. 하지만 예상 외로 그는 현명하고 강인했으며, 무엇보다도 일을 감당하는 데 있어 창조적이었다.

프렌티스가 주방의 여성 노동자 책임자로 클레어를 선임한 사실을 알았을 때, 내 놀라움은 더 커졌다. 이 일은 아주 힘들면서도 아무도 공을 알아주지 않는 자리였다. 해이할 대로 해이한 습관으로 늘어져 있는 사람들에게 노동 규칙을 지키게 하는 일은 여간 용기가 필요하지 않았다. 사람들이 불평하지 않고 따라오게 만들려면 유머 실력도 상당해야 했으며, 점점 심해지는 절도 행위를 차단하려면 철저하게 정직한 태도도 요구되었다. 놀랍게도 화려한 외모가 주는 편견과는 다르게, 클레어에게는 이 모든 일을 감당할 만한 자질이 있었다. 프렌티스와 함께 클레어는 삽시간에 제2 주방의 경쟁력과 도덕성을 바꾸어놓았다. 경건한 사람들은 그녀와 자신이 대화를 나누는 모습을 다른 사람들에게 들키지 않으려 했지만, 실제로는 그녀가 그들보다 더 높은 도덕적 자질을 가지고 있었던 것이다.

수용소에는 클레어만큼 놀라운 여성이 또 한 명 있었다. 제인 브라이트라는 이 여성은 클레어와는 완전히 다른 꼬리표를 붙이고 있었는데, 진지하고 이지적인 사십 대의 퀘이커 교도였다. 제인은 연경 대학에서 역사를 가르치던 교수였다. 그녀는 조금 마른 마거릿 러더포드(영국 여배우) 같았으며, 옷은 늘 갈색 트위드만 고집하고 입을 야무지게 다문 채 성큼성큼 걷곤 했다. 그녀가 처음 연경 대학에 도착했을 때 나는 그녀가 근처 동네를 활기차게 걷거나 도시까지 10킬로미터를 자전거로 가는 모습을 보곤 했다. 제인은 자신이 가르치는 중국인 학생들이나 마을에 사는 중국인 친구들과 함께할 때만 빼고는 주로 혼자 있었다. 중국인들은 읽고 쓰기를 배우거나 역사나 성경 공부를 하기 위해 그녀의 집으로 모여들었다.

위현 수용소 생활이 시작되고 얼마 되지 않아, 나와 몇몇 사람은 제인에게 현대 철학과 기독교 사상에 대한 강의를 제안하려고 마음먹고 있었다. 제인은 정식으로 신학 교육을 받지는 않았지만, 현대 성서학이 다루는 방대한 전문 주제에 정통해 있어서, 참고 서적 없이도 두 번의 강의를 멋지게 해냈다. 사실상 이 지적이고 금욕적으로 보이는 여선교사는 거칠고 세속적인 세상에서 살아남기 힘들어 보이는 그런 사람 중 하나였다.

그럼에도 제인은 두 가지 사건을 통해서, 내가 아는 여성 중 가장 훌륭한 여성이라는 사실을 스스로 증명했다. 아마도 여성 혼자서 하는 일로 가장 힘든 자리가 있다면, 그것은 수용소의 여성 노동력 전체를 총괄하는 일일 것이다. 여성들이 남성들보다 더 이기적이거나 게으른 것은 아니었다. 하지만 늘 여성들 사이에서는 언제 터질지 모를 팽팽한 긴장감이 흘렀다. 여성 노동 사무소에서는 남성 노동 사무소에서보다 감정이 폭발하는 일이 더 잦았다. 실제적으로 어려움이 더 많은 것도 아닌데 말이다. 노동 사무소 일을 잘 감당하기 위해서는 강하고 냉정한 의지뿐 아니라, 이런 덕성과 좀처럼 어울리지 않는 객관성과 균형 감각, 상냥함까지 갖추어야 했다. 그런데 이 여선교사 제인은 여성 노동 사무소를 차지하고 앉아, 보통 사람 같으면 거대한 재앙을 맞았을 위기들을 잘 풀어가고 있었다.

제인의 놀라운 업적 가운데 유독 나를 감동시킨 일이 하나 있었다. 상당히 오랜 기간 동안 백인 러시아 여성들은 제1 주방의 길게 줄지어 선 사람들에게 음식을 나누어주는 일을 자신들의 특권으로 주장했다. 사실 나는 수용소에서 러시아인들을 직접 만나 보고서야, 도스토예프스키의 소설에 나오는 격렬한 인물들이 허구가 아님을 알게 되었다.

그들을 "괴팍하다"라고 말한다면 그것은 잘못된 표현이다. 왜냐면 "괴팍하다"(temperamental)라는 단어에는 앵글로색슨인이 이상적으로 생각하는 자기 통제의 의미가 함축되어 있기 때문이다. 자기 통제에는 격한 감정이 삶을 지배하는 현상을 다소 비정상적으로 본다는 의미가 있다. 그런데 이 러시아 여성들에게는 삶이 감정 그 자체였다. 고집이 세고 관능적이며, 따뜻한 동시에 적대적이기도 한 그녀들은 격렬한 감정을 있는 그대로 드러냈다. 그녀들에게 이성이란 감정을 "통제"하는 도구가 아니었다. 오히려 이성은 감정을 부추겼으며, 영국인이나 미국인들이 상상할 수 없을 정도로 감정을(사랑이든 분노든) 표현하도록 만들었다. 그래서 러시아 여인들은 자기가 좋아하는 사람들에게는 친절하고 정말 괜찮은 사람이지만, 자기가 싫어하는 사람들에게는 냉혹하고 악의적으로 굴었다.

이런 배경에서 음식 배급을 담당하는 러시아 여성들과 좋은 관계를 맺은 사람들은 왕처럼 먹을 수 있었다. 하지만 그렇지 못한 사람들은 관계의 정도만큼 배급량이 형편없었다. 즉 약간 관계가 안 좋은 사람들은 배급량의 반을 받았고, 심각하게 사이가 안 좋은 사람들은 쫄쫄 굶다시피 해야 했다. 식당 이용자들 사이에서 이런 편파적인 배급에 대한 불만이 점점 고조되었기 때문에 우리는 배급 팀을 교체할 수밖에 없었다.

거의 20명이나 되는 배급 담당 여성들을 전부 교체하는 일은 행정을 맡은 사람들에게는 정말 악몽이었다. 원래 배급 팀이었던 여성들에게 그녀들이 수락할 만한 다른 일을 찾아주어야 했을 뿐 아니라, 새롭게 교체된 사람들이 불평에 가득 찬 식당 이용자들을 만족시킬 수 있는지도 알아보아야 했다. 무엇보다도 어려운 것은, "부수입"을 두둑이 챙길 수 있을 뿐 아니라 편하고 상대적으로 품위 있어 보이는 이 일을 그만두게 하려면 러시아 여성들을 설득해야 한다는 것이었다.

그리하여 몇 주에 걸쳐 난동과 추태가 이어졌다. 나중에는 식당에서 러시아 여성들을 질질 끌어내야 하는 상황까지 발생할 가능성까지 생겼다. 그녀들은 앵글로색슨계 식당 이용자들이 불평하는 내용을 잘 알고 있었다. 만약 자신들이 그 자리를 포기하면 그들의 불평을 인정하는 꼴이 되기 때문에 그녀들은 그럴 의향이 전혀 없었다. 이런 끔찍한 예상 때문에 나는 제인을 만나기가 두려웠다. 하지만 내가 직접 이 일을 떠맡지 않으려면 제인을 만날 수밖에 없었다!

내가 제인에게 상황을 설명하자, 그녀는 영국인 특유의 단호한 표정을 짓더니 이렇게 말했다. "뭔가 조치가 필요하군요, 그렇죠?"

그리고 일주일 후, 놀랍게도 제인은 모든 교체 작업이 끝났노라고 내게 알려왔다. 그녀가 사용한 해결책이 어떤 것이었는지 들었을 때, 나는 정말이지 그것이 천재적인 방법이었다고 감탄하지 않을 수 없었다. 우리 제1 주방에는 근본주의 교파에 속하는 개신교 선교사들의 딸이 15명 정도 있었다. 그녀들은 순진하고 아름답고 예의가 발랐으며, 저 고집 센 러시아 여성들과 경쟁할 거라고는 상상할 수 없는 사람들이었다. 또한 그녀들이 배식 역할을 차지해서 부수입을 챙기려는 욕심이 있을 거라고 누구도 비난하지 않을 것이었다.

심지어 러시아 여성들조차 이 소녀들이라면 식사 배급도 잘 할 것이고, 모든 식당 이용자가 편파적 배급을 시비 걸지도 않을 것임을 인정할 수밖에 없었다. 러시아 여성들도 자기 자리를 내주는 것이 마음 내키지는 않았지만, 뭐라고 반박할 말이 없었던 것이다. 이렇게 제인은 한 마디 불평도 듣지 않고 모든 교체를 성사시켰다. 동시에 그에 못지않게 중요한 것은, 그동안 마지못해 일하던 여성 노동력을 완전히 살려냈으며 모든 분쟁을 한동안 잠재웠다는 사실이었다.

제인이 이뤄낸 위대한 업적은 이것이 전부가 아니었다. 그녀는 숙소 문제에도 관여했다. 25명 정도의 여성들이 기거하는 기숙사가 한 동 있었는데, 이 구성원들은 서로 사이가 나빴다. 주된 원인은 선교사 파와 기업가 파가 분리된 것도 있지만, 이 그룹 안에 정말 같이 살기 힘든 세 명의 중년 여성이 끼어 있었기 때문이다. 기숙사 전원은 갈등으로 힘들어했지만, 뾰족한 해결책을 찾지 못하고 있었다.

우리 숙소 팀이 이 문제에 대해 거의 포기에 이르렀을 때, 문제의 기숙사에서 파견된 대표단이 우리를 찾아왔다. 놀랍게도 그들의 요청은 제인 브라이트를 자기네 기숙사로 옮겨달라는 것이었다. 대표단 중 한 여성은 이렇게 말했다. "모든 사람이 제인을 사랑하고 존경하니까, 아마 그녀가 오면 우리 갈등을 잠재울 수 있을 것 같아요."

이리하여 우리의 용맹한 다니엘은 한 마디 불평도 없이 사자굴로 들어갔다. 제인은 단호함과 함께 사랑도 가지고 있었다. 바로 이것이 그녀가 가진 신비였다. 그녀가 옮겨간 후, 이 기숙사에서는 다시는 심각한 문제가 일어나지 않았다.

만약 바깥 사회에서처럼, 어떤 사람의 피상적인 측면만을 판단한다면 누가 이 두 여성의 진정한 가치와 능력을 알아볼 수 있었겠는가? 종교적으로 경건한 사람들의 눈에 클레어는 너무 비도덕적으로 보였다. 또한 경건하지 않은 사람들이 보기에, 제인은 현실적인 문제를 해결하고 능력을 발휘하기에 너무 경건해 보였다. 하지만 이 두 판단은 모두 과녁을 빗나간 것으로 밝혀졌다.

"성품"이란 무엇일까? 이상하게도 성품의 좋고 나쁨은 쉽게 파악되지 않는 것 같다. 마치 성령이 계시지만 보이지 않는 것처럼, 성품도 분명히 존재하지만 잘 파악되지 않는다. 사회는 성품을 주로 태생, 좋은 가문, 교육, 종교적 신념 같은 것과 연결시키려 한다. 이런 판단은 장기적으로 볼 때 어느 정도 타당성이 있다고도 할 수 있다. 하지만 개인을 놓고 볼 때, 이런 일반적인 범주는 거의 믿을 게 못 된다.

가장 절망적이었던 수용소의 마지막 해, 우리 주방은 몇 명 남아 있던 사람들의 정직함과 청렴함에 전적으로 의지하고 있었다. 하지만 이들이 다 좋은 가문에서 태어나고 양질의 교육을 받은, 종교적으로 경건한 사람들은 아니었다. 물론 이 몇 안 되는 사람들 중에는 귀족 출신도 있고 종교적 인물도 있었다. 하지만 대부분은 이런 기준과는 거리가 먼 사람들이었다.

예를 들어, 우리 주방에서 창고를 지키던 두 여성은 정말로 다른 부류의 인물이었다. 한 명은 락스비존스 부인으로, 예의 바른 신사인 카일론 광산 회사 중역의 부인이었다. 수려한 외모에 다정한 성격을 가진 부인은 지적이고 매력적이며 가문도 좋았다. 그녀는 매일 주방의 기름과 설탕, 그 외에도 중요 물품을 지켰으며 요리사에게 조언을 주기도 했다. 락스비존스 부인은 모두로부터 사랑을 받았다.

주방에서 필수적인 이 일을 하는 데 락스비존스 부인의 파트너는, 닐 부인이라고 불리는 영국 선원의 아내였다. 이 부부는 중국 연안의 등대지기였다. 그들은 늦게 수용소에 합류했는데, 왜냐하면 그들이 하던 일을 대체할 사람을 구할 수 없었기 때문이다. 부부는 모두 학교 교육을 받지 못했으며 거칠고 세련되지 못했다. 닐 부인이 말하는 내용이나 방식은 락스비존스 부인과는 엄청나게 달랐다. 하지만 두 부인에게는 정도를 벗어나지 않은 정직함, 협동심, 책임감이라는 공통점이 있었다. 게다가 둘은 남자들과 어울려 호탕하게 웃을 줄 아는 능력도 가지고 있었다. 두 사람 중 누가 더 우리의 공동생활에 기여했는가를 가리는 일은 정말이지 불가능했다.

한편, 우리 주방에서 가장 눈에 띄는 남자는 영국 육군 출신 딕 로저스였다. 딕은 우락부락하게 생긴데다 가슴 근육도 탄탄하고 온몸이 근육질이었다. 반면에 말이 어눌하고 사고도 정교하지 못했다. 하지만 주방 일에서는 단연 그가 최고였다. 정말로 정직한 남자였기 때문이다. 늘 딕은 밤 동안 고기 덩어리와 석탄, 설탕 포대가 도난당하지 않도록 창고를 지켜달라는 요청을 받았다. 또한 일도 잘했기 때문에서 주방에서 그의 손을 거치지 않는 일은 거의 없을 정도였다. 딕은 자신이 맡은 일 말고도, 누군가 아프거나 일을 그만두어서 공석이 생기면 마다하지 않고 그 일을 도맡았다.

딕에게는 잠시 쉬겠다는 생각이 없는 듯, 한 가지 일이 끝나면 또 해야 할 일이 없나 주위를 둘러보곤 했다. 놀라운 것은, 우리 공동체에서는 힘의 상징으로 통하고, 자신의 정직함으로 나약한 사람들을 일깨우며 분발하게 만드는 딕 로저스가, 바깥세상에서는 술과 관련된 문제로 고생하던 사람이었다는 사실이다. 역설적이게도 딕의 수고 덕분에 매일 훌륭한 음식을 제공받는 많은 경건한 식당 이용자들은, 그가 술을 마신다는 이유로 여전히 딕을 비도덕적인 사람으로 간주했다. 누군가는 불쌍하다는 듯 딕을 보며 이렇게 말하기도 했다. "참 안됐어. 저렇게 힘이 센 사람이 유혹을 거부할 힘이 없다니!"

인간사에 공의가 이루어진다고 할 때, 이 공의가 우리 인간들 서로에 의해서가 아니라 하나님의 심판에 의해서 이루어진다는 것은 얼마나 다행스러운 일인가!

사람들을 일정한 범주에 넣는 것이 어렵다는 점을 감안할 때, 종교적인 사람들이 보여준 뜻밖의 행동은 그리 이상한 일이 아니었다. 수용소에서 종교인들은 대규모 분파를 형성했기 때문에 쉽사리 구별되었다. 이런 분파로는 약 400명의 로마가톨릭 사제와 수녀(이들은 초기 6개월 동안만 함께했다) 그룹과, 비슷한 숫자의 영국, 미국 개신교 선교사들과 그들의 가족이 있었다. 이런 "전문적" 기독교 사역자들로 구성된 대규모 그룹 안에는 온갖 다양한 사람들이 존재했다.

예를 들어, 사제들 중에는 과거에 술꾼, 양치기, 직업 야구 선수에서부터 예민한 학자, 예술가, 성인에 이르기까지 다양한 부류가 섞여 있었다. 개신교도들 중에도 단순 무식한 오순절파와 성결교과 선교사로부터 자유주의 노선을 따르는 사립 대학이나 군소 교단 출신까지 다양했다.

당연히 이 많은 무리 중에는 도덕성과 정직함이 심각하게 의심되는 사람도 몇몇 있었다. 또한 개인의 희생을 요구하는 수용소 정책에 협조하지 않는 사람도 있었다. 선교사들이 물건을 훔치는 경우는 드물었다. 하지만 그들도 다른 사람처럼 게으름을 피웠으며, 더 좁은 공간에서 고생하는 사람을 위해 자신의 공간을 포기하지 않으려 했다.

하지만 공정하게 말하면, 이런 경우는 드물다고 할 수 있었다. 내 견해로는, 대체적으로 선교사들은 세속적 그룹에 비해 더 정직하고 더 협조적이었다. 하지만 선교사 공동체에는 장점이 있는 만큼 독특한 약점도 있었다. 수용소 생활을 해나가면서, 우리는 이런 독특성에 대해 계속해서 생각하고 대화를 나누었다.

분명히 가장 흥미로운 그룹은 가톨릭 집단이었다. 벨기에, 네덜란드, 미국, 캐나다 출신의 사제와 수녀와 수사들이 섞여 있었으며, 성직 위계도, 받은 소명도 다르고 출신 수도회나 선교 단체도 다 달랐다. 나는 개신교 문화에서 자랐기 때문에, 수염을 길게 기르고 긴 옷을 입고 수시로 기도하는 사람들, 원기 왕성하고 재치 있게 유머를 구사하는 이 사람들 옆에서 사는 것이 하나의 새로운 경험이었다. 그들에게는 세속성과 거룩함이 묘하게 섞여 있는 것 같았다. 아마 이런 이유 때문에 그들이 더 매력적으로 보였던 것 같다. 좀더 타당한 평가를 내리자면, 이들은 수용소 초기 시대에서 정말 없어서는 안 될 귀중한 존재들이었다.

우리 같은 평신도와는 달리, 사제들은 협력하는 육체노동을 오랜 기간 훈련받아 왔다. 이전에도 이들은 수도원에서 빵을 굽고 요리를 하고 정원을 가꾸고 불을 지폈다. 또한 수도원 특유의 검소한 삶과 그 어려움에도 익숙해져 있었다. 따라서 그들에게는 모든 조건이 불편하고 힘든 노동을 해야 하며 쾌활함과 협동 정신이 요구되는 수용소 생활이, 원래 살던 삶의 연속에 불과했다. 아니, 오히려 이전의 삶보다 더 흥미진진하고 행복한 삶을 살게 되었다고도 할 수 있었다. 수용소에서는 생활의 규칙이 느슨해졌고, 새로운 얼굴도 볼 수 있었으며, 무엇보다 늘 여자들과 함께할 수 있는 즐거운 자극이 있었다. 자연스럽게, 수용소에서 사제들의 원기 왕성함은 사그라지기는커녕, 더 풍부해졌다. 젊은 신부들은 여기서의 삶을 솔직하게 즐기고 있었다. 그들은 수용소의 삶을 "세상에서의 삶"이라고 표현하곤 했다. 또한 과거에 그들이 살던, 상대적으로 더 적막하고 외로운 삶으로 돌아가고 싶지 않다고도 했다.

삶과 노동에 대한 사제들의 이런 열의는, 늘 누리던 안락함도 뺏기고 회사에서 열심히 일해서 새로운 부와 성공을 이루려던 평범한 목표마저 빼앗긴 채, 익숙하지 않은 육체노동에 낙심해 있는 평신도들의 원기를 북돋워주었다. 마치 기숙학교에서 해방된 어린 소년들처럼 들떠서 노래하며 농담을 주고받는 젊은 신부들 덕분에 수용소는 그런대로 돌아갈 수 있었다.

사제들에게는 이런 장점 말고도 뭔가 특별한 것이 있었다. 그들은 원할 때마다 하나 된 집단으로서 놀라운 힘을 발휘했다. 수용소 초기에 암시장이 성황을 이룰 때, 일본 경비들이 두 명의 중국인 농부를 체포해 총살하는 사건이 발생했다. 이들을 공포의 본보기로 삼아 담벼락 너머로 거래하는 일을 막을 심산이었다. 사건 다음 날, 수용소 전체에 이 끔찍한 총살 소식이 퍼졌다.

일본인들이 특별 점호를 명령하자, 우리는 다음에 무슨 일이 일어날지 가슴을 졸이며 줄을 서서 근 한 시간 동안이나 기다렸다. 나는 내가 서 있는 줄에 어떤 사람들이 있나 죽 훑어보았다. 거기에는 100여 명의 남자들이 있었는데, 어디서도 찾아보기 힘든 험상궂은 인상의 무리였다. 알고 보니 그들 대부분은 영국 육군 출신이거나 미국 해군 출신이었다. 모두들 필요하면 일본 경비들과 한판 붙어보겠다는 표정이었다.

마침내 일본인 장교가 모습을 드러냈다. 장교는 우리 앞을 왔다 갔다 하며 소리를 지르기도 하고 발을 쾅쾅 구르기도 하고 칼을 휘두르기도 했다. 그러더니 한 수감자의 얼굴 앞으로 바짝 다가서 더 큰 소리로 고함을 질렀다. 잔뜩 겁에 질린 수감자 측 통역사(반은 일본인이고 반은 영국인으로 아주 호감 가는 소년이었다)가 일본인 장교의 말을 통역했다. 즉 앞으로 누구든 담벼락 위에서 잡히면 저 중국인 농부들처럼 총살당할 것이라는 내용이었다. 장교의 열변이 쏟아지는 동안, 우리 줄에 있던 저 거칠고 위세 등등했던 남자들은 말 한 마디 못하고 몸을 움직이지도 않았다. 일본인 장교는 곧이라도 자기 말을 실행할 것 같았다. 괜히 부적절하게 반응했다가 장교의 총알을 맞고 싶은 사람은 한 명도 없었던 것이다.

일본인 장교의 성난 고함소리를 5분 정도 더 들은 후 우리는 해산했다. 장교와 두 명의 경비는 가톨릭 신부들이 모여 있는 병원 쪽으로 이동했다. 그곳에서 같은 훈계를 할 참이었다.

숙소로 돌아온 우리는 침대에 앉아 이 새로운 국면에 대해 조용히 이야기를 나누고 있었다. 그런데 갑자기 병원 쪽에서 요란한 웅성거림이 들려왔다. 그 소리는 꼭 웃음소리 같았다. 수백 명의 남자들의 목구멍에서 한꺼번에 흘러나오는 것 같은 소리였다. 문밖으로 달려나가 보니, 그 소리는 더 크게 들렸다. 다음으로는 당황한 일본인 장교와 경비들이 완전히 공황 상태로 헐레벌떡 우리 옆을 지나가는 것이 보였다.

우리는 너무 궁금한 나머지 무슨 일이 있었는지 알아보려고 달려갔다. 병원 쪽으로 가보니 거기에는 신부들이 땅바닥에 주저앉아 배를 움켜잡고 숨이 넘어갈 듯 웃고 있었다. 잠시 후 겨우 숨을 고른 미국인 신부 한 명이 일어난 일을 우리에게 설명해주었다.

"그 짜리몽땅한 장교가 막 소리를 지르고 난리를 치는데, 갑자기 저쪽에서 벨기에인 도미니크회 신부들이 그를 향해 천천히 움직이는 게 보이지 뭐요. 그러더니 마치 그게 신호라도 되는 듯 우리 모두는 장교를 천천히 에워싸기 시작했소. 미처 알아채기도 전에 그 키 작은 사람은 키 크고 수염 기른 수도사들에게 완전히 포위된 거요. 우리는 모두 껄껄 웃으며 눈을 부릅뜨고 그를 노려보았소. 그러고는 점점 더 원을 좁히며 더 크게 웃어젖혔소. 우리가 그를 완전히 두렵게 만든 거지. 일본인들이 '거룩한 사람들'을 어떻게 대하는지 당신도 알죠? 어쨌든 우리가 그를 에워싸서 거의 하늘이 보이지 않을 정도까지 좁히자 그는 완전히 당황하더군요. 그러더니 정신없이 우리를 밀치고 빠져나가 저쪽으로 가버린 거요. 정말 굉장했어요!"

이 사건 이후부터, 성직자를 극도로 싫어하던 사람들까지 새로운 존경심을 가지고 사제들을 바라보기 시작했다. 도대체 어떤 차이로 인해서 사제들에게는 깊은 일체감과 잠재된 공동의 합의가 존재하는 걸까? 우리 "독신 남자들"이 서 있던 줄에서 누군가 한 명이 일본인 장교에게 그렇게 가까이 다가가 웃음을 터뜨렸다면, 아마 다른 이들은 그저 존경스러운 눈빛으로 그를 바라보기만 했을 것이다. 오히려 그를 불쌍히 여기며 "일본인들이 저 사람에게 어떤 짓을 할까?" 하고 자문할지도 모른다. 그런데 사제들은 모두 함께 같은 행동을 하기 시작했다. 그래서 적은 완패당하고 말았다!

신부들의 어떤 면이 우리 마음을 사로잡았는지 간단히 말하기는 어려웠다. 한편으로는 그들의 쾌활함과 이타적인 모습, 타의 추종을 불허하는 용감함과 강인함이 중요한 요인이었다. 다른 한편으로는 암시장 일로 활약하여 우리를 기쁘게 하고 먹여 살렸기 때문일 수도 있었다. 신부들이 만든 무적 야구팀도 한몫 했을 것이다. 하지만 무엇보다도 가장 큰 원인은 그들이 보여준 인격, 경건함이 수반된 인격의 힘이었다.

가톨릭 신부들은 영적 교만과는 거리가 먼 종교적이고 도덕적인 진지함을 갖고 있었다. 그들은 다른 사람들에게 그들의 거룩함을 내보이려 하는 대신, 세속적이고 변덕스러운 평신도들을 한없이 수용하고 따뜻하게 대했다. 그들의 심경을 거스르거나 그들에게 충격을 주는 사건이나 사람은 존재하지 않는 듯했다. 신부들의 도덕성은 단연 독보적이었다. 그들의 청렴함 때문에 사람들은 그들을 신뢰했다. 또한 그들의 관대함은 모든 사람을 수용할 수 있었다. 슬픈 일이지만, 이런 수용성을 "도덕적인" 사람들에게서 찾기란 힘든 일이었다. 결과적으로 사람들은 신부들과 함께하는 것을 불편해하지 않았다. 그들과는, 상대방이 도덕적 우월감을 가지고 나를 대하거나, 나를 도덕적으로 인정하지 않아서 생기는 적대감을 가지지 않아도 되었다.

신부들은 누구하고나 잘 지냈고 모든 사람과 섞일 줄 알았다. 예를 들어 술, 도박, 욕설, 음란을 일삼고 심지어 마약을 하는 사람까지 온갖 크고 작은 결함을 가진 사람들과도 잘 지냈다. 하지만 이런 "세상" 사람들과 직접 접촉을 해도 그들의 성품은 전혀 변하지 않았다. 어쩐지 그들은 세상을 있는 그대로 수용하면서도 그것을 사랑할 수 있는 듯했다. 바로 이런 수용력을 통해 그들의 힘은 혼란스러운 수용소 사회에 새 힘을 불어넣었다.

반면에, 개신교 선교사들은 사람들과의 관계에서 그리 창조적이지 못했다. 다른 사람을 도덕적으로 비난하거나 물리적으로 거부하지는 않더라도 정신적으로 거부하는 경향이 있었다. 나는 이런 행동이 복음과는 거리가 먼 행동이라고 생각했다.

개신교 선교사들도 다른 사람에게 친절하려고 애를 쓰긴 했다. 하지만 전형적으로 이들은 "남은 자" 사상을 갖고 자기들끼리

똘똘 뭉쳤다. 신약성경에 나오는 바리새인과 마찬가지로 그들은 구원받은 영혼들이 모인 자신들의 무리에 남아 있기를 원했다. 이들은 속으로 세상을 혐오했으며, 이 죄악 많은 세상에 자신이 물들지 않을까 두려워했다. 반대로 가톨릭 신부들은 세상과 "섞였다." 그들은 수용소의 누구와도 친구가 되고 그를 도왔으며, 함께 카드를 치고 담배를 피우고 농담을 주고받았다. 그들은 공동체 전체에 은혜의 통로였다.

그들을 보면서, 사람이 타인을 도울 수 있는 길은 경건함이 아니라 사랑이라는 사실을 알게 되었다. 도덕성이 높은 사람도 변덕스러운 형제를 품을 포용력이 없다면 그를 섬길 수 없다. 정직한 개신교인이라면 세상과 창조적으로 소통하는 이 가톨릭 신부들의 능력을 본받으려 할 것이라는 생각이 들었다. 하나님의 무조건적인 사랑의 복음을 엄격한 율법에서 해방하기 위해 설립된 개신교가, 시간이 흘러 가톨릭 형제들 속에서 죄인을 사랑하시는 하나님의 사랑을 보고 배워야 하다니 이 얼마나 역설적인가!

가톨릭 신부들은 전반적으로 우리 수용소에서 창조적인 역할을 했으며, 수감자들은 여기에 대해 아낌없는 사랑을 보냈다. 전통적인 가톨릭교회가 가지는 독특한 어려운 문제들이나 가톨릭과 개신교의 관계 문제는 우리 수용소에서는 전혀 중요하지 않았다. 현명하게도 가톨릭 측 대표 "주교"는 처음부터 수용소의 정치적이고 도덕적인 문제에 대해 어떤 식으로든 관여하지 않겠다고 결정한 바 있었다. 소수 집단으로서 이들은 타인의 신앙을 표현할 자유를 침해하지 않으려고 신중을 기했다.

내가 보기에 가톨릭 사제들과 수용소 사람들이 관계를 맺는 데 딱 한 가지 아킬레스건이 있다면, 그것은 지적인 정직함의 문제였다. 사실 이 문제는 모든 권위주의적인 형태의 종교가 직면하는 문제이기도 했다. 사제들의 명확한 통일성에 비해서, 개신교 선교사들이 가지는 지적 의견의 다양성은 당황스러울 정도였다. 우리 속에 섞여 있는 근본주의자와 자유주의자는 공동 노동을 할 때나 교회에서 예배를 드릴 때는 함께할 수 있었다. 그럼에도 이들의 지적인 불일치는 고통의 근원이었으며, 공동체에도 해를 끼쳤다. 이런 갈등이 여실히 드러난 것은, 어느 날 저녁 자유주의 신학 계열의 영국인 선교사가 기독교와 진화에 대한 강의를 했을 때였다. 바로 다음 날 저녁, 근본주의 계열의 한 리더는 자신의 강의를 하면서, 창세기에 나오는 창조에 대한 설명에 동의하지 않는 전날 밤의 "무신론적인 교리"에 대해 신랄한 공격을 퍼부었다.

다음 날 나는 우연히 식당에서 어느 학구적인 벨기에 예수회 신부 옆에 앉게 되었다. 우리는 전에도 몇 번인가 신학과 과학의 관계에 대해 대화를 나눈 사이였다. 이 예수회 신부는 근본주의자가 한 강의가 말도 안 된다는 주장에 전적으로 동의했다. 신부는 교회가 자신의 계시에는 과학적 정보가 빠져 있다는 사실을 깨닫고, 과학으로 하여금 자신의 논의를 계속할 수 있도록 방해하지 말아야 한다고 했다. 그 편이 교회와 세상 모두에게 이익이 될 거라는 것이었다.

이런 사건이 있고 이틀 후, 이번에는 가톨릭 그룹의 리더이자 임시 "주교"가 같은 주제로 강의를 했다. 주교는 덩치가 크고 쾌활한 미국인 신부로, 마음은 넓지만 과학이나 신학에 대해 교육을 많이 받은 인물이 아니었다. 강의 첫머리에 공표했듯, 그는 단순히 "신학교에서 배운 교리"를 전달하고자 했다. 앞서 두 차례의 강의로 신부들의 마음이 혼란스러워져 있었기 때문에, 주교는 "진리가 무엇인지에 대해" 그들에게 말해야 했다. 내 생각으로는 그에게 진리란 "신학교에서 배운 것"과 일치했다. 그의 강의는 비록 창세기의 특정 구절들을 언급하지 않고 교조주의적 교회론만 언급했지만, 며칠 전 근본주의자의 강의와 정확히 일치했다.

그때부터 내 예수회 신부 친구는 과학과 종교의 주제를 애써 피하게 되었다. 자신이 조롱했던 개념을 임시 "주교"가 옳다고 한 이상, 더 이상 비판하려고 하지 않았다. 가톨릭에서는 공식적으로 어떤 입장이 발표되면, 개인의 비판 의식과 사고의 독립성도 시들어버리는 듯했다. 수용소에서는 교회의 권위가 훨씬 약해져 있었는데도 말이다.

일 년쯤 후, 다시 한 번 권위주의적 종교는 지적으로 정직해지기 어렵다는 사실을 보여주는 사건이 일어났다. 역시 같은 예수회 신부 친구가 관련된 일이었다. 우리 수용소에는 마음씨는 좋지만 지적으로는 그리 뛰어나지 못한 한 영국 부인이 있었다. 그녀는 이혼해서 두 아이와 함께 살고 있었는데 점점 자신의 개신교 신앙에서 멀어지고 있었다. 언제 한번은 내게 설명하기를, 자신이 가진 영국성공회 신앙이 너무 흔들리고 모호해져서 더 이상 거기서는 평안을 찾을 수 없다는 것이었다. 부인이 느끼기에는, 신앙은 모든 중요한 문제들에 대해서 이랬다저랬다 하는 것 같았다. 이렇게 신앙이 모호한 역할만 하게 되자, 혼자서 수용소 생활을 하는 여인이 절실하게 필요로 하는 내적 평안을 이 신앙은 줄 수 없었다. 그래서 부인은 자신이 기댈 수 있는 "더 견고한" 무엇인가를 찾기 시작했다.

얼마 안 가 내 예수회 친구는 영국 부인에게 로마가톨릭 신앙을 권유했으며, 다시 한 달도 채 못 되어 부인은 견진성사를 받게 되었다. 이 소식을 들은 나는 별로 놀라지 않았다. 하지만 부인이 신부가 주었다면서 교리 책자를 보여주었을 때는 깜짝 놀라지 않을 수 없었다. 책에는 부인이 특히 좋아하는 교리가 하나 있었는데, 6일간의 창조와 역사적인 타락의 사건을 상세하게 기술한 부분이었다. 거기에는 아담과 하와, 모든 창조된 동물들을 그린 그림도 들어 있었다. 확실히, 견고한 확신을 찾는 사람에게 만족스러울 만큼 견고한 설명이었다. 하지만 부인에게 창조에 대한 확신에 찬 설명을 해준 신부가, 바로 예전에 내게도 과학에 대해 확신에 찬 말을 했던 사람이라는 사실을, 부인은 알 리가 없었다.

이 사건으로부터 나는 한 가지를 배울 수 있었다. 안전을 추구하는 마음은, 예전에 거짓으로 알았던 것과도 쉽게 타협하게 된다는 것이었다. 영국 부인은 같은 교리가 개신교 근본주의자들에 의해 설명되었을 때는 그것이 불합리하다고 느꼈다. 분명한 것은, 근본주의자들의 신앙이 그녀에게 원하는 확실성을 주지 못했다는 사실이다. 하지만 예수회 신부와 더불어 그녀는, 예전에 소중하게 여겼던 독립된 사고를 기꺼이 버리고 종교적 확신이 주는 더 큰 유익을 얻고자 했다. 물론 내 친구 신부도 같은 값을 치렀다. 그는 자신이 속한 교회의 권위와 성장을 위해, 자신만의 지적인 독립성과 정직함이라는 값을 지불했다. 아마도 절실한 상황에 처한 이 고독한 여인은 자신이 버린 것에 대한 대가를 얻었을지도 모른다. 하지만 고등 교육을 받은 이 지적인 신부는 자신의 것을 완전히 잃었을 것이다. 이것이 나의 결론이지만, 아마 가톨릭 신도들은 아무도 여기에 동의하지 않을 것이다.

젊은 사제들로서 우리 수용소 삶의 가장 어려운 측면(혹은 가장 흥분이 되는 점)은 여성들과 늘 가깝게 생활해야 한다는 것이었다. 그들은 나이도 몸집도 자태도 제각각인 수많은 여성들과 함께 지냈다. 가톨릭 규율도 느슨해지고 여성들과도 함께 일하게 되면서 젊은 신부들은 예전에는 몰랐던 자신의 모습, 즉 여자들과도 곧잘 어울려 지낼 수 있는 자신의 모습을 발견하게 되었다.

이런 상황 속에서, 수용소 초기 북경 주방에서는 매우 미묘한 일이 벌어지기도 했다. 우리 그룹에는 10개 내지 15개의 매우 보수적인 선교사 가정이 있었고, 각 가정마다 십 대의 딸이 있었다. 동시에 수용소에는 그녀들 또래의 남자도 상당수 있었다. 남자아이들은 대부분 천진에서 사업을 하던 가정 출신이었다. 그래서 선교사 가정의 딸들은 그들과 어울리기에 너무 순진하고 또 너무 "도덕적"이었다. 따라서 이 소녀들에게는 이십 대 초반에서 중반에 이르는 미국인, 캐나다인 신부들이 딱 맞는 하나님의 선물이었던 것이다. 양쪽 다 관계가 심각하게 깊어지는 것을 바라지 않았고 고결한 의도만을 가지고 있었으므로, 하늘도 그들이 문제를 일으키지 않을 것을 알았을 것이다. 그들은 상대방에게 딴 뜻이 없음을 철석같이 믿는 동시에, 잠재의식 속에서는 서로가 서로를 필요로 한다는 것을 깨달았다. 그리하여 이들 젊은 가톨릭 신부들과 개신교도 딸들은 함께 상쾌한 밤공기를 즐기고 서로간의 사귐을 즐거워하게 되었다. 곧 이들 속에는 "지속적인" 커플 관계도 형성되었다. 그리고 몇 달도 안 되어 그들 중 몇몇은 자신이 정말로 상대에게 애정을 가진다는 사실을 깨달았다.

수용소의 대부분의 사람들은 이 상황을, 피할 수 없는 필요에 대한 최선의 해답이라고 여기며 기뻐했다. 하지만 이런 일반적 찬성의 분위기에 휩쓸리지 않는 사람들도 있었다. 말할 필요도 없이 이들은 교황주의에 강하게 반대하는 근본주의 신학 노선을 따르는 부모들과, 가톨릭 측의 권위자들이었다. 양측은 이런 관계의 발전을 교회 역사상 최고의 참사 중 하나로 여겼다!

이렇게 해서 어느 날 밤 주방에서는 정말 놀라운 종교 회의가 열리게 되었다. 참석자는 분노로 가득한 소녀들의 부모들과, 완고하고 당황해 있으며 속으로는 화가 난 가톨릭 고위 성직자들이었다. 그들은 서로가 공동의 문제를 안고 있음을 깨달았다. 그래서 그날 밤에는 호의적인 태도로 협력해서, 어떻게 이 "교제"를 끊을 수 있을지 진지하게 논의했다. 하지만 실제적으로 젊은이들 사이에 무르익는 연애 감정을 끊을 뾰족한 묘수는 없었다. 하지만 모두가 동의하는 분명한 한 가지 사실은, 가톨릭과 개신교를 최대한 빨리 분리해야만 모두가 더 행복해질 수 있다는 것이었다!

수용소 생활이 시작되고 6개월 후인 1943년 9월, 사제들과 수도사, 수녀들이 북경으로 소환되면서 이 목가적인 풍경도 끝나게 되었다. 동시에 저 흥미로운 가톨릭 그룹이 우리 삶에 가져온 유익도 함께 끝나고 말았다. 소수만 제외하고 대부분의 가톨릭 성직자들은 자신들의 수도원이나 총회로 돌아갔다. 일본인들은 이들을 미국인, 영국인, 캐나다인, 벨기에인, 네덜란드인이라고 여겨서 수용소에 수감했지만, 도쿄로 파견된 교황 특사는 이들이 바티칸 중립국의 "시민"이라고 일본 정부를 설득했음에 분명했다. 따라서 이들은 더 이상 "적국 국민"이 아니었다. 기숙사에서 우리는 이런 해석을 하며, 본국에서 가톨릭 성직자 계급이 보여주는 다분히 "미국적인" 모습이 떠올라 낄낄거렸다.

그들이 떠나는 날은, 떠나는 그들에게나 남은 우리에게나 가장 슬픈 날이었다. 이들 400명이 마지못해 트럭으로 오를 때는 모두가 눈물을 흘렸다.

남자, 여자, 어른, 아이 할 것 없이 모두 줄지어 서서 그동안 우리를 사랑하고 우리에게 큰 도움을 주었던 이 좋은 친구들을 향해 애정을 담아, 또 쓸쓸한 마음을 담아 손을 흔들었다. 선교사 딸들도 믿고 좋아했던 친구들이 떠나는 광경을 보면서, 다른 사람의 시선도 아랑곳하지 않고 눈물을 흘렸다. 젊은 사제들과 선교사의 딸들은 다시는 같은 우정을 누리지 못할 것을 슬퍼했다. 내 옆에 있던 영국인 은행가는 트럭이 떠나자 이렇게 말했다. "하나님, 저들 대신 개신교인들이 떠났으면 얼마나 좋았을까요!" 가톨릭 사제들이 우리에게 남긴 인상은 그만큼 깊었던 것이다.

10
성도들, 사제들, 설교가들 II

 가톨릭 성직자들을 단순한 범주로 분류하는 것도 어렵지만, 개신교 선교사들의 경우는 아예 분류 자체가 불가능했다. 이들은 배경도 다양하고 교육 수준도 천차만별이었으며, 무엇보다 기독교 신앙과 삶의 관계에 접근하는 태도도 매우 달랐다. 나는 이 주제로 사람들과 이야기를 나눠보았다. 그랬더니 사람들이 선교에 대해 어떤 감정을 갖고 있는지, 선교를 가치 있는 일이라고 생각하는지, 선교가 합법적인 일이라고 믿는지에 따라 선교사에 대한 평가가 크게 다름을 알 수 있었다.
 당연히, 선교사가 헌신해서 전파하려고 하는 내용을 믿지 않는 사람은 선교사나 그의 일에 대해서도 싫어할 확률이 높았다. 이런 사람에게는 선교사의 역할이 거만하고 광신적이고 제국주의적이고 무익해 보인다. 동시에 선교사도 어리석은 위선자로 보이는 것이다. 그래서 이런 말이 나온다. "저들은 무슨 권리로 자신의 종교를 다른 사람에게 강요하는 거지? 왜 서구의 신앙을 중국인들에게 강요하는 거야?"

반면에, 선교사가 전파하는 내용과 자신이 가치 있다고 믿는 사상(예를 들어 현대 의학, 민주주의, 교육에 대한 현대적 방법과 견해, 과학 기술 등등)이 일치한다면, 사람들은 이 일에 헌신하는 사람들이 가진 인간적 약점도 눈 감아주려는 경향을 보인다. 동시에 선교사들이 다른 사회에 야기한 부정적인 변화에 대해서도 관대하게 넘어가려 한다.

기독교 신앙은 극동 아시아 문화에 지대한 영향을 미쳤다. 선교사들은 산업주의, 자연과학과 사회과학, 보편적이고 현대적인 교육 체계, 민주주의적이고 사회주의적인 개념들, 의학 등등을 소개했지만, 동시에 아시아가 가진 전통적인 문명과 생활 방식을 심각하게 파괴하기도 했다. 위에서 열거한 문명들을 전한 것은, 복음전도자들 만큼이나 서구의 "선교사"들이었다. 우리가 이들을 보고 거만한 제국주의자라고 비난하거나 혹평하지 않는다는 것은(비록 많은 동양인이 그렇게 비난하더라도), 우리도 기독교 사상을 풍성하고 완전한 삶을 위한 필수 조건으로 믿고 있음을 보여준다. 마치 초기 기독교 문화가 기독교를 인간 완성을 위한 가장 필수적인 기반으로 여겼던 것처럼 말이다.

처음 중국에 도착했을 때 나는 선교 사역에 대해 매우 호의적이었다. 내가 일했던 북경 근처 연경 대학은 선교 단체에 의해 설립되었으며, 아직도 부분적으로는 이들의 후원을 받고 있었다. 일본의 통치 기간 동안에도 북중국에서 유일하게 자유로운 대학은 바로 연경 대학이었다. 내가 방문했던 많은 선교 본부들은 문명화된 삶에서 가치 있다고 생각되는 부분들을 중국 땅에 전하고 있었다. 선교사들이 세운 학교는 물리학과 사회과학과 역사를 소개했다. 선교사들이 세운 병원은 많은 지역에서 유일하게 현대식 의료 서비스를 제공했으며, 그들이 표방하는 인도주의적·이상주의적·민주주의적 이데올로기는 아직 새로운 상황에 적응하지 못한 동양 문화 속에 사회 진보라는 씨앗을 심고 있었다.

분명히 이런 공헌들은 가치 있어 보였다. 당시 중국의 개혁 운동의 기반을 제공했던 민주적 인도주의도 상당 부분 선교사들이 전한 기독교 신앙의 영향을 받은 것이었다. 무엇보다도 중요한 사실은, 중국에 지대한 영향력을 끼친 많은 서구인 중에서 유일하게 선교사들만이 중국인들의 단물을 빨아먹거나 그들을 지배하려는 속셈이 아닌, 진정으로 그들을 도우려는 진지한 소망을 가지고 있었다는 점이다.

당시 중국인들은 서구 열강에 유리하게 책정된 가격을 주고 담배와 기름과 석탄 등 많은 물자를 사야 했다. 또 천진 같은 조약항으로 가기 위해서는 영국 경찰과 영국 법정이 부과하는 법을 따라야 했다. 하지만 아무도 선교사들이 세운 학교나 병원, 교회에 가도록 "강요"받지는 않았다. 아무리 서양과 동양의 관계가 비참하고 혼란스럽다 해도, 서구인이 처음 동양에 나타났을 때 군함의 선장과 상인 옆에 선교사도 있었다는 것은 정말 다행스러운 일이었다.

게다가 선교사 대부분은 영국과 미국의 주류 교회 출신들이었다(스칸디나비아나 독일 선교사는 거의 보지 못했다). 유머 감각과 재능을 겸비한 이들은 극동 아시아에서 살면서 자신의 재능을 현지인들에게 제공했다. 따라서 자연스럽게 선교사들은 극동 아시아의 지적인 영역, 연극, 음악 등을 이끌어갔다.

수용소 생활이 시작된 지 6개월쯤 되어, 가톨릭 성직자들이 대거 본국으로 돌아가고 100명이 넘는 미국인 선교사들도 떠나게 되었을 때, 우리 북경 주방 팀은 입을 모아 유능한 인재들을 잃은 것과 그들이 전파했던 유쾌한 기운마저 사라진 것을 한탄했다.

한 영국인이 슬픈 기색으로 했던 말은 정확히 사실이었다. "이제 남은 사람은 사업가들과 영국인들뿐이군. 아이고! 그들은 요리도 못하고 웃지도 못하는데, 어쩌지?" 그와 마찬가지로 우리도, 진보적인 선교사들이 현대 세계에 정통하고 유능하며 흥미로운 사람일 뿐 아니라, 함께하기에 유쾌한 사람이라는 사실을 깨닫고 놀랐다.

하지만 중국에 사는 대부분의 서구인은 선교사들을 싫어했으며, 그들에 대해 이야기할 때는 깔보거나 조롱 섞인 말투를 사용했다. 선교사가 아닌 개인이 교회에 참석하는 일도 흔한 일이 아니었다(몇몇 성공회 신자만 빼고). 그리하여 주일 예배는 거의 종교 전문가들을 위한 것이었고, 내가 참석했을 때도 나 같은 아마추어는 거의 없었다!

극동 아시아에서는 상인 계층과 선교사 사이에 불신과 경멸의 골이 깊었다. 평신도가 예배에 참석하는 것이 당연하고, 목회자가 존경까지는 아니더라도 적어도 용인되는 문화에서 자란 사람에게는 믿기지 않을 정도의 간극이었다. 이런 간극 때문에, 상인과 선교사를 함께 묶어 제국주의적 침공자를 돕는 한 팀으로 보는 당대 공산주의자들의 견해가 무색해질 정도였다. 나는 어째서 이런 간극이 발생했는지 궁금해서 여러 사람과 대화를 나눠보았다. 그러면서 각 그룹이 상대 그룹을 어떻게 보는지, 또 왜 그렇게 보게 되었는지 이해하기 시작했다. 양 그룹은 상대방이 주장하는 핵심 진리를 극단적으로 과장해서 보고 있었으며, 이런 과장이 심해지다 보니 문제가 야기되었다.

선교사들이 서구 평신도들을 바라보는 방식은, 중국 공산주의 정권이 그들을 바라보는 시선과 크게 다르지 않았다. 선교사와 중국 공산주의자들은 이들 서구 출신 사업가들을 무자비하고 비도덕적이며 술에 탐닉하는 자들, 가난한 중국인의 재산을 강탈하는 데만 관심을 가지면서, 정작 중국인들로 자신들의 도시와 클럽, 휴양지 근처에는 얼씬도 못하게 하는 교만한 자들, 중국 토착 문화의 필요와 가치에는 전혀 무지한 사람들로 보고 있었다. 이런 시각은 일면 진실도 있지만, 분명히 심하게 과장되어 있었다.

고국에 있을 때와 비교해서, 극동 아시아에 머무는 사업가들은 공동체에 대해 별로 책임감을 가지지 않는 구성원으로 여겨졌다. 그들에게는 자신들을 둘러싸고 있는 중국 문화의 일원이라는 생각이 없는 듯했다. 서구 출신 사업가들은 자신들만의 세계를 만들고 그 안에만 머물렀다. 그들의 세계는 사무실과 클럽, 조약항을 지배하는 실세들과 어울리는 사회생활로 제한되었다. 이 작은 세계를 제외하고 그들이 만나는 중국인이란 자기 사무실에서 일하는 부하 직원들이 전부였다. 하지만 이들을 이해하지 못했기에 불신하는 경향이 있었다. 자기 부하들 뒤로는 중국 "현지인"이라는 거대한 바다가 있었지만, 서구인들은 이것을 잠재적 시장으로만 볼 뿐, 다른 것에는 전혀 관심이 없었다. 요약해서 말하면, 이 사업가들에게는 고국에서와 같이 자신이 누리는 부와 혜택에 걸맞은 책임 있는 역할을 행할 만한 큰 차원의 공동체가 없었던 것이다.

사업가들의 시각 속에 비쳐진 선교사들의 이미지도 우리에게는 매우 친숙했다. 그들이 볼 때 선교사들은 사랑도 모르고 성적 매력도 없으며, 결함도 없는 위선적인 광신자들이었다. 선교사들은 억제되고 억압적이며, 자신들이 만들어낸 엄격한 "행동규범"으로 다른 사람까지 옭아매려 하는 사람들, 자신들의 삶뿐 아니라 다른 사람의 삶에서도 에너지를 보충해주는 많은 즐거움을 빼앗으려는 사람들로 간주되었다. 처음 북경에 도착했을 때 나는 이런 편견이 말도 안 된다고 생각했다. 내가 아는 진보적인 그룹의 선교사들과 이런 이미지는 전혀 맞지 않았다. 하지만 수용소에서 더 많은 선교사들을 만나게 되었을 때, 나는 이런 시각에 맞는 일면도 있음을 깨닫게 되었다. 과장되기는 했지만, 이런 지적은 개신교 신앙이 직면한 큰 문제임이 분명했다.

이렇게 양측이 서로를 바라보는 시각을 알게 되자, 두 공동체 사이의 간극이 어떻게 발생했는지 이해되기 시작했다. 나는 재미 삼아 다음과 같은 장면을 상상해보았다. 납작 엎드리고 있는 한 중국인을 두고, 최초의 담배 상인과 최초의 근본주의 선교사가 맞닥뜨리는 장면이었다. 아마 바로 그 순간부터 이런 간극은 생겨나기 시작한 것이 아닐까? 둘은 서로가 가장 혐오하는 바로 그것을 이 불쌍한 동양인에게 주고자 했던 것이다!

어떤 면에서 이 전형적인 그림에 딱 들어맞는 사람이 우리 기숙사에 있던 "신앙" 선교사였다. 베이커라는 이름의 이 선교사는 미국 중서부 출신으로 유쾌하고 성실하고 서글서글한 사람이었다. 그는 갈색 곱슬머리에 평평한 얼굴을 한, 세련되지는 않았지만 잘생긴 축에 속하는 남자였다. 베이커가 가진 단순하면서도 소박한 유쾌함과 착한 성격 때문에, 일터에서나 기숙사에서나 사람들은 대체로 그를 좋아했다. 어느 날 밤 친구 하나가 다음과 같이 말하는 바람에, 베이커를 깜짝 놀라게 한 적이 있다. "베이커, 자네한테 한 가지 흠이 있다면, 그건 바로 자네 신앙이야!"

베이커는 엄격하고 보수적인 근본주의자였으며, 그가 가진 도덕 기준 역시 엄격했다. 그래서 자신의 교리적 신념에 조금이라도 어긋나면 그는 가차 없이 비난을 퍼부었다. 우리가 난로 주위에 모여서 "잡담"을 할 때면, 베이커는 침대 구석에 머문 채, 우리 중 누구라도 담배를 피우거나 욕을 하거나 음란한 농담을 하면 지옥에 떨어질 거라고 누누이 주의를 주곤 했다.

베이커의 침대와 연이어 줄지은 침대에는 해군 출신인 쿨리즈("칼"이라고 불렸다)와 노울즈가 있었다. 또 스코틀랜드인 무신론자 브루스도 있었는데, 그는 자신이 이름과는 달리 켈트족이 아니라고 늘 주장했다. 어느 날 베이커가 브루스를 개종시키려고 애를 쓰자 브루스는 이렇게 말했다. "제기랄, 사실 나는 유태인이야. 유태인."

쿨리지는 탁월한 유머 감각에 흰 염소수염을 기르고 있었고, 키가 작은 노울즈는 거친 브룩클린 억양을 사용했으며, 브루스는 통통한 체격에 시원한 눈매를 가지고 있었다. 하지만 베이커가 보기에, 세 사람은 모두 그의 "도덕적인 사람" 기준에 맞지 않았다. 그들은 모두 담배를 피우고 술을 마셨으며(수용소에서는 술 마실 기회가 거의 없었지만), 욕설을 하고 남자 기숙사에서 빠질 수 없는 음담패설을 즐겼다. 나를 포함해 다른 사람들은 이 셋과 함께 하는 시간을 즐거워했다. 하지만 베이커에게 이들은 무례하고 실망스러운 사람들이었다. 지옥에 떨어질 거라는 선교사의 분명한 경고에도 불구하고 이들은 정말로 앞에서 이야기한 "악덕"을 즐기는 것 같았다.

베이커처럼 자신만의 기준으로 모든 것을 판단하는 이는, 이 셋도 대단히 도덕적인 사람이라는 사실을 보지 못한다. 세 사람은 모두 경기는 공정해야 한다고 믿었으며, 정직성을 중요하게 여겼다. 그들 중 누구도 음침하고 비열한 일에는 가담하지 않았다. 그들은 우리 공동체에 정의와 창의적인 정부가 필요함을 알고 있었으며, 좀 불경스러운 언어와 말투를 사용하긴 해도 이 두 가지를 지지했다. 결정적으로 적십자에서 소포 꾸러미가 도착했을 때, 이들은 베이커보다도 먼저 자신의 것을 다른 사람과 나누었다. 비록 그들의 입에는 늘 냉소적인 말이 가득했지만 말이다. 하지만 베이커의 눈에 이들은 그저 저주받은 영혼에 불과했으며, 그것이 전부였다.

그리하여 어느 날 밤 곪았던 문제가 터지고 말았다. 나를 포함해서 여섯 사람이, 우리가 전쟁에서 승리한다면 일본인들을 어떻게 처리해야 하는지에 대해 토론을 벌이고 있을 때였다. 이 문제는 학문적인 안건이라고도 할 수 있었지만, 일본인들의 포로라는 우리 신분을 생각할 때 강렬한 감정을 수반하는 문제이기도 했다. 쿨리지와 노울즈, 브루스와 나는 모두 같은 의견이었다. 아무래도 일본인들을 사랑하기는 어렵다는 의견이었다. 우리가 보기에 일본인들은 잔인하고 공격적으로 보였다. 연합군이 승리한다면, 일본의 문화가 가지는 군국주의적이고 제국주의적인 요소는 심판을 받아야 한다는 것이 우리 견해였다.

하지만 브루스가 말했듯 "결국 그들도 인간이고 우리도 완전하지 않기 때문에, 정말로 해야 할 일은 이 모든 일을 잊고 모든 나라가 최대한 빨리 문명화되고 평화를 회복하도록 애쓰는 것"이었다.

브루스의 말은 꽤 인상적이었다. 하지만 베이커는 이 견해에 대해 격렬하게 반대했다. "아니지, 일본인들은 모두 이교도이고 비도덕성으로 가득한 사람들이야. 사실 그들은 인간이라 할 수도 없어. 그들이 행동하는 걸 보라고! 나는 그들에게 형제로서의 책임감을 전혀 느끼지 않아. 우리 세계가 의로 통치된다면 우리는 이 의롭지 못한 무리를 최선을 다해 없애버려야 해. 그들을 완전히 박살내서 다시는 나라로 재건되지 못하게 해야 한다고. 필요하면 일본 섬 전체를 말살하는 것도 심각하게 고려해봐야 한다고 생각해."

모두들 눈을 동그랗게 뜨고 베이커를 응시했다. 솔직히 우리는 그의 주장에 공포감마저 느꼈다. 브루스가 비아냥거리면서 이렇게 말했다. "이봐, 베이커 형제, 만약 자네 의견이 자네의 하나님으로부터 온 것이라면, 그 하나님이 나한테는 그런 말을 안 해주셔서 얼마나 기쁜지 모르겠네!"

베이커의 이 괴상한 견해는 심지어 보수적인 선교사들 사이에서도 흔히 볼 수 없는 생각이었다. 어쨌든 대부분의 보수적인 종교에서는 베이커의 말 속에서 엿보이는 것과 같은 극단적인 괴리, 즉 그 종교의 신봉자가 도덕적이라고 믿는 것과, 우리 수용소 삶에서 실제적으로 도덕적이라고 믿어지는 것 사이의 엄청난 괴리가 발견되었다. 베이커는 기독교의 목표인 사랑과 거룩함을 완전히 동일시했다. 그래서 자신이 만든 도덕적 기준과 기독교 신앙을 뒤섞고 있다는 사실을 깨닫지 못한 채, 이렇게 편견에 가득하고 비인간적인 정책을 주장할 수 있었다. 쿨리지가 웃으면서 한 말이 딱 맞는 말이었다. "하나님, 베이커가 해를 끼칠 능력이 없는 선교사인 것에 대해 감사드립니다."

베이커는 "섭리"라는 단어를 종종 말하곤 했다. 하지만 그가 사용하는 개념은, 전에 내가 들었던 의미와는 전혀 달랐다. 베이커에 따르면, 모든 선한 것들은 하나님의 손에서 성도들에게로 직접 가기 때문에, 교회가 선교 사역을 지원하기 위해 기금을 모으고 투자를 하고 월급을 지급하는 등 일반적인 수단을 사용하는 것은 믿음이 없는 행동이었다. 만약 하나님이 일을 지속하기를 원하신다면, 하나님의 섭리로 모든 필요가 채워지리라는 것이었다.

또한 베이커는 정부가 명령한다고 해서 고국으로 돌아가는 것은 하나님의 뜻에 불순종하는 것이라고 주장했다. 이런 이유로 그는 시종일관 고국으로 돌아가라는 명령을 거부했다. 그는 하나님의 섭리만이 자신의 인생을 직접 인도할 수 있다고 굳게 믿었다. 즉 하나님의 섭리는 자신을 낯선 적국 영토에 보내어 복음전도자로서의 사명을 감당하도록 하는 것이라고 믿었다.

소환 명령이 떨어졌을 때 본국으로 돌아가는 것을 거부했기 때문에, 베이커는 미국 정부가 주는 위로금을 받지 못했다. 결과적으로 그는 수용소 매점에서만 구할 수 있는 화장지나 비누 같은 생활필수품을 하나도 살 수 없었다. 이런 물품은 대단한 것은 아니지만 없으면 생활이 힘들었기 때문에, 같은 숙소의 누구도 그에게 나눠 쓰자고 하는 사람이 없었다. 수용소에는 자신의 잘

못과는 상관없이 정부가 돈을 보내주지 않아서 위로금을 받지 못하는 그리스인과 팔레스타인인이 몇 명 있었다. 그래서 수용소는 매달 전체 수감자가 받는 위로금에서 "세금" 명목으로 약간을 떼어서 이렇게 운 나쁜 사람들에게 얼마간의 돈을 지급했다. 별다른 거부 없이 베이커도 이들과 함께 위로금을 받을 수 있게 되었다. 다른 선교사들이 "그들의" 위로금을 받는 것은 믿음 없는 행동이라고 베이커가 반복해서 말해왔기 때문에, 일이 이렇게 되자 기숙사 안에는 논쟁이 조금 생겨났다.

그러던 어느 날 베이커가 매점에서 식료품을 구입해서 들어왔을 때 일이 터지고 말았다. 그는 만족스러운 듯 사온 물건을 침대에 늘어놓더니, 진지한 표정으로 주위를 둘러보며 모두 들으라는 듯 말했다. "내가 늘 말했지? 하나님의 섭리는 그를 믿는 자들에게 필요한 모든 것을 공급하신다니까."

하지만 베이커가 물건을 사온 돈은 사실은 "우리의" 위로금이었다. 그렇게 생각하자, 베이커가 이런 사실마저 자기 주장을 증명하는 증거로 사용하는 것은 적절치 않다는 생각이 들었다. 전에 그는, 훌륭한 기독교인이라면 먼저 위로금을 받지 말아야 한다고(하나님이 공급하실 것이기 때문에) 말했다. 무신론자 유태인인 브루스는 스코틀랜드 사투리로 이렇게 말했다. "어쨌든 내 보잘것없는 지갑이 위대한 전능자의 직접적인 도구로 쓰인 것은 이번이 처음이야!"

모든 위대한 사상처럼, 섭리도 왜곡된 형태로 이해되는 경우가 있다. 베이커의 섭리 사상이 바로 그러했다. 저주받은 자들의 친절함을 통해 성도들에게 화장지와 비누를 공급하면서, 사랑받는 몇몇 소수를 빼고 모든 사람을 팽개쳐둔다는 이런 특수한 섭리 사상은, 온 역사를 다스리는 하나님의 주권이라는 위대한 개념을 제대로 담아내지 못한 어설픈 패러디에 불과했다.

율법주의는 보수주의 선교사들에게 가장 널리 퍼져 있는 결점이었다. 우리 공동체는 이런 율법주의의 파괴적인 결과를 체감할 수 있었다. 내가 말하는 율법주의는 베이커가 보여준 것처럼, 자신이나 다른 사람의 행동을 엄격하게 규정된(대개는 사소한) "행동 규범"으로 판단하려는 태도다. 이런 율법주의에 대한 가장 비참한 예는 매달 받던 담배 배급과 관련해서 일어났다.

수감자들은 매점에서 일정량의 담배를 구입할 수 있었다. 하지만 그 양은 하루에 한 갑을 피던 애연가에게는 턱없이 부족한 양이었다. 결과적으로, 많은 애연가들이 담배를 피우지 않는 사람들에게 배급 카드를 빌려 여분의 담배를 구입하려고 했다. 선교사들 대부분은 담배를 피우지 않았기 때문에 그들은 제일 좋은 먹잇감으로 간주되었다. 절반 정도의 선교사들은 쾌히 자신의 배급 카드를 내주었으며 그것을 문제 삼지 않았다. 하지만 보수적인 선교사들은 이런 제안을 거절하면서 이렇게 말했다. "내 카드에 담배 목록이 기록되도록 절대 허락할 수 없소." 그들은 이 일이 천국 책에 기록되어 나중에 불리한 "과실"이 될 것을 두려워했던 것이다. 당연히 이런 태도는 대부분의 평신도에게는 편협해

보였다. 그래서 "저런 이기적인 선교사들에게 뭘 기대하겠어…" 하는 식으로 말하는 사람도 있었지만, 대체적으로는 그렇게 큰 소문이 나지는 않았다.

그런데 문제는 미국 적십자가 보낸 꾸러미에 담배 16보루가 들어 있었다는 데서 발생했다. 이것을 두고 경건한 사람들 사이에서는 복잡한 도덕적 문제가 생겼던 것이다. 이 담배를 도대체 어떻게 해야 할까? 흡연을 금지하는 그들의 율법대로라면 담배를 다 파기해야 했다. 흡연이 죄라는 이유로 흡연 카드조차 빌려주지 않는 사람들은 더더욱 그렇게 해야 했다.

하지만 귀한 담배를 다 파기하기에는 유혹이 너무 강했다. 애연가들은 담배 한두 보루에 우유와 버터, 고기를 교환하려고 했기 때문에 아주 수지맞는 장사를 할 수 있었다. 담배를 팔아서 자녀에게 더 많이 먹을거리를 줄 수 있다면, 이 일도 정당화되지 않을까? 선교사들은 이런 식으로 마음먹은 것 같았다. 전에는 배급카드를 빌려주는 것도 거절했던 사람들이, 이제는 엄청난 양의 우유와 고기를 받고 16보루의 담배를 팔기 시작했다. 냉정한 시각으로 봐서, 이 경건한 자들은 흡연가들과 관계를 맺는 것이 이윤을 창출한다면 죄가 아니라고 믿는 듯했다.

한편 우리 요리 팀에는 스미스필드라는 이름의 근본주의자가 있었다. 그는 친절하고 쾌활하고 개방적이며, 붉은 머리에 야구를 아주 잘하는 친구였다. 어느 날 우리 팀의 누군가가 스미스필드에게, 선교사들이 담배를 파는 행위는 그들의 신념과 모순되어 보이는데, 어떻게 생각하느냐고 따졌다.

"이봐, 스미스필드, 흡연이 죄라면 어떻게 다른 사람에게 담배를 사라고 권할 수 있지? 그리고 흡연이 정말 나쁜 게 아니라면(당신네 선교사들이 담배를 파는 걸 보면 분명히 그렇게 믿는 것 같은데), 왜 당신들 배급 카드를 빌려줘서 다른 사람이 여분의 담배를 사도록 하지 않은 거지? 당신도 알겠지만, 우유도 챙기고 미덕도 유지할 수는 없는 법이야.

내 생각을 말해볼까? 내 생각엔 자네도 선교사들이 잘못했다고 느끼지 않는 것 같아. 지금 담배를 팔 듯, 우유를 위해서라면 아편이라도 '팔' 셈인가? 물론 그러지는 않겠지! 아니, 자네들은 담배나 다른 잘못된 행동에 대해서 너무 말만 많이 하고 있어. 왜냐하면 담배를 피지 않으면 수고하지 않고도 저절로 경건해진다는 것을 알고 있으니까. 스미스필드, 자넨 도덕성에 대해 한 번도 진지하게 말한 적이 없어!"

스미스필드는 지적인 사람이었음에도, 자신의 행위에서 모순을 전혀 발견하지 못했다.

그는 확신을 가진 어조로 말했다. "흡연은 분명히 죄이기 때문에 나는 내 카드를 다른 사람에게 빌려줄 수 없었어. 내가 도울 수 없는 죄라면, 그 죄에 대해 관여하지 않기라도 해야 하지. 그리고 담배를 판 일에 대해서는, 우리 애들이 우유를 원하니까 팔았을 뿐이야. 그 정도면 충분한 이유가 되지 않나?"

스미스필드를 날카롭게 몰아붙이던 이도 더는 할 말이 없는 듯했다. 결국 문제는 선교사들이 자신의 도덕률을 얼마나 진지하게 생각하느냐 하는 것으로 귀결되었다. 그들의 도덕률은 온갖 잡다한 "행동 강령"으로 가득할 뿐, 너무 시시해서 그들이 추구해야 하는 의의 무게를 담지 못하는 것 같았다. 그래서 나는 이런 결론을 내렸다. 지금 수용소에서 일어나는 일들은, 기독교 윤리가 발전하는 과정 속에서, 세상에서 하나님을 섬기겠다는 원대한 목표가 길을 벗어났거나 등한시되는 증거라는 것이었다.

개신교인들은 사명과 삶을 통해 세상을 사랑하고 섬기는 대신, 세상과는 상관없이 자기 자신만 "거룩"하게 유지하는 데 집중하기 시작했다. 또한 번영, 안전, 명예 같은 세상의 기본 가치들을 더 많이 받아들이면서, 그들이 추구하는 "거룩함"은 점점 더 사소해져갔다. 결국에, 그들은 자신이 존경받지 못하도록 만드는 잘못된 행동을 피하는 데만 온통 힘을 집중하게 되었다.

결국 그들에게, 매일 세상 속에서 이웃을 사랑하는 일은 위험천만한 일이 되어버리고 말았다. 이웃 사랑은 견고한 재산권을 뒤흔들고 계급과 인종이라는 장벽을 무너뜨리며, 전쟁과 폭력에 잘못 부여한 의와 성스러움에 의심의 빛을 던질지도 몰랐다! 사회 상류층이 사랑을 자신의 목표로 삼는 것은 결코 쉽지 않다. 반면에, "거룩함"이라는 개념 안에서는 사회적 기대치와 도덕적 열정을 조합할 수 있었다. 경건한 교인을 일컫는 말인 "거룩한 사람"은 교회의 경건한 기둥이 되는 동시에, 재산도 가질 수 있고 명성도 즐길 수 있었다.

내가 보기에 개신교는 이런 발전 과정을 통해서 퇴보한 도덕성, 즉 삶의 사소한 악덕을 규제하는 일종의 율법주의를 양산한 것 같았다. 율법주의는, 이런 규제가 없었다면 선한 인간으로 남을 수 있었을 수많은 사람들을 죄인으로 내몰았다. 많은 경우, 훌륭한 기독교인이 되는 일은 흡연, 도박, 음주, 욕설, 카드놀이, 춤추기, 영화 관람 같은 행위를 하지 않는 것으로 이해되었다.

정결이라는 기준으로 자신과 이웃을 판단하며("그는 욕을 했으니 기독교인일 리가 없어") 율법 조항들을 늘여가다 보니, 수많은 사람들은 삶의 모호함 가운데서 누가 영생을 소유했는지의 여부를, 사소한 악덕에 대한 그의 태도를 보면 확인할 수 있다고 믿게 되었다. 그리하여 율법주의적 사고방식을 가진 사람들은 술집에 가느니 차라리 백인 시민 협의회(미국의 백인 우월주의 단체)에 참석했다. 또한 카드놀이를 하느니 공격적인 전쟁에 참여하는 게 낫고, 욕설을 듣느니 차라리 사람들과 섞이지 않는 편이 낫다고 믿었다. 이런 식으로 설득하는 목사의 설교를 듣다 보면, 아직 미국에는 인종차별적이고 군국주의적인 측면이 존재하고 경제적으로도 불평등한데도, 합법적으로 음주 판매를 금지한 것만으로 마치 유토피아가 되었다고 믿는 듯했다.

이런 경험을 통해 내가 알게 된 것은, 개신교 윤리의 오류는 율법주의적 선교사들이 도덕적이라는 데 있는 게 아니라는 점이다. 오히려 오류는, 많은 선교사가 그들의 율법이 충분히 도덕적이 될 수 있도록 하는 자유를 가지고 있지 않다는 데 있었다. 이들의 율법주의는 이들이 이루어야 하는 창조성을 방해하고 있었다. 우리 수용소의 모든 사람들, 즉 선교사와 평신도, 가톨릭교도와 개신교도는 이런저런 측면에서 자신의 이상대로 사는 것에 실패하고, 자신이 원치 않은 일을 행하며, 그러지 말았어야 했다는 죄책감도 느꼈다. 하지만 선교사들이 직면한 문제는 모든 이가 공통적으로 느끼는 이런 어려움이 아니었다. 내가 보기에, 개신교도들의 유난한 약점은 그들의 종교적·윤리적 판단의 기준이 거짓되다는 데 있었다. 이 거짓된 기준 때문에 공동체에서 도덕적 역할을 감당하고자 하는 이들의 열망은 좌절되었다. 이 임의적이고 부적절한 기준으로 자신과 타인을 평가했기 때문이다. 결국 이런 판단 기준으로 인해 그들은, 수용소 생활에서 진짜로 심각한 도덕적 문제가 아직 일어나지 않았거나, 그것이 해결되지 않은 상태에서도 자신이 의롭고 잘난 존재라고 느끼게 되었다.

분명히 우리 공동체는 공동체의 존재마저 위협하는 심각한 도덕적 문제들에 오랫동안 직면하고 있었다. 하지만 많은 개신교 리더들은 이런 심오한 삶의 문제와는 별 상관이 없는 도덕적 논쟁과 악행에만 관심을 기울였다. 이런 이유로 인해 이들이 가진 도덕적 강점은, 원래는 사회를 변화시키는 강력한 추진력이 될 수 있음에도 불구하고, 사회적 문제와는 무관하게 기능했다. 선교사들은 정직하고 열심히 일하며 자신을 희생할 줄 아는 사람들을, 그들이 다만 담배를 피우고 거친 말을 한다는 이유로 "연약한 자들"이라고 판단했다. 심지어 자녀들에게 그들과 어울리지 말라고 경고하기도 했다. 이리하여 그들의 도덕성은 우리 삶에서 건설적인 역할을 하는 대신 오히려 남을 헐뜯는 역할만 하게 되었다.

우리 주방 팀 중 한 사람은 이들의 편협함에 질려서 이렇게 말했다. "저런 게 도덕성이라면 난 전혀 갖고 싶지 않아." 이런 식으로 진지한 종교가 진지한 도덕성과 분리되었다. 그 결과, 종교와 도덕성, 그리고 이 두 가지가 존재하는 공동체까지 엄청나게 약화되었다.

율법주의가 가져온 가장 가슴 아픈 결과는, 스스로 경건하다고 믿는 사람과 그렇지 않은 사람 사이에 장벽이 생긴다는 점이었다. 보수적인 개신교인은 자신의 행동 규범을 지키지 않는 자들을 필연적으로 비난하고 거부했으며, 그들을 피하려 했다.

나는 이런 거부와 회피의 과정 전체를 전율을 느끼며 목격했던 적이 있다. 테일러라는 한 멋진 젊은 영국인 근본주의자가 우리 요리 팀에 합류했을 때였다. 테일러는 마땅히 기독교인이라면 사람들에게 친절해야 한다고 배웠기 때문에, 전심을 다해 우리와 어울리고 사이좋게 지내려 했다. 그리하여 처음 몇 시간 정도는 모든 것이 순조로웠다. 아무도 더러운 농담을 하거나 테일러를 힘들게 할 만한 일을 하지 않았다. 심각한 문제는 점심 스튜를 배식하는 동안에 발생했다. 끈적끈적하고 뜨거운 스튜의 액체가 탐 닐의 손등에 몇 방울 떨어졌던 것이다. 탐 닐로 말하자면 해군 출신으로 몸집이 건장하고 솔직한 사람이었다. 당연히 이 영국 선원은 심한 욕설을 하며 이 펄펄 끓는 스튜를 손등에서 털어냈다.

하지만 약 30초 후 고통이 가시자, 아무 일도 없었다는 듯 배식을 계속했다.

하지만 이미 테일러에게는 뭔가가 달라져 있었다. 그는 한 마디도 않고 손도 까딱하지 않았지만, 무척 충격을 받은 표정으로 속으로는 걷잡을 수 없는 비난의 감정을 느끼는 듯했다. 신기하게도 이 비난의 감정은, 인간의 모든 깊숙한 감정과 마찬가지로, 말로 표현되지는 않았지만 모든 사람이 느낄 수 있게 분출되고 있었다. 큰 솥에서 스튜가 사라짐과 동시에, 우리 안에도 보이지 않지만 분명히 존재하는 깊은 심연이 생겨나고 있었다. 물론 탐닐도 이런 분위기를 감지했다. 그는 자신을 회피하며 불편해하는 테일러의 눈을 유심히 들여다보더니, 놀라운 통찰력을 발휘하여 이렇게 말하는 것이었다. "이봐, 친구, 내가 한 말이 자네를 다치게 하지는 않아! 자, 와서 이 스튜 배식하는 것 좀 도와주게."

이 말에 테일러는 웃으려고 애를 썼다. 자신도 이런 식으로 반응하는 게 싫은 모양이었다. 하지만 테일러는 불편해서 어쩔 줄 몰라 하며, 나머지 시간을 우리 팀과 분리되어 홀로 보냈다. 언젠가 테일러는 내게 말하기를, 자신은 "기독교인들"과 함께할 때만 행복하다고 말했다.

많은 기독교인이 자신들의 율법을 즐거워하는 듯했다. 율법을 이용해서 믿음을 권유하면서 다른 사람보다 자신이 더 나은 존재임을 드러냈으며, 또한 다른 사람을 비난하는 도구로도 이용했다. 그리고 자신들 보기에 스스로를 영적으로 높이는 도구로도 이용했다(물론 이들은 하나님이 보시기에도 그렇다고 믿었다). 타인들은 그들의 율법의 희생자였다. 다른 사람을 받아들이고 싶어도 율법이 그것을 방해했다. 싫든 좋든 율법은 다른 사람에 대한 비난의 감정을 강요했으며, 그들이 의도하지 않아도 타인을 거부하도록 만들었다. 그리하여 타인을 혐오하게 되었고, 그들과의 사이에 장벽이 세워지도록 했다. 이들은 위선자가 아니었다. 이들은 다른 사람을 판단하고 싶지 않으면서도, 그렇게 할 수밖에 없었다.

참 역설적인 것은, 수도원 형제들보다도 오히려 개신교인들이, 현실적 사람들의 진짜 삶을 떠난 곳에서 구원을 추구하는 기독교를 구현하고 있다는 점이다. 그들은 육체적인 죄를 피하고 "거룩"해지려고 미친 듯이 애쓰면서, 자기도 모르게 영적인 죄, 즉 교만, 거부, 사랑 없음이라는 더 무거운 죄에 빠지고 말았다. 바로 이것이 개신교인들의 삶에서 가장 큰 비극이라는 사실을 나는 계속해서 느꼈다.

선교사들 중에는 교만이나 사소한 율법주의에 매이지 않은 사람도 많이 있었다. 이들은 우리 수용소의 삶에 아주 큰 공헌을 했다. 이들은 매우 솔직하고 일하고자 하는 의지도 강할 뿐 아니라, 자신의 이익보다도 더 큰 유익을 위해 협동하고 도우려는 정신을 가진 몇 안 되는 사람들이었다.

내가 보기에 이런 선교사들은 굉장히 창조적이었는데, 어떤 형태로든 이들의 신앙은 진보성을 갖고 있었다. 그렇다고 이들을 특정한 신학으로 분류하려는 의도는 아니다. 신학적 견해는 달라도(자유주의 신학이든 정통 신학이든), 자신의 신앙을 절대적인 진리로 주장하거나 구원에 필수적인 조건으로 제시하지 않는 한, 이들은 다른 사람에게 깊은 감명을 줄 수 있었다. 이런 선교사들은 심지어 기독교와 전혀 관련이 없는 사람과도 협력하며 좋은 관계를 맺을 수 있었다. 개인적인 신앙 규범과 상관없이, 이들은 이웃을 사랑하고 섬기는 것, 자신의 이익을 생각하지 않는 것(심지어 자신의 거룩함까지도 고려하지 않는 것)이야말로 진짜 기독교인의 삶이라는 사실을 알고 있었다. 경건한 율법주의자들과는 달리, 이들은 자신의 행동 규범을 타인의 삶에 들이대려 하지 않았으며, 다만 타인이 도움을 필요로 할 때 언제든지 그들을 도우려 했다.

우리 수용소에는 약 10가정 정도의 구세군 가정이 있었다. 나름대로 이들도 믿음의 엄격한 정통성과 행동 규범을 가지고 있었다. 하지만 이들은 창조적인 그룹 중에서도 단연 그 섬김이 "두드러졌다." 아마도 사회에서 가장 약한 자들을 섬기려는 구세군의 사역 방향 때문이었을 것이다. 아니, 이들이 돋보였던 진짜 이유는, 이들은 자신들의 신념이나 관습과는 다른 사람들을 수용하고 존중하려 했기 때문이었다. 이들은 다른 개신교 그룹들이 얻어내지 못한, 수용소 사람들의 사랑과 존경을 한 몸에 받았다. 사람들은 선교사들을 싫어하는 감정을 표현할 때도, 늘 조심스럽게 구세군 사람들은 제외시켰다. 정말 큰 정직성이 요구되는 일들,

예를 들어 적십자가 보낸 의류를 배분하는 일을 할 때도, 대표로 뽑힌 네 명의 선교사 중에서 두 명이 구세군이었다.

내가 이들을 모든 개신교 분파를 통틀어서 특별히 창조적인 선교사라고 생각하는 이유는, 이들은 도움이 필요한 사람만 있으면 언제든 도우려 했기 때문이다. 대부분의 수감자들도 친구나 가족이 어려움에 처하면 도우려 했다. 하지만 자기가 모르는 사람을 위해서는 시간과 에너지를 쓰려고 하지 않았다.

수용소에는 특별한 도움을 필요로 하는 사람이 셀 수 없이 많았다. 기숙사에는 늘 노인이나 기력이 쇠약한 사람이 있기 마련이었다. 그들은 몸이 약해서 음식을 타러 가거나 뜨거운 물을 받으려고 줄을 설 수 없었다. 지속적인 관심과 도움이 필요한 경우도 있었다. 또한 엄마가 아파서 병원에 갔거나 침대에 누워 있는 형편이라 누군가 어린아이들을 돌보고 방을 치우고 빨래를 해야 하는 경우도 있었다.

몸이 불편한 사람 주위에 있는 기숙사의 이웃들은 하루 이틀 정도는 그를 도우려 했다. 하지만 처음에는 좋은 의도로 시작된 일이, 곧 힘에 부치는 감당하기 어려운 일이 되고 말았다. 그러고 나면 누군가 선교사(이 환자를 개인적으로 알지 못하는)가 이 일을 감당했고, 한동안 지난 후에는 또 다른 선교사가 와서 같은 일을 맡았다.

가장 극적이었던 사건은 한 백인 러시아 부부의 경우였다. 이 부부는 아주 고통스럽게 갈라서기로 결심하여, 아내와 아이만 남고 남편은 기숙사 숙소로 옮겨갔다. 남편은 건장한 몸매를 멋지게 가꾼, 조용하고 내성적이며 시무룩한 남자였다. 그가 누구인지, 뭘 하던 사람인지에 대해서는 아무도 몰랐다.

하지만 시간이 흐르면서, 남편은 기숙사 생활에 실망한 나머지 그곳으로 옮긴 것을 후회하며 가족이 있는 곳으로 돌아가고 싶어했다. 하지만 아내의 생각은 전혀 달랐다. 그녀는 남편을 절대로 받아들이지 않겠다고 말했다. 화도 나고 당황한 남편은 자살까지 시도했다. 상황을 상세히 알고 있는 사람들은 모두, 그가 아내의 숙소로 강제로 들어가서 그녀에게 해를 끼치지 않도록 막아야 한다는 데 동의했다. 하지만 누가 이 "친절한 행동"을 하기 위해서, 이런 감정의 소용돌이 속으로 들어가려 하겠는가?

그런데 단호하고 능력 있는 한 영국 여선교사가 문제의 장소로 들어가겠다고 자원했다. 수용소 전체가 자기로서는 어렵겠다는 입장을 고수하고 있었기 때문이다. 시간이 흐르자 여선교사와 러시아인 부인은 가장 좋은 친구가 되었다. 그리고 모두들, "이 여선교사 말고는 아무도 그 일을 할 수 없었을 것"이라는 데 동의했다.

아무도 나서려 하지 않는 일을 선교사들이 기꺼이 맡은 경우 중, 화장실 청소를 제외하고 수용소에 가장 도움이 되었던 일은 십 대 청소년들을 다루는 일이었다.

우리 위현 수용소에는 상당히 거친 "방황하는 청춘" 무리가 있었다. 이런 젊은이들이 양산되는 데는 여러 가지 요인이 있을 수 있었다. 표면적으로 수용소 생활은 상당히 지루하고 따분하다. 새로울 것도 특별한 것도, 정말로 재미있는 것도 없다. 하루 종일 해야 하는 것은, 별로 하고 싶지 않은 허드렛일이 전부다. 그리하여 십 대들은 늘 지루한 일상을 변화시킬, 뭔가 흥미진진한 것을 찾아다니기 시작했다. 이들은 모두 한두 번 정도는 암시장에 가담했기 때문에, 법률이나 틀에 박힌 도덕률 따위는 전혀 아랑곳하지 않았다.

게다가 수용소에는 가족이 함께 살 공간이 없었다. 열두세 살 된 아들과 함께 온 한 부부도 방 하나를 배정받았다. 부모는 수용소 안에 자기 아들을 문제로 이끌 만한 술집이나 매음굴이 없다는 데 안심하여, 잠시라도 자신들만의 공간을 누리려고 아들에게 "나가서 다른 애들과 함께 놀라"고 떠밀었다. 저녁 10시면 모든 불이 꺼지고 통행금지가 시행되었기 때문에, 그들은 아들이 귀가하는 시간에도 별로 신경을 쓰지 않았다.

이런 식으로 2년의 시간이 흘렀다. 어두운 수용소 거리를 방황하던 한 무리의 소년들은 이제 14살에서 16살이 되어 있었다. 이들은 서로에 대해서, 동시에 수용소에 대해서 많은 것을 알게 되었다. 그래서 스스로 재미있는 일을 찾아내지 않는 한, 여기서는 어떤 장난거리도 없음을 깨달았다. 이리하여 문제가 터지는 것은 피할 수 없게 되었다.

전쟁이 끝나기 약 1년 전부터 청소년들의 부모들은 자기 자녀에게 무슨 일이 일어나고 있다는 낌새를 감지했다. 늘 그렇듯,

무성한 소문이 있었다. 징계 위원회가 조사에 착수해보니 문제가 심각하다는 사실이 드러났다. 사용되지 않고 버려진 어떤 건물의 지하실, 또는 공습을 위한 대피호에 이 젊은이들이 모여 정기적으로 "광란의 파티"(우리가 할 수 있는 표현으로는)를 벌여왔던 것이다. 부모들이 볼멘소리로 "나가서 할 일을 찾아봐" 하고 말했을 때, 아이들은 정말로 그대로 행동했다.

우리 세속적인 수용소를 휘청거리게 만든 것은, 이 비행에 가담한 아이들의 연령이었다. 모든 내용이 밝혀지자, 사람들은 아이들을 밖으로 내몰고 전혀 관심을 기울이지 않은 부모들에게 경악하고 분노했다. 이 위기를 해결하기 위해 부모들이 모두 자리에 모였다. 화가 난 부모들은, "자신들"이 어떤 면에서 자녀에 대해 무관심했던 것이 사실이고, 이제 "자신들"이 뭔가 조치를 취해야 한다는 데 동의한다며 열변을 토했다. 하지만 우습게도 구체적인 제안을 하거나, 스스로 건설적인 일을 해보겠다고 나서는 이는 단 한 사람도 없었다. 이렇게 모임은 완전히 침울한 분위기 속에서 끝나버렸다. 해가 지면 청소년 통행금지를 실시하자는 실행 불가능한 대안 외에, 과연 누가 무엇을 할 수 있을까?

결과적으로 이 위기는 그 나이 또래 자녀도 두지 않은 선교사 교사들에 의해 해결되었다. 이것은 그리 놀랄 일도 아니었다. 선교사들은 함께 모여 저녁 오락 프로그램들을 고안해냈는데, 춤, 스퀘어 댄스, 게임, 과학 공부, 언어 교육 등이었다.

하지만 걱정이 많은 부모들이 보기에, 이런 프로그램은 새로운 오락거리를 찾은 아이들의 마음을 돌려놓기에는 충분히 흥미로워 보이지가 않았다. 처음에는 선교사들의 노력에 칭찬은커녕 엄청난 비난이 쏟아졌다. "이건 너무 평범하지 않아? 전혀 흥미롭지 않아. 이제 너무 늦었는지도 몰라!"

다행한 것은 선교사 교사들이 아이들을 더 잘 알았다는 사실이다. 그래서 그들은 프로그램을 계속했다. 월요일부터 금요일까지 게임 교실을 엶으로써, 선교사들은 돌아가며 아이들을 감독했다. 그들이 진행했던 체스와 바둑 경기, 수공예 전시회, 다트 게임, 일인극, 인형극 등은 전부 창의력을 요구했다. 대여섯 명의 훌륭한 선교사들이 일주일에 이틀 이상 번갈아 가며 아이들을 돌보며, 이 과업을 지속적으로 이끌어갔다. 프로그램은 정말 효과가 있었다. 이후로는 세밀한 조사를 해도 아이들에 관련된 문제가 더 이상 발견되지 않았다. 아이들이 브리지 게임을 하며 노는 것을 보고 부모들은 안심해서 이렇게 말했다. "애들이 정말 달라졌어!"

십 대들의 문제를 해결하는 데 가장 큰 공헌을 한 사람은 에릭 리델(Eric Riddell)이었다. 살면서 성자를 만날 기회가 정말 드문데, 에릭은 내가 만난 사람들 중에서 가장 성자에 가까웠다. 수용소 마지막 해에 나는 선교사들과 청소년들이 머무는 방을 지날 기회가 종종 있었다(여자 친구를 만나러 가곤 했다). 그때마다 방안을 슬쩍 들여다보면, 선교사들이 아이들을 위해 요리를 하고 있었다. 대체로 에릭 리델은 몸을 숙여 체스를 하거나 모형 배를 만들거나 스퀘어 댄스를 가르치고 있었다. 수용소에 갇혀 있는 불쌍한 젊은이들의 마음과 상상력을 사로잡기 위해, 온 힘을 기울여 완전히 몰두한 채 따뜻하고 애정 어린 몸짓으로 아이들을 돌보고 있었다.

사실 청소년들을 돌보는 일을 누군가가 맡아야 한다면 에릭 리델이야말로 적임자였다. 뛰어난 트랙 경기자였던 에릭은 1920년대의 올림픽에서 영국을 승리로 이끌었으며, 그후 선교사가 되어 중국으로 파견되었다. 수용소 시절에 그는 이미 사십 대 중반이었는데도, 몸이 유연하고 탄력 있었으며 무엇보다도 유머 감각과 삶에 대한 사랑으로 넘치고 있었다. 에릭의 열정과 매력은 모든 사람에게 유익을 미쳤다. 수용소 생활이 끝나기 불과 얼마 전, 너무도 갑자기 그에게서 뇌종양이 발견되었고, 바로 그날 그는 하늘나라로 떠나고 말았다. 수용소 전체, 특히 젊은이들은 오랫동안 충격에서 벗어나지 못했는데, 그만큼 에릭이 남기고 간 빈자리는 컸다.

확실히 선교사 그룹에게는 독특한 자질이 있었다. 즉 그들은 다른 이라면 거절할 일을 가식 없이 받아들여 돕곤 했다. 이런 일은 별로 티 나지 않는 봉사였지만, 선교사들의 이런 자질이 없었다면 수용소 생활은 유지되기 힘들었을 것이다. 우리 수용소 안에 가시적으로 드러나는 하나님의 은혜가 있다면, 바로 그것은 선교사들의 현존이었다.

위현 수용소에서 기독교 세계를 대변하는 사람들(나를 포함해서)이 보여주는 자랑스러운 모습과 동시에 실망스러운 모습을 보면서, 나는 한 가지 사실을 느낄 수 있었다. 라인홀드 니버가 말했듯, 종교는 인간의 이기심이 자동적으로 해결되는 장소가 아니라는 사실이다. 오히려 종교는 인간의 교만과 하나님의 은혜가 충돌하는 궁극적인 전투지다. 따라서 인간의 교만이 이기면 종교는 인간의 죄악의 도구가 될 수 있다. 그러나 전투 속에서 인간 자아가 하나님을 만나고 그래서 자신에게 이익이 되는 것을 포기할 수 있다면, 종교는 모든 인간이 갖는 이기심의 굴레를 벗어날 수 있는 가능성을 제공한다.

11
무엇을 위해서 사는가?

개인의 청렴함 외에, 수용소가 직면한 가장 깊은 영적인 문제는 "의미"의 문제였다. "의미"는 다양한 많은 것을 의미할 수 있다. 단어, 상징, 명제의 "의미"에서는 의미론적이고 논리적인 문제가 대두되는데, 이는 근대 철학이 가장 큰 관심을 가지는 분야다. 또한 삶의 "의미"라는 실존주의적인 문제도 있다. 이 두 문제가 분리되어 있는 것은 아니지만, 우리가 수용소에서 직면한 문제는 무엇보다 후자였다. 인간의 깊은 영적인 문제가 그렇듯, 삶의 의미라는 문제는 우리가 매일매일 느끼고 행동하는 방식을 상당 부분 결정했다.

"삶의 의미"라는 말은 처음에는 흥미롭게 들리기는 하지만 막연하며, 막상 여기에 대해 생각을 시작하기가 어렵다. 일단 사고를 시작하기 위해, 우선 삶의 의미란 우리가 하는 일과 살아가는 삶에서 가치 있는 목적이라고 이해해보자. 사람은 스스로가 가치 있다고 여기는 목적과, 자신이 속한 활동이나 인간관계가 긴밀하게 연결되어 있을 때 "의미 있다"고 여긴다.

이렇게 되면 매일의 노동은 그가 정말로 중요하게 여기는 목적을 이루는 수단이 되고, 그의 삶과 노동은 그에게 가치 있는 뭔가를 이루어주며, 그래서 "의미 있는" 것이 된다. 결과적으로 그의 에너지와 힘은 창조적으로 사용되는 것이다. 그는 활력이 넘치고 성실히 일하며 좋은 의미에서 야망이 넘치게 된다. 이런 측면에서, 삶의 의미는 인간이라는 기계를 움직이는 영적 연료다. 이 연료가 없다면 인간은 무료하고 지루해진다. 일할 의욕도, 영감을 일깨울 관심이나 의미도 없이, 힘이 북돋워지지 못한 상태에서 축 처져 있게 되는 것이다. "의미"가 없다면 우리는 향방을 찾지 못하고 절망과 고뇌에 쉽게 사로잡히며, 작은 불행의 바람에도 제대로 맞서지 못하게 된다.

수용소에 오기 전에는 이런 식으로 삶의 의미에 대해 깊이 생각해본 적이 없었다. 중산층의 대학생에게 삶이란 너무나 명확해 보였다. 삶의 의미는 대학에 가고 테니스를 치고 직업을 갖고 결혼하고 최대한 빨리 성공하는 것, 바로 거기에 있었다! 어떻게 삶의 의미를 "잃어버리거나", 혹은 아무런 삶의 의미도 갖지 않을 수 있단 말인가? 직업이나 가족을 갖는 것은 당연히 의미 있는 일 아닌가? 다만 문제는 어떤 직업, 어떤 아내를 얻느냐 하는 것이었다. 분별력 있게 선택하고 나름대로 열심히 일한다면, 삶의 의미란 나이가 들어가는 것만큼이나 자연스럽게 따라오는 것으로 보였다. 또한 야망이란 잘 먹고 싶다는 욕구만큼이나 당연히 존재하는 것으로 보였다.

하지만 수용소의 생활이 제 궤도에 오른 후, 삶의 의미에 대한 문제가 얼마나 복잡한지 드러나기 시작했다. 일단 우리가 하는 노동이 우리들 대부분에게 전혀 의미를 주지 못한다는 사실이 분명해졌다. 이에 따른 결과는 놀라웠다. 사람들은 일을 통해 야망을 느끼지 못했으며, 왜 이 일을 해야 하는지 내적 동기도 찾을 수 없었기 때문에 사력을 내지 않았다. 야콥슨의 경우처럼 기질이 까다로운 사람들이 보여준 게으름을 말하고 있는 것이 아니다. 정상적으로 근면한 사람들도 일하는 데 전혀 열심을 내지 못했던 것이다.

내가 처음으로 이런 증상을 눈치 챈 것은 주방 팀에서 보조로 일할 때였다. 앞에서도 이야기했듯, 우리 팀의 리더 맥다니엘은 "목공소에서 더 쉬운 일을 하기 위해" 주방장 직을 그만두겠다고 선언했다. 당연히 나는, 새로운 리더가 과연 능력 있고 활기 넘치는 사람인지에 대해 관심을 가졌다. 만약 그렇지 않다면 우리가 만들어내는 음식은 형편없어질 게 뻔했기 때문이다.

우리 팀에는 나 외에 럼지라고 불리는 보조가 한 명 더 있었다. 그는 사십 대의 영국 사업가 출신으로, 요리에 탁월한 재능이 있었을 뿐 아니라 모든 사람과 다 잘 지내는 특수한 능력의 소유자였다. 그는 성실히 일하고 똑똑했기 때문에 주방장이라는 어려운 자리를 맡기에 가장 적임자였다. 럼지만큼 적합한 사람이 없어 보였으므로, 나는 용기를 내어 그에게 주방장 일을 맡아보지 않겠느냐고 물어보았다. 그때 들은 그의 대답은 나를 깊은 사색으로 이끌었다.

"아니, 싫소." 럼지가 말했다. "지금 맡은 일도 있는데, 내가 왜 책임지는 일을 맡아야 하오? 책임자가 되면 식당 이용자들로부터 늘 불평과 투덜거림을 들어야 하고, 또 주방에서 무슨 문제만 생기면 다 책임져야 하잖소. 고맙지만 절대 사양이오! 육체적으로 힘든 건 상관없는데, 괜히 책임지는 일을 맡아서 다른 사람들한테 괴롭힘 당하는 건 질색이요!"

럼지의 거절이 나를 놀라게 한 이유는, 바깥세상에서라면 같은 제안을 받았을 때 아주 다른 방식으로 반응할 것이기 때문이었다. 만일 영업 사원에서 경영자로 승진할 기회를 얻었다면, 혹은 사무원에서 부회장이 될 기회를 얻었다면, 물론 이런 일에는 새로운 책임도 따르고 골치 아픈 일도 많을 테지만, 그는 분명히 이 기회를 덥석 잡았을 것이다. 이런 승진에는 분명히 사람들이 가치 있게 여기는 모든 의미가 다 들어 있었다. 경제적으로 이득이 생기고, 더 큰 권위와 힘을 갖게 되며, 품위도 높아진다. 이런 유익은 승진에 따르는 불이익이나 어려움에 비하면 아주 사소하게 느껴졌다.

하지만 수용소에서는 승진을 거부하는 이런 패턴이 반복적으로 나타났다.

수용소에는 품위 있는 일이 거의 없지만, 그래도 굳이 이런 자질을 부여할 만한 자리가 있다면 그것은 수용소 통치 기구인 9개 위원회의 위원장 자리였다. 이 자리는 정부 관리와 회사 사장 자리를 동시에 겸한 것 같은 위치였다. 처음 수용소에 도착했을 당시 중국 각지에서 모인 리더급들은 모두 이 자리를 탐냈다. 하지만 놀라울 정도로 빨리, 이 자리를 탐내던 사람들의 열정은 식어버렸다. 그리하여 수용소에서의 마지막 해에는, 아무도 그 자리에 앉으려고 하지 않았다.

6개월마다 우리는 선거를 통해 이 중요한 9개 위원회 위원장을 선출했다. 하지만 위원장으로 뽑힌 사람들이 그만두겠다고 선언하는 일이 반복되었다. 하지만 현실적으로 그들을 대체할 만한 인물이 없었다. 그래서 현직자는 자신의 일을 계속할 수밖에 없었다. 마지막 세 번의 선거에서는, 9개의 위원장직 모두에 후보자가 없는 위기를 겪어야 했다. 역설적이게도, 바깥세상이었다면 유능한 사람들이 이 자리를 차지하기 위해 모든 능력과 에너지를 쏟았을 테지만, 수용소에서 이 위치는 그저 지기 힘든 책임에 불과했다.

매튜와 나는 사람들의 야망이 시들어버린 이유에 대해 깊이 토론하곤 했다. 사람들의 이런 태도는 분명히 우리의 예상과 달랐다. 우리는 야망을 단순한 기질의 문제로, 힘든 일을 하고자 하는 에너지이자 능력이라고 생각했다. 그런데 수용소의 모습을 관찰해보니, 야망은 일종의 본능으로 이해될 수 없었다. 다시 말해 배고픔이나 성욕처럼, 정도는 다르지만 모든 사람이 다 가지고 있으며 지속적으로 나타나는 그런 힘이 가지는 본능이 아니었다. 오히려 야망은, 아무리 활력 넘치는 사람 안에서라 해도, 그가 삶으로 헌신하는 의미에 따라, 또한 그 의미와 그가 하는 일의 관계에 따라 달라진다. 야망은 그가 강하게 붙들고 있는 가치들을 열심히 노력해서 얻을 수 있다고 느낄 때만 생겨난다.

따라서 힘든 일이 어떤 훌륭한 가치도 제공하지 못하는 것으로 보이면, 그 일에 대한 야망은 시들어버린다. 그것이 아무리 명예를 가져다줄지라도 말이다. 자기가 하는 일에 의미를 느끼지 못하면, 사람들은 자신의 힘을 다 쏟을 만큼 거기에 흥미를 느끼지 않으며, 그저 책임감으로 할 도리만 하게 된다.

이곳 수용소에서 우리가 일에 대한 의미를 완전히 상실한 이유는 무엇일까? 매튜와 나는 이런 질문을 던져보았다. 이 질문에 대한 답을 궁구하면서, 우리는 어느 때보다도 깊이 수용소 생활의 깊은 감정적 측면을 있는 그대로 이해할 수 있었다. 그리고 이런 감정적 측면을 이해하면서, 바깥세상에 대해서도 어렴풋이나마 이해하게 되었다.

인간은 왜 열심히 일하는가? 어떤 목적이 그들의 야망과 에너지를 이끌어내는 것일까? 대부분의 경우, 직업에서 승진하고 속해 있는 공동체에서 높은 지위에 올라가는 것, 이 두 개의 서로 연관된 목적이 그 답일 것이다. 이 두 목적에 우리의 모든 소망과 두려움, 우리가 정말로 가치 있게 여기는 것과 우리 내면의 깊은 염려가 집중되어 있다.

솔직히 말해서, 우리로 하여금 무언가에 최선을 다하도록 만드는 질문은 다음과 같다. "어떻게 해야 내 일을 더 잘하고 그래서 경제적으로 더 안정되며 전문가로서의 권위를 얻을 수 있을까?" 여성들의 경우는 "어떻게 해야 우리 가족과 우리 가족을 대변하는 내가 공동체에서 사회적 관계를 잘 맺고 중요한 존재가 되어, 더 높은 사회적 지위와 안전을 얻을 수 있을까?"라고 물을 것이다. 확실히, 우리가 하는 많은 일들 중에는 좋아서 하는 일도 있고, 해야만 해서 하는 일도 있다. 하지만 대부분의 경우는 "야심"에 붙들려, 우리의 활동을 통해 얻을 수 있는 보상(더 큰 안전과 더 높은 사회적 지위)이 가치 있기 때문에 행동한다.

대부분의 사람이 일과 공동체 활동을 통해 추구하는 "의미" 또는 보상은, 우리가 선택한 특수한 직업과 우리가 살고 있는 공동체와 가정이라는 직접적인 사회적 환경과 상당 부분 연결되어 있다. 이렇게 일의 의미와 지역적 환경(직업, 가정, 공동체)이 긴밀하게 연결되다 보니, 그 환경과 완전히 멀어지게 될 때 따라서 직업과 사회적 환경이 다 사라지게 될 때, 우리는 갑자기 아무것도 없다고, 삶과 일이 아무 의미도 없다고 느끼게 되며 그래서 전혀 에너지를 내지 못하게 된다.*

---

* 작은 마을에서 큰 도시로 이사하는 경우에도, 종종 이와 같이 힘을 잃고 낙담하는 결과가 생긴다. 익숙한 사회적 평가가 사라지면, 다시 말해 이웃이 내 일과 일의 발전을 "평가"하고 객관적인 가치 평가를 해주지 않으며, 우리의 일은 의미를 잃게 된다. 내가 세상에서 성공하는지 실패하

매튜와 나는 위헌 수용소에서의 삶의 의미가 분명해질 때까지 이 문제에 대해 깊이 고민했다.

"저게 바로 수용소의 의미이고 우리 노동 문제의 의미인 것 같아." 내가 말했다. "우리를 가둔 저 담벼락이 우리로부터 숲과 초원을 빼앗았을 뿐 아니라 삶의 의미까지도 빼앗아간 거야! 우리가 여기서 요리사로서, 제빵사로서 하는 일들은 바깥세상에서 우리의 삶과 아무런 관련이 없잖아.

로빈슨이 불 지피는 일을 잘한다고 해서 법률 상담을 의뢰하는 사람들이 더 생길까? 존스가 고기를 잘 썬다고 해서 카일론 광산 회사에서 일을 더 잘하게 될까? 가드너가 빵을 잘 굽지 못한다고 해서 담배가 덜 팔릴까? 아니야! 우리가 여기서 하는 일은 우리에게 어떤 목적도 주지 못해! 그러니 하나도 중요하지 않은 거지.

수용소라는 우리의 작은 '사회가 갖는 의미'도 마찬가지야. 물론, 권력 집단은 여전히 테라스에 모여 저녁 식사를 함께 하고 카드 게임을 즐기겠지. 지금은 훨씬 협소한 사교 집단이지만 말이야. 하지만 여기서의 사회적 위계질서는 너무 와해되어서 사회적 성공과 실패가 별 의미가 없고, 바깥세상에서 누리던 지위와

는지에 대해 전혀 알지도 못하고 관심도 없는 이방인들 사이에서 홀로 살게 되는 것이다. 그리하여 일에 스스로 부여하던 의미는 공허함과 절망감이라는 익숙한 도시적 감정 속으로 흩어져 사라진다. 또는 번쩍거리는 자동차, 요트, 밍크코트 같은 외형적이고, 종종 저속하기까지 한 물질적 성공의 상징에 의존하게 된다.

도 상관이 없게 되었어. '여기서' 가든 클럽의 회장이 된다는 게 무슨 의미가 있겠어? 매튜, 이 삶은 임시로 사는 삶일 뿐이야. 정상적인 삶이 다시 시작될 때까지 그냥 참고 견디는 삶이지. 우리 모두가 그렇게 생각할걸. 의미 있는 내용 없이 현재를 그저 버티는 거지. 그러니 아무도 활력이 없는 게 당연해!"

"맞아." 매튜가 대답했다. "여기 와서 사는 것은 죽음과 크게 다르지 않아. 여기로는 직업이나 사회적 명성을 가져올 수 없으니까. 그런 것들을 다 문밖에 두고 왔지."

나는 이 문제를 더 큰 차원에서 생각해보았다. "처음에는 직업을 바깥세상에 두고 온 사람들은 교사와 선교사들뿐이라고 생각했어. 그들의 기술은 수용소 생활에 전혀 쓸모가 없어 보였으니까. 여기서는 전혀 쓸모가 없는 내 전문 지식과는 달리, 자신들의 전문 기술로 창조적으로 일하는 사람들이 무척 부러웠지. 난 요리도 배워야 했잖아! 하지만 자네도 알다시피 더 깊은 의미에서 보면, 그들의 기술은 유용하기는 하지만 동기를 부여하는 근본적 목적이 될 수는 없어. 또한 놀랍게도 이런 기술자들의 삶의 유일한 목적은 성공이었기 때문에, 그들은 수용소 생활에 적응할 수도 없었고 별 도움이 되지도 못했잖아. 오히려 선교사들은 비록 기술은 배워야 했을지 몰라도 수용소 생활에 더 큰 도움을 주었어. 신앙인들은 하나님이 자신을 이곳에 보낸 이유가 있을 거라고 믿었기에, 일할 동기를 가지고 수용소 생활을 지탱할 수 있었던 거야!"

어느 날 밤, 매튜는 의미와 도덕성(혹은 자기 통제)과의 관계에 대해 흥미로운 생각을 말해주었다.

"자네도 알다시피, 직업이나 사회적 명성 같은 실제적인 목적이 없기 때문에 활력 없이 살아가는 사람들에게 책임 있는 사람이 되기를 요구하는 건 어려운 일이야. 우리도 경험했듯, 가족이 배가 고플 때는 도둑질을 거부하기가 어렵잖아. 웬만한 정직성으로는 이런 범죄를 거부할 수 없었어. 또 여기서는 도둑질 하다 잡혀도 잃는 게 뭐겠어? 수용소에서 일어난 일을 누가 심각하게 생각하겠어? 누가 나중에 이 일을 기억하겠어?

대조적으로, 평상시의 삶에서는 법을 어기면 심각하게 잃는 것이 있지. 보통의 삶에서 대부분의 사람이 정직하게 살아. 우리가 내적으로 청렴하기 때문이 아니라, 부정직하다는 평가를 받으면 우리 경력에 큰 해를 입기 때문이지. 또한 이런 평가는 사람들이 가장 꺼리는 것이기도 해! 가능한 한 사회적으로 존경받는 사람이 되겠다는 결심은 인간이 가진 가장 고상한 동기는 아니지만, 사회적 통제의 수단으로서는 아주 효과적이지. 그런데 수용소에서처럼, 노동은 그저 해야 하니까 하는 목적 없는 허드렛일이라면, 배부르고 편하려는 목적 외에 어떤 목적이 있을 수 있겠어?"

"맞아." 같은 주제에 대해 아리스토텔레스학파와 스토아학파가 벌인 논쟁을 생각하면서 내가 말했다. "평범한 사람들은 자신에게 의미 있는 사회적 맥락 안에서만 창조적인 의미와 인격의 힘을 생각하게 되지. 의미와 미덕을 결정짓는 사회적이고 역사적인 객관적 조건은, 자신이 무엇을 좋아하는지와 같은 주관적 기준만큼이나 중요해. 사람은 공동체, 즉 지역 공동체일 수도 있고, 더 넓은 의미에서 사회과학자, 저술가, 예술가 공동체 같은 직업 공동체일 수도 있는 그룹 안에서 창조적인 역할을 한다고 느낄 때만, 창조적 개인이 될 수 있어. 우리를 위현 수용소로 밀어 넣은 운명은 우리의 내적 야망뿐 아니라 우리의 미덕에도 큰 상처를 입힌 거야. 아무 의미도 없는 환경에서 완전한 사람이 되기란 쉽지 않지."

정기적으로 매튜와 나는 이런 대화를 계속해나갔다. 가장 풀기 어려웠던 문제는 동기 부여와 관련된 문제였다. 온전히 즐겁기 때문에 일하거나, 아니면 오로지 타인의 유익만을 위해 일하는 사람은 분명히 그리 많지 않았다. 그렇다면 의미의 문제는 자본주의라는 익숙한 해결책으로 풀릴 수 있을까? 즉 돈으로 보상하면 일에 대한 의미의 문제는 풀릴 것인가?

우리가 보기에는 경제적 보상은 일하는 데 있어 필수적인 듯했다. 기본적으로 노동은 경제적 필요를 채우려는 목적을 가진 경제 활동이기 때문이다. 하지만 수용소 생활이 증명하듯, 금전적 보상만으로는 일의 의미라는 문제가 해결되지 않는다. 일에 대한 동기 부여는 대개 사람의 인생 전부에 대한 동기 부여다. "일에 온몸을 던진다"라는 표현이 있는데, 생각보다 이 말은 대단히 정확한 표현이다.

일은 그저 물질적 결과만 생산해내고 오직 물질적 연료로만 가동되는 단순한 경제적 실재가 아니다. 일을 하려는 동기는, 그것이 자기중심적이든 하찮은 것이든 심오한 것이든, 인생에서 가장 중심 되는 의미에서 생겨난다. 누군가가 오로지 물질적 이익만을 위해 일하고, 다른 목적에 의해 동기 부여가 되지 않는다면 그의 유일한 관심은 자기 이익밖에 없게 될 것이다. 우리 경험이 분명히 보여주듯, 오직 자기 이익에만 기초한 사회는, 아우구스티누스의 지적처럼 자멸하는 사회다.

하지만 단순한 금전적인 보상은 더 큰 문제를 야기했다. 다른 가치와 연관되지 않은 금전적 보상은 보상이라 할 수 없었다. 이로 인해 사람들은 더 이기적으로, 더 무력하게 되었다. 부귀영화를 획득한 미국 문화의 경험이 보여주듯, 오직 돈과 성공을 얻을 목적으로 일하는 사람들의 삶은 점점 더 공허해지고 무의미해졌다.

교외에 근사한 집이 있고 차도 두 대나 소유하고 에어컨도 있고 서랍마다 명품 옷이 가득한 부유한 계층을 떠올려보자. 일단 부를 얻은 이런 사람들은 삶에 흥미와 열정과 즐거움을 줄 다른 무엇을 끊임없이 찾아 나서게 된다. 누군가는 잃어버린 열정을 술집에서 찾기도 하고, 누군가는 이웃의 아내를 유혹하면서 찾기도 한다. 또 다른 사람은 계절마다 유명한 리조트를 돌아다니며, 또 다른 사람은 더 높은 성공과 권력을 위해 분투한다. 어떤 유능한 사람들은 이 모든 시도를 한꺼번에 다 하기도 한다. 이런 시도와 노력에는 한 가지 공통된 요소가 있다. 자신의 일이 더 이상 중요한 의미를 주지 못하고, 자신의 삶에서 어떤 열정도 흥미도 찾지 못할 때, 사람들은 이 목적 없는 지루함에서 탈출하려고 미친 듯 노력한다는 사실이다. 영적 성장이 없이 물질적 성장만 추구하는 사회에는 이와 같은 경향이 널리 퍼질 수 있다.

일주일 정도 지났을 때 매튜와 나의 대화는 새로운 전환점을 맞게 되었다. 매튜는 이렇게 말했다. "하지만 우리 수용소 생활은 보통의 삶의 과정과는 다르지 않나? 여기서는 일반적으로 추구되는 목적, 그러니까 돈, 사회적 지위, 명성, 성공 같은 목적을 다 저 문 밖에 두고 왔잖아."

시간이 날 때마다 나는 역사에 대해 폭넓은 독서를 했었다. 그 덕분인지 갑자기 내 머리에는, 역사라는 긴 관점에서 볼 때 우리 수용소 생활이 생각만큼 그렇게 이례적인 삶은 아니라는 깨달음이 떠올랐다.

"내 생각은 다르네. 수용소 생활이라는 상황이 모두에게 흔한 경험은 아니지만, 이것도 삶의 일부이고 어떻게 보면 서구인인 우리가 생각하는 것보다 더 일반적인 삶일 수 있어. 우리가 역사라고 부르는 것을, 현실적인 고대인들은 운명 또는 포르투나(운명의 여신)라고 불렀지. 이 운명의 여신은 역사 안에 살고 있는 사람들에게 계속해서 이상한 일을 행하네. 때로 여신이 너무 심하게 흔드는 바람에, 견고하던 삶의 구조와 확실성, 삶의 안위, 목적, 의미가 다 무너지기도 하지. 30년 전쟁 당시 독일과 지금의 영국과 유럽을 보라고! 전쟁, 혁명, 기아, 전염병, 불황은 이런 모든 것을 뒤흔드는 역사적 사건에 의해 가장 흔하게 나타나는 현상들이야. 불행하게도 이런 현상은 인간의 삶에 늘 반복해서 나타나고, 줄어들고 있다는 증거는 전혀 없어. 이런 역사적 대변동이 일어날 때 우리 삶의 모든 일상적 의미들은 무너지게 되지.

모든 것이 불안정한 마당에, 경제적이고 사회적인 안정이 다 뭐겠어? 환호하던 군중이 다 도망갔는데 명성이 다 뭐겠어? 동굴과 지하실에 숨어서 살아야 하는 사회에서 사회적 명성이란 뭐겠어?

수용소에 들어온 사람들은 밖에서 누리던 부와 성공과 명성을 하나도 가져올 수 없었지. 하지만 역사 속에는 사람들이 자신이 붙들던 세속적 가치를 가져가지 못하는 경우가 종종 발생하기 때문에, 우리 경우가 그리 이례적이라고는 할 수 없어. 역사의 힘은 인간으로 하여금 오랜 시간에 걸쳐 의미와 안전의 체계를 구축하도록 돕지만, 동시에 너무도 빨리 이런 체계를 무너뜨리기도 하지.

수많은 나라를 식민지로 삼았던 대영제국이 쓰러진 것만 봐도 알 수 있어. 영국은 우리 수용소 사람들 대부분의 정신적 지주가 되는 가치들과 함께 황폐해져 버렸지. 이런 경우를 '운명'이라고 한다면, 여기에 대해 사람들이 할 수 있는 일이 거의 없어. 운명이 그들의 존재 이유를 빼앗아간 마당에, 그저 생명을 부지하는 것 말고 다른 무언가를 할 이유는 없는 거지.

그렇다면 어떻게 해야 이런 혼란스런 시간을 통과해서도 일관되고 창조적인 의미가 계속될 수 있을까? 정말 인간은 신화 속에 나오는, 큰 돌을 산꼭대기로 올려놓아도 정상에 가까워지는 순간 그 돌이 다시 굴러 떨어지고 마는 벌을 받은 시시포스 같은 존재일까? 고대인들이 말했듯, 인간은 큰 수레바퀴에 단단히 묶여 있어서 높이 올라갔다가는 다시 내려올 수밖에 없는 그런 존재일까? 아니면 어떤 숨겨진 목적을 위해 이런 운명까지도 허용되는, 더 깊은 의미가 있는 것일까? 매튜, 난 정말 답을 모르겠어. 답이 있기나 한 걸까? 하지만 유대인과 기독교인들이(맞아, 스토아 학파도 포함시켜야지) 인간을 매몰차게 몰아세우는 운명까지도 다스리시는 하나님의 섭리에 대해 말할 때, 그들이 어떤 문제를 다루려고 했는지는 이제 알 것 같아!"

대부분의 수감자들은 수용소의 일 속에서 특별한 의미를 찾지 못했다. 그냥 해야 하니까 하고, 하지 않아야 할 특별한 이유가 없으니까 했다. 하지만 모든 사람에게는 영적으로 살아 있을 수 있는 한 가지 분명한 의미가 있었다. 그것은 바로 전쟁이 끝날 거라는 희망이었다.

 신학적으로 말하면, 우리 공동체는 종말론적이고 묵시적인 사회였다. 우리의 현재의 삶은 우울하고 생명력이 없었다. 오직 미래만이 밝게 빛났다. 우리는 현재 보이는 하나님의 섭리나 의미는 전혀 알지 못했다. 그러나 모두들 끔찍한 시간이 언젠가는 끝나리라는 희망은 간직하고 있었다.

 천년왕국을 갈망하는 사람들처럼, 우리는 끊임없이 기대라는 계획을 다시 짜고 있었다. 전쟁이 발발한 이틀 후, 연경 대학에 있던 나와 일곱 명의 동료들은, 언제 우리가 승리하여 전쟁이 끝날 것이지를 함께 추측해보았다. 예수님의 재림을 기다리던 초대교회 성도들처럼, 우리 대부분은 전쟁이 쉽고 빠르게 끝나리라고 낙관적으로 예측했다. 우리 중 다섯 명은 전쟁이 6개월 안에 끝날 거라고 확신했고, 한 명은 1년 반 정도라고 예측했으며, 단 한 명만이 승리하려면 2년은 걸릴 거라고 예측했다! 그로부터 거의 3년이 지난 1944년 10월, 나는 이런 예측이 기록된 일기장을 들춰보면서, 거기 쓰인 숫자들 아래에 "제기랄"이라고 써넣고 있었다.

시간이 가고 저 위대한 승리의 날이 오는 것이 요원해 보여도, 소망의 빛은 희미해지지 않았다. 우리는 말 그대로 그날이 오리라는 믿음 속에서 살았다. 그럴 때는 현재의 삶을 우울하게 만드는 모든 것이 극복되고, 우리가 그토록 그리워하는 모든 좋은 것을 회복할 수 있었다. 또한 소망과 함께 우리는 자유롭게 되어 원하는 것을 하고 가고 싶은 곳에 가볼 수 있었다. 성경에 나오는 선지자들도 우리만큼 강렬하게 구원의 날을 기다리지는 않았을 것이다. 우리는 모든 기쁨이 회복되고 모든 눈물이 마를 전쟁의 종말을 애타게 기다렸다. 그때와 시간은 알지 못했지만 우리는 늘 마음으로 그날을 준비하고 있었다.

12
하늘로부터 나타난 구원자

우리는 오로지 한 가지만 기다렸다. 전쟁이 진전되어 곧 끝날 것이라는 소식, 바로 그것이었다. 어느 날 주방에서 일어난 일은 내가 얼마나 강박관념적으로 이 생각에만 사로잡혀 있는지를 여실히 보여준다. 어느 오후, 식당으로 들어서는데 한 나이 지긋한 여선교사가 내 옆을 지나며 북경에서 온 중국어로 된 편지를 읽으려고 애쓰고 있었다. (수용소로 들어오는 편지는 아주 드물었고, 주로 북중국 도시에서 온 것들이었다.) 부인은 내가 지나가는 것을 보더니 반색을 하며 이렇게 말했다. "방금 엄청난 소식을 들었어요! 와서 이것 좀 읽어봐요!"

그 순간 나는 여선교사의 중국인 친구들이 우리가 아직 듣지 못한 연합군의 승리 소식을 전했다고 짐작했다. 그래서 단숨에 걸음을 멈추고 다급한 마음으로 물었다. "세상에, 무슨 소식인데 그러세요?"

"정말 굉장해요! 지난 주 북경에 있는 우리 교회 부흥회에서 30명이나 구원을 받았다지 뭐예요!"

나는 속으로 자책했다. "길키, 넌 이교도야. 네가 듣고 싶은 소식은 딱 한 가지고, 다른 사람이 천국에 가고 지옥에 가는 문제는 전혀 관심 없지?"

다행히도 우리가 그렇게 듣고 싶어하는 소식은 여러 가지 방식으로 전해졌다. 이유는 설명하기 힘들지만, 일본인들은 계속해서 북경에 있는 영어 신문사에 전쟁 상황을 알렸다. 일본인들이 가장 좋아한 사건은 특파된 미군 함대가 바다에 가라앉았다는 소식이었는데, 틈만 나면 이 기사를 과장해서 상세히 보도했다. 하지만 이런 과장된 기사 속에도 진실의 일면은 있기 마련이어서, 우리는 이런 보도 속에서 전쟁 상황을 추측할 수 있었다. 기사에는 늘 연합군이 패배한 장소가 언급되었다. 미군 50척이 과달카날 섬, 콰절런 섬, 괌, 필리핀, 마지막으로 오키나와에서 연속적으로 침몰했다는 기사를 읽었을 때는 전쟁이 어떻게 진행되고 있는지 분명한 그림을 그릴 수 있었다. 또한 수천 개의 미국 폭탄이 일본 도시 위로 대대적으로 투하되었다는 소식을 들었을 때는, 이제 전쟁이 끝날 날이 얼마 남지 않았음을 알 수 있었다.

더 믿을 만한 소식통이 하나 더 있었다. 우리는 이 소식통을 통해 공식적인 뉴스에서는 은폐되었던 사건을 전해 들을 수 있었다.

그것은 수용소에서 가까운 언덕에 주둔한 중국 게릴라 본부였다. 그들은 충칭에서 들려오는 중요한 소식을 라디오에서 듣게 되면 그것을 우리에게 전달하려고 애를 썼다. 하지만 경비들이 암시장을 차단한 후부터는 중국인들이 우리와 직접 연락할 길이 없었기 때문에, 이 일은 쉽지 않았다. 사실 이 일은 흥미진진한 "첩보 활동"을 방불케 했다.

수용소에 들어올 수 있는 유일한 중국인은 정화조를 청소하는 인부들뿐이었다. 그들은 긴 막대기 양쪽 끝에 양동이를 달아 거기에 "분뇨"를 실어 날랐다. 경비들은 이들과 수감자들이 접촉하지 못하도록 경계를 철저히 했기 때문에 중국인들은 매우 조심해야 했다. 하지만 이들은 마침내 방법을 강구해냈다.

각 숙소 끝에는 나무로 만들어진 큰 쓰레기통이 있었다. 이 쓰레기통에는 긴 손잡이가 달려 있어서 두 사람이 끌 수 있도록 되어 있었고 나무로 된 뚜껑도 있었다. 매일 남자 수감자 두 명이 쓰레기통을 정문에서 조금 떨어진 쓰레기더미에 가져다 버렸는데, 늘 거기에는 배고픈 중국인들이 우리가 버린 쓰레기에서 뭔가 조금이라도 얻을 것이 있을까 하여 진 치고 있곤 했다. 우리에게는 몹시 당황스러운 일이었다. 어쨌든 중국인 일꾼들이 수용소 사람들에게 소식을 전하는 것은 이 쓰레기통을 통해서였다. 어느 날 나는 이 놀라운 과정을 목격할 수 있었다.

미리 정해진 시간이 되면 일꾼들은 분뇨가 든 지게를 지고 수용소 거리를 따라 걸어갔다. 같은 시간에, 두 명의 수용소 수감자도 쓰레기통을 수용소 밖으로 내갈 준비를 했다. 그들은 아주 잠시 동안만 쓰레기통의 뚜껑을 열어놓았다. 한 명의 게릴라 일꾼이 계속 침을 뱉으면서 걸어가다가(중국인들이 침 뱉는 일은 흔한 일이었다), 쓰레기통 옆을 지나가면서 뚜껑이 열린 쓰레기통 속으로 침을 뱉었다. 그러면 담배를 피우던 두 수감자는 재빨리 쓰레기통 뚜껑을 닫았다. 그런 후 그들은 아무 일도 없다는 듯 느긋하게 쓰레기더미를 향해 출발했다. 쓰레기더미에 도착하면 이들은 여느 때보다 더 조심조심 쓰레기통을 뒤적거려서 통 속 어딘가에 있을 축축하고 구겨진 종이를 찾아냈다. 이렇게 입수된 종이 조각은 즉시 수용소 안에 있는 통역관, 주로 아주 신중한 선교사에게 전달되었다. 또한 아주 중요한 경우에는 9명의 위원장에게 전달되기도 했다. 그러면 9명의 위원장은 이 내용이 수용소 전체에 알릴 만큼 가치가 있고 신빙성이 있는지를 결정했다. 수용소 전체에 소식을 알리는 일을 이렇게 신중하게 처리한 이유는, 중국인들은 늘 너무 낙관적으로 보는 경향이 있었기 때문에 수감자들에게 불필요한 희망을 주지 않기 위해서였다.

1945년 8월 12일 월요일, 휴전 협정에 대한 최초의 소식이 전해진 것도 바로 이 중국 게릴라 일꾼들을 통해서였다. 우리는 전쟁이 곧 끝날 것이라는 사실은 알고 있었다. 하지만 원자 폭탄이나 아시아 전쟁에 러시아가 개입한 것에 대해서는 전혀 몰랐기 때문에, 이렇게 빨리 전쟁이 끝나리라고는 짐작하지 못했다.

나는 앨버트 호스킨스에게서 처음 그 소식을 들었다. 호스킨스는 수용소 지도자들 중에서 가장 존경받는 선교사로 노동 위원회 위원장직을 두 번 연속해서 맡았으며, 지금은 중국 게릴라들과 접촉하는 공식 연락책이자 그들의 모든 메시지를 통역하는 역할을 했다. 가장 놀라운 소식이었던 이번 건을 전달한 이도 바로 그였다.

그날 월요일, 나는 마침 식당 앞마당의 큰길에 나와 있었다. 그때 헐레벌떡 지나가던 앨버트가 걸음을 멈추더니 내 쪽으로 다가왔다. 무척 흥분하고 긴장한 모습이었다. 앨버트는 평상시와는 다른 아주 비밀스러운 태도로 내게 이렇게 물었다. "비밀 지킬 수 있소?"

도대체 무슨 말인지 영문을 알 수 없었다. 솔직히 나는 그답지 않은 행동에 약간 짜증까지 느끼며 이렇게 말했다. "매튜나 스탠한테는 말해도 돼요?"

"안 돼요." 앨버트가 대답했다. "하지만 그래도 듣는 게 좋을 거요. 위원회에서는 아내 말고 아무한테도 말하지 않겠다고 약속했지만, 이런 일을 아내한테만 말하는 건 재미가 없잖소. 아내들이 정치를 알면 얼마나 알겠소? 자, 그러니, 어서 들어봐요!"

"좋아요." 이제는 짜증은 가시고 정말 듣고 싶어졌다.

"자, 잘 들어요. 이건 정말 굉장한 소식이라고요!" 그는 긴장감을 고조시키기 위해 뜸을 들였다. "전쟁이 끝났소! 게릴라들이 충칭에서 방금 들은 소식이에요. 이번에는 분명히 사실인 것 같소. 하지만 몇 가지 더 확인을 해본 다음에 수용소 전체에 발표하려고 해요. 누군가는 당장 경비들에게 달려들지도 모르잖소. 아직 힘도 없는데 그렇게 했다가는 큰일이죠. 일본인들이 이 소식을 들으면 어떻게 나올지도 모르고. 그러니 아무한테도 말하지 말아요!"

처음 이 말을 들었을 때 내가 느낀 것은, 도저히 믿을 수 없다는 불신과 충격, 스릴, 엄청난 흥분감이 뒤엉킨 감정이었다. 정말일까? 세상에 정말 그렇게 좋은 일이 생겼을까? 정말 전쟁이 끝나고 이제 새로운 삶을 살 수 있는 건가? 이런 생각과 함께 표현 불가능한 기쁨에 전율을 느꼈다.

이런 종류의 소식, 즉 사랑하는 사람이 죽었다거나 전쟁이 시작되었다는 소식, 또는 전쟁이 끝났다는 소식은 완벽하게 하나의 세계를 멈추고 다른 새로운 세계를 시작하게 만든다! 바로 이 소식 때문에, 오늘 하던 모든 일이 내일이면 불가능하고 아무 상관이 없어지는 것이다. 이런 사실을 인식할 때 우리는, 우리가 하던 모든 일이 이렇게도 빨리 사라질 수 있다는 사물의 우연성에 소스라치게 된다.

이 소식을 들은 순간, 수용소 전체가 다르게 보이고 다르게 느껴지며 심지어 다른 냄새를 풍겼다. 이제 이 생활은 끝났고 남은 일은 여기서 나가는 것뿐이며, 미래를 걱정하던 모든 근심은 이제 곧 과거가 될 것이다. 앨버트와 나는 우리의 미래에 대해 여러 가지 가능한 정치적 변수들을 급히 토론해보았다. 연합군이 청도에 착륙할 것인지, 혹은 게릴라들이 수용소를 장악하게 될 것인지 등등에 대해서였다. 그런 후 나는 식당으로 돌아왔다. 하지만 그곳은 마치 실재하는 세상이 아닌 듯했다. 몇몇 사람이, 지난 2년 동안 줄기차게 해온 것처럼, 언제 연합군이 큐슈 지방을 공격할 것인가에 대해 토론을 벌이고 있었다.

물론 이 놀라운 소식은 급속도로 퍼져나갔다. 그날 밤 나는 여느 때처럼 저녁 식사를 하러 매튜와 에디스 집으로 갔는데, 내가 들은 이 "소식"을 그들에게 전해야 할지 말아야 할지 망설이고 있었다. 결국 나는 말을 꺼내고 말았다. "아무에게도 말하지 않겠다고 약속했지만, 이 이야기는 해야겠어."

"그래? 나도 그런 일이 있는데." 매튜가 웃으며 말했다. 이렇게 해서 약속을 몹시도 존중하는 우리는 준엄한 약속을 깨트렸다는 죄책감 없이도 "그 일"에 대해 허심탄회하게 토론할 수 있었.

다음 날이 되자, 모든 사람이 휴전 협정이 진행되고 있다는 사실을 알고 있었다. 수요일에는 일본군이 평화 제안을 했다는 또 다른 소식이 전해졌다. 하지만 완전히 안심할 수는 없었다. 거의 4년 동안이나 늘 소문은 전쟁이라는 하늘에 번개처럼 번쩍거렸던 것이다. 완전히 안심하기 위해서는 더 확실한 무엇이 필요했다.

수요일 저녁, 어른들은 모두 이심전심인지 일본인 사령관 사무실로 모여들었다. 무슨 공고라도 나지 않을까 궁금해서였다. 만일 공고가 내걸리지 않으면 일본인들에게 공식적으로 물어볼 참이었다. 일본인들은 월요일에 휴전 협정 기미가 처음 보이고 난 후부터, 이 주제에 대해 언급하기를 거부하고 있었다. 수용소 전원이 사무실 앞에 서 있는데, 부사령관 와타노비가 긴장되고 흥분된 모습으로 사무실에서 나왔다. 그는 키가 작고 교만하고 비열한 사람으로, 수용소 전체가 그를 미워하고 있었다. 전쟁이 끝나면 그를 흠씬 패주고 싶다고 모두가 한두 번은 느꼈을 것이다. 와타노비는 엄청나게 몰려든 사람들을 보더니 하얗게 질려서 돌아섰다. 그러자 모두가 한마음이 되어 소리 질렀다. "저기, 저자를 잡아!"

공포에 질린 와타노비는 놀란 듯 돌아서더니 재빨리 일본인 숙소 쪽으로 종종 걸음을 치며 도망쳤다. 우리를 괴롭히던 사람이 갑자기 우리 앞에서 도망치는 토끼 신세가 되자, 갑자기 즐거운 분위기가 번져갔다. 우리를 다스리던 자가 이렇게 변하자, 삶의 위협도 경비들의 총칼도 다 사라져버렸다. 그날 저녁 공식적으로 들은 말은 없었지만, 와타노비의 놀란 모습이 현실을 분명히 보여주고 있었다.

승리의 도래는 우리 모두가 고대하던 영광스러운 사건이지만, 여기에 대해 깊이 숙고하는 사람에게는 두려운 것이 함축된 일이기도 했다. 패배에 화가 난 일본인 군사가 패전을 앞두고 무슨 짓을 할지 누가 알겠는가? 연합군은 우리로부터 수천 킬로미터나 떨어져 있었으며 가장 가까운 항구도 160킬로미터는 떨어져 있었다. 연합군은 우리가 여기에 있다는 사실을 알기나 할까? 힘 있는 사람 중에 우리에게 신경을 쓰는 사람이 있을까? 군대가 시간에 맞춰 이곳에 올 수 있을까?

만일 일본인들이 우리를 그냥 여기에 내버려두고 떠난다고 가정할 때 가장 소름끼치는 생각은, 우리가 계속해서 위로금을 받을 수 있을 것이지, 무엇보다 구조되기 전까지 보호를 받을 수 있을 것인지에 대해서였다. 분명한 것은, 우리를 이대로 남겨둔 다면 어디서도 도움을 받을 수 없으므로 금방 굶어죽을 것이라는 점이었다. 또한 우리에게는 어떤 무기도 없기 때문에 약탈자로부터 스스로를 방어할 수도 없었다. 적어도 굶어죽는 문제라도 대비하자는 생각에서 우리 지도자들은 최소한 4일치 식량을 비축해서 숨겨두려는 용감한 시도를 했다. 미래를 이런 식으로 두려운 마음으로 보자, 이상하게도 현실과는 거리가 먼 일들이 우리에게 일어날 것 같아 보였다.

와타노비가 우리 앞에서 도망친 다음 날인 목요일은 아주 이상야릇했다. 모든 사람이 수용소 세계가 끝나리라는 기대감에 빠져 있었다. 하지만 아직 우리의 현실은 수용소 생활을 구성하는 자질구레한 노동을 하는 것이었다. 그 다음 날인 금요일, 최고의 성경 시나리오 작가가 쓴 그리스도의 재림처럼, 종말은 그렇게 영광스럽게 찾아왔다.

1945년 8월 16일은 청명하고 맑고 따뜻한 날씨였다. 여느 때와 다름없이 우리는 불을 지피고 요리를 하고 오물을 청소하고 있었다. 그런데 오전이 중반쯤 지났을 무렵, 연합군 비행기가 나타났다는 소식이 수용소에 쫙 퍼지기 시작했다.

전쟁 중에 두세 번 정도, "우리 측" 비행기 한 대가 상공을 나는 것을 아주 멀리서 희미하게나마 본 적이 있었다. 우리는 그것이 연합군의 비행기라고 확신했는데, 왜냐하면 그 비행기는 홀로 아주 높고 빠르게 지나갔기 때문이다. 나지막이 날며 요란한 소리와 심한 연기를 내는 일본 비행기들과는 확실히 달랐다(그래서 일본 비행기는 "석탄 공"이라고 불리기도 했다). 이런 식으로 단독으로 고속 주행을 하는 비행기들은 우리 수용소 전체를 들썩거리게 만들었다. 전쟁이 시작되고 끝날 때까지 우리가 만난 유일한 연합군은 그들밖에 없었기 때문이다. 하지만 먼 거리 밖에 있는 그들은, 아리스토텔레스가 말한 신(神)처럼, 우리 존재를 알았다 해도 우리와 아무 상관이 없었다.

하지만 8월 16일 금요일에 나타난 비행기는 분명히 달랐다. 소식을 전하던 소년은 식당 앞마당으로 뛰어 들어오면서 거의 실성한 사람처럼 이렇게 소리를 질렀다. "미국 비행기가 우리한테로 곧바로 오고 있어요!"

우리는 모두 스튜를 젓던 주걱을 솥 옆에 던져놓고 썰던 당근을 식탁 위에 그대로 둔 채, 소년을 따라 야구장으로 나갔다.

소년이 말한 기적은 진짜였다. 정말 비행기가 다가오고 있었다. 이미 꽤 크게 보였으며 서쪽 산등성이에서 우리 쪽으로 날아오고 있었다.

비행기는 결집해 있는 1,500명의 사람들, 의기양양한 우리

무리 쪽으로 점점 가까워졌다. 이는 연합군이 수천 킬로미터 떨어진 곳에 있는 것이 아니라 "우리" 지역을 직접 조사하고 있다는 사실을 의미했다! 기쁨에 들뜬 사람들은 혼잣말로 혹은 옆 사람에게, 혹은 하늘을 향해 이렇게 외쳤다.

"와, 엔진이 네 개나 달린 큰 비행기야! 우리 수용소로 곧장 날아오고 있어. 보라고, 얼마나 낮게 날고 있는지! 봐, 옆에 미국 국기가 그려져 있어! 저런, 거의 나무에 닿을 것 같아!…다시 선회하고 있어.…수용소로 다시 오는 거야!…저걸 봐 우리한테 손을 흔들고 있어! 우리가 누군지 알고 있나 봐. 우리를 구하러 오는 거야!"

이쯤 되자, 흥분이 극에 다다라 감당할 수 없을 지경이었다. 폭포수와 같은 기쁨의 감정이 솟구쳐 우리를 얽어맸던 모든 제약들을 다 쓸어가버렸다. 나도 정신을 차리고 보니 빙글빙글 돌면서 허공에 손을 흔들며 목이 터져라 소리를 지르고 있었다. 우스꽝스러운 내 모습을 발견하고는, 다른 사람들은 어떻게 하고 있는지 재빨리 주위를 둘러보았다.

완전히 아수라장이었다. 나처럼 자신들이 뭘 하고 있는지 인식하지 못하는 채로, 모두들 비행기를 올려다보며 고래고래 소리를 지르고 있었다. 그래도 좀 침착한 축들은 2년 동안 거의 말도 안 해본 사람들과 얼싸안고 있었다. 예의 바른 중년의 영국 신사, 숙녀들도 소리를 지르며 환호하고 있었다. 어떤 사람은 발작적으로 웃기도 하고 아기처럼 울기도 했다. 큰 비행기가 수용소 위를 세 번 정도 빙글빙글 도는 동안 모두들 평상시 모습을 잃고 감정의 무아지경에 빠져 들었다.

정말 이 비행기는 우리 측 비행기였다. 전쟁이 끝났음을 알리기 위해 우리를 위해 이곳에 보내진 비행기였다. 그 비행기는 이제 우리가 다시 넓은 인간 세계로 나가게 되었으며, 그래서 개인적 역사를 다시 시작할 수 있게 되었다는 증거였다. 그래서 우리 모두는 거기에 최고의 의미를 부여했으며 격한 감정으로 그것을 지켜보았다.

그런데 갑자기 이 모든 소란스러운 소리가 죽은 듯이 잠잠해졌다. 1,500명의 사람들이 놀라서 응시하는 동안 우리 속에서는 날카로운 신음소리도 새어나왔다. 어안이 벙벙했다. 수용소에서 약 800미터 지점에서 낮은 고도로 몇 바퀴 돌던 비행기가 갑자기 밑바닥 문을 열었다. 그러더니 일곱 명의 군인이 낙하산을 타고 내려오는 것이 아닌가! 정말 믿을 수 없는 일이었다! 그들이 "머지않아" 이곳에 오는 것이 아니라, 바로 오늘 우리 가운데로 왔던 것이다! 구원이 바로 여기에 있었다!

잠시 동안 이런 깨달음은, 마치 폭탄이 물에 가라앉듯 침묵 속으로 가라앉았다. 그리고 다음 순간 갑자기 폭발하기 시작했다. 한 사람도 남김없이 모두가 한마음이 되어 수용소 문을 향해 달려갔다. 혹시 위험할 수도 있다는 잠시의 망설임도 없이, 우리는 마치 봇물 터지듯 좁은 도로를 향해 쏟아져 들어갔다. 그리고 그 여세를 몰아 거대한 정문을 밀어 열어젖혔다. 우리 무리는 어쩔 줄 몰라 하며 우왕좌왕하는 경비들을 지나 밖으로 뛰쳐나갔다.

함께 휩쓸려나가는 내 눈에, 경비 하나가 기관총을 잡고 발사 자세를 취하는 모습이 언뜻 보였다. 하지만 당황스러웠던지 그는 천천히 총을 내려놓았다. 이것은 시작에 불과했다. 일본인들은 자신들의 지침을 하나도 적용할 수 없는 완전히 새로운 상황에 맞닥뜨렸다. 그 경비가 총을 내려놓겠다고 결심한 것은 완전히 옳은 선택이었다.

이런 위험은 안중에도 없이, 우리는 기쁨의 환성을 지르며 엎치락뒤치락 마을의 좁은 길을 지나 들판으로 달려나갔다. 낙하산을 탄 우리의 구조대를 어찌나 열심히 찾았던지 처음 그들을 발견했을 때는 자유의 달콤한 감정도 미처 느낄 겨를이 없었다.

갑자기 우리는 더 넓은 세상의 일원이 되었다. 수용소 담벼락 주위에 여덟 채의 초가가 옹기종기 모여 있는 중국의 시골 마을도 우리에게는 신비하고 놀랍게 보였다. 형편없는 흙길도 아름다웠다. 모든 광경, 모든 냄새, 모든 소리가 우리의 의식에 깊이 각인되었다. 이런 자유의 느낌은 마치 강장제처럼 우리의 감정을 한껏 고조시켰다.

하지만 사람들의 반응은 지극히 다양했다. 작은 중국 마을을 급히 지나가는데, 존경스러운 어른으로 통하는 조 리버만이 멜론을 놓고 농부 아내와 가격을 흥정하는 모습이 보여 피식 웃음이 나왔다. 조는 천진에서 꽤 성공한 사업가였다. 그는 일도 잘하고 요리도 잘했다. 얼굴과 몸은 둥글둥글한데 다리는 호리호리해서

영 민첩하지 못한 사람이었다.

늘 밝고 편안한 성격이라, 모두들 그를 좋아했다. 하지만 조를 리더로 하는 팀이 주방에서 배급품을 빼돌리고 있다는 의심도 받고 있었다.

조는 삶의 모든 측면을 금전적인 차원에서 접근했다. 모든 경험과 모든 사람을 돈이라는 왜곡된 관점을 통해 보았던 것이다. 조는 며칠 전 전쟁이 끝났다는 소식을 들었을 때 무척 흥분했다. 경제적인 문제와 무관해 보이는 사건에 그렇게 강하게 반응하는 것이 신기해서 나는 이유를 물어보았다. 그랬더니 조의 대답은 역시였다. "주방에서 사람들하고 전쟁이 끝나는 날과 시간을 걸고 내기를 했거든!" 그러더니 휴전 협정 덕분으로 자신이 가지게 될 이윤을 얻으려고 달려나갔다.

이 조 리버만이 지금은 중국 농부의 아내와 실랑이를 하고 있었다. 조는 내가 자기를 본 것을 알고는 둥근 얼굴에 웃음을 활짝 머금고 내게 와서 흥분한 채 말했다. "세상에! 자네도 이 마을에서 멜론이 얼마인지 봤어야 하는데!" 인간의 삶에서 가장 감동적인 순간이 물건 값 흥정하는 기쁨에 밀려나 있었다!

1킬로미터쯤 더 가서, 우리는 중국 옥수수가 높이 자란 들판에 다다랐다. 거기 옥수수밭 한가운데 흙무덤에 군인 한 명이 서 있었다. 그는 27살가량의 잘생긴 소령으로, 제2차 세계대전 중에 내가 처음으로 만나는 미군이었다. 주위를 둘러보니, 다른 미군이 발견된 곳마다 수용소 수감자들이 기뻐 어쩔 줄 모르는 얼굴로 그를 둘러싸고 있었다. 미군들의 모습은 너무나 멋있었다. 휘청거리는 다리에 축 늘어진 얼굴을 한 우리 모습과 비교해서, 그들은 너무나 거대하고 강하고 생동감으로 넘쳐흘렀다. 무엇보다도 우리를 감동시킨 것은 그들이 "새로운" 얼굴이라는 점이었다. 2년 반이라는 시간 동안 갇혀 지내면서, 우리는 무의식적으로 세상 사람 모두가 우리 1,500명과 똑같이 생겼을 거라고 믿게 되었다. 우리가 세상 전부였으니까 말이다. 수용소 사람들이 보여주는 모습 외에 더 다양한 모습이 존재한다는 사실을 우리는 아예 망각하고 있었다.

잠시 후, 합리적인 편에 속하는 수감자 몇 명은 낙하산을 접으려고 했다. 하지만 우리 대부분은 그런 일을 하기에는 너무 "고조"되어 있었다. 우리는 그저 꼼짝 않고 미군들의 모습을 흠모하듯 지켜보거나, 이러저리 뛰어다니며 춤추고 소리를 질렀다. 하지만 우리의 일곱 명의 영웅들에게는 다른 문제가 있었다. 그들은 언제든 일본군이 공격할 수 있다는 가정 하에 장전된 자동총을 갖고 들판으로 내려가던 중이었다. 그런데 전혀 예상과는 달리, 흥분에 들뜬 한 무리의 수감자들이 환호하며 달려오는 바람에 자신들이 계획했던 대로 옥수수밭에서 안전하게 임무를 수행하는 일이 불가능해졌던 것이다.

어쨌든, 미군들은 장비를 다 챙기고 우리로부터 상황을 충분히 들은 후, "수용소를 장악하도록" 그곳으로 안내해달라고 부탁했다. 그들에게는 평범한 이런 말이 우리에게는 정말 뛸 듯이 기쁜 소식이었다. 더 이상 일본인들이 우리를 다스리지 못한다는 의미였다! 이 말과 함께 우리의 흥분은 더 고조되었다. 우리는 마치 승리에 도취되어 코치와 팀을 어깨에 태우고 열광하는 고교생들처럼, 당황한 구원자들을 어깨에 태우고 환호하며 수용소로 되돌아갔다.

수용소에 가까워지자 광란의 혼란이 더 강해졌다. 우리의 의식은 주님이 오셔서 호산나를 외치는 군중의 기쁨이었지만, 실제로는 디오니소스 축제에서 미친 듯 날뛰며 노래 부르고 춤추는 여사제들 같았다. 하지만 우리 어깨 위에 올라탄 미군들은, 수용소에 접근할 때 문을 지키는 경비들이 어떤 적대적 행동이라도 할지 몰라, 경계를 하고 총을 장전한 채 냉정을 유지하고 있었다.

수용소 대문에 도착했을 때는 긴장이 고조되는 순간이었다. 일본인 경비들은 이 일곱 명의 낙하산 병사들을 향해 발사를 할 것인지 말 것인지 결정해야 했다. 우리들이 사정거리 안으로 들어오자, 순간 미군과 경비들은 서로를 응시했다. 하지만 제멋대로의 승리의 행렬은 자기들 머리 위에서 어떤 일이 벌어지고 있는지 전혀 아랑곳없이 문으로 밀고 들어갔으며, 일본인 경비 한 명이 손짓을 하자 문이 열렸다.

행렬이 문 안으로 들어와 멈췄을 때 우리는 처음으로 수용소 장악이 군대식으로 어떻게 이루어지는지 목격할 수 있었다. 책임자인 젊은 소령은 땅으로 뛰어내리더니 이렇게 물었다. "수용소 총사령관은 어디 있습니까?"

근처에 있던 수감자들은 약간 두려움을 느끼며 일본인 행정관들이 있는 곳을 손가락으로 가리켰다. 마치 영화에서처럼, 장교는 뒷주머니 양쪽에 차고 있던 권총을 꺼내더니 조심스럽게 확인하고 나서 사령관 사무실 쪽으로 성큼성큼 걸어갔다. 우리 수감자들이 보기에, 그의 모습은 마치 증오하는 범죄자가 기다리고 있는 술집 안으로 당당하게 걸어들어가는 정의로운 보안관의 모습 그 자체였다.

나중에 소령이 한 이야기에 의하면, 다음에 일어난 일도 명장면 중의 명장면이었다. 양손에 권총을 든 소령이 사무실로 들어갔더니, 일본인 사령관이 책상 위에 두 손을 편 채로 적장을 기다리며 앉아 있었다. 상대방이 어떤 의도를 갖고 있는지, 자신은 어떻게 반응할 것인지 전혀 예측할 수 없었기 때문에 이 또한 일촉즉발의 상황이었다. 소령의 이야기에 따르면, 그는 일본인 사령관에게 총을 내놓고 이제 미군이 수용소를 책임진다는 사실을 인정할 것을 요구했다고 한다.

이것은 일본인 사령관의 입장에서는 어려운 결정임에 틀림없었다. 20분도 안 되는 시간 동안 낙하산을 통해 점령을 당하는 바람에 청도에 있는 상관들에게 보고할 기회도 없었던 것이다. 또한 사령관 입장에서는 일본군이 정말로 항복을 했는지에 대해 정확한 정보도 없는 상태였다. 만약 일본군이 항복한 것이 사실인데 자신들이 이 일곱 미군과 싸워 그들을 죽인다면, 상황은 사령관과 그의 부하들에게 더 불리할 수 있었다. 하지만 만일 일본군이 항복한 것이 아니라면, 완전무장한 50명의 병사로 일곱 명의 낙하산 군사에게 항복하는 것은 소심한 행동이고 할복할 충분한 이유가 되었다.

한참 동안 일본인 사령관은 고심을 했다. 그러더니 천천히 앞에 있는 서랍으로 손을 뻗었다. 그때 소령은 그를 향해 방아쇠를 겨누고 있었다. 사령관은 아주 조심스런 동작으로 자신의 사무라이 칼과 총을 꺼내 진지한 모습으로 소령에게 건넸다. 소령은 놀라우면서도 안심이 되는 한편, 감동을 받기도 했다. 소령은 사령관으로부터 권위의 상징들을 건네받은 후, 그에게 함께 일하자고 말하고 나서 방을 나섰다. 이리하여 이 만남은 통해 수용소는 미국의 손으로 넘어갔다. 이제 일본 군인들은 미국 장교의 명령을 따랐다.

신(神)들이 인간의 자녀들을 찾아올 때, 일어나는 결과는 무엇일까? 그럴 때 남자들은 신들의 작은 소망에도 기꺼이 순종하게 되고, 여자들은 신들에게 푹 빠지게 된다. 신화의 영역에서 당연하게 여겨지는 이런 현상이 우리 수용소 세계에서는 현실로 이루어졌다. 그후 2주 동안 수용소를 통치한 이 일곱 명의 남자들은 마치 인간 세상을 방문한 신들과도 같았다. 그들은 모두 체격도 거대하고 잘생기고 유능했다.

미군들이 통치자로서 어떤 일을 했든지 상관없이, 우리가 느끼는 것은 동일했을 것이다. 그들은 우리를 구원하려고 구름을 타고 온 사람들이 아니던가? 그들은 우리를 구하려고 엄청난 위험을 감수하지 않았던가? 그들은 거대한 힘을 대변하고 있지 않은가? 우리가 담 안에서 요리하고 불을 지필 때, 그들은 우리를 위해 전쟁에서 승리한 용사들이 아닌가? 전쟁 기술이라고는 전혀 모르는 우리에게 원자 폭탄이며 레이더, 로켓 등 우리가 꿈도 꾸지 못한 놀라운 이야기를 들려주지 않았는가? 우리가 알던 후줄근한 인간들과는 달리, 그들은 힘세고 건강하고 남성답지 않은가? 그리고 무엇보다, 그들은 우리가 갈망하던 "구원"을 약속해주지 않았던가? 비행기가 준비되는 즉시로 우리는 미국으로, 영국으로, 우리의 집으로 돌아갈 수 있다고 확언해주지 않았던가? 이 정도만 언급해도 그들이 우리 가운데서 가지는 지위나 영향력이 가히 신과 같았음을 알 수 있으리라.

이런 상황의 한 가지 결과로서, 수용소의 나이 지긋한 리더들은 미군들을 마치 황제 대하듯 했다. 아마도 다른 상황이었다면 그들은 이런 미국 젊은이들을 완전히 무시했을 것이다. 수용소 평상시에 유력한 인물에 속하던 사람들이, 우리의 해방자가 원하는 것이라면 아무리 사소한 것도 다 들어줄 준비가 된 채 분주히 다니며 어리석어 보이는 잡심부름도 마다하지 않았다. 그렇게 고고해 보이던 중년의 은행가들도, 새로 온 손님들을 직접 만나보지 못한 수감자들에게 이들에 대한 놀라운 이야기를 들려주느라 정신이 없었다.

하지만 누구보다도 열렬하게 "구원자"들을 신적인 존재로 받아들인 사람은 다름 아닌 수용소 내 여자들이었다. 나이와 사회

계층, 기혼과 미혼을 막론하고 모든 여자들은 미군들을 우러러보았다. 그녀들은 홀린 듯 그들을 바라보고 어디든 따라다녔으며, 어떻게든 그들과 말 한 마디라도 해보려고 애를 쓰고 그들을 도울 기회를 차지하려고 서로 싸웠다. 또한 은밀하게 그들과 접촉하고자, 자기처럼 그들을 경외감으로 쳐다보고 있는 자녀들의 등을 떠밀기도 했다. 미군들은 당황하긴 했지만 그래도 기분이 나쁘지 않아 보였다. 우리 가운데 신들이 사는 것은 참 멋진 일이었다. 나나 다른 몇몇 친구들이 이 일로 여자 친구를 잃은 것만 빼면 말이다!

낙하산을 타고 군인들이 도착함으로써 모든 상황이 변했다. 다음 날로 위현시에서 중국인 대표단이 나타나 채소와 곡식을 제공했으며, 그동안 공급된 것보다 훨씬 더 많은 양의 고기를 주었다. 그동안 일본인들은 수도 없이 물건이 없어서 주지 못한다고 말했는데도 말이다. 음식을 실은 수레들이 수용소에 들어오기 시작하자 모든 배급이 중단되었다. 그때부터는 너무 많이 먹어서 배탈이 날 지경이었다. 해방된 지 첫 주를 보내는 동안 우리는 너무 많이 먹어서 계속 토해야 했다. 그럼에도 용감하게 계속 먹어댔다.

수용소 담장은 실제로 허물어진 것이나 마찬가지였다. 우리는 수용소 밖을 마음대로 나갈 수 있었고, 제한적이지만 이 마을 저 마을을 탐방할 수도 있었다. 이제 낮 동안의 노동은 끝났기 때문에 수용소에서 3킬로미터 정도 떨어진 강가로 소풍을

갈 수도 있었고, 위헌시까지 5킬로미터를 자전거로 나가 중국 음식을 먹을 수도 있었다.

그러면서 나는 사람이 얼마나 빨리 옛날의 무심함으로 돌아가는지를 보고 놀랐다. 두 번째로 위헌으로 놀러나가면서 재미있게 시간을 보내자며 스스로 다짐했던 일이 기억난다. 정말로 그건 내가 바라던 일이었다. 하지만 나는 벌써 그것을 당연히 여기고 있었으며 아무런 감흥도 느끼지 못하고 있었다.

새롭게 되찾은 것들에 대해서 우리는 다 이런 식이었다. 우리가 그것들을 얼마나 간절히 열망했던가를 기억하며, 몇 달이라도 진심으로 즐거워할 줄 알았다. 하지만 두 번 또는 세 번만 지나면 늘 해왔던 것처럼 일상이 되어버렸다. 배가 고플 때는 하루에 세 끼만이라도 먹었으면 했다. 단 것이 하나도 없을 때는 초콜릿이나 사탕을 간절히 바랐다. 소문만 무성했을 때는 전쟁이 끝나고 우리가 풀려난다는 소식을 간절히 바랬다. 이제 우리는 이런 기쁨을 너무나 풍성히 누렸다. 하지만 이것들에 감사하기 위해서는 끊임없이 옛 일을 떠올리며 상기하는 것이 필요했다. 사실 우리는 더 행복해진 것이 아니었다. 좀더 만족시키기 어려운 소원과 바람을 가지게 되었을 뿐이었다. 이제 우리는 자유 대신 "집"을 원했다. 충분히 먹는 것 대신, 이제는 칵테일이나 해산물을 원했다. 삶의 필수품들이 채워지고 나니까 이젠 그것을 당연하게 여기고 사치품을 원하게 되었다. 이런 사치품은 인간이라는 동물이 가진 절대 만족될 수 없는 욕구다. 역설적이게도, 정말 인간은 빵

만으로 살 수 없다. 밥통이 채워지는 즉시로 인간의 끝없는 욕망은 케이크를 원할 것이다.

13

위현에서의 마지막 날들

구조가 되고 나서 일주일 후, 열한 대의 비행기가 더 나타났다는 소식이 수용소에 퍼졌다. 이번 비행기들은 반대편인 동쪽에서 오고 있었다. 비행기들이 가까워지자, 평범한 B-24가 아니라 그 유명한 B-29라는 것이 분명히 보였다. 이 비행기들은 태평양에 있는 괌이나 사이판에서 온 것이었다. 비행기들이 우리 위를 멀리서 선회할 때는 어찌나 웅장하고 빛나던지 마치 하늘을 가득 채우는 것 같았다. 그런데 갑자기, 비행기 밑바닥이 열렸다. 그러더니 엄청난 물건, 말 그대로 수 톤에 달하는 물건이 사방으로 떨어졌다.

사람들은 흥분해서 물건을 수용소로 가져오기 위해 들판으로 달려나갔다. 물건을 다 가지고 오려면 빨리 서둘러야 했다. 중국에서는 뭔가 특별한 일이 생기면, 그곳이 아무리 외지고 버려진 땅처럼 보여도, 수분 안에 수백 명의 중국인들이 몰려들었다. 산둥 지역에 있는 농부들에게 있어, B-29 전투기가 와서 들판에 물건을 떨어뜨리는 일보다 더 특별한 일은 생각하기 힘들었다. 그들은 가난했기 때문에 이 떨어진 물건은 절대 놓칠 수 없는 기회였다. 수용소 사람들이 아직 얼떨떨해하고 있는 동안, 들판은 이미 중국인으로 가득 찼다. 중국인들은 할 수 있는 한 많이 물건을 챙겨가고 있었다. 당연히 우리도 최대한 많은 물건을 회수해 오기 위해 달려나갔다.

하지만 그곳에 도착해서야 우리는 무슨 일이 벌어졌는지 정확히 파악할 수 있었다. 이번에 투하된 물건들은 급하게 준비된 것이 분명했다. 상자들은 기름통 두 개를 접붙여서 만든 금속 상자로, 큰 소파 정도의 크기였다. 이 거대한 상자 안에는 통조림이 잔뜩 들어 있었기 때문에, 상자 당 무게는 거의 1톤에 육박했다. 그런데 군인들은 이 거대한 기름통 상자를 낙하산 하나에 달아 투하했다(낙하산에는 최대 적재량 160킬로그램이라고 분명하게 적혀 있었다). 당연히 낙하산은 엄청난 상자 무게 때문에 급강하했고, 그리하여 기름통 상자는 마치 폭탄처럼 땅으로 곤두박질쳤다. 땅에 도착하는 순간 상자는 완전히 산산조각 났고 그 안에 들어 있던 통조림들은 온 사방으로 흩어졌다. 오후 내내 우리는 이 흩어진 통조림을 정신없이 주워 모아, 약 1.5킬로미터나 떨어진 수용소까지 실어 날라야 했다.

하지만 그날의 사건은 이것으로 끝나지 않았다. 첫 번째 투하

후, 열한 대의 비행기는 더 넓게 상공을 빙빙 돌았다. 그러더니 우리 쪽으로 날아와 밑바닥 문을 다시 열었다. 이 광경을 보던 우리는 기쁘면서도 공포를 느꼈다. 첫 번째 투하 때와는 달리, 벌써 들판은 수감자와 중국인들로 뒤덮여 있었다. 그런데도 비행기들은 다시 같은 지점에서 그 치명적으로 무거운 상자들을 투하하기 시작했다. 중국인 농부들은 비명을 질렀고, 우리 대부분도 미친 듯 도망을 쳤다. 그 와중에도 그 거대한 기름통들은 우리 주변 땅으로 곤두박질쳤다. 다행히 나 가까이로는 떨어지지 않았지만, 네 명의 동료들은 거의 이 통조림 폭탄 상자를 맞을 뻔했다. 중국인들이 한가득 모인 곳으로 상자가 네 개나 동시에 떨어지는 것을 봤을 때는 정말 심장이 멎는 줄 알았다. 하지만 어찌된 영문인지 다친 사람은 한 명도 없었다. 아직도 나는 그 이유를 모르겠다.

중국 농부들에게는 B-29 폭격기만 생소한 서양 물건이 아니었다. 상자 안에서 나온 여러 가지 물건도 농부들에게는 생소하기가 마찬가지였다. 우리와 함께 기름통 상자를 이리저리 뒤적이던 한 중국인은 자신의 영어 실력을 뽐내고 싶은 듯, 커다란 튜브에 쓰인 "크림"이라는 단어를 자랑스럽게 가리키더니 행복한 듯 내용물을 짜먹었다. 불행히도 그는 "크림" 바로 옆에 쓰인 "면도"라는 단어는 모르는 모양이었다. 또 약품 상자를 건진 다른 중국인은, 옆에 있던 수감자가 미처 말리기도 전에 병 안에 든 비타민을 한꺼번에 삼키기도 했다. 그날 밤 기숙사에서 노울즈가 이런 이야기를 하자, 구석의 자기 침대에 있던 새스 슬론이 이렇게 맞장구쳤다. "그 불쌍한 중국 친구, 아직도 달리기 하고 있는 건 아닌지 궁금하군!"

사방으로 흩어진 물건을 주워 모으는 일은 성가셨지만 충분히 그럴 만한 가치가 있었다. 우리는 들판에서 물건을 다 회수하여 보관한 후 잔치를 열었다. 수년간 한 번도 맛보지 못한 음식들이 준비되었다. 수프와 고기, 통조림 과일, 거기에다 집에서 만든 과일 케이크까지 있었다!

B-29의 방문은 그후로도 삼사 주 동안 계속되었다. 나흘 정도마다 이 거대한 비행기는 모습을 나타냈다. 알림 종이 울리면 여자들과 아이들은 수용소에 집결해 있고, 남자들은 기대와 공포가 뒤섞인 감정으로 들판으로 나갔다. 물건이 투하되는 상황은 점점 개선되고 있었다. 기름통 대신 작은 나무 상자로 대체되었기 때문에, 낙하산 없이도 깨지는 물건이 거의 없었다. 그래도 위험은 남아 있었다. 투하할 때마다 40킬로그램 정도 되는 상자 서너 개를 낙하산의 도움 없이 떨어뜨렸기 때문이다.

사이판에 있는 공군과 우리를 관할하는 중국 서부 부대 사이에는 의사소통이 거의 없는 듯했다. 그런 이유로 늘 신호가 헛갈렸다. 한 번은 우리의 사기를 책임지던 스포포드 장교가(그에 대해서는 나중에 다시 설명할 것이다) 아이들을 위한 파티를 준비하려고 야구장 포수석 쪽에 노란 낙하산을 펼쳐놓은 적이 있었다. 바로 이 공터는 여자와 아이들이 모여서 "아빠들 위로 물건이 투하되는 것"을 지켜보는 장소였다. 그런데 B-29 조종사는 이 노란 낙하산 표시를 투하할 장소를 가리키는 신호로 여기고, 그 지점을 목표로 하여 거대한 수하물을 떨어뜨리고 말았다. 이미 들판에 나가 있던 우리들은 공포에 떨며 속수무책으로, 스무 개나 되는 거대한 상자들이 여자와 아이들 가운데로 떨어지는 것을 지켜보아야 했다. 그 외 열 개 정도의 상자는 숙소 지붕으로 굉음과 함께 떨어졌다. 하지만 또 한 번의 기적이 일어났는지, 아무도 다치지는 않았다. 이런 일이 벌어질 때마다 우리는 "정말 운이 좋았어!"라고 말할 수밖에 없었다.

물건 투하가 계속되면서 우리는 나름의 방법을 터득하기 시작했다. 이제는 비행기가 두 번 투하를 끝낼 때까지 들판 구석에서 기다렸다. 늘 비행기는 두 번 투하한 후에 동쪽으로 방향을 돌려 사이판으로 돌아갔다. 여느 때와 마찬가지로 우리는 비행기가 두 번 투하한 후 떨어진 물건을 수집하기 위해 들판으로 나갔다. 그런데 갑자기 모두들 위를 쳐다보았다. 바로 우리 위로 한 대의 비행기가 다시 돌아와 막 바닥 문을 열려고 하고 있었다. 피하기에는 이미 늦었던 터라, 우리는 모두 옥수수 밑으로 몸을 납작하게 엎드리고 비행기가 물건을 다 투하할 때까지 기다렸다.

상자 몇 개와 수십 개의 커다란 통조림들이 우리들 주위로 떨어져내렸다. 그것들의 무게로 주위 땅이 흔들릴 정도였다. 그 중 하나는 나에게서 약 6미터 떨어진 곳에 떨어졌다. 하지만 이번에도 물건에 맞은 사람은 한 명도 없었다. 물건이 다 떨어지고 나서 온 몸을 사시나무 떨 듯 떨며 머리를 들어보니, 거대한 비행기가 동쪽으로 날아가고 있었다. 내 옆에는 몸집이 커다란 스코틀랜드인 존 맥크레큰이 몸을 잔뜩 웅그린 채 하얗게 질려 있었다. 그는 수용소에서 가장 현명하고 강한 사람 중 하나로 내가 무척 존경하던 인물이었다. 나는 그에게 이렇게 말했다. "빌어먹을 전쟁을 제일 가까이서 경험한 것 같네요. 이제 다시는 스팸을 주우려고 옥수수밭으로 나오지 않을래요!"

"맞네." 그도 숨을 헐떡거리며 대답했다. "조국과 사랑하는 사람을 지키기 위해 죽는 건 상관없지. 하지만 델몬트 복숭아 캔을 주우려다 죽는 건 정말 말이 안 돼!"

참 다행스럽게도, 그것이 B-29를 본 마지막이었다. 어렵게 얻은 것이라 그런지 거기서 나온 복숭아 맛은 내가 맛본 것 중 최고였다.

구조되고 나서 처음 며칠은 우리를 구원한 신적인 왕들(일곱 명의 낙하산 병사)이 수용소를 책임졌다. 그래서 물건 폭탄이 떨어져도 우리는 즐겁게 천국에서 누리는 삶을 살았다. 하지만 이런 황홀한 삶은 불완전한 이 세상에서는 그리 오래 지속될 수 없는 법이다. 일본인들에게 해방되고 열흘 후, 우리는 당황스러운 소식을 들었다. 우리를 구조한 군인들은 떠나고 일반 군대가 들어온다는 소식이었다. 나는 새로 오는 사람들이 불쌍하다는 생각이 들었다. 나라면 절대 신들의 뒤를 잇는 한낱 인간 통치자는 되고 싶지 않을 것 같았다!

후임자들은 하늘에서 내려오지도 않았다. 그들은 투박하고 현세적인 트럭을 타고 왔다. 수감자들의 눈에는, 그런 차량에 올라탄 30-40명의 군인들은 그저 평범한 사람에 불과했다. 앞서 우리를 매료시켰던 "게리 쿠퍼"처럼 생긴 소령에 비해, 이번에 온 수염을 덥수룩하게 기른 브룩스 대령은 별로 호감이 가지 않는 남자였다.

하지만 도착한 육군 장병들은 왜 우리가 자신들을 거부하는지 이해할 수 없었다. 그들이 어떻게 이해하겠는가? 그들이 수용소 땅에 첫발을 채 딛기도 전에, 이미 우리들 사이에서는 거부감이 형성되어 있었던 것이다.

결국 그들이 도착한다는 것은 우리에게는, 앞으로도 얼마 동안 더럽고 불편하고 갇힌 수용소 생활을 계속해야 함을 의미했다. 정말 육군 대령은 도착하자마자 침착한 어조로 이런 현실을 선포했다. 우리의 첫 번째 구원자는 즉각적인 비행기로의 본국 소환을 약속했는데, 이번에 도착한 이는 유감스러워하면서 이 소망이 당분간 이루어질 수 없다고 발표했다. 비행기 소환 같은 호사를 누리기에는 우리가 너무 건강하다는 것이었다. 또한 불행히도 게릴라 군이 청도로 가는 기찻길을 끊어버려서, 현재로서는 우리를 인근 항구로 옮길 교통수단도 없었다. 결과적으로 우리는 한두 달 더 수용소에 머물러야 했다. 그 사이 대령은 우리를 본국으로 데려다 줄 교통편을 알아보겠다고 했다.

갑자기 수용소는 전보다 더 지옥 같은 곳이 되어버렸다. 음식과 자유가 많아진 것은 소용없었다. 즉각적인 본국 소환에 대한 희망과 오랫동안 잊고 있었던 문명에 대한 소망 때문에 이제는 수용소에서 견디는 것이 더 힘들었다. 과거의 수용소 생활이 전쟁 때문에 어쩔 수 없이 받아들여야 했던 현실이라면, 현재의 수용소 생활은 평화 시의 비효율성 때문에 야기된 분노할 수밖에 없는 현실이었다. 춥고 음산한 오후에 대령으로부터 이런 소식을 들었을 때, 우리의 억눌러졌던 감정은 분노로 폭발하고 말았다.

분명히 브룩스 대령은 우리에게 해방의 기쁨이 사라지고 있음을 눈치 채고 있었다. 그래서 모든 훌륭한 장교가 그러하듯, 그도 군대식 대안을 미리 준비해왔다. 군대에서는 군사들의 사기가 떨어지면 그것을 전문적으로 올려줄 사람을 내세웠다. 브룩스 대령은 본국 소환에 대한 내용을 침착하게 발표한 후, 스포포드 장교를 연단으로 불러내더니 그가 이제부터 우리의 사기를 북돋워주고 행복하게 만들어줄 거라고 소개했다.

결과적으로 보면 우리는 모두 이 훌륭한 장교를 좋아하지 않았다. 특히 장교가 초면에 꺼낸 말 때문에 그는 더욱 우리의 신임을 잃고 말았다.

당시 우리는 "우리 수용소"에 대해 졸업생들이 느끼는 것과 같은 충성심을 느끼고 있었다. 우리는 수용소 조직과 운영 방식을 자랑스러워했다. 수용소 여기저기 피어난 꽃과 차양도 자랑스러웠고, 허술한 도구로 만들어낸 이런저런 물건들도 자랑스러웠다. 무엇보다 우리의 자랑거리는 자체에서 기발하게 고안한 오락 프로그램들이었다. 그래서 새로 도착한 군인들이 우리 수용소를 보면서 "세상에, 완전히 엉망이군" 혹은 "어떻게 이런 곳에서 사셨어요?" 하고 말하는 것을 들으면, 마음속 깊이 거부감이 밀려들었던 것이다. 사실 2년 내내 우리 자신도 똑같은 말을 했던 게 사실이지만 말이다.

그래서 스포포드가, 우리에게는 지금까지 제대로 된 오락거리가 없었으며 이제 그가 "미국에서 직접 진짜 오락거리"를 가져왔다고 말했을 때는, 모두들 기분이 언짢았다. 스포포드는 "할 수 있는 한 빨리" 야구 방망이와 공을 가져올 것이고 "남녀노소" 누구나 즐길 수 있는 체스 대회를 조직하겠다고 약속했다. 그는 아주 격앙된 목소리로 이렇게 말을 맺었다. "제가 군대 상관들을 설득할 수 있다면, 이 주가 끝나기 전에 모두가 고무 호스슈즈(horseshoes) 게임을 갖게 되실 겁니다!"

이 엉뚱한 약속에 우리는 기가 막힌 듯 서로를 쳐다보았다. 내 옆에 있던 한 벨기에 수출업자는 영국인 친구에게 이렇게 속삭였다. "저 친구 미친 거 아니야!"

이것이 전부가 아니었다. 그는 우리가 수용소에서 라디오를 들을 수 없었던 것이 참 안됐다고 말하면서 이렇게 말했다. "여러분은 전쟁이 난 이후로 음악을 전혀 듣지 못하셨지요?" 이 장교는 음악은 라디오나 축음기로만 들을 수 있다고 생각하는 게 분명했다. 그는 계속해서 말하기를, 마지막으로 우리를 위해 준비한 놀라운 선물이 있는데 아마 "믿을 수 없을" 거라고 했다.

13장 위현에서의 마지막 날들 *427*

"여러분, 바로 지금 제 부하들이 확성기를 설치했습니다. 이제 수용소 어디서든 개그와 팝송을 들을 수 있습니다. 바킨스 사병, 확성기를 틀어!"

명령이 떨어지자, 수용소 전체에 대중음악이 요란하게 쿵쾅거리며 울려 퍼지기 시작했다. 우리는 모두 몸서리를 쳤다. 이 정도면 수용소 구석구석까지 들리게 하겠다는 스포포드의 약속은 지켜지고도 남았다. 이 요란한 소리를 피하려면 담장을 기어 올라가야 할 지경이었다! "이거야말로 전쟁이 준 최악의 공포군!" 한 영국인 변호사가 옆에 있는 남자에게 투덜거렸다.

이 사건에서 기묘한 점은 스포포드의 말이 정말로 우리에게 생기를 불어넣었다는 사실이다. 그의 말은 우리에게 비난할 빌미를 제공했다. 불쌍한 스포포드는 모든 대화의 가장 인기 있는 주제가 되었고 모든 농담의 대상이 되었다. 그로부터 이틀 후, B-29가 다시 한 번 우리 위로 나타났다. 우리는 두려움에 일그러진 얼굴로 먹을 것을 좇아 다시 밖으로 나갈 용기를 쥐어짜냈다. 막 기숙사를 나가려고 하는데, 늘 잘난척 하는 칼 쿨리지가 구석에 있는 높은 침대에서 잡지를 정독하고 있다가, 우리에게 확신에 찬 축복의 말을 해주었다.

"이보게들, 이번엔 머리 다칠까 걱정할 필요 없어. 이번 짐은 아마 튕겨오를 거야. 고무 호스슈즈로 가득 차 있을 테니 말야!"

스포포드의 노력이 가져온 가장 재미있는 결과는 약 일주일 후에 나타났다. 수감자 중에 다소 악한 영혼을 가진 한 사람이 새로운 확성 장치 운영을 책임지고 있는 죄 없는 병사에게 접근했던 것이다. 그는 에덴동산의 뱀처럼 순진한 모습으로 몇 분간 다정하게 말을 건넨 후, 병사에게 이렇게 물었다. "이 사람들을 행복하게 해주고 싶죠, 그죠?"

"네, 물론이죠." 병사는 진지하게 대답했다. "그런데 뭘 해야 할지 모르겠어요. 저한테 좀 알려주세요."

"음," 우리의 메피스토펠레스는 말했다. "이 불쌍한 사람들은 여기 온 이후로 대중음악을 들으면서 잠을 깬 적이 한 번도 없어요. 라디오도 없고, 아무것도 없잖아요! 우리가 일어날 때 당신이 아주 활기찬 음악을 틀어주면 정말 좋아할 거예요. 한 6시 정도에 틀면 되요."

뭐든 하겠다는 의지로 불타던 병사의 얼굴에 순간 어두움이 드리웠다.

"저, '진짜로' 그런 음악을 좋아할 거라고 생각하세요?"

"아, 물론이죠. 많은 사람과 이야기를 해봐서 잘 알아요."

다음 날 아침, 장난을 치고 싶었던 악마가 바라 마지않던 일이 정말로 일어났다. 정확히 아침 6시, 수용소의 조용한 분위기는 "아, 얼마나 아름다운 아침인가"(Oh, What a Beautiful Morning)의 시끄러운 노랫소리로 갑자기 깨져버렸다. 나는 무슨 일이 벌어지고 있는지 눈치 채고 재미있는 광경을 구경하려고 얼른 기숙사 발코니로 나갔다. 수용소는 성난 수감자들로 아수라장이었다. 수감자들은 3년 전부터 지금까지 비가 오나 눈이 오나, 일요일이나 크리스마스나 주중이나 늘 똑같은 인원 점검 벨소리를 들으며 7시쯤 일어나야 했던 것이다.

눈길이 닿는 곳마다 성난 사람들이 이리저리 몰려다니고 있었다. 일렬로 늘어선 작은 가족용 방에서는 화난 아버지들이 쏟아져 나왔고, 머리에 나이트캡을 쓴 연로한 부인들도 급하게 목욕 가운을 걸치고 기숙사에서 몰려나오고 있었다. 모두들 피를 찾아 돌진하고 있었다! 그러다, 몇몇 사람은 그 음악 소리가 어디서 나오는지를 찾으려고 사방으로 흩어져 뒤지기 시작했다. 누군가는 화풀이로 확성기를 발로 차기도 했다. 또 다른 이는 머리를 감싸쥐고 그 자리에 선 채, 이 소음의 궁극적인 출처를 차분히 생각해 내려고 애썼다. 곧, 모두들 귀를 틀어막고, 군대가 주둔하는 구역으로 행진해 나아갔다. 목욕 가운을 걸친 이 성난 군중이 레코드판을 튼 그 마음씨 착한 군인에게 들이닥쳤을 때 벌어질 일을 상상하자 웃음이 났다. 나중에 그 군인은 이렇게 말했다고 한다. "미친 사람들을 떼거리로 만나니까 정말 이상했어요. 모두들 나에게 불같이 화를 내더군요. 내가 최신 음악을 틀어주지 않았으면 이런 음악을 한 번 들어볼 기회도 없었을 사람들이 말이에요! 솔직히 말하면, 전 정말 당신들 모두 너무 고생해서 머리가 이상해진 거라고 생각해요. 다시 정상으로 돌아오길 정말 바랍니다."

이 군인이 우리의 "이상함" 때문에 힘들었다면, 스포포드는 그것 때문에 고통을 느꼈다. 그의 얼굴은 낙담하다 못해 마치 귀신에 홀린 듯했다. 우리의 사기를 진작시키려는 스포포드의 계획에는 아무도 동참하려 들지 않았다. 어느 날 저녁 위스키를 마시며 거의 눈물을 흘리며 그가 고백했듯, 스포포드는 정말이지 우리 행동을 이해할 수 없었다. 수감자들은 계속해서 그의 확성기에 대해 불평을 해댔다. 어느 날 저녁에는 지나가던 스포포드에게 새스 슬론이 이렇게 외쳤다. "전쟁을 다시 시작한 거나 마찬가지야. 우린 평화를 원한다고!" 또 한 번은 누군가가 스포포드 사무실 바로 밖에 있는 확성기 전선을 끊어놓은 적도 있었다.

스포포드는 머리를 설레설레 흔들며 슬픈 듯 이렇게 말했다. "세상에, 모두들 우리가 적이라고 생각하는 것 같아요! 세상 돌아가는 일에 대해 미군의 입장을 알려주면 이 외국인들은 과대 선전이라고 생각한다니까요! 믿기지 않지만 사실이에요. 참 이해가 안 되는 점은, 내가 이들에게 소개한 게임이나 경기, 강의를 어린이들은 완전히 다르게 받아들인다는 거예요. 확성기에 대중음악을 틀어주면 아이들이 얼마나 환호하는지 당신도 봐야 한다니까요. 하나님, 맙소사! 다들 왜 그렇게 화를 내지요? 유럽 사람들, 특히 나이 든 사람들은 미군이 좋아하는 것을 좋아하지 않는다고 하더군요. 그게 사실이라면(사실 여전히 믿기지 않지만), 이들은 내 생각보다도 훨씬 더 이상한 사람들이고, 전 더 이상 그들을 이해할 자신이 없어요."

새로 도래한 평화의 세상이 기묘하며 우리의 환상과는 다르다는 사실을 고통스럽게 깨달은 이는 스포포드만이 아니었다. 우리 중반 이상을 차지하던 중국에 영구 정착한 영국인들에게는, 이 영광스러운 결말이 악몽에서 깨어났지만 현실은 그보다 더 나쁘다는 사실을 깨닫는 경험과 비슷했다. 이들의 상황은 1938년 뉴잉글랜드 허리케인을 만난 뉴헤이븐 거주민들과 흡사하다고 할 수 있었다. 그들은 〈허리케인〉이라는 영화에서 눈과 귀를 혹사당한 후 한밤중에 비틀거리며 나왔는데, 그 극장 밖에서 저 유명한 폭풍을 만나고 말았다.

 우리 모두와 마찬가지로, 영국인들도 희망을 품은 채 전쟁을 견뎌냈다. 위현 수용소 생활은 "진짜 삶"이 아니고 그저 우연히 잠시 급습한 경험일 뿐이며, 평화의 새벽이 밝아오면 사라져버릴 악몽이라고 확신하며 스스로를 격려해왔다. 전쟁이 끝나면 "진짜" 삶, 즉 조약항에서 잘 나가는 사업을 하고 편안한 집이 있고 술집에서 잡담을 나누고 주말에는 등산을 하는 그런 삶이 다시 시작될 거라고 믿었다. 하지만 그들에게 가장 힘든 시기는 전쟁이 끝나고 약속된 그날이 왔을 때부터 시작되었다. 전쟁은 끝났지만 그들은 여전히 일상적인 삶에서 누리던 안전과 삶의 의미 따위를 전혀 찾을 수 없었다.

 9월 중순의 어느 쌀쌀하고 흐린 날, 구조되고 4주 정도 지났을 무렵, 한 영국인 대령이 영국 사람들을 대상으로 발표를 하기 위해 모습을 나타냈다. 초두에서 미리 경고했듯, 이 발표의 내용은 영국인들의 정신을 번쩍 들게 만드는 것이었다. 왜냐하면 대령의 목적은, 영국인들이 직면할 현실이 어떤 것이지 최대한 솔직하게 알리는 것이었기 때문이다.

"여러분이 중국에서 하던 사업은 지난 3년간 방치되어 있었고, 거의 복구가 불가능할 정도로 대부분 파괴되었습니다. 상점에 남아 있던 물건은 다 약탈당했고, 중국 상인들이 그 자리에 들어와 있습니다. 창고들은 약탈당하거나 부서지거나 버려져서 거의 쓸모없이 되었습니다. 파괴되지 않은 것은 다 중국인들의 손에 들어갔습니다. 다시 시작할 수 있는 배상금도 희망할 수 없는 형편입니다.

무엇보다도 제가 여러분에게 알려야 하는 사실은, 이제 아시아에서 '식민지 지배자의 삶'은 끝났다는 것입니다. 조약항에서 지켜지던 우리의 규칙은 이제 옛말입니다. 영국 법 아래에서 외국 회사와 유리하게 맺던 조약들은 이제 끝났습니다. 이제는 영국인 거주 지역을 관할하는 것도 불가능합니다.

전 세계에 지점을 둔 회사에 다니셨던 분들은 다른 지부에서 일자리를 찾을 수 있을지도 모릅니다. 어쨌든 중국을 떠나야 하는 건 마찬가지지만, 그래도 해외에 있는 영국인들 중에서는 행복한 편에 속합니다.

그러나 중국에만 기반을 둔 분들은 이제 옛날 삶으로 돌아갈 수 없다는 사실을 받아들이셔야 합니다. 여러분에게 지금 당장 중국을 떠나라고 강요하지는 않겠습니다. 당분간 천진이나 상해에서 이런저런 다른 일을 찾아보시거나 중국 회사에 고문으로 들어가는 방법도 있을 것입니다. 하지만 자영업을 하시는 분들은 이곳에서는 미래가 없습니다. 저희가 공식적으로 여러분에게 해드릴 수 있는 충고는, 동아시아에 더 이상 머물지 마시고 영국에 있는 친지를 찾아가거나 호주, 뉴질랜드, 캐나다 등 아직 영국인이 활동하고 있는 다른 나라에서 새로운 일자리를 찾아보시라는 겁니다. 한 시대가 지나갔고, 그와 더불어 여러분의 과거도 끝났습니다. 안타깝지만 이것이 현실입니다."

영국인들은 넋을 잃고 대령의 말을 듣고 있었다. 침묵 속에 미동도 하지 않는 군중 위로 대령의 말은 또렷하게 퍼져나갔다. 그들은 대령의 말을 하나도 믿을 수 없었다. 지금까지 꾸어왔던 생생한 꿈과 희망에 부풀어 이런 소식에 대해서는 전혀 대비하지 못했던 것이다. 대령이 말하는 현실은 이들에게는 너무나 끔찍한 세상이었다. 늘 익숙했던 보호도 삶의 의미도 사라지고, 디디고 설 모든 기반이나 "장소"도 허물어진 현실이었다. 이 순간 그들은 방향을 알 수 없는 허공 속에 외로이 표류하는 듯 느꼈다. 어떤 이는 충격 속에서 침묵만 지켰다. 어떤 이는 엉엉 소리 내어 울었다. 또 다른 이는 생기 없이 입을 다문 채 한숨만 내쉬었다. 하지만 어찌할 수 없는 엄연한 현실 앞에서 이러쿵저러쿵 항변할 수도 없었다. 대령이 반복해서 말했듯, 이것은 현실이었다. 창백한 얼굴로 거의 울상이 된 한 중년 남자(그는 천진에서 작은 상점을 운영했었다)에게 내가 이렇게 물어보았다. "하지만 영국으로 돌아갈 수 있잖아요! 거기 가면 아는 사람이 있지 않나요?"

"아니오, 영국에는 아는 사람이 아무도 없어요. 저는 영국에

한 번도 가본 적이 없는데요. 아버지 대부터 저는 평생을 북중국에서 보냈어요. 여기서 나가라고 하면 우리가 갈 수 있는 곳은 세상에 한 군데도 없다고요."

이제 영국인 중국 정착민들의 미래는 수용소에서 "가짜" 삶을 살 때와 똑같이, 거할 장소도 삶의 의미도 없는 그런 것이었다. 다른 점이 있다면 이 미래 너머에는 어떤 해방의 영광스러운 날에 대한 희망도 없다는 사실뿐이었다. 마침내 평화와 해방이 찾아온 순간, 위태로운 역사는 식민지 시대의 종식이라는 사건으로 아시아에 거주하는 서구인들을 강타했던 것이다.

14

모든 것이 끝난 후

 수용소의 모든 사람이 영국인 중국 정착민들처럼 암울한 운명에 처한 것은 아니었다. 우리 중 많은 사람은 전쟁의 상처도 없이 번영을 누리던 미국으로 돌아갈 수 있었다. 이런 우리에게 전쟁의 종식은, 사실상 우리가 그렇게도 바라던 기회와 자유를 의미했다.
 9월 중순 경, 브룩스 대령이 도착한 지 3주쯤 지났을 때, 대령은 원하는 미국인과 영국인들을 항구로 옮길 차편을 드디어 마련했다고 발표했다. 청도에 도착하면 곧바로 배가 와서 우리를 샌프란시스코나 영국으로 데려다 줄 것이라는 것이었다.
 그리하여 1945년 9월 25일, 우리는 수용소를 떠났다. 그날 우리는 뭔가 기묘하고 꿈만 같고 흥분이 쉬 가라앉지 않는 그런 기분에 휩싸였다. 이런 상태로 어떻게 제대로 작별 인사를 할 수 있겠는가? 나는 이것이 영원한 이별임을 알고 있었다. 세계는 너무나 광활하고, 각자가 가야 할 길은 너무도 다르기에 우리는 다시는 만나지 못할 것이다. 설령 기회가 있어 만난다 해도, 여기서 맺었던 관계는 밖에서는 아무런 의미도 없을 터였다. 기껏해야 술 한 잔 마시며 회포를 푸는 정도이지, 지금만큼 깊고 강한 관계를 회복하지는 못할 것이다. 슬퍼하기에는 너무도 결정적이고 영원한 이별이었다.

게다가 수용소 문을 마지막으로 걸어 나온 우리에게는 약속된 미래로 우리를 데려다 줄 트럭들만 보이지, 수용소 벽에서 우리를 향해 손을 흔드는 낙심한 친구들은 별로 안중에도 없었다. 이들에게는 미래가 없었으며, 그나마 얼마 전까지 현실이었던 수용소 생활마저 사라진 상태였다. 손을 흔드는 사람들을 힐끗 돌아보면서 든 생각은, 운명이 열린 미래라는 위대한 선물을 줄 때만 우리는 온전히 살아 있을 수 있다는 사실이었다. 우리가 현실을 열심히 살 수 있으려면 미래에 대한 소망이 있어야 한다. 현재의 삶에 활기와 열정을 불어넣는 것은 과거가 아닌 미래다.

군용 트럭이 도시로 이어진 평원을 달리자, 점점 작아지는 수용소의 크기만큼 우리의 과거도 스러져가고 있음을 실감할 수 있었다. 트럭이 앞으로 나가는 만큼 자유도 늘어나는 느낌이었다. 마치 건강한 피가 혈관을 타고 흐르듯 정상적인 삶이 우리에게 회복되고 있었다.

편안한 기차에 올라 창문 쪽에 자리를 잡고 앉아 스쳐 지나가는 시골 풍경을 보고 있자니 살아 있다는 벅찬 감격이 몰려왔다. 차창 밖으로는 도시와 촌락, 동물, 새, 손을 흔드는 사람들이 보였다. 변화무쌍한 풍경이 너무나 즐거웠다. 모두들 새삼 살아 있다는 느낌을 만끽했다. 활력 없는 수용소 생활을 떠나, 사람과 사물이 어우러진 세상의 일부가 된 것이다.

삶이란 일부가 되는 것이라는 생각이 들었다. 그래서 세상의 일부가 되지 못하면 삶은 끝나버린다. 반면에 세상에 다시 동참하게 되면 삶은 다시 시작된다. 기차가 시골길과 촌락들을 지나 청도로 향해 가는 동안 점심 도시락을 느긋하게 즐겼다. 아마도 이 식사는 내 생애에서 최고로 완벽하게 아무 근심 없이 즐긴 식사였을 것이다. 우리는 다시 동참하게 된 이 세상에서 한시도 눈을 뗄 수가 없었다.

그날 기차 여행에서 가장 감동스러웠던 부분은, 셀 수 없이 많은 중국인들의 모습이었다. 농부, 상인, 행상, 여자, 아이 할 것 없이 수많은 중국인들이 기찻길에 줄지어 서 있었다. 우리 기차가 지나갈 때 들판에서 일하다 말고 달려와 우리를 향해 환호하며 손을 흔드는 사람도 있었다. 우리는 그들과 같은 편이었다. 우리는 공동의 적 때문에 수용소에 갇혀 있었다. 또한 우리 연합군은 중국을 침범한 증오스러운 대적을 물리쳤다. 그러니 당연히 우리는 한편이었다. 기차가 쏜살같이 지나가는 그 짧은 순간 동안, 중국인들은 자신들이 우리를 지지한다는 것을 보여주기 위해 몇 시간이고 기다리며 서 있었던 것이다.

하지만 현재의 상황은 어떤가? 역설적이게도 현재는, 그때와 똑같은 중국인들이 미국인과 영국인 정착민들을 향해 공격까지는 아니더라도 야유를 퍼붓고 있다. 이것은 정치적인 감정이 가지는 진정성이라는 것이 얼마나 변화무쌍하고 일시적인가를 보여주는 좋은 예다. 지금은 미국인과 영국인을 우호적으로 받아들이는 곳이 있다면 아마도 일본의 농촌이나 촌락이 유일할 것이다.

우리는 오후 늦게 청도에 도착했다. 또다시 엄청난 군중이 우리를 맞이하러 길가에 나와 있었다. 택시에 탄 우리는 환호하는 군중을 뚫고 미군이 우리를 위해 강제로 징발한 호화스러운 서양식 호텔로 갔다. 2년 반 전인 1943년 3월 25일, 무거운 짐을 지고 역까지 걸었던 일과 너무나 대조되어 행복한 웃음을 짓지 않을 수 없었다.

호텔은 마치 이 세상이 아닌 듯했다. 그동안 이런 호화스러움에서 멀어져 있었던 우리에게는 별천지였다. 나는 회전문을 밀고 들어가자마자 걸음을 멈추었다. 발밑이 뭔가 이상했다. 내려다보니 두꺼운 양탄자가 깔려 있었다. 피식 웃음이 났다. 2인용 특실은 더 놀라웠다. 뛰어다녀도 될 만큼 공간이 넓었고 옷장도 있었으며 수도꼭지를 틀기만 하면 뜨거운 물이 콸콸 나왔다! 이런 문명화된 삶이 온 사방에서 우리를 맞이했다. 참을 수 없는 기쁨을 느끼며 우리는 이런 시설들을 마음껏 "누렸다." 정상적인 삶의 모습들이 하나하나 제자리를 찾아가고 있었다.

이 놀라운 날을 장식한 마지막 감동은, 샤워와 면도를 끝낸 후 저녁 식사를 하러 아래층으로 내려갔을 때 찾아왔다. 총지배인이 웅장한 식당 문 앞에서 우리를 맞이하더니 식탁보와 은식기로 장식된 식탁으로 우리를 안내하고는 온갖 맛있는 음식이 가득한 메뉴판을 각 사람에게 내밀었다. 우리는 해산물과 스테이크, 와인을 골고루 주문한 후, 의자를 돌려 재즈 밴드의 연주를 감상했다. 그날 연주를 했던 밴드는 미군 순양 전함의 악단으로서, 우리를 위해서 최신 팝송인 "나를 가두지 말아요"(Don't fence me in!)를 연주해주었다.

우리는 너무 빨리 호화스러운 생활에 익숙해졌다. 며칠이 지나자 청도를 떠나 고향으로 가고 싶어 견딜 수가 없었다. 열흘이 지난 10월 초, 군대 수송선 한 대가 미국인들을 본국으로 데려가려고 도착했다. 우리는 2,000명의 해군과 함께 배에 승선했고, 상해, 오키나와, 하와이를 거쳐 미국 서부 해안에 도착했다. 이 여행은 편안하거나 기억에 남는 시간은 아니었다. 우리는 전쟁과는 완전히 단절되어 있었고, 군인들은 이제 막 전쟁을 치른 사람들이었기 때문에 우리 사이에는 대화가 거의 없었다. 군인들은 우리가 죄수로서 그렇게 심한 대우를 받지 않았다는 것을 알게 되면, 놀라면서도 약간 화가 나는 눈치였다. 수용소에서 고통을 받지 않았다고 하면 사기꾼이라는 식이었다. 그래서 우리도 위현 수용소에서 상대적으로 편안한 삶을 살았던 것이 조금 불편하게 느껴지기 시작했다.

나는 지루함을 덜기 위해 수용소 친구 한 명과 함께 배에 있는 제빵소에서 일을 돕겠다고 자청했다. 이 제빵소는 23명의 정규 해군 제빵사들에 의해 운영되고 있었다. 또 본국 송환 중인 해군으로서 몇 명의 보조도 있었다. 사실 배의 제빵소는 우리 수용소의 그것과는 비교도 되지 않았다. 여기는 재료도 풍부하고 모든 시설이 기계화되어 있어서 담배 한 대 피우는 시간에 2,000명분의 빵과 케이크, 파이를 만들어낼 수 있었다. 한번은 젊은 요리사가 자신이 만든 250개의 레몬 머랭 파이에 밀가루 덩어리가 뭉쳐 있는 것을 보더니, 조용히 배출 레버를 당겨 파이 모두를 태평양에 버리는 것이었다. 정말 그때의 기분은 평생 잊을 수 없을 것이다!

바다에서 4주 반을 여행한 후 우리는 샌프란시스코에 도착했다. 그러고는 분주하게 돌아가는 화려한 미국 사회 속으로 들어갔다. 미국에서는 몇 번 되지는 않지만 불쾌한 경험을 하기도 했다. 우리를 인터뷰하기 위해 왔던 국무부 직원이, 징병을 피하려고 일부러 중국에 있었던 것이 아니냐고 내게 물은 일이 있었다. 그때 나는 그의 살찐 턱을 바라보면서, 전시 하의 국민 협력의 일환으로 왜 하필 그는 "외교"를 선택했느냐고 물었고, 그는 다시는 같은 이야기를 꺼내지 않았다.

약 일주일 후, 1946년 3월 11일, 나는 고향 시카고로 돌아왔다. 미국은 꿈같은 세상이었다. 친근한 광경, 소리, 냄새, 사랑이 넘치는 사람들, 대학 건물과 길, 이 모든 것이 다 그대로였다. 하지만 내면적으로 나는 다른 행성에서 온 사람이었다.

모든 것이 완벽하게 정상이었지만 동시에 완벽하게 낯설었다. 여기서 어떻게 내 자리를 찾아야 할지 알 수가 없었다. 여기 사람들은 배급 체제 때문에 얼마나 고통받았는지 내게 말하곤 했다. "설탕도 버터도 충분히 없어서 정말 힘들었지. 고기도 귀하고, 휘발유도 구하기 힘들어서 카풀을 해야 했다니까!" 나는 공감한다는 말을 몇 마디 웅얼거리곤 했다. 그러면 그들은 내가 어디 있었는지를 기억해내고는 이렇게 말하곤 했다. "아 참, 내 정신 좀 봐! 자넨 더 힘든 곳에 있었지?"

나는 정직하게, "사실 우리도 그렇게 심한 고통은 받지 않았어요"라고 대답해야 했다. 그러지 않으면 나와 그 사이에는 극한 소원함이 생길 터였다. 우리는 서로 상대방이 경험했던 세계를 전혀 이해하지 못했다.

귀환하고 얼마 안 되어, 나는 어머니와 함께 시카고 우드로운 가(街) 55번지 도로 끝에 있는 한 식료품점에 간 적이 있다. 그곳은 슈퍼마켓이라기보다 그저 평범한 구멍가게였다. 하지만 나는 완전히 압도당하고 말았다. 나는 가게 한가운데 서서 선반마다 가득 쌓여 있는 음식과 시리얼, 빵, 통조림 야채, 과일, 고기를 바라보았다. 구석마다 물건 더미가 쌓여서 넘쳐나고 있었다. 푸줏간 주인의 계산대 뒤로는 아직 풀지 않은 상자들이 더 높게 쌓여 있었다.

음식에 파묻히는 느낌이었다. 끝없이 쏟아지는 엄청난 지방과 칼로리, 비타민에 빠져 익사할 것 같아 밖으로 달려나가고 싶을 지경이었다. 잠시 후, 가게 안에 있던 사람들이 이제는 배급을 타는 어려움은 끝났다며 안도하는 소리가 들렸다. 그 순간, 나는 진짜 부유한 것이 무엇인지를 이해하게 되었다. 수용소 생활은 끝났지만, 그 생활은 여전히 내 의식을 지배하는 것이 분명했고 영원히 사라지지 않을 것 같았다. 수용소의 삶과 여기의 삶 사이에 어떤 연결이 가능한 것일까?

다음 날 아침 식사를 하는데 신문에 실린 만화가 눈에 들어왔다. 당시는 국제연합 구제부흥 사업국(UNRRA)이 활동을 막 시작한 때였다. 워싱턴의 정치가들은 미국이 세계의 황폐한 나라들을 도와야 한다고 말하기 시작했으며, 결국 그 말은 "마셜 플랜"으로 꽃피게 되었다. 그런데 벌써 「시카고 트리뷴」지는 이런 인도주의적 계획을 잘못된 "사회 개량주의"라고 여기며 공격하고 있었다. 그날 아침 신문 만화는 이런 공격을 설명하고 있었다. "잘 속아 넘어가는 사람"이라는 이름표를 단, 자비롭지만 세상물정을 모르는 인물이 그려져 있고, 그 사람 주위로는 교활하고 뒤룩뒤룩 살진 외국인들이 모여 그의 소유를 빼앗고 있었다. 그림 위에 이렇게 적혀 있었다. "우리 것을 거저 퍼다 주어서는 안 된다."

갑자기 머릿속에 한 가지 생각이 스쳐 지나갔다. 리킷 콜첵이 했던 말이었다. "이건 우리 물건이야. 그러니 아무도 우리한테서 하나라도 빼앗아갈 수 없어." 이 만화는 내게 너무도 익숙했다. 물건이 넘쳐나는 미국에서 너무나 많은 것을 소유한 우리가, 굶주리던 수용소에서 배급 상자 7개 반을 다 갖겠다고 싸우던 것과 똑같은 상황이었던 것이다. 문제가 되는 물질적 부의 크기는 차원이 달랐지만, 여기서도 똑같은 인간의 문제가 존재했다. 차이라면, 지금 이곳의 위기가 훨씬 심각하다는 것이었다.

과연 우리는 지혜와 명철, 도덕적 힘을 최대한도로 발휘하여 굶주리는 세상과 우리의 것을 나눌 수 있을 것인가? 아니면 우리를 위해 쌓아놓고 자기 배만 불리며, 인간성과 평화로운 세계 공동체를 얻을 수 있는 희망을 다 던져버릴 것인가?

내 마음은 착잡해졌다. 이런 삶의 심오한 문제로부터 우리가 도망칠 곳은 아무 데도 없다는 생각이 들었다. 상황이 달라져도 인간에게는 늘 같은 도덕적 문제가 생기며, 따라서 우리는 선택해야만 한다.

약 일주일 후, 나는 내 경험을 이야기해달라는 강연 요청을 받았다. 아무리 상황이 달라도 동일한 도덕적 문제가 지속된다는 깨달음이 있던 터라, 이 요청에 마음이 끌렸다. 그래서 나는 이 주제로 강연을 준비했다. 그로부터 6개월 동안, 나는 다양한 친목회, 여성 단체, 학교, 교회 등에서 일주일에 두 번씩 같은 연설을 할 기회를 얻었다. 처음에는 주로 시카고 주변 미국 중서부 지역에서 연설을 했지만 나중에는 버지니아 주와 테네시 주까지 진출하게 되었다.

강연을 들은 이들의 반응을 보면서, 내 연설의 논지와 인간 조건에 대한 내 사고의 내용이 더 분명해졌다. 적십자 구호품과 얽힌 수용소 이야기를 하면 다들 경악했다. "미국인"들이 정말 그렇게 이기적으로 행동했다는 것을 모두 믿을 수 없다는 반응이었다. 하지만 내가 현재 미국 국민들도 같은 선택의 기로에 서 있다는 점을 지적하면 다들 뒤로 한 발을 뺐다. 청중은 수용소의 상황과 현재의 미국의 상황이 완전히 다르다고 믿는 듯했다. 수용소에서 동료들과 음식을 나누는 것은 인간으로서 당연히 해야 하는 일이지만, 외국인들에게 우리의 음식을 거저 주는 것은 비도덕적인 일이라고 따지는 사람도 있었다.

특히 인상적이었던 것은 한 여선교회 모임이었다. 이 모임은 시카고 외곽에 있는 대저택에서 열렸다. 화려한 진입로에는 캐딜락과 링컨 승용차가 줄지어 세워져 있었다. 이 모임의 구성원들은 대개 사십 대의 중년 여성들로, 다들 아주 우아하게 옷을 차려 입고 있었다.

나는 거실에서 한껏 미소를 띠우고 은혜가 넘치는 모습으로 앉아 있는 부인네들에게 강연을 하게 되었다. 그런데 말하는 중에, 한 쪽 구석 식탁에 샌드위치와 쿠키, 초콜릿 케익을 준비하는 하녀 몇 명이 눈에 들어왔다. 화려하게 차려입은 부인들과 뒤에 진열된 케이크를 번갈아 바라보며, 나는 배고픔의 문제와 나눔의 필요성에 대해 평상시보다 더 강하게 강조했던 것 같다. 강연이 끝나자, 모임의 회장이 질문이 있는 분은 해달라고 제안했다. 사실 그녀는 내 강연의 후반부가 마음에 들지 않았는지 아까부터 인상을 쓰고 있었다. 아무도 손드는 사람이 없자, 회장이 일어서더니 다음과 같은 논지의 연설을 하기 시작했다.

"제 생각에는, 방문자께서는 좋은 의도를 가지고 말씀하긴 했지만, 이 문제를 바라보는 저희 관점을 이해 못하신 것 같군요. 아시다시피, 우리는 물질의 가치를 절대 믿지 않습니다. 우리가 중요하게 여기는 것은 삶의 영적인 가치입니다. 우리는 미국이 세계를 향해 주어야 하는 것은, 우리가 가진 영적 우월성이라고 믿습니다. 단순히 물질적 영역에서 누리는 혜택을 주는 것은 의미가 없습니다. 그래서 우리는 우리의 위대한 영적 이상, 종교적 신념, 도덕성, 내면적인 삶의 가치를 유럽과 세계만방에 전해야 한다고 촉구합니다. 우리는 도덕적이고 영적인 책과 저작물들을 해외에 보내는 일에 집중하고 있습니다. 인간의 영혼에 크게 도움이 되지 않는 물질에 집중하는 것에는 동의할 수 없습니다. 따라서 우리는 국제연합 구제부흥 사업국을 지지하지 않습니다. 물질이 아닌 영적인 것을 대변해야 하는 교회가 우리 견해에 더 많이 동참하지 않는 것은 부끄러운 일입니다. 그럼 이제 더 이상 질문이 없으면 모임을 마치도록 하겠습니다. 자, 집주인께서 식당에 맛있는 음식을 준비하셨네요."

약 30분 후, 고급스러운 리무진이 줄지어 서 있는 집 앞을 지나면서, 입맛이 씁쓸했다. 아직도 혀에는 고급 크림과 초콜릿의 강한 단맛이 남아 있었는데도, 사람들의 역설적인 상황이 복잡하게 교차되었다. 이 사람들은 호사스런 옷을 입고 극도의 물질적 안락함에 휩싸여 있으면서도 자신들이 오직 영적인 신자라고 믿고 있었다! 이들이 양심의 가책도 없이 물질적 필요를 요구하는 이웃의 주장을 묵살하고, 굶주린 세상을 향해 자신들의 음식이 아닌 "믿음"만을 주면서 기뻐할 수 있는 것은, 바로 이런 자기 본위의 착각 때문이었다. 이런 이유 때문에, 이들은 내가 1년 동안 강연을 하면서 만난 그 어떤 사람들보다 더 둔하고 영적이지 못한 자들이었다.

그러니 경험이 아니라면 공감을 통해서라도, 물질적으로 궁핍한 것이 얼마나 힘든 것인지, 그래서 물질이라는 것이 얼마나 가치 있는 것인지를 이해하는 사람만이, 삶에서 정말로 영적인 문제가 무엇인지를 알 수 있지 않을까? 내가 깊이 확신하는 바와 같이, 최고의 영적 수준이란 이웃의 삶에서 필요한 물질들이 채워지기를 바라고 구하는 것이 아닐까? 왜냐하면 이웃이 필요로 하는 물질을 주는 것이야말로 사회적 관계에서 네 이웃을 사랑하라는 말을 가장 잘 실천하는 것이기 때문이다.*

건강한 영성, 즉 냉담하지 않은 영적 태도는 물질을 나누라는 명령을 인정하고, 그 대상에 집, 음식, 난방, 안락함까지도 포함시키는 태도다. 이렇게 건강한 물질적 질서가 가능하려면, 가난에 대한 책임 있고 정직한 태도와 물질의 공정한 분배가 유지될 수 있을 만큼 충분한 도덕적 역량이 있어야 한다. 또한 각자의 창조성도 가능한 한 자유롭게 발휘되어야 한다. 물질적 영역과 영적 영역, 세속적 영역과 종교적 영역은 서로 배타적인 것이

---

* 니콜라스 베르자예프(Nicholas Berdyaev)는 이렇게 쓴 적이 있다. "빵을 먹는 것은 물질적 행위이고, 빵을 나누는 것은 영적 행위다."

아니라, 서로가 서로를 간절히 필요로 한다. 이것들은 창조적이고 유기적인 인간 삶의 다른 측면일 뿐이다. 따라서 이런 측면들을 서로 분리하려고 시도하는 철학자와 신학자들의 사회에는 화가 임하리라!

이렇게 수용소에서 해방된 27살의 겨울, 나는 수용소 사회와 미국이라는 더 큰 사회가 직면한 문제의 연속성에 마음을 빼앗기고 있었다. 나는 수많은 철학, 심리학, 신학 서적들을 탐독하면서 내가 수용소에서 경험했던 것과 어떤 원리가 어긋나는지 검토해나갔다. 왜냐하면 나는 수용소 경험이야말로 인간 조건에 대한 가장 타당한 샘플이라고 확신했기 때문이다. 이렇게 이론과 경험을 교환, 검토하면서, 수용소 생활 동안 들었던 의문들에 대해 어렴풋이나마 해답이 보이기 시작했다.

    수용소 생활을 통해 가장 풀기 힘들었던 딜레마는 인간의 도덕성과 관련된 것이었다. 창의적이고 안정된 사회가 가능하려면 인간은 정의롭고 공정하고 관대해야 한다. 그러나 인간인 우리에게는 이것이, 불가능까지는 아닐지 몰라도 엄청나게 어려운 일이었다. 우리는 우리 자신을 어떻게 이해해야 하는가? 왜 이렇게 분명해 보이는 필수 조건이 이다지도 얻기 힘든 것일까? 심지어 이런 조건은 우리의 현재적인 본성에 부자연스러워 보이기조차 한다. 수용소에서 했던 것처럼, 나는 이 질문에 대한 답을 인본주의적이거나 엄격한 경건주의적인 논의 속에서 찾고 있었다.

인간이 본성적으로 선하고 현명하기 때문에 충분히 도덕적일 수 있다는 인본주의적 견해에는 반박의 여지가 있었다. 왜냐하면 선한 의도를 가진 사람에게도 늘 위험천만한 이기심이 고집스럽게 남아 있었기 때문이다. 동시에 경건한 기독교인은 거룩하고, 거룩한 사람은 선하다는 논리를 믿는 종교적 완전론자의 견해도 반박될 수밖에 없었다. 수많은 경건한 사람들 속에서 편협함과 사랑 없음이 경험되었기 때문이다. 따라서 이 두 주장과는 반대로, 인간은 선해지기가 너무도 어렵다. 부인할 수 없는 증거들은, 현명하든 이상주의적이든 종교적이든, 모든 인간 안에는 쉽게 통제되지 않은 깊은 본성적 힘이 있어서, 우리는 자주 우리가 원치 않는 이기적 행동을 하게 된다는 사실을 드러낸다.

자유주의적 인본주의자들은 지성을 가진 기독교인이 증명 불가능한 하나님을 믿는다는 사실에 대해 종종 놀라워한다. 적어도 기독교인들이 믿는 하나님을 증명할 수 없는 것은 분명하다. 하지만 인본주의자들의 주된 신념인 인간의 선함, 그리고 거기에서 자연적으로 도출되는 결과인 인간의 도덕성은 어떠한가? 사실 조금만 연구해보면 인간의 선함이나 도덕성은 사실이 아님이 드러난다. 증명 불가능한 종교적 신념을 주장하는 것이 비이성적이라면, 반대되는 증거가 널려 있는데도 자신의 신념을 고집하는 인본주의자의 태도 또한 비합리적임에 분명하다.

우리의 수용소 경험은 인간에 대해 두 가지 사실을 선명하게 보여주었다. 하나는, 인간은 새로운 문제에 직면했을 때 대단히 창조적이고 천재적이며 용감하다는 사실이다. 하지만 동시에 다른 한 가지 사실은, 인간은 압박의 상황에 놓이면 어느 때보다 자신과 자신의 소유를 사랑하게 된다는 사실이다. 더욱이 수용소 생활에서는 인간의 이런 자기 사랑의 "보편성"과 당혹스러울 정도의 "부자연스러움"이 드러났다. 끊임없이 우리는 자신의 행위를 결정하는 동기가 자기 사랑이라는 것을 부인했지만 말이다. 인간이 단순히 선하기만 하다면, 수용소에서의 자기 사랑은 모든 사람에게서 그렇게 선명하게 나타나지는 않았을 것이다. 반대로 인간이 단순히 악하기만 하다면, 이런 자기 사랑은 우리에게 그저 "자연스러웠을" 것이다. 그렇다면 굳이 우리는 우리 행위가 자기 사랑에 기반한다는 사실을 부인하려고 하지도 않았을 것이고, 자기 행동이 도덕적 의도에서 나왔다고 억지를 부리지도 않았을 것이다.

수용소 생활이 깨닫게 해준 것이 또 한 가지 있다. 인간의 도덕성과 비도덕성은 우리 생명의 가장 심오한 영적 중심으로부터 나온다는 사실이다. 폴 틸리히(Paul Tillich)는 이런 가장 깊은 중심을 궁극적 관심 또는 궁극적 책임감이라고 불렀다. 인간은 이 영적 중심으로부터 삶의 안전성과 의미를 얻으며, 그래서 이 영적 중심에 자신의 궁극적인 사랑과 헌신을 다 바치게 된다.

모든 사람은 이런 영적 중심을 다 가지고 있다. 이 영적 중심을 통해 행위의 목적과 의미를 얻으며, 그래서 존재의 일관성과 방향성을 얻게 된다. 이 영적 중심이 흔들리게 되면, 인간은 자신의 삶이 극도로 불안정하고 완전히 뒤죽박죽이라고 느낀다. 이렇게 되면 우리 존재는 아무런 방향성 없이 어떤 일도 이루지 못하며, 그래서 의미 없는 일련의 사건과 행위의 연속으로 전락하고 만다.

원시 종교의 신들처럼, 이 궁극적인 관심(영적 중심)은 인간이 그의 온 존재를 다해 경외하는 대상이다. 왜냐하면 이 중심이야말로 인간 자신을 가치 있게 만들어주는 원천, 즉 자신의 삶을 안전하게 보호하고 의미를 부여하는 원천이기 때문이다. 그래서 경배를 받는 신이 그런 것처럼, 이 궁극적인 관심은 궁극적으로 인간의 선택과 인간의 행동 방식을 결정한다.

궁극적인 관심에 해당하는 영적 중심은 매우 다양하게 존재한다. 수많은 사람들의 경우, 그의 영적 중심은 경제적·사회적·정치적·군사적 차원에서 자신의 힘을 보존하고 향상시켜주는 무엇이다. 이런 사람들은 자신이 가진 부와 지위가 경쟁 상대가 없을 정도로 높아지기 전까지는 엄청난 불안을 느끼고 하찮은 사람이라는 위기감을 느낀다. 또 다른 경우, 궁극적 관심은 음악, 예술, 과학, 학문 같은 직업이나 전문 분야일 수 있다. 또 다른 경우에는 자신이 속한 가문이나 사회 그룹(계급, 민족, 인종)이 삶의 의미와 안정성을 제공하기도 한다. 이런 더 넓은 차원에서의 성공을 통해 사람들은 자신의 불확실한 안정성과 단편적인 의미에 지위를 더하려 한다.

따라서 사람이 자신이나 자신이 속한 그룹의 복지를 위해서 궁극적인 헌신을 한다면, 자신이나 그룹이 압박을 받는 상황이 되면 그는 더 이상 도덕적이거나 합리적일 자유가 없어진다. 자기가 헌신하는 대상의 안전이 위협받게 될 때마다, 그는 이 안전성을 재확립하려는 강한 불안감에 이끌리게 되는 것이다.

삶의 모든 의미가 자신의 복지에 있다면, 음식의 부족은 자신의 전 존재에 유일하게 의미 있는 것을 위협하게 될 것이다. 그렇게 되면 자신의 행동이 옳게 여겨지든 아니든, 사람은 자신을 먹이기 위해 무슨 짓이든 할 것이다. 타인의 안위를 염려하는 도덕적 관심은, 일단 자신의 삶의 주요한 관심사가 위협받는 상황에서는, 전혀 중요하지 않은 문제로 밀려날 것이다. 그리하여 무엇이 옳고 공정한가 하는 합리적 판단은, 전혀 그의 행위를 결정하지 못할 것이다.

앞에서도 살펴보았듯, 인간은 압력을 받는 상황에서 비도덕적이고 공정하지 않게 행동할지라도, 인간이 가지는 도덕적이고 합리적인 힘은 완전히 사라지지는 않는다. 이 힘은 여전히 남아서, 자신의 복지라는 더 궁극적 관심에 종노릇하게 된다. 그리하여 사람들은 이웃의 배고픔에는 아랑곳없이 구호품 상자 7개 반을 다 갖겠다고 주장하면서도, 이런 이기심을 도덕적이고 합리적인 논거로 정당화하려 하는 것이다. 이런 상황에서는 어떤 지성이나 이상, 선의도 인간의 행위를 변화시키거나 그를 이기심에서 벗어나 선하게 행동하도록 만들 수 없다. 오히려 예리한 지성을 가진 사람일수록 더 그럴듯한 합리화를 꾸며댄다. 수용소에서 우리가 중요한 도덕적 문제와 직면할 때마다 이런 양상은 반복되었다. 교육을 많이 받고 존경을 받던 사람일수록, 더 그럴듯한 말로 자신의 이기심을 합리화했다. 내가 보기에는, 대놓고 이기적으로 행동하는 사람이 더 존경스러울 지경이었다. 적어도 이런 사람은 자신의 이기심을 솔직히 인정하니 말이다.

자신의 기본적인 안위가 위협받지 않고 자신의 복지와는 관계되지 않는 문제를 다룰 때, 우리의 도덕적이고 합리적인 능력은 마음껏 자비와 지혜를 베풀 수 있다. 바로 이런 상황의 경험으로부터, 인간의 도덕성은 자립적이며 인간은 도덕적으로 진보할 능력이 있다는 인본주의자들의 믿음이 나오는 것이다. 하지만 인간 자아가 근본적으로 위협받고, 바로 자기 자신이 위기에 처하게 될 때 인간 안에서는 아주 새로운 힘이 등장한다. 이 힘은 도덕적 인식이나 객관적 지성보다 훨씬 강력하다. 자신의 안위가 위기에 처할 때 자아는 온갖 무기를 동원해서 이 위협과 싸우려 한다.

따라서 공동체 생활에서 맞닥뜨리는 도덕적 문제들은, 좀더 깊고 내적인 종교적 차원의 문제가 외적 행동으로 표현된 것이라고 할 수 있다. 인간의 궁극적 관심과 경배에 관련된 것이 종교이기 때문이다. 인간은 자신의 열정과 경배와 헌신을 신이나 우상에게 바치게 된다. 사회 갈등이나 붕괴가 일어나는 때는, 인간이 유한한 피조물, 즉 자기 생명이나 자기가 속한 집단의 생명을 종교적으로 숭배할 때다. 우리의 궁극적 관심이 부분적이고 제한된 관심으로 이끌릴 때, 우리는 우리 관심 밖에 있는 것들에 대해 비인간적으로 되기 쉽다.

라인홀드 니버가 말했듯, 다른 사람을 부당하게 대우하는 것은 내면의 우상숭배(즉 자기 자신이나 자신이 속한 그룹을 숭배하는 것)가 사회적 결과로 드러난 것이다. 이기심이라는 도덕적 문제, 편견이라는 지적인 문제, 부정직, 과도한 특권, 공격성이라는 사회적 문제는 모두 더 깊은 종교적 문제, 즉 불완전한 피조물에서 창조주만이 줄 수 있는 궁극적 의미와 안정성을 찾으려 한 결과다.

그렇다면 이것들은 종교적 의미에서 죄라 할 수 있다. 물론 율법주의자들이 말하는 일반적인 죄의 의미와는 전혀 다르겠지만 말이다. 죄란 유한한 대상에게 궁극적인 종교적 헌신을 하는 것이라고 정의될 수 있다. 즉 죄란 자아와 자아의 실존, 또는 자아가 속한 집단에 최우선적인 관심과 헌신을 기울이는 것이다. 이렇게 더 심오한 죄의 관점에서 보면, 자아와 자아가 소유한 것에 대한 과도한 사랑으로부터 이웃에 대한 무관심, 불의, 편견, 잔인함 같은 도덕적 악행들, 그리고 "죄"라고 부를 수 있는 다른 파괴적인 행동 양상이 생겨난다.

매튜 아놀드(Matthew Arnold)는 종교를 "감상에 젖은 도덕성"이라고 했지만, 이 말은 틀린 듯하다. 오히려 그 반대가 맞는 것 같다. 인간의 도덕성은 사회적 실존 안에서 행해지는 종교다. 진정한 "도덕성" 혹은 "미덕"이라고 불리는 아주 드문 이타성(무욕)은, 자아를 넘어서는 무엇에 궁극적인 헌신을 할 때만 생겨난다.

이럴 때 인간은 위기의 순간에도 자신의 이익을 잊고 이웃을 마음껏 사랑하고 도울 수 있다.

따라서 인간 실존의 종교적 국면이야말로 유일하게 이타성을 기대할 수 있는 기반인 동시에, 가장 심각한 왜곡이 일어날 수 있는 근원이기도 하다. 왜냐하면 지금까지 논의했듯, 종교가 인간 삶의 궁극적 관심 또는 헌신을 의미한다면, 인간의 죄는 이타성과 마찬가지로 종교적 성격을 가지기 때문이다.

바로 이것이 인간의 종교가 그렇게도 애매모호한 이유다. 종교는 역사의 거대한 광신주의와 잔인성의 온상인 동시에, 초월적 영적 위대함의 원천이기도 한 것이다.

삶의 이런 종교적 측면(여기에는 악마적인 성격과 자기희생적인 성격이 동시에 존재한다)은 우리의 개인적·공동체적·정치적인 실존에 온통 스며들어 있다. 이런 국면이 우리 삶에 있기 때문에, 인간의 문제와 소망을 세속적인 견지에서만 설명하는 것은 잘못이다. 인간이 자랑스럽게 "어른이 되었다"고, 마침내 "종교"로부터 자유롭게 되었다고 외치는 바로 그 순간에, 그는 자신의 삶을 다시 혼란으로 빠지게 할, 새로운 개인적·정치적·인종적인 우상 숭배의 희생물이 된다.

인간 실존의 종교적 차원에는 죄와 구원의 가능성이 동시에 나타나는데, 왜냐하면 바로 거기에서 우리의 궁극적 헌신이 결정되기 때문이다. 인간 삶에 있어서 진정한 질문은 한 개인이나 사회가 종교적이냐 아니냐가 아니다. 왜냐하면 궁극적 헌신으로부터 벗어날 수 있는 인간은 없기 때문이다. 인간 삶이 가진 진정한 질문은, 어떤 신에게 우리의 궁극적 헌신을 바칠 것인가, 그리고 어떤 신이 우리의 가장 깊은 사랑과 헌신을 요구하는가 하는 것이다.

따라서 모든 인간은 종교적이다. 반면에 모든 종교가 똑같이 창조적이거나 비창조적인 것은 결코 아니다. 나는 종교를 믿는 사람의 행위나 인격과는 전혀 상관없이, 종교를 순전히 개인적이고 주관적인 문제로 보는 견해가 잘못되었다고 확신한다. 이런 견해는 내적인 헌신과, 이 내적인 헌신에 밀접하게 연관된 외적 행위를 분리하고 있다. 수용소 생활이 증명했으며 또한 현재 우리의 경험도 보여주듯, 본래는 훌륭한 자질인 헌신이 자신의 가족이나 자신이 속한 그룹, 또는 민족에게 부어지면, 수많은 불의와 교만, 이기심의 뿌리가 된다.

인간이 처한 상황에서 유일한 소망은, 인간의 "종교성"이 수많은 우상이 아닌 하나님 안에서 진정한 중심을 발견하는 것이다. 인간이 서로 나누고, 압력을 받는 상황에서도 정직하며, 공동체를 세울 만큼 충분히 합리적이고 도덕적이기 위해서는 이기심을 버리는 것이 필요하다. 그러려면 반드시 인간은 의미와 안정성을 제공하고, 자신의 충성과 헌신을 바칠 수 있는 영적 중심, 자신의 복지를 초월하는 영적 중심을 찾아야 한다.

하지만 가족, 나라, 전통, 인종, 교회 같은 중심은 물론 개인보다는 위대하지만 여전히 유한한 피조물일 뿐이다. 그래서 모든 피조물을 창조했으며 그래서 이 모든 것을 대변할 수 있는 유일하신 하나님만이 진정한 영적 중심이 될 수 있다. 오직 하나님만이 전 역사를 다스린다. 오직 하나님만이 자신의 대적과 충성된 자들을 심판하시고, 모든 사람을 사랑하고 돌보면서 인간 존재의 창조적인 중심이 되실 수 있다.

각 사람의 궁극적 관심은 이웃과의 싸움을 더 심하고 비참하게 만드는 대신 이런 싸움에서 인간을 구해야 한다. 우리는 하나님의 영원한 사랑 안에서 궁극적인 안정을, 하나님의 영원한 목적 안에서 우리 보잘것없는 인생의 궁극적 목적을 발견할 수 있다. 그렇기 때문에 인간은 하나님 안에서 처음으로 이기심에 방해받지 않으면서 자신만의 복지를 잊고 이웃을 바라볼 수 있게 된다.

바로 여기서부터 우리는 진정한 신앙을 가진 사람의 모습이 어떨지 알 수 있게 된다. 진정한 신앙인은 의미와 안정성의 중심을 자신의 생명에 두는 대신 하나님의 능력과 사랑 안에 둔다. 그는 자신에 대한 과도한 관심을 포기했기 때문에 그의 삶에서 진짜로 중요한 것은 하나님의 뜻과 이웃의 복지가 된다. 이런 신앙은 사랑과 밀접한 관계가 있다. 왜냐하면 신앙은 내적으로 자기 자신을 내려놓는 것이고, 자기중심성을 포기하여 사랑할 수 있도록 만들기 때문이다.

가톨릭 사상에서는 이런 깊은 차원의 자기 포기를 "카리타스"(caritas)라고 부른다. "카리타스"는 하나님의 완전한 사랑과 그 사랑을 통한 인간의 사랑을 의미한다. 개신교에서는 같은 것을 "믿음"이라고 부른다. 이때 "믿음"은 자신의 생명과 지위를 결정하는 유일한 기반으로서 하나님의 사랑과 능력을 절대적으로 신뢰하는 것이다. 그리고 "카리타스"와 "믿음"에서 공통적으로 나타나는 하나님을 향한 이 자기 포기의 원리(이것은 언제나 은혜의 선물이다)는, 전통적으로 "구원"이라 불리는 것의 기반이기도 하다. 아마도 우리는 후자의 실재를 더 쉽게 규정할 수 있을지도 모른다. 이것을 경험했다는 전제 하에서 말이다. 즉 구원은 영혼의 내적인 평안이고, 다른 사람과 건강하고 진정한 관계를 맺을 수 있는 능력이며, 주위 세상과 이웃을 향한 창조적인 관심으로 정의될 수 있다.

이런 의미의 믿음은 흔히 사람들이 종교적 "신념"이라고 일컫는 것과는 완전히 다르다. 대부분의 사람에게 "믿음"이란 일련의 신조나 성경적 원리를 믿는 것을 의미한다. 하지만 어떤 특정한 경건의 규칙을 고집스럽게 고수하는 것과, 앞에서 이야기했던 자아에 대한 염려에서 해방되는 것은 완전히 다르다. 생각과 입술로는 위대한 진리에 동의하고 행위로는 경건과 거룩의 규칙을 지키면서도, 여전히 우리의 관심의 중심은 자아의 육체적이거나 영적인 복지에 이기적으로 집중할 수 있는 것이다.

누군가가 종교를 통해 자신에 대한 관심을 포기하고 미덕을 얻었다고 너무 깊이 확신한다면, 그의 안위는 하나님의 사랑에 더 이상 있지 않고 자신의 거룩함에 있다고 결론 내리는 것이 안전할 것이다. 그때부터 그의 인생은 기독교의 옷으로 갈아입고도 계속해서 자기 숭배의 죄를 재연하는 것에 불과하다. 따라서 신앙의 마지막 정점은, 우리의 계속적인 자기 관심을 인정하고, 그렇게 하나님께만 우리의 내적 평안을 맡기는 것이다. 이렇게 할 때 우리 자신의 거룩함과 우리 자신의 구원에 대한 걱정까지도 내려놓게 된다. 신약성경이 전하는 하나님 사랑의 핵심은, 진짜 신앙이 있는 사람은 자신이나 자신이 행한 일이 아닌, 그것을 넘어서는 하나님의 은혜로 의롭게 됨을 아는 사람이라는 생각이다. 바로 이것이 그해 겨울 내 머리를 그렇게 어지럽혔던 문제, 인간의 도덕적 삶의 딜레마를 풀어준 가장 심오한 해답이었다.

또 한 가지, 내 생각을 사로잡았던 다른 문제가 있었다. 이것 역시 수용소 경험에서 생겨난 것으로, 사회적으로 혼란한 시기의 삶의 의미에 대한 질문이었다. 처음에는 적어도 이 문제는 중국을 떠나면 해결될 것 같았다. 전쟁도 끝났으며, 세계에서 강한 위세를 떨치고 경제적으로 부유하며 정치적·사회적 질서도 안정된 미국 사회에 무슨 사회적 혼란이 있겠는가? 운이 좋아서 교육도 많이 받고 에너지도 넘치는 미국인들에게 어떻게 "의미"의 문제가 생길 수 있겠는가? 삶의 모든 터전을 빼앗긴 영국인 중국 정착민들의 운명과, 우리 미국인들에게 찾아온 성공 사이에 무슨 연관성이 있겠는가?

하지만 내가 새롭게 깨닫게 된 것은, 경험의 연속성이 불연속성만큼이나 크다는 사실이었다. 억압 속에 있던 수용소의 삶이 좀 더 생생한 경험이기는 했지만, 그렇다고 반드시 이례적인 것은 아니었다. 전쟁이 끝난 후 일 년이 지나면서, 우리의 "안정된" 문화 속에는 크고 작은 문제가 모습을 드러내기 시작했다. 아시아와 아프리카에서 위력을 떨치던 옛 서구적 제국주의가 빠른 속도로 와해되어 갔다. 그 속에서 유럽 열강은 타자의 목소리에도 귀를 기울여야 하는 새로운 삶의 방식에 스스로를 적응시키는 동시에, 신속히 자신의 본국으로 관심을 돌렸다. 동시에 아주 다른 형태의 사회, 완전히 다른 기본 원리를 가졌을 뿐 아니라 현재 서구에 대해 비우호적인 태도를 가진 낯선 형태의 사회가, 이 비어 있는 역사적 공간 속으로 비집고 들어와 조금씩 터를 잡기 시작했다.

같은 해, 동유럽을 가로막고 있던 철의 장막이 무너졌다. 그리스에서는 극심한 내전이 있었고, 서구적 삶의 중심부에 있었던 이탈리아마저 위태로워 보였다. 무엇보다도 그때까지 서구의 동맹국이었던 중국이 가장 무자비한 적으로 돌변했다. 이런 상황으로 인해 아시아 대부분의 국가와 아프리카, 심지어 남미의 미래가 극도로 위태로워졌다. 서구는 지구의 나머지 나라들을 지배하기는커녕, 오히려 고립되어 다른 나라에 의해 포위될 위기에 직면했다. 이 새로운 적대 세력이 지금 서구가 통제하고 있는 무기를 소유하는 것은 시간문제로 보였다. 그동안 미국의 안보를 지켜주던 핵심 기반인 핵의 위력은, 급속도로 새로운 불안의 강력한 상징으로 변했다.

그리하여 미국과 서구는 완전히 새로운 상황에 직면하게 되었다. 미국과 서구의 유구하고 강력한 문화적 삶은 과거에는 안으로부터 위협을 받았다. 자국민끼리의 내전이나 나치주의처럼 자국 내에서 생성된 광기가 그 원인이었다. 그러나 이제는 서구의 궤도를 벗어나 있으며, 서구의 전통과 가치에 영향받지 않는 새로운 세상이 서구를 위협했다. 물론 서구의 경험과 사상으로부터 만들어진 마르크스 사상이 새로운 세계의 탄생에 지대한 공헌을 한 것은 사실이었다. 하지만 이 마르크스 사상은 아시아와 아프리카, 남미라는 낯선 땅에 심겨지면서 유럽 전통과의 연관성을 상당 부분 잃었다(물론 동유럽 일부와 러시아에도 여전히 마르크스 사상이 남아 있지만).

엄청난 힘을 가진 이국적이고 타자적인 문화적 실체와 맞닥뜨리면서, 서구는 새로운 내적 경험으로 고통받았다. 즉 자신들이 역사에서 사라질 수도 있다는 인식을 하게 된 것이다. 서구인들의 삶에 의미를 주었던 가치와 사회 구조들이 앞으로도 지속되리라는 보장은 어디에도 없어 보였다. 오히려 미래에는 이 가치들이 축소되거나 없어질 판이었다.

사실 서구의 몰락은 소수의 비관주의자들에 의해서만 예언되었다. 하지만 조금이라도 분별력이 있는 사람이라면 이런 가능성을 눈치 챌 수 있었을 것이다. 이런 사람들은 앞으로 수십 년 안에 무슨 일이 벌어질지 걱정하며, 역사와 역사 안에서의 서구의 위치에 대해 염려하는 마음으로 바라볼 수밖에 없었다. 서구의 가치는 파괴될 수 있었다. 또한 변화가 늘 최선의 결과를 가져오지 않을 수도 있었다. 역사적 변화에 아무런 의미도 없을 수도 있었다. 그리 멀지 않은 미래에, 영국인 중국 정착민들이 위헌 수용소에서 나와 갈 곳이 없었던 것처럼(그들은 조약항에 영원히 머물 수 없었다), 서구인들도 설 자리를 잃을지도 몰랐다.

전후 미국 사회는 이런 새로운 기류에도 결코 실망하지 않았다. 이런 가능성들은 그저 가능성일 뿐 확실하지는 않았다. 유럽이 건강을 회복하면서, 전쟁 없이도 사회 질서를 유지할 기회가 늘어나는 것 같기도 했다. 그럼에도 미래가 서구적 가치에 의해 세워질 것이라는 예전의 확신은 흔적도 없이 사라졌다. 우리에게 의미 있는 역사는 지금은 기껏해야 가능성일 뿐이었다. 이에 따른 직접적인 결과로, 삶의 의미가 확실할 때 인간이 느끼는 확신은 급격하게 약화되었다.

모든 것이 상대적이라는 새로운 사실을 깨달으면서, 역사 안에 존재하는 인간은 역사 자체가 가지는 더 큰 의미에 대해 질문하기 시작했다. 세상의 철학자들이 이런 성급한 질문들을 던지는 것을 나는 자주 듣곤 했다. "역사의 의미를 묻는 것이 과연 정당한 질문인가? 이런 거대한 의미 말고, 작은 의미들에 만족해야 하는 것 아닌가? 자유, 평등, 질서 같은 자연스러운 사회적 가치들을 누리며 얼마든지 완벽한 삶을 살 수 있는데, 왜 굳이 역사의 궁극적인 본성을 물어야 하는가?"

정말 왜 그럴까? 그 이유는 "작은 의미들" 또는 "자연스러운 가치들"은 결코 역사에서는 "자연스럽게" 생겨나는 것이 아니기 때문이다. 오히려 이런 작은 가치나 자연스러운 가치들은, 민주주의적 가치에 의해 지배되고 인본주의적으로 통제되는, 강력한 과학 기술에 의해 유지되는 안정된 사회 질서 속에서만 가능하다. 중국 조약항에 있는 서구인들의 삶의 의미가 서구 지배에 의해 설립된 그곳의 사회 질서에 의존했던 것처럼, 미국 세속 문화의 현저한 가치들은 서구 민주주의와 인본주의적 이상을 기반으로 세워진 특정한 역사적 질서에 의존한다.

이런 사회 질서는 역사 안에서 결코 확실하거나 견고하지 않다. 역사는 반드시 서구 인본주의 계열을 따라 발전할 것이라고 믿지 않는다면 말이다. 특히 최근의 역사는 앞과 같은 믿음이 지극히 의심스럽다는 것을 잘 보여준다. 대조적으로, 다른 종류의 사회 질서, 예를 들어 파시즘이 표방하는 사회 질서나 "좀더 엄격한" 형태의 공산주의가 제시하는 사회 질서에서는 이런 민주적 "작은 의미들" 또는 "세속 가치들"이 실제로 불가능하며 미래에도 어떨지 불투명한 상황이다. 따라서 역사 자체의 의미를 묻는 것은, 민주주의적 자연주의자들이 당연하게 받아들이는 이런 "작은 의미들"이 영속적으로 인간에게 유효할 것인가를 묻는 질문과 같다. 이 질문에 대한 답의 관점에서만, 우리 각자가 창조적으로 살아내야 하는 삶의 작은 의미들에 대한 확신을 가질 수 있다. 자연주의적 철학자들은 작은 의미들로 만족한다고 말한다. 하지만 사실 이런 말은, 역사의 의미를 묻는 질문에 대해 진보주의적 신념(가치들은 점점 더 유효해지고 있다고 믿는)의 관점으로 대답해버린 것과 같다.

현 상황의 불확실성으로 인해, 서구 문화와 그 가치가 영원할 것이라는 우리의 믿음은 흔들렸다. 그래서 우리는 전체 역사가 어느 방향으로 가고 있는지를 묻지 않을 수 없다. 지금 우리는 역사가 그저 문화의 흥망성쇠의 반복인 것인지, 아니면 우리가 두려워하는 것처럼 우리의 가치와 질서는 유한하다 해도, 온 역사를 꿰뚫는 하나의 목적이 있는지를 질문하지 않을 수 없는 상황에 있다.

인간이 만든 질서가 유한성을 드러내고 결과적으로 일상의 삶의 의미가 위협을 받거나 파괴될 때마다, 삶의 궁극적인 의미에 대한 질문과 그것의 역사적 맥락에 대한 질문이 제기된다. 이런 질문을 하면서 명백히 깨닫게 되는 것은, 우리는 모든 것을 잃고 삶의 의미를 상실할 위협에 처할 때 이런 역사적 불확실성에 대해 두려워하거나 불안해하기 쉽다는 것이다. 이런 환경에서는 또한 광신주의에 대한 유혹도 커진다. 결국 이런 불확실한 상황에서는 용기를 내어 내적 평안을 유지하며 이웃을 사랑하는 삶이 더욱 어려워진다. 자신이 사랑하고 가치 있게 여기던 것이 영원하지 않음을 깨달으면서도 여전히 삶을 사랑하고 창조적으로 행동하기 위해서는, 삶은 궁극적으로 선한 것이며 의미 있는 것이라는 믿음에 깊게 뿌리내리고 있어야 한다.

따라서 분명히, 삶 안에 존재하는 창조적 자유를 지각하는 것과, 우리의 사회적 구조 속에 존재하는 신뢰할 만한 질서를 지각하는 것 사이에는 밀접한 관련이 있다. 그런데 삶의 구조들이 위태로워 보이고, 역사를 파괴하는 통제 불가능한 힘 앞에서 우리의 행동에 어떤 의미도 부여할 수 없을 때, "숙명"이라는 개념이 생겨난다. "숙명"이라는 개념으로부터 무력감과 절망감이 생겨나며, 피할 수 없는 운명 앞에서 우리는 어떤 자유도 가지지 못하게 된다.

안정된 문화에서 살아가는 대부분의 인본주의자들에게는 하나님의 섭리를 믿는 일과, 인간의 창조성과 자유를 믿는 일이 반대되는 일처럼 보인다. 왜냐하면 인본주의자들에게는 견고한 사회 질서가 창조성을 위한 맥락을 제공하기 때문이다. 하지만 헬레니즘 문화의 역사가 이미 보여준 것처럼, 문화가 불안정해지고 의미를 위협하는 숙명이 모든 것을 통치하는 것처럼 보일 때, 상황은 변하게 된다. 그렇게 되면 섭리에 대한 믿음, 즉 개인의 자유와 행위가 가치와 의미를 얻는 의미 구조에 대한 믿음이 인간의 창조적인 행동의 기반이 된다. 그래서 이 섭리에 대한 믿음을 통해 인간은 다시 자신을 믿을 수 있게 된다.

수용소 생활에서 이미 삶의 의미가 크게 흔들리는 경험을 했던 탓에, 나는 전후 서구 사회가 직면한 깊은 심연을 그런대로 감당할 수 있었다. 이기심이라는 보편적인 문제를 해결하기 위해서는, 수용소나 부유한 미국 사회나 모두, 하나님의 은혜와 용서가 필요하다는 사실을 깨달을 수 있었다. 이와 비슷하게, 모든 인간적 의미들이 가지는 단편성의 문제는 이제 하나님의 섭리로 대답해야 한다는 것도 깨달을 수 있었다. 왜냐하면 하나님의 섭리야말로 우리를 압도하는 역사적 재앙에 위협받지 않는 신적인 능력과 의미의 결합체이기 때문이다.

우리의 역사적 운명을 단순히 숙명(숙명의 장난)이라고 하는 대신, 더 설득력 있게 설명할 수는 없을까? 한 시대에 주어진 성취의 약속이 불가사의하게도 다음으로 미뤄졌다고 말하는 대신, 더 설득력 있게 설명할 수는 없을까? 시대와 상황과는 상관없이, 자신과 연관된, 그래서 삶의 의미와 창조적인 열정을 제공하는 어떤 지속적 의미는 존재하지 않는 것일까? 하나님의 섭리가 존재한다면 그것은 무엇일까? 인간의 소란스럽고 불확실한 역사 안에서 하나님의 섭리는 어디쯤 나타나는 것일까? 과연 나는 수용소 생활을 통해 이런 질문들에 대한 답을 이미 발견한 것일까? 나는 그렇다고 생각했다. 비록 내가 배운 것이 기초적인 시작 단계일 뿐이지만 말이다.

첫째 교훈은, 역사의 부정적 논리성 또는 무의미성의 부분적 이해 가능성에 대한 것이었다. 사건들의 흐름 안에 있는 무의미한 것은 우리를 떠받쳐온 가치와 질서라는 작은 체계를 무너뜨리는 숙명이 된다. 그러면 우리는 방향성이나 논리 없는 일련의 사건들로 이루어진 바다를 표류하게 된다. 우리 삶을 지탱하던 조약항의 체계적인 질서들이 다 무너졌던 것도 한 예가 될 수 있다. 하지만 이런 앞뒤가 맞지 않아 보이는 숙명도 완전히 이해 불가능한 것은 아니다. 숙명에도 나름의 논리가 있으며, 이 논리로 인간의 선택과 인간의 자유를 이끌기 때문에 어느 정도 이해될 수 있다.

역사에 등장하는 숙명은 전적으로 숙명은 아니다. 대개 이런 사건은 우리의 개인적이거나 공동체적 죄의 결과, 즉 누군가가 자유를 잘못 사용한 결과로 생겨난다. 따라서 숙명은 하나님을 알지 못하는 사람에게 내린, 역사의 옷을 입은 하나님의 심판이라 할 수 있다. 자신의 죄를 깨닫지 못하는 불행한 공동체에게만 역사는 알 수 없는 세계다. 자신의 죄를 알고 회개한 사람에게는 깨달음이 주어지며, 불확실한 시대에도 새로움에 대한 소망이 주어진다. 이럴 때, 섭리는 적어도 부분적으로 일련의 사건들 속에서 실행된 하나님의 심판이라 할 수 있다. 이것이 섭리의 한 단면이라고 할 때, 분명히 우리는 경험적으로 섭리의 존재를 깨달을 수 있으며 내면적으로 섭리의 공정함을 확신할 수 있다.

중국에 거주하던 백인들에게 덮친 숙명은 근거가 없거나 맹목적인 것이 아니었다. 오히려 선조들이 제국주의적인 행위를 통해 욕심과 관용 없는 태도를 보여준 결과였다. 마찬가지로 서구적 가치가 위협받는 위기를 당하게 된 것은, 서구 문화가 오래되었기 때문도 아니고 냉혹한 운명의 장난 때문도 아니었다. 이 위기는 그동안 우리가 저지른 태만과 죄악의 결과였다. 이로 인해 사람들이 우리를 적대하게 되었고 우리가 지지하는 가치에 반대하게 된 것이다. 다른 말로 하면, 오늘날 우리의 가치가 절명하게 된 것은 바로 그 가치들로 이루어진 문화의 배반 때문이었다. 이런 사실을 깨닫고 그에 대처한다면 이미 숙명은 이해할 수 있는 것이 되며 그것이 주는 기회를 붙들 수 있다.

하나님의 섭리를 아는 것이 장기적인 관점에서 한 사람의 운명이 가진 공정함을 부분적으로 아는 것이라고 한다면, 우리는 모든 숙명적인 상황에서도 그것이 주는 보편적인 기회를 보게 된다. 하나님의 섭리를 모르는 사람에게는, 수용소로 끌려온 것이 모든 친숙한 의미들로부터 분리되는 숙명의 장난에 불과하다. 하지만 이런 새로운 상황을 하나님의 섭리라고 이해하는 사람에게는, 섭리의 목적이 아무리 이해하기 힘들고 예측할 수 없는 상황일지라도 그 안에서 삶의 의미를 잃지 않게 된다. 수용소 안에도 여전히 기회가 있었으며 의미 있는 일을 할 수 있었다. 비록 교사나 건축가로서는 일할 수 없다 해도, 화부나 요리사, 제빵사로서 훌륭하게 일할 수 있었다. 하나님의 목적 안에 뿌리를 박은 의미는 어떤 상황에서도 상실될 수 없다. 그래서 누군가가 천진에서 위헌으로 옮겨진다 해도, 또는 서구라는 지배적인 사회에서 서구적 가치가 전혀 없는 다른 사회로 간다 해도, 삶의 의미는 사라지지 않는다.

> 내가 하늘에 올라갈지라도 거기 계시며
> 스올에 내 자리를 펼지라도 거기 계시니이다.
> 거기서도 주의 손이 나를 인도하시며

주의 오른손이 나를 붙드시리이다.

(시편 139편 8-9절)

종종 암송되는 말씀이지만 대부분의 사람은 이 시편의 내용을 경험하기 힘들다. 하지만 갑자기 모든 익숙한 편안함과 인생의 목적을 다 빼앗기고 낯설고 힘든 실존 속으로 던져진 사람들, 하지만 동시에 창조적인 삶을 살 수 있는 새로운 기회에 직면한 사람들에게는 이 말씀이 새로운 중요성으로 다가왔다. 따라서 불안정한 역사의 모든 우연성에도 불구하고, 신앙인에게는 가장 기본적인 의무, 즉 살아 계신 하나님을 섬기는 일만이 여전히 남게 된다. 이런 의미의 구조는 어떤 역사적인 운명에 의해서도 사라지지 않는다. 왜냐하면 우리는 우리를 강하게 압도하는 운명까지도 하나님이 통치하고 계신다고 믿기 때문이다.

우리의 소명, 즉 하나님을 섬기는 일은 영원히 존재한다. 운명은 이것을 우리에게서 빼앗아갈 수 없다. 판매원, 교수, 장관 같은 우리의 직업들은 수용소나 그후에 펼쳐진 역사적 시간 안에서 쓸모없는 것으로 밝혀질지 모른다. 하지만 도시건, 시골이건, 수용소건, 이웃은 언제나 우리 주변에 있다. 가장 깊은 차원의 삶의 의미가 하나님을 섬기는 것, 다시 말해 이웃의 필요를 섬기고 그들과 교제하는 것이라면, 이 일은 어떤 새로운 역사적 상황에서도 할 수 있다. 모두가 향유할 수 있도록 삶을 창조하고 보존하는 일, 정의로운 방향으로 공동체를 발전시키는 일, 실제적인 작업을 통해 이웃의 필요를 만족시키는 일, 그리하여 궁극적으로 이웃과의 진정한 교제를 창조하는 본질적 과업, 이웃 사랑에 대한 공동체적인 표현은 지금 이 시대에도 현존한다. 어떤 상황에서건 우리에게 요구되는 것은 용기, 정직성, 자기희생, 열정, 지성이다. 그리고 이런 자질 위에서만 문명화된 삶은 이루어진다.

따라서 이 두 가지 기반, 즉 하나님이 모든 것을 다스리신다는 것과 우리가 공동체를 이룰 이웃은 언제 어디서나 존재한다는 기반 위에서, 종교적 뿌리를 가진 의미 있는 소명은 역사적 운의 좋고 나쁨에 따라 사라질 수 없다. 이런 관점 안에서 우리는 우리의 도덕성과 우리가 사랑하는 사물들의 도덕성에 대해 두려움 없이 현실주의적이 될 수 있으며, 우리의 삶과 그 가치를 광신주의 없이 확신할 수 있게 된다. 세상에서 우리가 가치 있게 여기고 지지하는 것들에 대해 헌신하면서, 하나님 안에 있는 우리 운명에 대해 깊이 안정성을 느끼는 것이야말로 미래의 우리 문화에서 점점 필수적인 요소가 될 것이다.

불안정한 삶을 경험하면서 배운 가장 기묘한 교훈은, 원하지 않던 상황이 파괴적인 역할을 하기보다 오히려 창조적인 역할을 한다는 것이다. 위헌 수용소에 오고 싶었던 사람은 단 한 사람도 없었다. 하지만 이 거부하고 싶고 혐오스러웠던 경험 안에는 새로운 통찰력이라는 씨앗이 있어서, 우리 중 많은 사람으로 하여금 새로운 삶을 살게 했다. 수용소에서의 삶은 너무도 불편하고 혼란스럽고 지루했다. 하지만 바로 그 때문에 우리는 이 삶을 더욱 창조적으로 헤쳐나갈 수 있었다. 바로 이것이 공통된 삶의 신비이고, 인정하는 사람에게는 공통된 은혜의 측면이다. 용기와 믿음을 가지고 새로운 상황 안에 잠재된 의미와 가능성을 찾아낼 수 있다면, 분명히 악해 보이는 것으로부터도 새로운 창조성을 얻을 수 있을 것이다.

이런 공통의 경험, 즉 우리가 원하지 않는 운명이었음에도 그것이 미래의 창조성의 기반이 되었다는 경험은, 우리로 하여금 하나님의 섭리를 인정하게 하며, 하나님이 온 세상을 창조적으로 다스리심을 믿을 수 있도록 해준다. 나는 내가 겪은 모든 사건을 하나님이 결정했다고는 믿지 않는다. 하지만 의도하지 않고 원하지 않은 환경에서도 창조성을 경험하면서, 나는 하나님이 모든 상황 가운데 역사하심을 믿을 수 있었다. 또한 희한한 것은, 이런 하나님의 역사하심으로 인해 이전에 누리던 내가 의도했던 삶보다도 더 새롭고 더 활력 있는 삶을 살 수 있었으며 더 깊은 기쁨을 느낄 수 있었다는 것이다.

인간은 하나님을 필요로 한다. 왜냐하면 인간의 불안정하고 불확실한 삶은 하나님의 능력과 그분의 영원한 목적 안에서만 궁극적인 의미를 발견할 수 있기 때문이다. 또한 인간의 단편화된 자아는 하나님의 초월적인 사랑 안에서만 궁극적인 중심을 발견할 수 있다. 인간 삶의 의미가 오직 자신의 성취에만 집중된다면, 삶의 의미는 역사의 굴곡을 따라 위태로워지고, 우리의 삶은 늘 의미 없이 타성에 젖어 오락가락하게 될 것이다. 또한 인간의 궁극적인 헌신이 자신에게 집중된다면, 우리의 삶은 오히려 공동체를 파괴하는 역할을 할 것이다. 오직 하나님 안에만, 불의와 잔인성을 일으키지 않는 궁극적인 헌신이 존재한다. 오직 하나님 안에만 영원한 의미가 존재한다. 하늘이나 땅 위의 어떤 것도 그 의미로부터 우리를 떼어내지 못할 것이다.

산둥 수용소
인간의 본성, 욕망, 도덕적 딜레마에 대한 실존적 보고서

Copyright ⓒ 새물결플러스 2013

1쇄 발행 2013년 3월 27일
개정판 1쇄 발행 2014년 8월 25일
개정판 17쇄 발행 2025년 6월 13일

지은이 랭던 길키
옮긴이 이선숙
펴낸이 김요한
펴낸곳 새물결플러스

편 집 왕희광 정인철 노재현 이형일 나유영 노동래
디자인 황진주 김은경
마케팅 박성민
총 무 김명화 이성순
영 상 최정호
아카데미 차상희

홈페이지 www.holywaveplus.com
이메일 hwpbooks@hwpbooks.com
출판등록 2008년 8월 21일 제2008-24호
주 소 (우) 04114 서울특별시 마포구 신촌로28가길 29
전 화 02) 2652-3161
팩 스 02) 2652-3191

ISBN 979-11-6129-070-6 03230

책값은 뒤표지에 있습니다.